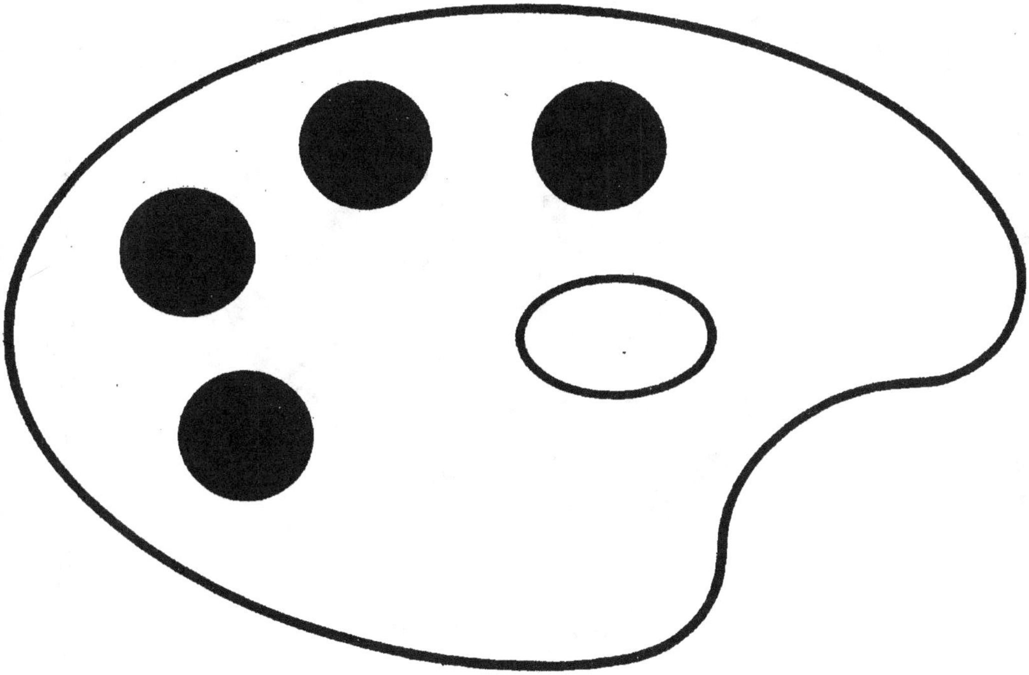

Original en couleur
NF Z 43-120-8

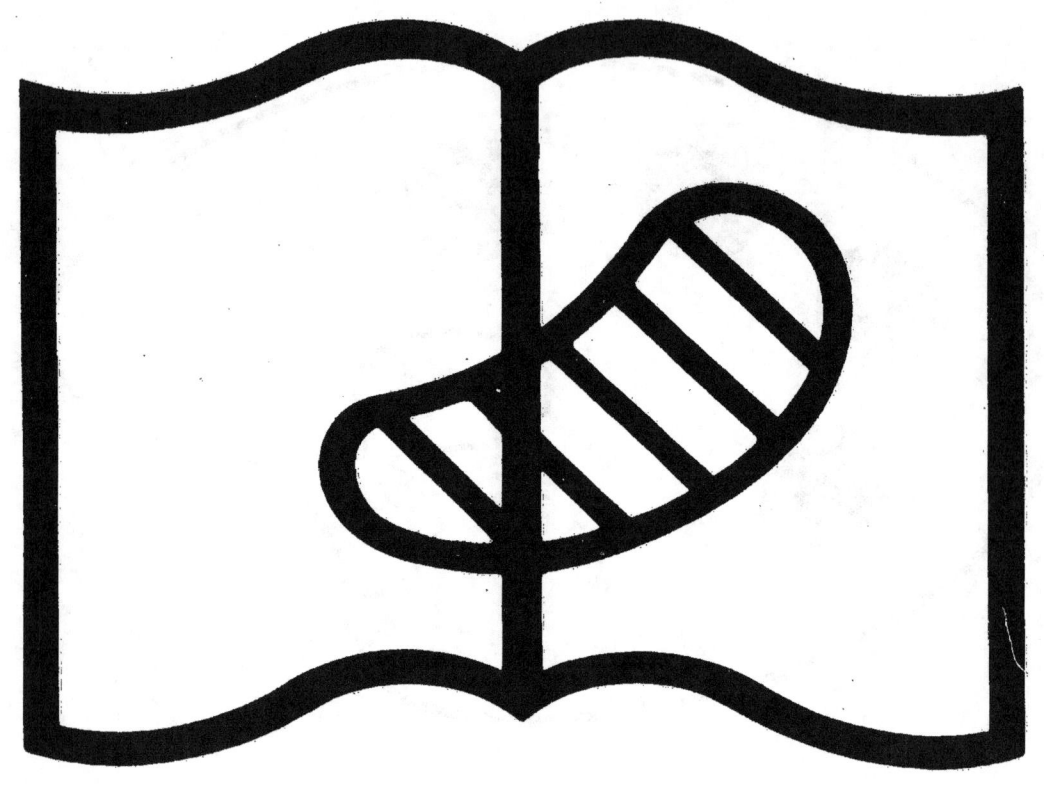

Original illisible

NF Z 43-120-10

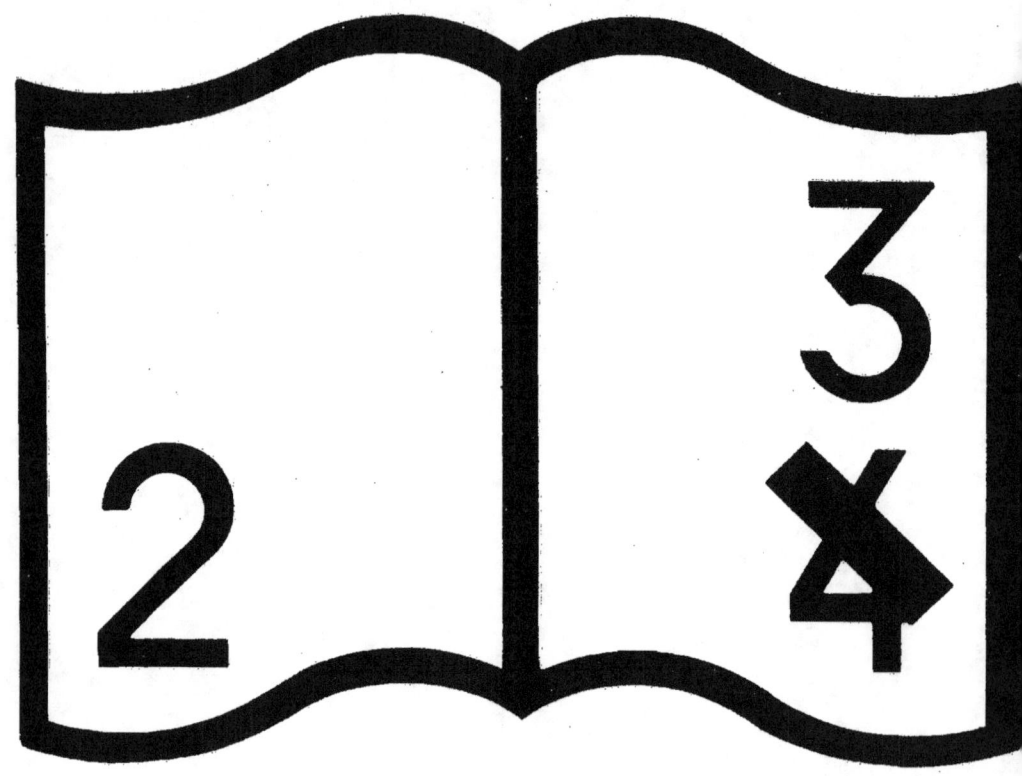

Pagination incorrecte — date incorrecte

NF Z 43-120-12

LES VOYAGES EXTRAORDINAIRES
— COURONNÉS PAR L'ACADÉMIE FRANÇAISE —

JULES VERNE

SUPERBE ORÉNOQUE

COLLECTION HETZEL

J. HETZEL ET Cie, 18, RUE JACOB
PARIS

LE
SUPERBE ORÉNOQUE

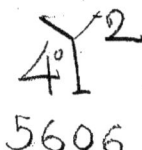

— LES VOYAGES EXTRAORDINAIRES —

JULES VERNE

SUPERBE ORENOQUE

COLLECTION HETZEL

LES VOYAGES EXTRAORDINAIRES
Couronnés par l'Académie française.

JULES VERNE
LE SUPERBE ORÉNOQUE

ILLUSTRATIONS
DE
GEORGE ROUX

COLLECTION HETZEL

J. HETZEL ET Cⁱᵉ, 18, RUE JACOB
PARIS

Tous droits de traduction et de reproduction réservés

LE SUPERBE ORÉNOQUE

PREMIÈRE PARTIE

I

M. MIGUEL ET SES DEUX COLLÈGUES.

« Il n'y a vraiment pas apparence de raison que cette discussion puisse prendre fin... dit M. Miguel, qui cherchait à s'interposer entre les deux bouillants contradicteurs.

— Eh bien... elle ne finira pas... répondit M. Felipe, du moins par le sacrifice de mon opinion à celle de M. Varinas...

— Ni par l'abandon de mes idées au profit de M. Felipe! » répliqua M. Varinas.

Depuis déjà trois bonnes heures, ces deux entêtés savants disputaient, sans se rien céder, sur la question de l'Orénoque. Ce célèbre fleuve de l'Amérique méridionale, principale artère du Venezuela, se dirigeait-il, dans la première partie de son cours, de l'est à l'ouest, ainsi que l'établissaient les plus récentes cartes, ou ne venait-il pas du sud-ouest. En ce cas, le Guaviare ou l'Atabapo n'étaient-ils pas considérés à tort comme des affluents?

« C'est l'Atabapo qui est l'Orénoque, affirmait énergiquement M. Felipe.

— C'est le Guaviare, » affirmait avec non moins d'énergie M. Varinas.

Quant à M. Miguel, son opinion était celle qu'ont adoptée les géographes modernes. A leur avis, les sources de l'Orénoque sont situées en cette portion du Venezuela qui confine au Brésil et à la Guyane anglaise, de sorte que ce fleuve est venezuelien sur tout son parcours. Mais en vain M. Miguel essayait-il de convaincre ses deux amis, qui se contredisaient d'ailleurs sur un autre point de non moindre importance.

« Non, répétait l'un, l'Orénoque prend sa source dans les Andes colombiennes, et le Guaviare, que vous prétendez être un affluent, est tout bonnement l'Orénoque, colombien dans son cours supérieur, venezuelien dans son cours inférieur.

— Erreur, certifiait l'autre, c'est l'Atabapo qui est l'Orénoque et non le Guaviare.

— Eh! mes amis, répondit M. Miguel, j'aime mieux croire que l'un des plus beaux fleuves de l'Amérique n'arrose pas d'autre pays que le nôtre!

— Il ne s'agit pas d'une question d'amour-propre, répliqua M. Varinas, mais d'une vérité géographique. Le Guaviare...

— Non... l'Atabapo! » s'écria M. Felipe.

Et les deux adversaires, qui s'étaient vivement levés, se regardèrent dans le blanc des yeux.

« Messieurs... messieurs! » répéta M. Miguel, excellent homme très conciliant de sa nature.

Il y avait une carte suspendue au mur de la salle, alors troublée par les éclats de cette discussion. Sur cette carte, à grands points, se développait l'aire de neuf cent soixante-douze mille kilomètres superficiels de l'État hispano-américain du Venezuela. Combien l'avaient modifié les événements politiques depuis l'année (1499) où Hojeda, le compagnon du Florentin Amerigo Vespucci, débarquant sur le littoral du golfe de Maracaïbo, découvrait une bourgade bâtie sur pilotis au milieu des lagunes, et à laquelle il donnait le nom de Venezuela, ou « Petite Venise ». Après la guerre de l'Indépendance, dont Simon Bolivar fut le héros, après la fondation de la capitainerie générale de Caracas, après cette séparation opérée en 1839 entre la Colombie et le Venezuela, — séparation qui fit de ce dernier une république indépendante, — la carte le représentait tel que l'établit le Statut fondamental. Des lignes coloriées séparaient le département de l'Orénoque en trois provinces : Varinas, Guyana, Apure. Le relief de son système orographique, les ramifications de son système hydrographique, s'y accusaient nettement par des hachures multiples avec le réseau de ses fleuves et de ses rivières. On y voyait se développer sur la mer des Antilles sa frontière maritime depuis la province de Maracaïbo avec la ville de ce nom pour capitale, jusqu'aux bouches de l'Orénoque qui le séparent de la Guyane anglaise.

M. Miguel regardait cette carte, laquelle, de toute évidence, lui donnait raison contre ses collègues Felipe et Varinas. Précisément, à la surface du Venezuela, un grand fleuve, minutieusement dessiné, traçait son élégant demi-cercle, et, aussi bien à sa première courbure, où un affluent, l'Apure, lui verse ses eaux, qu'à la seconde, où le Guaviare et l'Atabapo lui apportent celles des Cordillères andines, il était uniquement baptisé de ce magnifique nom d'Orénoque sur tout son parcours.

Pourquoi donc MM. Varinas et Felipe s'obstinaient-ils à chercher les sources de ce cours d'eau dans les montagnes de la Colombie, et non dans le massif de la sierra Parima, voisine du mont Roraima, gigantesque borne milliaire, haute de deux mille trois cents mètres, où s'appuient les angles de ces trois États du Sud-Amérique, le Venezuela, le Brésil, la Guyane anglaise ?

Il est juste de le mentionner, ces deux géographes n'étaient pas seuls à professer pareille opinion. Malgré les assertions de hardis explorateurs qui remontèrent l'Orénoque presque jusqu'à sa source, Diaz de la Fuente en 1760, Bobadilla en 1764, Robert Schomburgk en 1840, malgré la reconnaissance opérée par le Français Chaffanjon, cet audacieux voyageur qui déploya le pavillon de la France sur les pentes de la Parima, toute suintante des premières gouttes d'eau de l'Orénoque, — oui ! malgré tant de constatations qui paraissaient être décisives, la question n'était pas résolue pour certains esprits tenaces, disciples de saint Thomas, aussi exigeants, en fait de preuves, que cet antique patron de l'incrédulité.

Cependant, de prétendre que cette question passionnait la population à cette époque, en l'an 1893, ce serait s'exposer à être taxé d'exagération. Que, deux ans auparavant, elle eût pris intérêt à la délimitation des frontières, lorsque l'Espagne, chargée de l'arbitrage, fixa les limites définitives entre la Colombie et le Venezuela, soit. De même, s'il se fût agi d'une exploration ayant pour but de déterminer la frontière le long du Brésil. Mais sur deux millions deux cent cinquante mille habitants, qui comprennent trois cent vingt-cinq mille Indiens « apprivoisés » ou indépendants au milieu de leurs forêts et de leurs savanes, cinquante mille noirs, puis, mélangés par le sang, des métis, des blancs, des étrangers ou farangos anglais, italiens, hollandais, français, allemands, il est indubitable que c'était l'infime minorité qui pût s'acharner à cette thèse d'hydrographie.

Dans tous les cas, il se trouvait au moins deux Venezueliens, le susdit Varinas pour revendiquer le droit du Guaviare, le susdit Felipe pour soutenir le droit de l'Atabapo, à s'appeler Orénoque, sans compter quelques partisans qui, le cas échéant, leur prêteraient main forte.

Il ne faudrait pas croire, toutefois, que M. Miguel et ses deux amis fussent de ces vieux savants, encroûtés dans la science, au crâne dénudé, à la barbe blanche. Non! savants, ils l'étaient et jouissaient tous les trois d'une considération méritée, qui dépassait les bornes de leur pays. Le plus âgé, M. Miguel, avait quarante-cinq ans, les deux autres quelques années de moins. Hommes très vifs, très démonstratifs, ils ne démentaient pas leur origine basque, qui est celle de l'illustre Bolivar et du plus grand nombre des blancs dans ces républiques de l'Amérique méridionale, ayant parfois un peu de sang corse et de sang indien dans les veines, mais pas un seul globule de sang nègre.

Ces trois géographes se rencontraient chaque jour à la bibliothèque de l'Université de Ciudad-Bolivar. Là, MM. Varinas et Felipe, si décidés qu'ils fussent à ne point la recommencer, se laissaient emporter dans une discussion interminable au sujet de l'Orénoque... Même après l'exploration si probante du voyageur français, les défenseurs de l'Atabapo et du Guaviare s'obstinaient dans leur dire.

On l'a vu par les quelques répliques rapportées au début de cette histoire. Et la dispute allait, continuant de plus belle, en dépit de M. Miguel, impuissant à modérer les vivacités de ses deux collègues.

C'était pourtant un personnage qui imposait avec sa haute taille, sa noble figure aristocratique, sa barbe brune à laquelle se mêlaient quelques poils argentés, l'autorité de sa situation, et le chapeau tromblon dont il se coiffait à l'exemple du fondateur de l'indépendance hispano-américaine.

Et, ce jour-là, M. Miguel de répéter d'une voix pleine, calme, pénétrante :

« Ne vous emportez pas, mes amis! Qu'il coule de l'est ou de l'ouest, l'Orénoque n'en est pas moins un fleuve venezuelien, le père des eaux de notre république...

— Il ne s'agit pas de savoir de qui il est le père, répondit le bouillant Varinas, mais de qui il est le fils, s'il est né du massif de la Parima ou des Andes colombiennes...

— Des Andes... des Andes! » riposta M. Felipe, en haussant les épaules.

Évidemment, ni l'un ni l'autre ne céderaient au sujet de l'acte de naissance de l'Orénoque, et ils s'entêteraient à lui attribuer chacun un père différent.

« Voyons, chers collègues, reprit M. Miguel, désireux de les amener à se faire des concessions, il suffit de jeter les yeux sur cette carte pour reconnaître ceci : c'est que, d'où qu'il vienne, et surtout s'il vient de l'est, l'Orénoque forme une courbe très harmonieuse, un demi-cercle mieux dessiné que ce malencontreux zigzag que lui donneraient l'Atabapo ou le Guaviare...

— Eh! qu'importe que le dessin en soit harmonieux ou non... s'écria M. Felipe.

— S'il est exact et conforme à la nature du territoire! » s'exclama M. Varinas.

Et, en effet, peu importait que les courbes fussent ou ne fussent pas artistement tracées. C'était une question purement géographique, non une question d'art. L'argumentation de M. Miguel portait à faux. Il le sentit bien. Aussi la pensée lui vint-elle de lancer dans la discussion un nouvel élément de nature à la modifier. A coup sûr, ce ne serait pas le moyen d'accorder les deux adversaires. Il est vrai, peut-être, comme des chiens déviés de leur voie, s'acharneraient-ils à la poursuite d'un troisième sanglier.

« Soit, dit M. Miguel, et laissons de côté cette manière d'envisager la chose. Vous prétendez, Felipe, et avec quelle obstination! que l'Atabapo, loin d'être un affluent de notre grand fleuve, est le fleuve lui-même...

— Je le prétends.

— Vous soutenez, Varinas, et avec quel entêtement! que c'est, au contraire, le Guaviare qui serait l'Orénoque en personne...

— Je le soutiens.

— Eh bien, reprit M. Miguel, dont le doigt suivait sur la carte le cours d'eau en discussion, pourquoi ne vous tromperiez-vous pas tous les deux?...

— Tous les deux!... s'écria M. Felipe.

— Un seul de nous se trompe, affirma M. Varinas, et ce n'est pas moi!

— Écoutez donc jusqu'au bout, dit M. Miguel, et ne répondez point avant d'avoir entendu. Il existe d'autres affluents que le Guaviare et l'Atabapo, qui versent leur apport à l'Orénoque, des tributaires d'une importance caractéristique et par leur parcours et par leur débit. Tels sont le Caura dans sa partie septentrionale, l'Apure et le Meta dans sa partie occidentale, le Cassiquiare et l'Iquapo dans sa partie méridionale. Les apercevez-vous là, sur cette carte?... Eh bien, je vous le demande, pourquoi l'un de ces affluents ne serait-il pas l'Orénoque plutôt que votre Guaviare, mon cher Varinas, et que votre Atabapo, mon cher Felipe? »

C'était la première fois que cette proposition voyait le jour, et l'on ne peut s'étonner si les deux contradicteurs restèrent muets tout d'abord en l'entendant formuler. Comment, la question ne serait plus seulement entre l'Atabapo et le Guaviare?... Comment, d'autres prétendants surgiraient à la voix de leur collègue?...

« Allons donc! s'écria M. Varinas. Ce n'est pas sérieux, et ce n'est pas sérieusement que vous parlez, monsieur Miguel...

— Très sérieusement, au contraire, et je trouve naturelle, logique et par conséquent admissible cette opinion que d'autres tributaires puissent se disputer l'honneur d'être le véritable Orénoque...

— Vous plaisantez! riposta M. Felipe.

— Je ne plaisante jamais quand il s'agit de questions géogra phiques, répondit gravement M. Miguel. Il y a sur la rive droite du cours supérieur le Padamo...

— Votre Padamo n'est qu'un ruisseau auprès de mon Guaviare! riposta M. Varinas.

— Un ruisseau que les géographes considèrent comme aussi important que l'Orénoque, répondit M. Miguel. Il y a sur la rive gauche le Cassiquiare...

— Votre Cassiquiare n'est qu'un ruisselet auprès de mon Atabapo! s'écria M. Felipe.

— Un ruisselet qui met en communication les bassins venezuelien et amazonien! Sur la même rive, il y a le Meta...

— Mais votre Meta n'est qu'un robinet de fontaine...

— Un robinet d'où sort un cours d'eau que les économistes regardent comme devant être le futur chemin entre l'Europe et les territoires colombiens. »

On le voit, M. Miguel, très documenté, avait réponse à tout, et continuant :

« Sur la même rive, reprit-il, il y a l'Apure, le fleuve des llanos, que les navires peuvent remonter pendant plus de cinq cents kilomètres. »

Ni M. Felipe, ni M. Varinas ne relevèrent cette affirmation. Cela tenait à ce qu'ils étaient comme à demi suffoqués par l'aplomb de M. Miguel.

« Enfin, ajouta celui-ci, sur la rive droite, il y a le Cuchivero, le Caura, le Caroni...

— Quand vous aurez achevé de débiter cette nomenclature... dit M. Felipe.

— Nous discuterons, ajouta M. Varinas, qui venait de se croiser les bras.

— J'ai fini, répondit M. Miguel, et si vous voulez connaître mon opinion personnelle...

— En vaut-elle la peine ?... répliqua d'un ton d'ironie supérieure M. Varinas.

« Ne vous emportez pas, mes amis ! » (Page 6.)

— C'est peu probable ! déclara M. Felipe.

— La voici, cependant, mes chers collègues. Aucun de ces affluents ne saurait être considéré comme étant la rivière maîtresse, celle à laquelle appartient légitimement le nom d'Orénoque. Donc, à mon avis, cette dénomination ne peut être appliquée ni à l'Atabapo, recommandé par mon ami Felipe...

— Erreur ! affirma celui-ci.

— Ni au Guaviare, recommandé par mon ami Varinas...

— Hérésie! affirma ce dernier.

— Et j'en conclus, ajouta M. Miguel, que le nom d'Orénoque doit être conservé à la partie supérieure du fleuve dont les sources sont situées dans les massifs de la Parima. Il coule tout entier à travers le territoire de notre république et il n'en arrose aucun autre. Le Guaviare et l'Atabapo voudront bien se contenter de n'être que de simples tributaires, ce qui est, en somme, une situation géographique très acceptable...

— Que je n'accepte pas... répliqua M. Felipe.

— Que je refuse! » répliqua M. Varinas.

Le résultat de l'intervention de M. Miguel dans cette discussion hydrographique fut uniquement que trois personnes au lieu de deux se jetèrent à la tête le Guaviare, l'Orénoque et l'Atabapo. La querelle dura une heure encore, et peut-être n'aurait-elle jamais pris terme, si M. Felipe d'un côté, M. Varinas de l'autre, ne se fussent écriés :

« Eh bien... partons...

— Partir ?... répondit M. Miguel, qui ne s'attendait guère à cette proposition.

— Oui! ajouta M. Felipe, partons pour San-Fernando, et là si je ne vous prouve pas péremptoirement que l'Atabapo, c'est l'Orénoque...

— Et moi, riposta M. Varinas, si je ne vous démontre pas catégoriquement que l'Orénoque, c'est le Guaviare...

— C'est que moi, dit M. Miguel, je vous aurai obligés de reconnaître que l'Orénoque est bien l'Orénoque ! »

Et voilà dans quelles circonstances, à la suite de quelle discussion, ces trois personnages résolurent d'entreprendre un pareil voyage. Peut-être cette nouvelle expédition fixerait-elle enfin le cours du fleuve vénézuélien, en admettant qu'il ne l'eût pas été définitivement par les derniers explorateurs.

Du reste, il ne s'agissait que de le remonter jusqu'à la bourgade de San-Fernando, à ce coude où le Guaviare et l'Atabapo versent leurs eaux à quelques kilomètres l'un de l'autre. Quand il serait établi que l'un et l'autre n'étaient, ne pouvaient être que de simples affluents, force serait de donner raison à M. Miguel et de confirmer à l'Orénoque son état civil de fleuve dont d'indignes rivières prétendaient le déposséder.

Qu'on ne s'étonne pas si cette résolution, née au cours d'une discussion orageuse, allait être immédiatement suivie d'effet. Qu'on ne s'étonne pas davantage du bruit qu'elle produisit dans le monde savant, parmi les classes supérieures de Ciudad-Bolivar, et si elle passionna bientôt toute la république venezuelienne.

Il en est de certaines villes comme de certains hommes : avant d'avoir un domicile fixe et définitif, ils hésitent, ils tâtonnent. C'est ce qui advint pour le chef-lieu de cette province de la Guyane, depuis la date de son apparition, en 1576, sur la rive droite de l'Orénoque. Après s'être établie à l'embouchure du Caroni sous le nom de San-Tomé, elle fut reportée dix ans plus tard à quinze lieues en aval. Brûlée par les Anglais sous les ordres du célèbre Walter Raleigh, elle se déplaça, en 1764, de cent cinquante kilomètres vers l'amont, en un endroit où la largeur du fleuve est réduite à moins de quatre cents toises. De là ce nom d' « Étroit » Angostura, qui lui fut alors donné pour s'effacer enfin devant celui de Ciudad-Bolivar.

Ce chef-lieu de province est situé à cent lieues environ du delta de l'Orénoque, dont l'étiage, indiqué par la piedra del Midio, roche qui se dresse au milieu du courant, varie considérablement sous l'influence de la saison sèche de janvier à mai, ou de la saison pluvieuse.

Cette ville, à laquelle le dernier recensement attribue onze à douze mille habitants, se complète du faubourg de la Soledad, sur la rive gauche. Elle s'étend depuis la promenade de l'Alameda jusqu'au quartier du « Chien-Sec », appellation singulière, puisque ce quartier, en contre-bas, est, plus que tout autre, sujet aux inondations provoquées par les subites et copieuses crues de l'Orénoque.

La rue principale, avec ses édifices publics, ses magasins élégants, ses galeries couvertes, les maisons échelonnées au flanc de cette colline schisteuse qui domine la cité, l'éparpillement des habitations rurales sous les arbres qui les encorbeillent, ces sortes de lacs que le fleuve forme par son élargissement en aval et en amont, le mouvement et l'animation du port, les nombreux navires à voile et à vapeur témoignant de l'activité du commerce fluvial, doublé d'un important trafic qui se fait par terre, tout cet ensemble contribue à charmer les yeux.

Par la Soledad, où doit aboutir le chemin de fer, Ciudad-Bolivar ne tardera pas à se relier avec Caracas, la capitale venezuelienne. Ses exportations en peaux de bœufs et de cerfs, en café, en coton, en indigo, en cacao, en tabac y gagneront une extension nouvelle, si accrues qu'elles soient déjà par l'exploitation des gisements de quartz aurifère, découverts en 1840 dans la vallée du Yuruauri.

Donc, la nouvelle que les trois savants, membres de la Société de géographie du Venezuela, allaient partir pour trancher la question de l'Orénoque et de ses deux affluents du sud-ouest, eut un vif retentissement dans le pays. Les Bolivariens sont démonstratifs, passionnés, ardents. Les journaux s'en mêlèrent, prenant parti pour les Atabaposistes, les Guaviariens et les Orénoquois. Le public s'enflamma. On eût dit vraiment que ces cours d'eau menaçaient de changer de lit, de quitter les territoires de la république, d'émigrer en quelque autre état du Nouveau-Monde, si on ne leur rendait pas justice.

Ce voyage, à la remontée du fleuve, offrait-il des dangers sérieux? Oui, dans une certaine mesure, pour des voyageurs qui eussent été réduits à leurs seules ressources. Mais cette question vitale ne valait-elle pas que le gouvernement fît quelques sacrifices afin de la résoudre? N'était-ce pas une occasion tout indiquée d'utiliser cette milice qui pourrait avoir deux cent cinquante mille hommes dans le rang, et qui n'en a jamais réuni plus du dixième? Pourquoi ne pas mettre à la disposition des explorateurs une compagnie de l'armée

LES JOURNAUX S'EN MÊLÈRENT. (Page 12.)

permanente qui compte six mille soldats et dont l'état-major a possédé jusqu'à sept mille généraux, sans parler des officiers supérieurs, ainsi que l'établit Élisée Reclus, toujours si parfaitement documenté sur ces curiosités ethnographiques.

Ils n'en demandaient pas tant, MM. Miguel, Felipe et Varinas. C'est à leurs frais qu'ils voyageraient, sans autre escorte que les péons, les llaneros, les mariniers, les guides qui séjournent le long des rives du fleuve. Ils feraient ce que bien d'autres pionniers de la science avaient fait avant eux. D'ailleurs, ils ne devaient pas dépasser la bourgade de San-Fernando, bâtie au confluent de l'Atabapo et du Guaviare. Or, c'est principalement sur les territoires traversés par le haut cours du fleuve qu'il y a plutôt lieu de redouter l'attaque des Indiens, ces tribus indépendantes, si difficiles à contenir et auxquelles on attribue, non sans raison, des massacres et des pillages dont on ne saurait être surpris en un pays qui fut autrefois peuplé de Caraïbes.

Sans doute, en aval de San-Fernando, vers l'embouchure du Meta, sur les territoires de l'autre rive, il ne fait pas bon rencontrer certains Guahibos, toujours réfractaires aux lois sociales, et ces Quivas dont la réputation de férocité n'était que trop justifiée par leurs attentats en Colombie, avant qu'ils se fussent transportés aux rives de l'Orénoque.

Aussi, à Ciudad-Bolivar, n'était-on pas sans quelque inquiétude sur le sort de deux Français partis depuis un mois environ. Après avoir remonté le cours du fleuve, et dépassé le confluent du Meta, ces voyageurs, aventurés à travers ce pays des Quivas et des Guahibos, on ne savait ce qu'ils étaient devenus.

Il est vrai, le cours supérieur de l'Orénoque, moins connu d'ailleurs, soustrait par son éloignement même à l'action des autorités vénézuéliennes, dépourvu de tout commerce, livré aux bandes errantes des indigènes, est encore infiniment plus redoutable. En réalité, si les Indiens sédentaires, à l'ouest et au nord du grand fleuve, sont de mœurs plus douces, se livrant à des travaux agricoles, il n'en va pas ainsi de ceux qui vivent au milieu des savanes du département de l'Orénoque. Pillards par intérêt et par nécessité, ils ne reculent ni devant la trahison ni devant l'assassinat.

Sera-t-il possible dans l'avenir de prendre quelque empire sur ces natures farouches et indomptables? Ce qui ne peut réussir pour les fauves des llanos, réussira-t-il avec ces naturels des plaines de l'Alto Orinoco? La vérité est que de hardis missionnaires l'ont essayé sans grand résultat.

Et même l'un d'eux, un Français, appartenant aux Missions étrangères, se trouvait depuis quelques années dans ces hautes régions du fleuve. Son courage et sa foi avaient-ils été récompensés?... Était-il parvenu à civiliser ces peuplades sauvages, à les convertir aux pratiques du catholicisme?... Avait-on lieu de croire que le courageux apôtre de la Mission de Santa-Juana eût pu grouper autour de lui ces Indiens, réfractaires jusqu'alors à toute tentative de civilisation?...

En somme, pour en revenir à M. Miguel et à ses deux collègues, il ne s'agissait pas de se hasarder en ces lointaines contrées dominées par le massif de Roraima. Et cependant, s'il l'avait fallu dans l'intérêt de la science géographique, ils n'auraient pas hésité à relever jusqu'aux sources l'Orénoque aussi bien que le Guaviare et l'Atabapo. Leurs amis espéraient, toutefois, — non sans raison, — que cette question d'origine serait résolue au confluent des trois fleuves. D'ailleurs, on admettait généralement que ce serait en faveur de cet Orénoque, lequel, après avoir reçu trois cents rivières et parcouru deux mille cinq cents kilomètres, va, par les ramures de cinquante bras, se jeter dans l'Atlantique.

CARACAS. (Page 25.)

II

LE SERGENT MARTIAL ET SON NEVEU.

Le départ de ce trio de géographes, — un trio dont les exécutants ne parvenaient point à accorder leurs flûtes, — avait été fixé au 12 août, en pleine saison des pluies.

La veille de ce jour, deux voyageurs, descendus à un hôtel de Ciudad-Bolivar, causaient dans la chambre de l'un d'eux, vers huit heures du soir. Une légère brise rafraîchissante entrait par la fenêtre, qui s'ouvrait sur la promenade de l'Alameda.

En ce moment, le plus jeune de ces voyageurs venait de se lever, et dit à l'autre en français :

« Écoute-moi bien, mon bon Martial, et, avant de prendre le lit, je te rappelle une dernière fois tout ce qui a été convenu entre nous avant notre départ.

— Comme vous voudrez, Jean...

— Allons, s'écria Jean, voilà que tu oublies déjà ton rôle dès les premiers mots!

— Mon rôle?...

— Oui... tu ne me tutoies pas...

— C'est juste!... Satané tutoiement!... Que voulez-vous... non!... que veux-tu?... le manque d'habitude...

— Le manque d'habitude, mon pauvre sergent!... Y penses-tu?... Voilà un mois que nous avons quitté la France, et tu m'as tutoyé pendant toute la traversée de Saint-Nazaire à Caracas.

— C'est pourtant vrai! répliqua le sergent Martial.

— Et maintenant que nous sommes arrivés à Bolivar, c'est-à-dire au point où commence ce voyage qui nous réserve tant de joie... peut-être tant de déceptions... tant de douleurs... »

Jean avait prononcé ces mots avec une émotion profonde. Sa poitrine se soulevait, ses yeux devenaient humides. Cependant il se maîtrisa, en voyant le sentiment d'inquiétude qui se peignit sur la rude figure du sergent Martial.

Et, alors, il reprit en souriant, d'un ton câlin :

« Oui... maintenant que nous sommes à Bolivar, il t'arrive d'oublier que tu es mon oncle et que je suis ton neveu...

— Quelle bête je fais! répondit le sergent Martial, en s'administrant une forte tape sur le front.

— Non... mais tu te troubles, et, au lieu que ce soit toi qui veilles sur moi, il faudra que... Voyons, mon bon Martial, n'est-il pas d'usage qu'un neveu soit tutoyé par son oncle?...

— C'est l'usage.

— D'ailleurs, est-ce que, depuis notre embarquement, je ne t'ai pas donné l'exemple en te disant tu?...

— Oui... et pourtant... tu n'as pas commencé trop...

— Trop petit!... interrompit Jean en insistant sur la dernière syllabe de ce mot.

— Oui... petit... petit! répéta le sergent Martial, dont le regard s'adoucissait en se fixant sur son prétendu neveu.

— Et n'oublie pas, ajouta celui-ci, que « petit » cela se dit *pequeño* en espagnol.

— *Pequeño*, répéta de nouveau le sergent Martial. Bon, ce mot-là!... Je le sais, puis une cinquantaine d'autres encore... guère plus, malgré tout ce que j'ai pu y mettre d'attention!

— Oh! la tête dure! reprit Jean. Est-ce que chaque jour je ne t'ai pas fait réciter ta leçon d'espagnol pendant la traversée du *Pereire*...

— Que veux-tu, Jean?... C'est terrible pour un vieux soldat de mon âge, qui a parlé le français toute sa vie, d'apprendre ce charabia des Andalouses!... Vrai! j'ai de la peine à m'espagnoliser, comme dit cet autre...

— Cela viendra, mon bon Martial.

— C'est même déjà venu pour la cinquantaine de mots, dont j'ai parlé. Je sais demander à manger : « *Deme usted algo de comer* »; à boire : « *Deme usted de beber* »; à coucher : « *Deme usted una cama* »; par où aller : « *Enseñeme usted el camino* »; combien ça coûte : « *Cuánto vale esto?* ». Et je sais dire merci : « *Gracias!* » et bonjour : « *Buenos dias* », et bonsoir : « *Buenas noches* », et comment vous portez-vous : « *Comó esta usted?* ». Et je suis capable de jurer comme un Aragonais ou un Castillan... *Carambi de carambo de caramba*...

— Bon... bon!... s'écria Jean, en rougissant un peu. Ce n'est pas moi qui t'ai appris ces jurons-là, et tu ferais mieux de ne pas les servir à tout propos...

— Que veux-tu, Jean?... Habitude d'ancien sous-off!... Toute ma vie j'ai lancé des nom d'un bonhomme, des nom d'un tonnerre... et quand on ne l'assaisonne pas de quelques sacrediés, il me semble que la conversation manque de charme! Aussi ce qui me plait dans ce baragouin espagnol que tu parles comme une señora...

— Eh bien, Martial?...

— Oui... entendu!... c'est que dans ce baragouin, il y a des jurons à revendre... presque autant que de mots...

— Et ce sont ceux-là que tu as naturellement retenus le plus facilement...

— J'en conviens, Jean, et ce n'est pas le colonel de Kermor, lorsque je servais sous ses ordres, qui m'aurait reproché mes tonnerre de Brest! »

Au nom du colonel de Kermor, on aurait pu voir s'altérer l'expressif visage du jeune garçon, tandis qu'une larme mouillait les paupières du sergent Martial.

« Vois-tu, Jean, reprit-il, Dieu viendrait me dire : « Sergent, dans
« une heure tu serreras la main de ton colonel, mais je te foudroie-
« rai deux minutes après, » que je lui répondrais : « C'est bien,
« Seigneur... prépare ta foudre et vise au cœur! »

Jean se rapprocha du vieux soldat, il lui essuya ses larmes, il regarda avec attendrissement ce bon être, rude et franche nature, capable de tous les dévouements. Et, comme celui-ci l'attirait sur sa poitrine, le pressait entre ses bras : « Il ne faut pas m'aimer tant que cela, mon sergent! lui dit-il en le câlinant.

— Est-ce que c'est possible?...

— Possible... et nécessaire... du moins devant le monde, quand on nous observe...

— Mais quand on ne nous observe pas...

— Libre à toi de me traiter avec plus de douceur, en prenant des précautions...

— Ce sera difficile !

— Rien n'est difficile, lorsque c'est indispensable. N'oublie pas ce que je suis, un neveu qui a besoin d'être sévèrement traité par son oncle...

— Sévèrement !... repartit le sergent Martial en levant ses grosses mains vers le ciel.

— Oui... un neveu que tu as dû emmener avec toi dans ce voyage... parce qu'il n'y avait pas moyen de le laisser seul à la maison... de peur de quelque sottise...

— Sottise !

— Un neveu dont tu veux faire un soldat comme toi...

— Un soldat !...

— Oui... un soldat... qu'il convient d'élever à la dure, et auquel tu ne dois pas ménager les corrections, quand il les mérite...

— Et s'il n'en mérite pas ?...

— Il en méritera, répondit Jean en souriant, car c'est un mauvais conscrit...

— Un mauvais conscrit !...

— Et lorsque tu l'auras corrigé en public...

— Je lui demanderai pardon en particulier ! s'écria le sergent Martial.

— Comme il te plaira, mon brave compagnon, à la condition que personne ne nous regarde ! »

Le sergent Martial embrassa son neveu, après avoir fait observer que nul indiscret ne pouvait les voir dans cette pièce bien close de l'hôtel.

« Et maintenant, mon ami, dit Jean, l'heure est venue de se coucher. Regagne ta chambre à côté, et je m'enfermerai dans la mienne.

— Veux-tu que je veille la nuit à ta porte ?... demanda le sergent Martial.

— C'est inutile... Il n'y a aucun danger...

— Sans doute, mais...

— Si c'est de cette manière que tu me gâtes dès le début, tu joueras bien mal ton rôle d'oncle féroce...

— Féroce!... Est-ce que je puis être féroce envers toi?...

— Il le faut... pour écarter tous les soupçons.

— Aussi... Jean, pourquoi as-tu voulu venir?...

— Parce que je le devais.

— Pourquoi n'es-tu pas resté dans notre maison... là-bas... à Chantenay... ou à Nantes?...

— Parce ce que mon devoir était de partir.

— Est-ce que je n'aurais pas pu entreprendre ce voyage tout seul?...

— Non.

— Des dangers, c'est mon métier de les braver!... Je n'ai fait que cela toute ma vie!... Et, d'ailleurs, ils ne sont pas pour moi ce qu'ils seraient pour toi...

— Aussi ai-je tenu à devenir ton neveu, mon oncle.

— Ah! si mon colonel avait pu être consulté là-dessus!... s'écria le sergent Martial.

— Et comment?... répondit Jean, dont le front s'obscurcit.

— Non... c'était impossible!... Mais, après avoir obtenu à San-Fernando des renseignements certains, s'il nous est jamais donné de le revoir, que dira-t-il?...

— Il remerciera son ancien sergent de ce que celui-ci se sera rendu à mes prières, de ce qu'il aura consenti à me laisser entreprendre ce voyage!... Il te pressera dans ses bras en disant que tu as fait ton devoir, comme j'ai fait le mien!

— Enfin... enfin... s'écria le sergent Martial, tu m'auras tourné et retourné comme tu l'as voulu!

— C'est dans l'ordre, puisque tu es mon oncle, et qu'un oncle doit toujours obéir à son neveu... pas devant le monde, par exemple!

— Non... pas devant le monde... C'est la consigne!

— Et, maintenant, mon bon Martial, va dormir et dors bien. Demain nous devons embarquer dès la première heure sur le bateau de l'Orénoque, et il ne faut pas manquer le départ.

Le sergent Martial et Jean de Kermor.

« — Bonsoir, Jean.
— Bonne nuit, mon ami, mon seul ami ! — A demain, et que Dieu nous protège ! »

Le sergent Martial se dirigea vers la porte, l'ouvrit, la referma avec soin, s'assura que Jean tournait la clef et poussait le verrou à l'intérieur. Quelques instants il resta immobile, l'oreille appuyée contre le panneau. Il entendit Jean, qui, avant de se mettre au lit, faisait sa prière dont le murmure arriva jusqu'à lui. Puis, lorsqu'il eut la certitude que le jeune garçon était couché, il passa dans sa chambre, et sa seule prière — à lui — consista à dire en se frappant la tête du poing :

« Oui !... que le Seigneur nous protège, car c'est diantrement raide tout de même ! »

Quels sont ces deux Français ?... D'où viennent-ils ?... Quel motif les amène au Venezuela ?... Pourquoi se sont-ils résolus à jouer ce rôle d'oncle et de neveu ?... Dans quel but vont-ils prendre passage à bord de l'un des bateaux de l'Orénoque, et jusqu'où remonteront-ils le grand fleuve ?...

A ces multiples questions, il est encore impossible de répondre d'une façon explicite. L'avenir le fera, sans doute, et, en réalité, l'avenir seul le peut faire.

Toutefois voici ce qu'il était permis de déduire, d'après la conversation rapportée ci-dessus.

C'étaient deux Français, deux Bretons, deux Nantais. S'il n'y a pas de doute sur leur origine, il y en a sur les liens qui les unissent, et il est moins facile de dire quelle situation ils ont l'un vis-à-vis de l'autre. Et, d'abord, qui était ce colonel de Kermor dont le nom revenait souvent entre eux et leur causait une si profonde émotion ?

Dans tous les cas, ce jeune garçon ne paraît pas avoir plus de seize à dix-sept ans. Il est de taille moyenne et semble doué d'une constitution vigoureuse pour son âge. Sa figure est un peu sévère, triste même, lorsqu'il s'abandonne à ses pensées habituelles ; mais sa physionomie est charmante, avec le doux regard de ses yeux, le sourire de sa bouche aux petites dents blanches, la carnation chaude de ses joues, assez hâlées d'ailleurs par l'air vif des dernières traversées.

L'autre de ces deux Français, — il est sur la limite de la soixantaine, — reproduit bien le type du sergent, du briscard d'autrefois, qui a servi tant que son âge lui a permis de rester au service. Ayant pris sa retraite comme sous-officier, il a servi sous les ordres du colonel de Kermor, lequel lui a même sauvé la vie sur le champ de bataille pendant cette guerre du second empire que termina le désastre de 1870-1871. C'est un de ces vieux braves qui restent dans la maison de leur ancien chef, dévoués et grondeurs, qui deviennent le factotum de la famille, qui voient élever les enfants, quand ils ne les élèvent pas eux-mêmes, qui les gâtent, quoi qu'on puisse dire, qui leur donnent leurs premières leçons d'équitation en les achevalant sur leurs genoux, et leurs premières leçons de chant en leur apprenant les fanfares du régiment.

Le sergent Martial, malgré ses soixante ans, est encore droit et vigoureux. Endurci, trempé pour le métier de soldat, et sur lequel le froid et le chaud n'ont plus de prise, il ne cuirait pas au Sénégal et ne gèlerait pas en Russie. Sa constitution est solide, son courage à toute épreuve. Il n'a peur de rien, ni de personne, si ce n'est de lui-même, car il se défie de son premier mouvement. Haut de stature, maigre pourtant, ses membres n'ont rien perdu de leur force, et à l'âge qu'il a, il a conservé toute la raideur militaire. C'est un grognard, une vieille moustache, soit! Mais, au demeurant, quelle bonne nature, quel excellent cœur, et que ne ferait-il pas pour ceux qu'il aime! Il semble, d'ailleurs, que ceux-là se réduisent à deux en ce bas monde, le colonel de Kermor, et Jean, dont il a consenti à devenir l'oncle.

Aussi, avec quelle méticuleuse sollicitude il veille sur ce jeune garçon! Comme il l'entoure de soins, bien qu'il soit décidé qu'il se montrera très sévère à son égard! Pourquoi cette dureté de commande, pourquoi ce rôle qui lui répugnait tant à remplir, il n'aurait pas fallu le lui demander. Quels regards farouches on aurait essuyés! Quelle réponse malsonnante on aurait reçue! Enfin, avec quelle grâce on eût été « envoyé promener ».

C'est même de la sorte que les choses s'étaient passées pendant la navigation entre l'ancien et le nouveau continent à travers l'Atlantique. Ceux des passagers du *Pereire* qui avaient voulu se lier avec Jean, qui avaient cherché à lui parler, à lui rendre de ces petits services si communs à bord, qui avaient paru s'intéresser à ce jeune garçon, durement mené par cet oncle bourru et peu sociable, comme ils avaient été remis à leur place, avec injonction de ne pas recommencer!

Si le neveu était vêtu d'un simple costume de voyage, large de coupe, le veston et le pantalon flottant, le chapeau-casque d'étoffe blanche sur des cheveux tondus courts, les bottes à forte semelle, l'oncle, au contraire, était sanglé dans sa longue tunique. Elle n'était pas d'uniforme, mais elle rappelait la tenue militaire. Il n'y manquait que les brisques et les épaulettes. Impossible de faire comprendre au sergent Martial que mieux valait des habits amples appropriés au climat venezuelien, et que, par conséquent, il aurait dû les adopter. S'il ne portait pas le bonnet de police, c'est que Jean l'avait obligé à se coiffer d'un casque de toile blanche, semblable au sien, lequel protège mieux que toute autre coiffure contre les ardeurs du soleil.

Le sergent Martial avait obtempéré à l'ordre. Mais « ce qu'il se fichait pas mal du soleil ! » avec sa tête fourrée de cheveux ras et rudes, et son crâne en tôle d'acier.

Il va de soi que, sans être trop encombrantes, les valises de l'oncle et de son neveu contenaient, en fait de vêtements de rechange, de linge, d'ustensiles de toilette, de chaussures, tout ce qu'exigeait un pareil voyage, étant donné qu'on ne pourrait rien renouveler en route. Il y avait des couvertures pour le coucher, et aussi des armes et des munitions en quantité suffisante, une paire de revolvers pour le jeune garçon, une seconde paire pour le sergent Martial — sans compter une carabine, dont, très adroit tireur, il se promettait de faire bon usage à l'occasion.

A l'occasion?... Les dangers sont-ils donc si grands à travers les territoires de l'Orénoque, et convient-il d'être toujours sur la défensive, comme en ces pays de l'Afrique centrale?... Est-ce que les rives du fleuve et leurs abords sont incessamment battus par des bandes d'Indiens, pillards, massacreurs, anthropophages?...

Oui et non.

Ainsi qu'il ressort de la conversation de MM. Miguel, Felipe et Varinas, le bas Orénoque de Ciudad-Bolivar à l'embouchure de l'Apure ne présentait aucun danger. Sa partie moyenne, entre cette embouchure et San-Fernando de Atabapo, exigeait certaines précautions, surtout en ce qui concerne les Indiens Quivas. Quant au cours supérieur, il n'est rien moins que sûr, les tribus qui le fréquentent étant toujours en état de pleine sauvagerie.

On ne l'a pas oublié, il n'entrait pas dans les desseins de M. Miguel et ses deux collègues de dépasser la bourgade de San-Fernando. Le sergent Martial et son neveu iraient-ils plus loin?... Le but de leur voyage ne se trouvait-il pas au delà de cette bourgade?... Des circonstances imprévues ne les entraîneraient-elles pas jusqu'aux sources de l'Orénoque?... C'est ce que personne n'était en mesure de savoir, c'est ce qu'ils ne savaient pas eux-mêmes.

Ce qui était certain, c'est que le colonel de Kermor avait quitté la France depuis quatorze ans pour se rendre au Venezuela. Ce qu'il y faisait, ce qu'il était devenu, à la suite de quelles circonstances il avait voulu s'expatrier, sans même avoir prévenu son vieux compagnon d'armes, peut-être la suite de cette histoire l'apprendra-t-elle? On n'aurait rien pu trouver de précis à ce sujet dans l'entretien du sergent Martial et du jeune garçon.

Ce que tous deux avaient fait, le voici.

Trois semaines auparavant, après avoir quitté leur maison de Chantenay, près Nantes, ils avaient été s'embarquer, à Saint-Nazaire, sur le *Pereire*, paquebot de la Compagnie transatlantique, à destination des Antilles. De là, un autre navire les avait transportés à La Guayra, le port de Caracas. Puis, en quelques heures, le chemin de fer les avait conduits à la capitale du Venezuela.

Leur séjour à Caracas ne dura qu'une semaine. Ils ne l'employèrent point à visiter cette cité, sinon curieuse, du moins pittoresque, puisque, de sa partie basse à sa partie haute, la différence d'altitude se mesure par plus de mille mètres. A peine eurent-ils le loisir de monter sur sa colline du Calvaire, d'où le regard embrasse l'ensemble de ces maisons qui sont légèrement construites, afin de parer aux dangers des tremblements de terre, — tel celui de 1812, où périrent douze mille personnes.

On remarque cependant à Caracas de jolis parcs, plantés de groupes d'arbres dont la verdure est éternelle, quelques beaux édifices publics, un palais présidentiel, une cathédrale de belle architecture, des terrasses qui semblent dominer cette magnifique mer des Antilles, enfin toute l'animation d'une grande cité où l'on compte plus de cent mille habitants.

Et, cependant, ce spectacle ne fut pas pour distraire un seul instant le sergent Martial et son neveu de ce qu'ils étaient venus faire en cette ville. Ces huit jours, ils les occupèrent à réunir des renseignements relatifs au voyage qu'ils allaient entreprendre, qui les entraînerait peut-être jusqu'en ces régions lointaines et presque inconnues de la république vénézuelienne. Les indications qu'ils possédaient alors étaient bien incertaines, mais ils espéraient les compléter à San-Fernando. De là, Jean était résolu à continuer ses recherches aussi loin qu'il le faudrait, fût-ce sur les plus dangereux territoires du haut Orénoque.

Et si, alors, le sergent Martial voulait faire acte d'autorité, s'il prétendait empêcher Jean de s'exposer aux dangers d'une telle campagne, il se heurterait, — le vieux soldat ne le savait que trop, — à une ténacité vraiment extraordinaire chez un garçon de cet âge, une volonté que rien ne ferait fléchir, et il céderait, parce qu'il faudrait céder..

Voilà pourquoi ces deux Français, après être arrivés la veille à Ciudad-Bolivar, devaient en repartir le lendemain à bord du bateau à vapeur qui fait le service du bas Orénoque.

« Dieu nous protège, avait dit Jean... Oui!... qu'il nous protège... à l'aller comme au retour ! »

De vifs et bruyants encouragements leur furent adressés. (Page 30.)

III

A BORD DU SIMON-BOLIVAR.

« L'Orénoque sort du Paradis terrestre, » cela est dit dans les récits de Christophe Colomb.

La première fois que Jean énonça cette opinion du grand navigateur génois devant le sergent Martial, celui-ci se borna à répondre :
« Nous verrons bien ! »

Et peut-être avait-il raison de mettre en doute cette assertion de l'illustre découvreur de l'Amérique.

Également, paraît-il, il convenait de mettre au rang des pures légendes que le grand fleuve descendît du pays de l'El Dorado, ainsi que semblaient le croire les premiers explorateurs, les Hojeda, les Pinzon, les Cabral, les Magalhâez, les Valdivia, les Sarmiento, et tant d'autres qui s'aventurèrent à travers les régions du Sud-Amérique.

Dans tous les cas, l'Orénoque trace un immense demi-cercle à la surface du territoire entre les 3° et 8° parallèles au nord de l'Équateur, et dont la courbe s'étend au delà du 70° degré de longitude à l'ouest du méridien de Paris. Les Vénézuéliens sont fiers de leur fleuve, et il est visible que, sous ce rapport, MM. Miguel, Felipe et Varinas ne le cédaient à aucun de leurs compatriotes.

Et peut-être, même, eurent-ils la pensée de protester publiquement, contre le dire d'Élisée Reclus, dans le dix-huitième volume de sa *Nouvelle Géographie universelle*, qui attribue à l'Orénoque le neuvième rang parmi les fleuves de la terre, après l'Amazone, le Congo, le Parana-Uruguay, le Niger, le Yang-tse-Kiang, le Brahmapoutre, le Mississipi et le Saint-Laurent. Ne pouvaient-ils faire valoir que, d'après Diego Ordaz, un explorateur du seizième siècle, les Indiens le nommaient Paragua, c'est-à-dire : Grande-Eau?... Cependant, malgré un argument de cette force, ils ne donnèrent pas libre cours à leurs protestations, et peut-être firent-ils bien, tant l'œuvre du géographe français s'appuie sur des bases sérieuses.

Dès six heures du matin, le 12 août, le *Simon-Bolivar*, — on ne saurait s'étonner de ce nom, — était prêt à partir. Ces communications par bateaux à vapeur entre cette ville et les bourgades du cours de l'Orénoque ne dataient que de quelques années, et encore ne dépassent-elles pas l'embouchure de l'Apure. Mais en remontant cet affluent, les passagers et les marchandises peuvent se transporter jusqu'à San-Fernando[1] et même au delà, au port de Nutrias, grâce à la Compagnie venezuelienne, qui a fondé des services bi-mensuels.

Ce serait aux bouches de l'Apure, ou plutôt quelques milles en aval, à la bourgade de Caïcara, que ceux des voyageurs, qui devaient continuer leur voyage sur l'Orénoque, abandonneraient le *Simon-Bolivar*, afin de se confier aux rudimentaires embarcations indiennes.

Ce steamboat était construit pour naviguer sur ces fleuves dont l'étiage varie dans des proportions considérables depuis la saison sèche jusqu'à la saison pluvieuse. D'un gabarit semblable à celui des paquebots de la Magdalena de Colombie, il tirait aussi peu d'eau que possible, étant plat dans ses fonds. Comme unique propulseur, il possédait une énorme roue sans tambour disposée à l'arrière, et qui tourne sous l'action d'une assez puissante machine à double effet. Que l'on se figure une sorte de radeau surmonté d'une superstructure, le long de laquelle s'élevaient en abord les deux cheminées des chaudières. Cette superstructure, terminée par un spardeck, contenait les salons et cabines réservés aux passagers, le pont inférieur servant à l'empilement des marchandises, — ensemble qui rappelle les steamboats américains avec leurs balanciers et leurs bielles démesurés. Le tout est peinturluré de couleurs voyantes jusqu'au poste du pilote et du capitaine, établi au dernier étage sous les plis du pavillon de la république. Quant aux appareils évaporatoires, ils dévorent les forêts de la rive, et l'on aperçoit déjà d'interminables coupées, dues à la hache du bûcheron, qui s'enfoncent de chaque côté de l'Orénoque.

Ciudad-Bolivar étant située à quatre cent-vingt kilomètres des bouches de l'Orénoque, si le flot s'y fait encore sentir, du moins ne renverse-t-il pas le courant normal. Ce flot ne peut donc profiter aux embarcations qui naviguent vers l'amont. Toutefois, il s'y produit des crues qui, à la capitale même, peuvent dépasser douze à quinze mètres. Mais, d'une façon générale, l'Orénoque croît régulièrement jusqu'à la mi-août et conserve son niveau jusqu'à la fin de sep-

---

1. Il s'agit de San-Fernando de Apure qu'il ne faut pas confondre avec San-Fernando de Atabapo sur l'Orénoque.

tembre. Puis la baisse se continue jusqu'en novembre, avec légère recrudescence à cette époque, et ne prend fin qu'en avril.

Le voyage entrepris par M. Miguel et ses collègues allait donc s'accomplir pendant la période favorable à l'enquête des Atabaposistes, des Guaviariens et des Orénoquois.

Il y eut grand concours de leurs partisans à saluer les trois géographes sur le quai d'embarquement de Ciudad-Bolivar. On n'était qu'au départ, cependant, et que serait-ce à l'arrivée ! De vifs et bruyants encouragements leur furent adressés soit par les tenants du fameux fleuve, soit par ceux de ses prétendus tributaires. Et au milieu des carambas et des caraïs que ne ménageaient ni les porteurs de colis, ni les mariniers en achevant les préparatifs du démarrage, malgré le sifflet assourdissant des chaudières qui écorchait les oreilles, et des hennissements de la vapeur fusant à travers les soupapes, on entendait ces cris :

« *Viva el Guaviare!*

— *Viva el Atabapo!*

— *Viva el Orinoco!* »

Puis, entre les partisans de ces opinions diverses, des discussions éclataient, qui menaçaient de mal finir, bien que M. Miguel essayât de s'entremettre entre les plus exaltés.

Placés sur le spardeck, le sergent Martial et son neveu assistaient à ces scènes tumultueuses, sans parvenir à y rien comprendre.

« Que veulent tous ces gens-là?... s'écria le vieux soldat. C'est bien sûr quelque révolution... »

Ce ne pouvait en être une, puisque dans les états hispano-américains, les révolutions ne s'accomplissent jamais sans l'intervention de l'élément militaire. Or, on ne voyait pas là un seul des sept mille généraux de l'état-major du Venezuela.

Jean et le sergent Martial ne devaient pas tarder à être fixés à ce sujet, car, à n'en pas douter, au cours de la navigation, la discussion continuerait à mettre aux prises M. Miguel et ses deux collègues.

Bref, les derniers ordres du capitaine furent envoyés, — d'abord au mécanicien ordre de balancer sa machine, ensuite aux mariniers d'avant et d'arrière ordre de larguer les amarres de poste. Tous ceux qui n'étaient pas du voyage, disséminés sur les étages de la superstructure, durent redescendre sur le quai. Enfin, après quelques bousculades, il ne resta plus à bord que les passagers et l'équipage.

Dès que le *Simon-Bolivar* se fut mis en mouvement, redoublement de clameurs, tumulte d'adieux, entre lesquels éclatèrent les vivats en l'honneur de l'Orénoque et de ses affluents. Le bateau à vapeur écarté, sa puissante roue battit les eaux avec violence, et le timonier prit direction vers le milieu du fleuve. Un quart d'heure après, la ville avait disparu derrière un tournant de la rive gauche, et bientôt on ne vit plus rien des dernières maisons de la Soledad sur la rive opposée.

On n'estime pas à moins de cinq cent mille kilomètres carrés l'étendue des llanos venezueliens. Ce sont des plaines presque plates. A peine, en de certains endroits, le sol s'accidente-t-il de ces renflements, qui sont appelés bancos dans le pays, ou de ces buttes à pans brusques, à terrasses régulières, appelées mesas. Les llanos ne se relèvent que vers la base des montagnes, dont le voisinage se fait déjà sentir. D'autres, les bajos, sont limitrophes des cours d'eau. C'est à travers ces immenses aires, tantôt verdoyantes à la saison des pluies, tantôt jaunes et presque décolorées pendant les mois de sécheresse, que se déroule en demi-cercle le cours de l'Orénoque.

Au reste, les passagers du *Simon-Bolivar*, désireux de connaître le fleuve au double point de vue hydrographique et géographique, n'auraient eu qu'à poser des questions à MM. Miguel, Felipe et Varinas pour obtenir des réponses positives. Ces savants n'étaient-ils pas toujours prêts à fournir de minutieux renseignements sur les bourgades, sur les villages, sur les affluents, sur les diverses peuplades sédentaires ou errantes? A quels plus consciencieux cicerones eût-il été possible de s'adresser, et avec quelle obligeance, quel empressement, ils se fussent mis à la disposition des voyageurs!

Il est vrai, parmi les passagers du *Simon-Bolivar*, le plus grand nombre n'avaient rien à apprendre au sujet de l'Orénoque, l'ayant vingt fois remonté ou descendu, les uns jusqu'aux bouches de l'Apure, les autres jusqu'à la bourgade de San-Fernando de Atabapo. La plupart étaient des commerçants, des trafiquants, qui transportaient des marchandises vers l'intérieur, ou les ramenaient vers les ports de l'est. A citer le plus ordinairement entre ces divers objets de trafic, des cacaos, des peaux, cuirs de bœufs et de cerfs, des minerais de cuivre, des phosphates, des bois pour charpente, ébénisterie, marqueterie, teinture, fèves de tonka, caoutchouc, salsepareille, et enfin le bétail, car l'élevage forme la principale industrie des llaneros répandus sur les plaines.

Le Venezuela appartient à la zone équatoriale. La moyenne de la température y est donc comprise entre vingt-cinq et trente degrés centigrades. Mais elle est variable, ainsi que cela se produit dans les pays de montagnes. C'est entre les Andes du littoral et celles de l'ouest que la chaleur acquiert le plus d'intensité, c'est-à-dire à la surface de ces territoires où s'arrondit le lit de l'Orénoque, et auxquels ne parviennent jamais les brises marines. Même les vents généraux, les alizés du nord et de l'est, arrêtés par l'écran orographique des côtes, ne peuvent apporter un adoucissement aux rigueurs de ce climat.

Ce jour-là, par un ciel couvert, avec quelques menaces de pluie, les passagers ne souffraient pas trop de la chaleur. La brise, venant de l'ouest, à contre de la marche du steamboat, donnait aux passagers une sensation de bien-être très appréciable.

Le sergent Martial et Jean, sur le spardeck, observaient les rives du fleuve. Leurs compagnons de voyage se montraient assez indifférents à ce spectacle. Seul le trio des géographes en étudiait les détails, non sans discuter avec une certaine animation.

Certes, s'il s'était adressé à eux, Jean aurait pu être exactement renseigné. Mais, d'une part, le sergent Martial, très jaloux, très sévère, n'eût permis à aucun étranger d'entrer en conversation avec son neveu, et, d'autre part, celui-ci n'avait besoin de personne pour reconnaître pas à pas les villages, les îles, les détours du fleuve.

Son livre sous les yeux... (Page 34.)

Il possédait un guide sûr dans le récit des deux voyages exécutés par M. Chaffanjon par ordre du ministre de l'Instruction publique de France. Le premier, en 1884, comprend la partie du cours inférieur de l'Orénoque entre Ciudad-Bolivar et l'embouchure du Caura, ainsi que l'exploration de cet important tributaire. Le second, en 1886-1887, comprend le cours entier du fleuve depuis Ciudad-Bolivar jusqu'à ses sources. Ce récit de l'explorateur français est fait avec une extrême précision, et Jean comptait en tirer grand profit.

Il va sans dire que le sergent Martial, muni d'une somme suffisante, convertie en piastres, serait à même de pourvoir à toutes les dépenses de route. Il n'avait pas négligé de se précautionner d'une certaine quantité d'articles d'échange, étoffes, couteaux, miroirs, verroteries, ustensiles de quincaillerie et bibelots de mince valeur, qui devaient faciliter les relations avec les Indiens des llanos. Cette pacotille remplissait deux caisses, placées avec les autres bagages au fond de la cabine de l'oncle, contiguë à celle de son neveu.

Donc, son livre sous les yeux, Jean suivait d'un regard consciencieux les deux rives qui se déplaçaient en sens contraire de la marche du *Simon-Bolivar*. Il est vrai, à l'époque de cette expédition, son compatriote, moins bien servi par les circonstances, avait dû faire sur une embarcation à voile et à rames le trajet que faisaient alors les bateaux à vapeur jusqu'à l'embouchure de l'Apure. Mais, à partir de cet endroit, le sergent Martial et le jeune garçon devraient, eux aussi, revenir à ce primitif mode de transport, nécessité par les multiples obstacles du fleuve, ce qui ne ménage point les ennuis aux voyageurs.

Dans la matinée, le *Simon-Bolivar* passa en vue de l'île d'Orocopiche, dont les cultures approvisionnent largement le chef-lieu de la province. En cet endroit, le lit de l'Orénoque se réduit à neuf cents mètres, pour retrouver en amont une largeur au moins triple. De la plate-forme, Jean aperçut distinctement la plaine environnante, bossuée de quelques cerros isolés.

Avant midi, le déjeuner appela les passagers, — une vingtaine au total, — dans la salle, où M. Miguel et ses deux collègues furent des premiers à occuper leurs places. Quant au sergent Martial, il ne se laissa pas distancer, et entraîna son neveu, auquel il parlait avec une certaine rudesse qui n'échappa point à M. Miguel.

« Un homme dur, ce Français, fit-il observer à M. Varinas, assis près de lui.

— Un soldat, et c'est tout dire ! » répliqua le partisan du Guaviare.

On le voit, le costume de l'ancien sous-officier était de coupe assez militaire pour que l'on ne pût se méprendre.

Préalablement à ce déjeuner, le sergent Martial avait « tué le ver » en absorbant son anisado, eau-de-vie de canne mélangée d'anis. Mais Jean, qui ne paraissait pas avoir le goût des liqueurs fortes, n'eut pas besoin de recourir à cet apéritif pour faire honneur au repas. Il avait, près de son oncle, pris place à l'extrémité de la salle, et la mine du grognard était si rébarbative que personne ne fut tenté de s'asseoir à son côté.

Quant aux géographes, ils tenaient le centre de la table, et aussi le dé de la conversation. Comme on savait dans quel but ils avaient entrepris ce voyage, les autres passagers ne pouvaient que s'intéresser à ce qu'ils disaient, et pourquoi le sergent Martial eût-il trouvé mal que son neveu les écoutât avec curiosité?...

Le menu était varié, mais de qualité inférieure, et il convient de ne pas se montrer difficile sur les bateaux de l'Orénoque. A vrai dire, pendant la navigation sur le haut cours du fleuve, n'aurait-on pas été trop heureux d'avoir même de tels bistecas, bien qu'ils parussent avoir été cueillis sur un caoutchouquier, de tels ragoûts noyés dans leur sauce jaune-safran, de tels œufs déjà en état d'être mis à la broche, de tels rogatons de volailles qu'une longue cuisson aurait pu seule attendrir. En fait de fruits, des bananes à profusion, soit qu'elles fussent à l'état naturel, soit qu'une adjonction de sirop de mélasse les eût transformées en une sorte de confiture. Du pain?... oui, assez bon — du pain de maïs, bien entendu. Du vin?... oui, assez mauvais et coûteux. Tel était cet almuerzo, ce déjeuner, qui, au surplus, fut expédié rapidement.

Dans l'après-midi, le *Simon-Bolivar* dépassa l'île de la Bernavelle. Le cours de l'Orénoque, encombré d'îles et d'îlots, se resserrait alors, et il fallut que la roue battit ses eaux à coups redoublés pour vaincre la force du courant. D'ailleurs, le capitaine était assez habile manœuvrier pour qu'il n'y eût pas à craindre de s'engraver.

Vers la rive gauche, le fleuve se découpait de multiples anses aux berges très boisées, surtout au delà d'Almacen, petit village d'une trentaine d'habitants, et tel encore que l'avait vu M. Chaffanjon, huit ans auparavant. De çà et de là descendaient de petits affluents, le Bari, le Lima. A leurs embouchures, s'arrondissaient des massifs de copayferas, dont l'huile, extraite par incision, est de vente fructueuse, et nombre de palmiers moriches. Puis, de tous côtés, des bandes de singes, dont la chair comestible vaut bien ces semelles de bistecas du déjeuner, que le dîner devait faire reparaître sur la table.

Ce ne sont pas seulement des îles qui rendent parfois difficile la navigation de l'Orénoque. On y rencontre aussi des récifs dangereux, brusquement dressés au milieu des passes. Cependant le *Simon-Bolivar* parvint à éviter les collisions, et le soir, après un parcours de vingt-cinq à trente lieues, il alla porter ses amarres au village de Moitaco.

Là devait se prolonger l'escale jusqu'au lendemain, car il n'eût pas été prudent de s'aventurer au milieu d'une nuit que d'épais nuages et l'absence de lune allaient rendre assez obscure.

A neuf heures, le sergent Martial pensa que l'instant était venu de prendre du repos, et Jean ne s'avisa pas de vouloir résister aux injonctions de son oncle.

Tous deux regagnèrent donc leur cabine, placée au second étage de la superstructure, vers l'arrière. Chacune comprenait un simple cadre de bois, avec une légère couverture et une de ces nattes, qu'on appelle esteras dans le pays, — literie très suffisante en ces régions de la zone tropicale.

Dans sa cabine le jeune garçon se dévêtit, se coucha, et le sergent Martial vint alors envelopper le cadre du toldo, sorte de mousseline qui sert de moustiquaire, précaution indispensable contre les acharnés insectes de l'Orénoque. Il ne voulait pas permettre à un seul de ces maudits moustiques de s'attaquer à la peau de son neveu. La sienne, passe encore, car elle était assez épaisse et coriace pour braver leurs piqûres, et, soyez sûr qu'il se défendrait de son mieux.

Ces mesures prises, Jean ne fit qu'un somme jusqu'au matin, en dépit des myriades de bestioles qui bruissaient autour de son toldo protecteur.

Le lendemain, aux premières heures, le *Simon-Bolivar* dont les feux avaient été maintenus, se remit en route, après que l'équipage eut embarqué et empilé sur le premier pont le bois coupé d'avance dans les forêts riveraines.

C'était dans l'une des deux baies, à gauche et à droite du village de Moitaco, que le steamboat avait relâché pendant la nuit. Dès qu'il fut sorti de cette baie, le coquet assemblage de maisonnettes, autrefois centre important des missions espagnoles, disparut derrière un coude de la rive. C'est dans ce village que M. Chaffanjon chercha vainement la tombe de l'un des compagnons du docteur Crevaux, François Burban, — tombe restée introuvable en ce modeste cimetière de Moitaco.

Pendant cette journée, on dépassa le hameau de Santa-Cruz, assemblage d'une vingtaine de cases sur la rive gauche, puis l'île Guanarès, jadis résidence des missionnaires, placée à peu près à l'endroit où la courbe du fleuve se dessine vers le sud pour reprendre vers l'ouest, puis l'île del Muerto.

Il y eut à franchir plusieurs raudals — ainsi désigne-t-on les rapides produits par le resserrement du lit. Mais ce qui occasionne une grosse fatigue aux bateliers des embarcations à l'aviron ou à la voile, ne coûta qu'un surcroît de combustible aux générateurs du *Simon-Bolivar*. Les soupapes sifflèrent sans qu'il fût nécessaire de les charger. La grande roue repoussa plus violemment les eaux de ses larges pales. Dans ces conditions, trois ou quatre de ces raudals purent être remontés sans trop de retards, même celui de la Bouche de l'Enfer, que Jean signala en amont de l'île de Matapalo.

« Alors, lui demanda le sergent Martial, le bouquin de ce Français est bien conforme à tout ce que nous voyons défiler le long du *Simon-Bolivar*?

— Tout à fait conforme, mon oncle. Seulement, nous faisons en vingt-quatre heures ce qui a nécessité trois ou quatre jours à notre compatriote. Il est vrai, lorsque nous aurons échangé le steamboat pour les embarcations du moyen Orénoque, nous serons retardés autant qu'il a pu l'être. Qu'importe! L'essentiel n'est-il pas d'arriver à San-Fernando... où j'espère recueillir des renseignements plus précis...

— Assurément, et il n'est pas possible que mon colonel ait passé par là sans avoir laissé quelques traces!... Nous finirons bien par savoir en quel endroit il a planté sa tente... Ah!... quand nous serons en face de lui... lorsque tu te précipiteras dans ses bras... lorsqu'il saura...

— Que je suis ton neveu... ton neveu! » répliqua le jeune garçon, qui craignait toujours qu'une indiscrète répartie n'échappât à son soi-disant oncle.

Le soir venu, le *Simon-Bolivar* lança ses amarres au pied de la barranca sur laquelle est gracieusement perchée la petite bourgade de Mapire.

MM. Miguel, Felipe et Varinas, profitant d'une heure de crépuscule, voulurent visiter cette bourgade assez importante de la rive gauche. Jean eût été désireux de les accompagner; mais le sergent Martial ayant déclaré qu'il n'était pas convenable de quitter le bord, il ne le quitta pas par obéissance.

Quant aux trois collègues de la Société de Géographie, ils ne regrettèrent point leur excursion. Des hauteurs de Mapire, la vue s'étend largement sur le fleuve en amont et en aval, tandis que vers le nord, elle domine ces llanos où les Indiens élèvent des mulets, des chevaux, des ânes, vastes plaines encadrées d'une verdoyante ceinture de forêts.

A neuf heures, tous les passagers dormaient dans leurs cabines, après avoir pris les précautions habituelles contre l'envahissement des myriades de moustiques.

La journée du lendemain fut noyée — c'est le mot — sous les averses. Personne ne put se tenir sur le spardeck. Le sergent Martial et le jeune garçon passèrent ces longues heures dans le salon de l'arrière, où MM. Miguel, Varinas et Felipe avaient élu domicile. Il eût été difficile de n'être pas au courant de la question Atabapo-Guaviare-Orénoque, car leurs champions ne parlaient pas d'autre chose et discutaient à haute voix. Plusieurs des passagers se mêlèrent à la conversation, prenant parti pour ou contre. On peut être certain, d'ailleurs, qu'ils n'iraient pas jusqu'à se transporter de leur personne à San-Fernando dans le but d'élucider ce problème géographique.

« Et quel intérêt cela peut-il avoir?... demanda le sergent Martial à son neveu, lorsque celui-ci l'eut mis au courant de l'affaire. Qu'un fleuve s'appelle d'une façon ou d'une autre, c'est toujours de l'eau qui coule en suivant sa pente naturelle...

— Y songes-tu! mon oncle, répondit Jean. S'il n'y avait pas de ces questions-là, à quoi serviraient les géographes, et s'il n'y avait pas de géographes...

— Nous ne pourrions pas apprendre la géographie, répliqua le sergent Martial. En tout cas, ce qui est clair, c'est que nous aurons la compagnie de ces disputeurs jusqu'à San-Fernando. »

En effet, à partir de Caïcara, le voyage devrait s'effectuer en commun dans une de ces embarcations auxquelles leur construction permet de franchir les nombreux raudals du moyen Orénoque.

Grâce aux intempéries de cette détestable journée, on ne vit rien de l'île Tigritta. Par compensation, au déjeuner comme au dîner, les convives purent se régaler d'excellents poissons, ces morocotes qui fourmillent en ces parages, et dont il s'expédie des quantités énormes, conservées dans la salure, à Ciudad-Bolivar comme à Caracas.

Ce fut pendant les dernières heures de la matinée que le steamboat passa à l'ouest de l'embouchure du Caura. Ce cours d'eau est l'un des plus considérables affluents de la rive droite, qui vient du sud-est à travers les territoires des Panares, des Inaos, des Arebatos, des Taparitos, et il arrose une des plus pittoresques vallées du Venezuela. Les villages rapprochés des bords de l'Orénoque sont habités par des métis policés, d'origine espagnole. Les plus lointains ne donnent asile qu'à des Indiens, encore sauvages, ces gardiens de bétail, qu'on nomme gomeros, parce qu'ils s'occupent aussi de récolter les gommes pharmaceutiques.

Jean avait employé une partie de son temps à lire le récit de son compatriote, lequel, en 1885, lors de sa première expédition, abandonna l'Orénoque pour s'aventurer à travers les llanos du Caura, au milieu des tribus Ariguas et Quiriquiripas. Ces dangers qu'il avait courus, Jean les retrouverait, sans doute, et même aggravés, s'il lui fallait remonter le cours supérieur du fleuve. Mais, tout en admirant l'énergie et le courage de cet audacieux Français, il espérait ne pas être moins courageux et moins énergique.

Il est vrai, l'un était un homme fait, et lui n'était qu'un jeune garçon, presque un enfant!... Eh bien, que Dieu lui donne assez de force pour endurer les fatigues d'un tel voyage, et il ira jusqu'au bout!

En amont de l'embouchure du Caura, l'Orénoque présente encore une très grande largeur, — environ trois mille mètres. Depuis trois mois, la saison des pluies et les nombreux tributaires des deux rives contribuaient, par un apport considérable, à la surélévation de ses eaux.

Néanmoins, il fallut que le capitaine du *Simon-Bolivar* manœuvrât avec prudence pour ne pas s'engraver sur les hauts-fonds, en amont de l'île de Tucuragua, à la hauteur du rio de ce nom. Peut-être même le steamboat subit-il certains raclements qui ne laissèrent pas de causer quelque inquiétude à bord. En effet, si sa coque n'en devait pas souffrir, ayant les fonds plats comme ceux d'un chaland, il y avait toujours lieu de craindre pour l'appareil propulseur, soit un bris des pales de la roue, soit des avaries à la machine.

Enfin, cette fois, on s'en tira sans dommage, et, dans la soirée, le *Simon-Bolivar* vint mouiller au fond d'une anse de la rive droite, au lieu dit Las Bonitas.

« J'aurais bien dû prendre mon fusil... » (Page 43.)

IV

PREMIER CONTACT.

C'est à Las Bonitas, sa résidence officielle, que demeure le gouverneur militaire duquel relève le Caura, c'est-à-dire le territoire arrosé par cet important tributaire. La bourgade occupe, sur la rive droite du fleuve, à peu près l'emplacement que possédait autrefois la mission espagnole de l'Altagracia. Les missionnaires ont été les véritables conquérants de ces provinces hispano-américaines, et ils ne voient pas sans jalousie les Anglais, les Allemands, les Français chercher à convertir les Indiens sauvages de l'intérieur. Aussi des conflits sont toujours à craindre.

Le gouverneur militaire se trouvait alors à Las Bonitas. Il connaissait personnellement M. Miguel. Ayant appris son départ pour le cours supérieur de l'Orénoque, il se hâta, lorsque le bateau eut pris son poste, de venir à bord.

M. Miguel présenta ses deux amis au gouverneur. Il y eut sympathique échange de civilités entre ces divers personnages. Une invitation pour déjeuner le lendemain à la résidence fut acceptée, — ce que permettait la relâche du *Simon-Bolivar*, qui devait se prolonger jusqu'à une heure de l'après-midi.

Il suffisait, en somme, de partir à cette heure-là, et le steamboat arriverait le soir même à Caïcara, où débarqueraient les passagers qui n'étaient pas à destination de San-Fernando ou autres bourgades de la province de l'Apure.

Le lendemain donc, — 15 août, — les trois collègues de la Société de Géographie se rendirent à l'habitation du gouverneur. Mais, avant eux, le sergent Martial ayant ordonné à son neveu, — sur la proposition de celui-ci, — de débarquer, tous deux se promenaient déjà à travers les rues de Las Bonitas.

Une bourgade, en cette partie du Venezuela, c'est à peine un village, quelques cases éparses sous les frondaisons, noyées au milieu de l'épaisse verdure de la zone tropicale. Çà et là se groupaient de magnifiques arbres, qui témoignaient de la puissance végétative du sol — des chapparos au tronc tortu comme celui d'un olivier, couverts de feuilles rudes à odeur forte, des palmiers copernicias aux branches épanouies en gerbes et dont les pétioles se déploient comme des éventails, des palmiers moriches, qui constituent ce qu'on appelle le morichal, c'est-à-dire le marécage, car ces arbres ont la propriété de pomper l'eau du sol au point de le rendre fangeux à leur pied.

Puis c'était des copayferas, des saurans, mimosées géantes, avec une large ramure, au feuillage d'une fine contexture et d'un rose délicat.

Jean et le sergent Martial s'enfoncèrent au milieu de ces palmeraies qui sont naturellement disposées en quinconces, à travers un sous-bois dégagé de broussailles, où poussaient, par myriades, d'élégants bouquets de ces sensitives appelées dormideras ou dormeuses, — d'une si attrayante couleur.

Entre ces arbres passaient, gambadaient, voltigeaient des bandes de singes. Cette engeance pullule sur les territoires venezueliens, où l'on ne compte pas moins de seize espèces, aussi inoffensives que bruyantes, — entre autres ces aluates ou araguatos, des hurleurs dont la voix est effrayante pour qui n'a pas l'habitude des forêts tropicales. D'une branche à l'autre sautillait tout un monde ailé, des trupials qui sont les premiers ténors de ces orphéons aériens, et dont le nid pend à l'extrémité d'une longue liane, des cochets de lagunes, charmants oiseaux, gracieux et caressants ; puis, cachés dans les fentes des trous, et attendant la nuit pour sortir, nombre de ces guarharos frugivores, plus communément appelés diablotins, qui ont l'air d'être brusquement poussés par un ressort, lorsqu'ils s'élancent au sommet des arbres.

Et, tout en gagnant les profondeurs de la palmeraie, le sergent Martial de dire :

— J'aurais bien dû prendre mon fusil...

— Veux-tu donc tuer des singes ?... demanda Jean.

— Des singes, non... Mais... s'il y a par ici des bêtes peu commodes...

— Sois sans inquiétude, mon oncle ! Il faut aller fort loin des habitations pour rencontrer des fauves dangereux, et il n'est pas impossible que nous ayons plus tard à nous défendre...

— N'importe!... Un soldat ne doit pas sortir sans ses armes, et je mériterais d'être consigné!... »

Le sergent Martial n'eut point à se repentir de ce manquement à la discipline. La vérité est que les félidés, grands ou petits, les jaguars, les tigres, les lions, les ocelots, les chats, fréquentent de préférence les épaisses forêts du haut fleuve. Peut-être risque-t-on aussi d'y rencontrer des ours, mais ces plantigrades sont d'humeur débonnaire, vivant de poissons et de miel, et quant aux paresseux — le bradypus tryдactylus, — ce sont des pleignards dont il n'y a pas à se préoccuper.

Au cours de cette promenade, le sergent Martial n'aperçut que de timides rongeurs, entre autres, des cabiais et quelques couples de ces chiriquis, habiles au plongeon, inhabiles à la course

Quant aux habitants du district, c'étaient généralement des métis, mêlés à des familles d'Indiens, plus disposés à se cacher au fond de leurs paillotes qu'à se montrer au dehors, — les femmes et les enfants surtout.

C'est bien au delà, en amont du fleuve, que l'oncle et le neveu se trouveraient en communication avec les farouches indigènes de l'Orénoque, et sans doute, le sergent Martial ferait-il bien de ne jamais oublier sa carabine.

Après une assez fatigante excursion de trois bonnes heures aux alentours de Las Bonitas, tous deux revinrent à bord pour le déjeuner du *Simon-Bolivar*.

A la même heure, MM. Miguel, Felipe et Varinas, réunis dans la case résidentielle, s'asseyaient à la table du gouverneur.

Si le menu du repas fut très simple, — et, franchement, on ne peut attendre d'un gouverneur de province ce qu'on eût attendu du président de la République vénézuélienne, — les convives furent l'objet d'un très cordial accueil. On causa naturellement de la mission que s'étaient donnée les trois géographes, et le gouverneur, en homme avisé, se garda bien de prendre parti pour l'Orénoque, le Guaviare ou l'Atabapo. L'essentiel était que la conversation ne dégénérât pas en dispute, et, plus d'une fois, il dut l'aiguiller fort à propos sur un autre sujet.

Et, à un certain moment où les voix de MM. Felipe et Varinas prenaient une intensité provocante, il sut opérer une diversion en disant :

« Savez-vous, messieurs, si, parmi les passagers du *Simon-Bolivar*, il en est qui remonteront l'Orénoque jusqu'à son cours supérieur ?...

— Nous l'ignorons, répondit M. Miguel. Cependant il semble bien que le plus grand nombre compte soit s'arrêter à Caïcara, soit continuer par l'Apure jusqu'aux bourgades de la Colombie...

— A moins que ces deux Français ne se dirigent vers le haut Orénoque, fit observer M. Varinas.

— Deux Français ?... demanda le gouverneur.

— Oui, répondit M. Felipe, un vieux et un jeune, qui se sont embarqués à Bolivar.

— Où vont-ils ?...

— Personne ne le sait, répondit M. Miguel, car ils ne sont pas précisément communicatifs. Lorsque l'on veut entrer en conversation avec le jeune, le vieux, qui a toute l'apparence d'un ancien soldat, intervient d'un air furibond, et si l'on persiste, il envoie brutalement son neveu, — car il paraît que c'est son neveu, — réintégrer sa cabine... C'est un oncle qui a des façons de tuteur...

— Et je plains le pauvre garçon qu'il a sous sa tutelle, répliqua M. Varinas, car il souffre de ces brutalités, et, plus d'une fois, j'ai cru voir des larmes dans ses yeux... »

Vraiment, cet excellent M. Varinas avait vu cela !... Dans tous les cas, si les yeux de Jean sont quelquefois humides, c'est parce qu'il songe à l'avenir, au but qu'il poursuit, aux déceptions qui l'attendent peut-être, et non parce que le sergent Martial le traite avec trop de dureté. Après tout, des étrangers pouvaient s'y méprendre.

« Enfin, reprit M. Miguel, nous serons fixés, ce soir même, sur le point de savoir si ces deux Français ont l'intention de remonter l'Orénoque. Je n'en serais pas étonné, parce que le jeune garçon consulte sans cesse l'ouvrage de ce compatriote à lui, qui a pu atteindre, il y a quelques années, les sources du fleuve...

— Si elles sont de ce côté, dans le massif de la Parima... s'écria M. Felipe, tout indiqué pour faire cette réserve, en sa qualité de partisan de l'Atabapo.

— Et si elles ne sont pas dans les montagnes des Andes, s'écria M. Varinas, au lieu même où naît cet affluent improprement appelé le Guaviare... »

Le gouverneur comprit que la discussion allait recommencer de plus belle.

« Messieurs, dit-il à ses hôtes, cet oncle et ce neveu dont vous parlez piquent ma curiosité. S'ils ne s'arrêtent pas à Caïcara, s'ils ne sont pas à destination de San-Fernando de Apure ou de Nutrias, en un mot, s'ils ont l'intention de poursuivre leur voyage sur le cours du haut Orénoque, je me demande quel est leur but. Les Français sont hardis, j'en conviens, ce sont d'audacieux explorateurs, mais ces territoires du Sud-Amérique leur ont déjà coûté plus d'une victime... le docteur Crevaux, tombé sous les coups des Indiens dans les plaines de la Bolivie, son compagnon, François Burban, dont on ne retrouve plus même la tombe dans le cimetière de Moitaco... Il est vrai, M. Chaffanjon a pu parvenir jusqu'aux sources de l'Orénoque...

— Si c'est l'Orénoque!... répliqua M. Varinas qui n'aurait jamais laissé passer cette affirmation monstrueuse sans une énergique protestation.

— En effet, si c'est l'Orénoque, répondit le gouverneur, et nous serons définitivement fixés sur ce point géographique après votre voyage, messieurs. Je disais donc que si M. Chaffanjon a pu revenir sain et sauf, ce n'est pas faute d'avoir couru plus d'une fois le risque d'être massacré comme l'ont été ses prédécesseurs. En vérité, on dirait que notre superbe fleuve venezuelien les attire, ces Français, et sans parler de ceux qui sont parmi les passagers du *Simon-Bolivar*...

— Au fait, c'est vrai, fit observer M. Miguel. Il y a quelques semaines, deux de ces intrépides ont entrepris une reconnaissance à travers les llanos, dans l'est du fleuve...

— Parfaitement, monsieur Miguel, répondit le gouverneur. Je les ai reçus ici même, des hommes jeunes encore, de vingt-cinq à trente ans, l'un, Jacques Helloch, un explorateur, l'autre, nommé Germain Paterne, un de ces naturalistes qui risqueraient leur vie pour découvrir un nouveau brin d'herbe...

— Et, depuis, vous n'en avez aucune nouvelle?... demanda M. Felipe.

— Aucune, messieurs. Je sais seulement qu'ils se sont embarqués sur une pirogue à Caïcara, qu'on a signalé leur passage à Buena Vista et à la Urbana, d'où ils sont partis pour remonter l'un des affluents de la rive droite. Mais, à dater de cette relâche, on n'en a plus entendu parler, et les inquiétudes qu'ils donnent ne se justifient que trop!

— Espérons que ces deux explorateurs, dit M. Miguel, ne sont pas tombés entre les mains de ces Quivas, pillards et assassins, dont la Colombie a rejeté les tribus sur le Venezuela, et qui ont maintenant pour chef, assure-t-on, un certain Alfaniz, forçat évadé du bagne de Cayenne...

— Est-ce que le fait est positif?... interrogea M. Felipe.

— Il paraît l'être, et je vous souhaite de ne point rencontrer ces bandes de Quivas, messieurs, ajouta le gouverneur. Après tout, il est possible que ces Français n'aient pas été attirés dans un guet-apens, possible qu'ils poursuivent leur voyage avec autant de bonheur que d'audace, possible enfin que, d'un jour à l'autre, leur retour s'opère par un des villages de la rive droite. Puissent-ils réussir comme a réussi leur compatriote! Mais on parle également d'un missionnaire qui a été plus loin encore à travers ces territoires de l'est : c'est un Espagnol, le Père Esperante. Après un court séjour à San-Fernando, ce missionnaire n'avait pas hésité à dépasser les sources de l'Orénoque...

— Le faux Orénoque! » s'écrièrent à la fois MM. Felipe et Varinas.

Et ils jetèrent un regard de provocation à leur collègue, qui inclina doucement la tête en disant :

« Aussi faux qu'il vous plaira, mes chers collègues ! »

Et M. Miguel ajouta en s'adressant au gouverneur :

« N'ai-je pas entendu dire que ce missionnaire avait réussi à fonder une Mission...

— En effet... la Mission de Santa-Juana, dans les régions voisines du Roraima, et qui paraît être en voie de prospérité.

— Une tâche difficile... affirma M. Miguel.

— Surtout quand il s'agit, répondit le gouverneur, de civiliser, de convertir au catholicisme, de régénérer, en un mot, les plus sauvages des Indiens sédentaires qui errent sur les territoires du sud-est, ces Guaharibos, pauvres êtres relégués au bas de l'échelle humaine ! Et l'on ne se figure pas ce qu'il faut de courage, d'abnégation, de patience, en un mot de vertu apostolique, pour accomplir une telle œuvre d'humanité. Pendant les premières années, on est resté sans nouvelles du Père Esperante, et, en 1888, le voyageur français n'en avait pas entendu parler, bien que la Mission de Santa-Juana ne fût pas très éloignée des sources... »

Le gouverneur se garda bien d'ajouter : de l'Orénoque, afin de ne pas mettre le feu aux poudres.

« Mais, continua-t-il, depuis deux ans, on a eu de ses nouvelles à San-Fernando, et il se confirme qu'il a fait là, parmi ces Guaharibos, œuvre miraculeuse de civilisation. »

Jusqu'à la fin du déjeuner, la conversation porta sur les faits relatifs aux territoires traversés par le cours moyen de l'Orénoque, — cours qui, lui, n'était pas en discussion, — sur l'état actuel des Indiens, de ceux qui sont apprivoisés comme de ceux qui se soustraient à toute domination, c'est-à-dire à toute civilisation. Le gouverneur du Caura donna des détails circonstanciés à propos de ces indigènes, — détails dont M. Miguel, si savant qu'il fût en matières géographiques, devait faire et fit son profit. Bref, cette conversation ne dégénéra point en dispute, car elle ne mit pas aux prises MM. Felipe et Varinas.

« VOUS ALLEZ A SAN-FERNANDO? » DIT LE GOUVERNEUR. (Page 52.)

Vers midi, les hôtes de la résidence quittèrent la table, et se dirigèrent vers le *Simon-Bolivar*, dont le départ devait s'effectuer à une heure de l'après-midi.

L'oncle et son neveu, depuis qu'ils étaient rentrés pour prendre leur part de l'almuerzo, n'avaient plus remis le pied à terre. De l'arrière du pont supérieur, où le sergent Martial fumait sa pipe, ils aperçurent de loin M. Miguel et ses collègues qui regagnaient le bord.

Le gouverneur avait voulu les accompagner. Désireux de leur donner une dernière poignée de main et un dernier adieu à l'instant où le bateau larguerait ses amarres, il embarqua et monta sur le spardeck.

Le sergent Martial dit alors à Jean :

« C'est au moins un général, ce gouverneur-là, bien qu'il ait un veston pour tunique, un chapeau de paille pour bicorne, et que sa poitrine manque de décorations...

— C'est probable, mon oncle.

— Un de ces généraux sans soldats, comme il y en a tant dans ces républiques américaines !

— Il a l'air d'un homme fort intelligent, fit observer le jeune garçon.

— Possible, mais il a surtout l'air d'un curieux, répliqua le sergent Martial, car il nous regarde d'une façon qui ne me va qu'à moitié... et, à vrai dire, pas du tout ! »

En effet, le gouverneur s'obstinait à dévisager particulièrement les deux Français, dont il avait été question pendant le déjeuner.

Leur présence à bord du *Simon-Bolivar*, le motif pour lequel ils avaient entrepris ce voyage, la question de savoir s'ils s'arrêteraient à Caïcara, ou s'ils iraient au delà, soit par l'Apure, soit par l'Orénoque, cela ne laissait pas d'exciter sa curiosité. Les explorateurs du fleuve, ce sont généralement des hommes dans la force de l'âge — tels ceux qui avaient visité Las Bonitas, il y avait quelques semaines, et dont on n'avait plus de nouvelles depuis leur départ de la Urbana. Mais ce jeune garçon de seize à dix-sept ans, et ce vieux soldat de soixante, il était difficile d'admettre qu'ils fussent en train d'effectuer une expédition scientifique...

Après tout, un gouverneur, même au Venezuela, a bien le droit de s'enquérir des motifs qui amènent des étrangers sur son territoire, de leur poser des questions à ce sujet, de les interroger au moins officieusement.

Le gouverneur fit donc quelques pas vers l'arrière du spardeck, en causant avec M. Miguel, que ses compagnons, occupés dans leur cabine, avaient laissé seul à lui tenir compagnie.

Le sergent Martial comprit la manœuvre.

« Attention! dit-il. Le général cherche à prendre contact, et, pour sûr, il va nous demander qui nous sommes... pourquoi nous sommes venus... où nous allons...

— Eh bien, mon bon Martial, il n'y a point à le cacher, répondit Jean.

— Je n'aime pas qu'on s'occupe de mes affaires, et je vais l'envoyer promener...

— Veux-tu donc nous attirer des difficultés, mon oncle?... dit le jeune garçon en le retenant de la main.

— Je ne veux pas qu'on te parle... je ne veux pas que l'on tourne autour de toi...

— Et moi, je ne veux pas que tu compromettes notre voyage par des maladresses ou des sottises! répliqua Jean d'un ton résolu. Si le gouverneur du Caura m'interroge, je ne refuserai pas de répondre, et il est même désirable que j'obtienne de lui quelques renseignements. »

Le sergent Martial bougonna, tira de rageuses bouffées de sa pipe, et se rapprocha de son neveu, auquel le gouverneur dit en cette langue espagnole que Jean parlait couramment :

« Vous êtes un Français...

— Oui, monsieur le gouverneur, répondit Jean, qui se découvrit devant Son Excellence.

— Et votre compagnon?...

— Mon oncle... c'est un Français comme moi, un ancien sergent à la retraite. »

Le sergent Martial, bien qu'il fût très peu familiarisé avec la langue espagnole, avait compris qu'il s'agissait de lui. Aussi se redressa-t-il de toute sa hauteur, convaincu qu'un sergent du 72ᵉ de ligne valait bien un général vénézuélien, fût-il gouverneur de territoire.

« Je ne crois pas être indiscret, mon jeune ami, reprit ce dernier, en vous demandant si votre voyage doit se prolonger au delà de Caïcara?...

— Oui... au delà, monsieur le gouverneur, répondit Jean.

— Par l'Orénoque ou par l'Apure?...

— Par l'Orénoque.

— Jusqu'à San-Fernando de Atabapo?...

— Jusqu'à cette bourgade, monsieur le gouverneur, et peut-être plus loin encore si les renseignements que nous espérons y recueillir l'exigent. »

Le gouverneur, à l'exemple de M. Miguel, ne pouvait qu'être vivement impressionné par l'air décidé de ce jeune garçon, la netteté de ses réponses, et il était aisé de voir qu'il leur inspirait à tous deux une réelle sympathie.

Or, c'était contre ces trop visibles sympathies-là que le sergent Martial prétendait bien le défendre. Il n'entendait pas que l'on regardât son neveu de si près, il ne voulait pas que d'autres, étrangers ou non, se montrassent touchés de sa grâce naturelle et charmante. Et ce qui l'enrageait davantage, c'est que M. Miguel ne cachait point les sentiments qu'il éprouvait pour ce jeune garçon. Le gouverneur du Caura, peu importait, puisqu'il resterait à Las Bonitas; mais M. Miguel était, lui, plus qu'un passager du *Simon-Bolivar*... il devait remonter le fleuve jusqu'à San-Fernando... et lorsqu'il aurait fait connaissance avec Jean, il serait bien difficile d'empêcher ces relations, qui sont comme obligées entre voyageurs pendant un long itinéraire.

Eh bien, pourquoi pas?... voudra-t-on demander au sergent Martial.

Quel inconvénient y aurait-il à ce que des personnages de haute situation, à même de rendre quelques services au cours d'une navigation sur l'Orénoque, laquelle n'est pas sans danger, se fussent mis en une certaine intimité avec l'oncle et le neveu?... Cela n'est-il pas dans l'ordre ordinaire des choses?...

Oui, et, cependant, si l'on eût prié le sergent Martial de dire pourquoi il avait l'intention d'y faire obstacle :

« Parce que cela ne me convient pas ! » se fût-il borné à répondre d'un ton cassant, et il aurait fallu se contenter de cette réponse, faute d'une autre que, sans doute, il se refuserait à donner.

Au surplus, en ce moment, il ne pouvait envoyer promener Son Excellence, et il dut laisser le jeune garçon prendre part à cet entretien, comme il l'entendait.

Le gouverneur fut alors tout porté à interroger Jean sur l'objet de son voyage.

« Vous allez à San-Fernando?... lui dit-il.

— Oui, monsieur le gouverneur.

— Dans quel but?...

— Afin d'obtenir des renseignements.

— Des renseignements... et sur qui?...

— Sur le colonel de Kermor.

— Le colonel de Kermor?... répondit le gouverneur. C'est la première fois que ce nom est prononcé devant moi, et je n'ai pas entendu dire qu'un Français ait jamais été signalé à San-Fernando depuis le passage de M. Chaffanjon...

— Il s'y trouvait, cependant, quelques années auparavant, fit observer le jeune garçon.

— Sur quoi vous appuyez-vous pour affirmer ce fait?... demanda le gouverneur.

— Sur la dernière lettre du colonel qu'on ait reçue en France, une lettre adressée à l'un de ses amis de Nantes, et qui était signée de son nom...

— Et vous dites, mon cher enfant, reprit le gouverneur, que le colonel de Kermor a séjourné il y a quelques années à San-Fernando?...

— Ce n'est pas douteux, puisque sa lettre était datée du 12 avril 1879.

— Cela m'étonne!...

— Et pourquoi, monsieur le gouverneur?...

— Parce que je me trouvais à cette époque dans la bourgade, en qualité de gouverneur de l'Atabapo, et si un Français tel que le colonel de Kermor avait paru sur le territoire, j'en eusse été certainement informé... Or, ma mémoire ne me rappelle rien... absolument rien... »

Cette affirmation si précise du gouverneur parut faire une profonde impression sur le jeune garçon. Sa figure, qui s'était animée pendant la conversation, perdit sa coloration habituelle. Il pâlit, ses yeux devinrent humides, et il dut faire preuve d'une grande énergie pour ne pas s'abandonner.

« Je vous remercie, monsieur le gouverneur, dit-il, je vous remercie de l'intérêt que nous vous inspirons, mon oncle et moi... Mais, si certain que vous soyez de n'avoir jamais entendu parler du colonel de Kermor, il n'est pas moins acquis qu'il était à San-Fernando, en avril 1879, puisque c'est de là qu'il a envoyé la dernière lettre qu'on ait reçue de lui en France.

— Et qu'allait-il faire à San-Fernando?... » demanda M. Miguel, question que le gouverneur n'avait pas encore posée.

Ce qui valut à l'honorable membre de la Société de Géographie un formidable coup d'œil du sergent Martial, lequel murmurait entre ses dents :

« Ah çà! de quoi se mêle-t-il, celui-là?... Le gouverneur passe encore... mais ce pékin... »

Et pourtant, ce pékin, Jean n'hésita pas à lui répondre :

« Ce qu'allait faire le colonel, monsieur, je l'ignore... C'est un secret que nous découvrirons, si Dieu nous permet d'arriver jusqu'à lui...

— Quel lien vous rattache donc au colonel de Kermor?... demanda le gouverneur.

— C'est mon père, répondit Jean, et je suis venu au Venezuela pour retrouver mon père! »

Tout en s'occupant de chercher une embarcation. (Page 57.)

V

LA MARIPARE ET LA GALLINETTA.

Une bourgade, à laquelle il aurait plu de se blottir dans le coude d'un fleuve, ne pourrait qu'envier la situation de Caïcara. Elle est placée là comme une auberge à un tournant de route ou mieux à un carrefour. Excellente position pour prospérer, même à quatre cents kilomètres du delta de l'Orénoque.

Et Caïcara est en pleine prospérité, grâce au voisinage du confluent de l'Apure, qui s'ouvre en amont au commerce de la Colombie et du Venezuela.

Le *Simon-Bolivar* n'avait atteint ce port fluvial que vers neuf heures du soir Ayant quitté Las Bonitas à une heure après midi, puis, dépassant successivement le rio Cuchivero, le Manapire, l'île Taruma, il était venu déposer ses passagers à l'apontement du quai de Caïcara.

Ces passagers, cela va sans dire, étaient uniquement ceux que le bateau ne devait pas conduire, par l'Apure, à San-Fernando ou à Nutrias.

Le trio des géographes, le sergent Martial et Jean de Kermor, un certain nombre de voyageurs, étaient de ceux-là. Le lendemain, au jour levant, le *Simon-Bolivar* quitterait la bourgade afin de remonter cet important tributaire de l'Orénoque jusqu'aux pieds des Andes colombiennes.

M. Miguel n'avait point négligé de rapporter à ses deux amis les quelques renseignements ajoutés par le jeune garçon dans sa conversation avec le gouverneur. Tous deux savaient maintenant que Jean allait à la recherche de son père, sous la tutelle d'un vieux soldat, le sergent Martial, qui se disait son oncle. Il y avait quatorze ans que le colonel de Kermor avait quitté la France pour se rendre au Venezuela. A la suite de quelles circonstances s'était-il expatrié, que faisait-il dans ces contrées lointaines, peut-être l'avenir se réservait-il de l'apprendre. En somme, ce qui était certain, d'après la lettre écrite par lui à l'un de ses amis, — lettre qui ne fut connue que bien des années après son arrivée, — c'est que le colonel passait en avril 1879 à San-Fernando de Atabapo, bien que le gouverneur du Caura, qui résidait alors en cette bourgade, n'eût pas eu connaissance de son passage.

Voilà donc pourquoi Jean de Kermor, résolu à retrouver les traces de son père, avait entrepris ce périlleux et difficile voyage. Un tel but à atteindre par un jeune garçon de dix-sept ans, cela était bien pour toucher des âmes généreuses. MM. Miguel, Felipe et Varinas se promirent de lui venir en aide dans la mesure du possible lors des démarches qu'ils feraient pour recueillir les renseignements relatifs au colonel de Kermor.

Il est vrai, M. Miguel et ses deux collègues parviendraient-ils à amadouer le farouche sergent Martial?... Celui-ci leur permettrait-il de faire plus ample connaissance avec son neveu?... Triompheraient-ils de cette défiance vraiment inexplicable du vieux soldat?... L'obligeraient-ils à adoucir ses regards de cerbère, bien faits pour tenir les gens à distance?... Ce serait malaisé, mais cela arriverait peut-être, — dans le cas, surtout, où la même embarcation les conduirait jusqu'à San-Fernando.

Caïcara possède environ cinq cents habitants et reçoit fréquemment des voyageurs, ceux que leurs affaires appellent à parcourir le cours supérieur de l'Orénoque. On y trouve donc un ou deux hôtels, en réalité de simples cases, et c'est dans l'une d'elles que les trois Vénézuéliens d'un côté, les deux Français de l'autre, allaient descendre pendant les quelques jours qu'ils devaient rester en cet endroit.

Ce fut le lendemain, 16 août, que le sergent Martial et Jean visitèrent Caïcara, tout en s'occupant de chercher une embarcation.

Au vrai, une petite bourgade fraîche et riante, blottie entre les premières collines du système parimien et la rive droite du fleuve, vis-à-vis du village de Cabruta, qui occupe l'autre rive à la naissance de l'Apurito. Devant, s'allonge une de ces îles comme il s'en rencontre tant sur l'Orénoque, boisée de beaux arbres. Son minuscule port se dessine entre de noirs granits, qui hérissent le courant du fleuve. On y compte cent cinquante cases, — maisons si l'on veut, —la plupart construites en pierres, avec une toiture en feuilles de palmier, quelques-unes coiffées d'un toit de tuiles dont le rouge éclate au milieu des verdures. La bourgade est dominée par un monticule, haut de cinquante mètres. Au sommet, se montre un couvent de missionnaires, abandonné depuis l'expédition de Miranda et la guerre de l'Indépendance, et que souillèrent jadis des pratiques de cannibalisme, — d'où cette réputation trop justifiée que méritaient les anciens Caraïbes.

Du reste, les vieilles coutumes indiennes sont encore en usage à Caïcara, même celles qui mêlent le christianisme aux plus invraisemblables cérémonies religieuses. Telles celle du velorio, de la veillée des morts, et à laquelle put assister l'explorateur français. Là, au milieu des nombreux invités, qui n'épargnent ni le café, ni le tabac, ni surtout l'eau-de-vie, l'aguardiente, en présence du cadavre du mari ou de l'enfant, l'épouse ou la mère ouvre le bal, et les danses ne prennent fin qu'avec les forces des danseurs, épuisés par l'ivresse. Cela est plus chorégraphique que funèbre.

Cependant, si la question d'affréter une barque pour remonter le moyen Orénoque, entre Caïcara et San-Fernando, sur un parcours de huit cents kilomètres environ, était la première que Jean de Kermor et le sergent Martial eussent à résoudre, c'était aussi celle dont MM. Miguel, Felipe et Varinas devaient s'inquiéter préalablement. Au premier échut la tâche de s'assurer d'un mode de transport aux conditions les meilleures.

On pensera, comme M. Miguel, qu'une entente commune entre le sergent Martial et lui aurait eu pour avantage de simplifier les choses. Que les voyageurs fussent au nombre de trois ou de cinq, peu importait. Les embarcations pourraient aisément les contenir, et le personnel des mariniers nécessaires à la manœuvre n'en serait pas augmenté.

Or, le recrutement de ces mariniers n'est pas toujours facile. Il est nécessaire d'engager des hommes exercés. La plupart du temps, les pirogues ont à naviguer contre la brise pendant cette saison des pluies, et toujours contre le courant. Il existe de nombreux raudals dangereux, et aussi certaines passes encombrées de roches où de sables, qui obligent à des portages de longue durée. L'Orénoque a ses caprices, ses colères tout comme l'Océan, et on ne les affronte pas sans risques et périls.

Ces mariniers, c'est aux tribus riveraines qu'il est d'habitude de les demander. Nombre de ces indigènes dont c'est l'unique métier, savent accomplir leur tâche avec grande habileté et non moins grande audace. Entre les plus sûrs, on cite les Banivas, dont les peuplades fréquentent principalement les territoires arrosés par le triple cours du Guaviare, de l'Orénoque et de l'Atabapo. Après avoir remonté le fleuve, soit avec des passagers, soit avec des marchandises, ils le redescendent jusqu'à Caïcara, afin d'y attendre de nouveaux voyageurs et de nouvelles cargaisons.

Peut-on se fier à ces mariniers?... Médiocrement, cela n'est que trop vrai. Ce serait donc une garantie à cet égard, s'il n'y avait qu'un équipage à recruter. Ainsi raisonnait le sage M. Miguel, et il raisonnait juste. En outre, puisqu'il s'intéressait vivement au jeune garçon, Jean ne pourrait que gagner à avoir pour compagnons de voyage ses deux amis et lui.

Donc, féru de cette idée, il était résolu à pressentir le sergent Martial, et, dès qu'il les aperçut au petit port de Caïcara, Jean et lui se démarchant pour noliser une embarcation, il n'hésita pas à les accoster.

Froncement des sourcils du vieux soldat, et mine peu engageante à l'égard de son interlocuteur.

« Monsieur le sergent, dit M. Miguel, en un français qu'il parlait très correctement, nous avons eu le plaisir de naviguer ensemble à bord du *Simon-Bolivar*...

— Et d'en débarquer hier soir, » répondit le sergent Martial, les pieds rassemblés, raide comme un fantassin au port d'arme.

M. Miguel voulut bien attribuer un sens aimable à cette phrase, et il continua :

« Mes deux amis et moi, c'est à Las Bonitas seulement... dans une conversation entre votre neveu... »

La bouche du sergent Martial commença à se contracter, — mauvais symptôme, — et, interrompant M. Miguel :

« Plaît-il... une conversation ?...

— Entre M. Jean de Kermor et le gouverneur, que nous avons connu votre intention de débarquer à Caïcara...

— Je pense que nous n'avions à demander la permission de personne ?... répliqua le grognard d'un ton rogue.

— De personne, assurément, reprit M. Miguel, bien décidé à ne point tenir compte du mauvais accueil réservé sans doute à sa proposition. Mais, ayant appris quel était le but de votre voyage...

— Un !... marmotta le sergent Martial entre ses dents, comme s'il comptait combien de fois il aurait à répondre aux questions du bienveillant géographe.

— Dans quelles conditions votre neveu allait à la recherche du colonel de Kermor, son père...

— Deux !... prononça le sergent Martial.

— Et sachant que votre intention était de remonter l'Orénoque jusqu'à San-Fernando...

— Trois !... bougonna le sergent Martial.

— Je viens vous demander, puisque mes collègues et moi nous nous rendons au même lieu, s'il ne serait pas plus convenable, plus avantageux, plus sûr aussi, de faire le trajet de Caïcara à San-Fernando avec la même embarcation... »

Si jamais offre fut acceptable, c'était bien celle que venait d'émettre M. Miguel. Il ne semblait pas qu'il pût exister un motif de la rejeter. En choisissant une pirogue de dimension suffisante, les cinq voyageurs accompliraient certainement leur navigation dans des conditions plus favorables.

Le sergent Martial ne devait donc pas avoir une apparence de bonne raison à opposer, et, cependant, sans même consulter son neveu, en homme dont le parti est pris d'avance, il répondit sèchement :

« Très honoré, monsieur, très honoré !... Que votre proposition

Les deux embarcations prirent le milieu du fleuve. (Page 68.)

soit plus avantageuse, possible, mais convenable... non... en ce qui nous concerne du moins !

— Et qu'a-t-elle donc d'inconvenant?... demanda M. Miguel, assez surpris de ce que sa proposition fût taxée d'inconvenance.

— Elle a d'inconvenant... qu'elle ne peut nous convenir ! répliqua le sergent Martial.

— Sans doute, vous avez vos raisons pour répondre ainsi, monsieur le sergent, reprit M. Miguel. Cependant, puisque mon désir était de nous entr'aider, cela eût mérité une réponse moins blessante...

— Je le regrette... oui... je le regrette... monsieur... répondit le sergent Martial, qui ne se trouvait évidemment pas sur un bon terrain, et je ne pouvais vous répondre que par un refus...

— Un refus peut être accompagné de certaines formes, et je ne reconnais pas là la politesse française...

— Eh, monsieur, répliqua l'ancien, qui commençait à s'échauffer, il ne s'agit pas ici de politesse... Vous nous avez fait une proposition... cette proposition, j'ai des motifs pour ne pas l'accepter, je vous l'ai dit comme ça m'est venu... sans me perdre dans les feux de file... et si vous y trouvez à reprendre... »

L'air hautain que prit M. Miguel n'était pas pour calmer le sergent Martial, qui ne possédait pas des trésors de patience. C'est alors que Jean de Kermor intervint en disant :

« Monsieur, veuillez excuser mon oncle... Son intention n'a pas été de vous blesser... Ce que vous nous proposez témoigne d'une extrême obligeance de votre part, et, en toute autre occasion, nous aurions été heureux de mettre votre bonne volonté à profit... Mais notre désir est d'avoir une embarcation à nous seuls... dont nous puissions toujours disposer suivant les circonstances... car il est possible que les renseignements, recueillis en route, nous obligent à changer notre itinéraire, à séjourner dans une bourgade ou dans une autre... En un mot, nous avons besoin de la liberté de nos mouvements...

— Très bien, monsieur de Kermor, répondit M. Miguel. Nous ne prétendons pas vous gêner en rien... et, malgré la réponse un peu trop... sèche de votre oncle...

— Celle d'un ancien militaire, monsieur! déclara le sergent Martial.

— Soit!... Néanmoins, si mes amis et moi, nous pouvons vous être de quelque utilité pendant le voyage...

— Je vous remercie pour mon oncle et pour moi, monsieur, répondit le jeune garçon, et, au besoin, croyez-le bien, nous n'hésiterons pas à vous demander assistance.

— Vous entendez, monsieur le sergent?... ajouta M. Miguel d'un ton moitié plaisant, moitié sérieux.

— J'entends, monsieur le géographe! » répondit le sergent Martial d'un ton bourru, car il ne voulait pas désarmer, malgré les avances de M. Miguel, en réalité le meilleur et le plus obligeant des hommes.

M. Miguel tendit alors la main à Jean de Kermor, qui la serra de bonne amitié, — ce qui fit sortir des yeux de son terrible oncle deux éclairs accompagnés d'un long grognement de tonnerre.

Lorsque le sergent Martial et le jeune garçon furent seuls, le premier dit :

« Tu as vu comme je l'ai reçu, ce particulier-là!...

— Tu l'as mal reçu et tu as eu tort.

— J'ai eu tort?...

— Absolument.

— Eh bien... il n'aurait plus manqué que de consentir à partager la pirogue de ces trois Bolivariens !

— Tu as bien fait de refuser, mais il fallait le faire plus poliment, mon oncle !

— Je n'avais pas à être poli avec un indiscret...

— M. Miguel n'a point été indiscret, il s'est montré très serviable, et sa proposition méritait d'être acceptée... si elle avait pu l'être... Tout en la rejetant, tu aurais dû le remercier en bons termes. Qui sait si ses amis et lui ne sont pas appelés à faciliter notre tâche, grâce aux relations qu'ils ont sans doute à San-Fernando, et qui peuvent nous aider à retrouver, toi, ton colonel, mon bon Martial, et moi, mon père...

— Ainsi... c'est moi qui ai eu tort?...

— Oui, mon oncle.

— Et c'est toi qui as raison?...

— Oui, mon oncle.

— Merci, mon neveu ! »

Les pirogues du moyen Orénoque, les plus petites, sont creusées dans le tronc d'un gros arbre, entre autres le cachicamo. Les plus grandes, faites de planches ajustées, arrondies sur les flancs, taillées en proue à l'avant, se relèvent en voûte. Ces embarcations, construites assez solidement, résistent à l'usure du trainage sur les bas-fonds et aux chocs du portage, lorsqu'il faut les transporter au delà des raudals infranchissables.

Au centre se dresse un mât, maintenu par un étai et deux haubans auquel se grée une voile carrée, utilisable pour le vent arrière et un de peu grand largue. Une sorte de pagaie, qui sert de gouvernail, est manœuvrée par le patron.

La partie antérieure de la pirogue est découverte depuis l'emplanture du mât jusqu'à la proue. C'est là que se tient le jour, se couche la nuit, l'équipage ordinairement composé de dix Indiens, un patron et neuf hommes.

Le partie postérieure, depuis le pied de mât jusqu'à l'arrière, moins la place réservée au timonier, est abritée d'un rouf, sorte de toit dont les feuilles de palmier sont retenues par des bambous disposés longitudinalement.

Ce rouf forme la cabine de la pirogue. Il contient les couchettes, — de simples esteras étendues sur une litière sèche, — les ustensiles de cuisine et de table, le petit fourneau qui sert à la cuisson des aliments, gibier provenant de la chasse, poisson provenant de la pêche. Il est possible de le diviser en plusieurs compartiments au moyen de nattes retombantes, car il n'a pas moins de cinq à six mètres de longueur sur les dix à onze que mesure l'embarcation de bout en bout.

Ces pirogues de l'Orénoque sont désignées sous le nom de falcas. Lorsque le vent est propice, elles naviguent à la voile, assez lentement d'ailleurs, car elles ont à vaincre un courant parfois très rapide entre les nombreuses îles dont le fleuve est semé. Le vent vient-il à manquer, on remonte soit au milieu du lit du fleuve, à la gaffe, soit le long des rives, à la cordelle.

La gaffe, c'est à la fois la palanca, perche à fourche, que manœuvrent les mariniers à l'avant, et le garapato, solide bambou à crochet, que brandit le patron à l'arrière.

La cordelle, c'est l'espilla, câble léger, fait de ces fibres très élastiques du palmier chiquichiqui, d'une longueur de cent pieds environ, et auquel sa légèreté permet de flotter à la surface de l'eau. On le porte sur la rive, on l'accroche à quelque tronc ou à quelque racine, et on se hâle du bord.

Telles sont les dispositions de la falca, qui sert à la navigation du fleuve en son cours moyen, et à laquelle on adjoint, pour la manœuvre de l'espilla, un petit canot nommé curiare en langue indienne.

C'est avec le patron de ces pirogues que doivent traiter les voyageurs, et le prix de l'affrétement est basé, non pas sur la distance à parcourir, mais sur le temps que l'embarcation restera à leur service. La rétribution convenue est due par jour. Il ne saurait en être différemment. En effet, il se présente de fréquentes causes de retard pour la navigation de l'Orénoque, les crues, les coups de vent, le déplacement des rapides, les difficultés des portages que nécessite l'obstruction capricieuse des passes. Un parcours, qui pourrait s'effectuer en trois semaines, exige le double de temps, lorsque les circonstances climatériques viennent à se modifier. Aussi, pas un patron ne voudrait-il s'engager à transporter ses passagers de Caïcara, soit à l'embouchure du Meta, soit à San-Fernando, dans un délai déterminé d'avance. Il fallut donc traiter dans ces conditions avec les Indiens Banivas, qui mirent deux pirogues au service des voyageurs.

M. Miguel eut la main heureuse en choisissant un excellent pratique du fleuve. C'était un Indien, nommé Martos, âgé d'une quarantaine d'années, énergique, vigoureux, intelligent, et qui répondait de son équipage, neuf solides indigènes très familiarisés avec le maniement de la palanca, du garapato et de l'espilla. Le prix de la journée qu'il demanda fut élevé, sans doute; mais qui se fût avisé d'y regarder, lorsqu'il s'agissait de résoudre l'importante question Guaviare-Orénoque-Atabapo!...

Il était permis de croire que le choix fait par Jean de Kermor et le sergent Martial ne serait pas moins heureux — neuf Banivas, également, sous les ordres d'un métis mi-indien, mi-espagnol, qui était pourvu de bons certificats. Ce métis se nommait Valdez, et si le voyage de ses passagers devait se poursuivre au delà de San-Fernando sur le cours du haut Orénoque qu'il avait déjà remonté en partie, il demeurerait volontiers à leur service. Mais c'était une question à résoudre ultérieurement, suivant les renseignements qui seraient recueillis à San-Fernando relativement au colonel.

Les deux falcas avaient des noms particuliers : celle de MM. Miguel, Felipe et Varinas s'appelait la *Maripare,* nom d'une des nombreuses îles de l'Orénoque. Origine identique pour la pirogue du sergent Martial et de son neveu, qui s'appelait la *Gallinetta.* Elles étaient de couleur blanche dans leur accastillage, et la coque noire de l'avant à l'arrière.

Il va sans dire que ces pirogues navigueraient de conserve, et que l'une ne tiendrait pas à honneur de distancer l'autre. L'Orénoque n'est point le Mississipi, les falcas ne sont pas des steamboats, et il n'y a aucune raison de se faire concurrence ni de chercher à détenir le record de vitesse. En outre, on doit toujours craindre l'agression des Indiens des savanes riveraines, et mieux vaut être en nombre afin de leur imposer le respect.

La *Maripare* et la *Gallinetta* eussent été prêtes à partir dès le soir, s'il n'y avait eu à les approvisionner. Quant aux marchands de Caïcara, ils étaient à même de fournir tout ce qu'exigeait une navigation de plusieurs semaines jusqu'à San-Fernando, où les réserves pourraient être renouvelées. Ils ont de tout à vendre, des conserves, des vêtements, des munitions, des ustensiles de pêche et de chasse, et ils se prêtent volontiers à ces opérations, pourvu que le prix des achats soit réglé en piastres.

Certes, il est permis aux voyageurs de l'Orénoque de compter sur le gibier si abondant de ses rives, sur le poisson dont ses eaux fourmillent. D'une part, M. Miguel était un adroit chasseur; de l'autre, le sergent Martial maniait adroitement sa carabine. Même entre les mains de Jean de Kermor, son léger fusil ne resterait ni inactif ni inutile. Mais on ne vit pas uniquement de la chasse et de la pêche. Il convient d'embarquer du thé, du sucre, de la viande séchée, des conserves de légumes, de la farine de cassave, tirée du manioc, qui remplace la farine de maïs ou de froment, puis les tonnelets de tafia et d'aguardiente. Quant au combustible, les forêts riveraines ne laisseraient pas chômer les fourneaux des pirogues. Enfin, contre le froid, ou plutôt contre l'humidité, il était facile de se procurer ces couvertures de laine qui sont de vente courante dans toutes les bourgades venezueliennes.

Néanmoins, plusieurs jours durent être consacrés à ces diverses acquisitions. D'ailleurs, il n'y eut pas lieu de regretter ce retard. Pendant quarante-huit heures, le temps fut particulièrement mauvais. Caïcara reçut un de ces coups de vent d'une excessive violence auxquels les Indiens donnent le nom de chubasco. Il soufflait du sud-ouest, accompagné de pluies torrentielles qui provoquèrent une sensible crue du fleuve.

Le sergent Martial et son neveu eurent là un avant-goût des difficultés que présente la navigation de l'Orénoque. Les falcas n'auraient pu ni remonter le courant accru par le grossissement des eaux, ni résister au vent qui les eût prises debout. Nul doute qu'elles n'eussent été obligées de revenir à Caïcara, et peut-être avec des avaries graves.

MM. Miguel, Felipe et Varinas acceptèrent en philosophes ce contretemps. Ils n'étaient pas autrement pressés. Peu importait que leur voyage se prolongeât de quelques semaines. Au contraire, le sergent Martial enrageait, bougonnait, pestait contre la crue, sacrait en français et en espagnol contre la bourrasque, et il fallait que Jean intervînt pour le calmer.

« Il ne suffit pas d'avoir du courage, mon bon Martial, lui répétait-il, il faut faire provision de patience, car nous en aurons à dépenser...

— J'en aurai, Jean, mais ce maudit Orénoque, pourquoi ne se montre-t-il pas plus aimable au début?

— Réfléchis donc, mon oncle!... N'est-il pas préférable qu'il nous garde ses amabilités pour la fin?... Qui sait si nous ne serons pas contraints d'aller jusqu'à sa source?...

— Oui... qui sait, murmura le sergent Martial, et qui sait ce qui nous attend là-bas!... »

Dans la journée du 20, la violence du chubasco diminua notablement, avec le changement du vent qui tournait au nord. S'il tenait de ce côté, les pirogues sauraient en tirer profit. En même temps, les eaux baissèrent, et le fleuve rentra dans son lit normal. Les patrons Martos et Valdez déclarèrent que l'on pourrait partir le jour suivant, à mi-matinée.

Et, en effet, le départ s'effectua dans de très favorables conditions. Vers dix heures, les habitants de la bourgade s'étaient portés sur la rive. Le pavillon du Venezuela flottait à l'extrémité du mât de chaque pirogue. Sur l'avant de la *Maripare* se tenaient MM. Miguel, Felipe et Varinas, qui répondaient en saluant aux acclamations des indigènes.

Puis, M. Miguel se retournant vers la *Gallinetta* :

« Bon voyage, monsieur le sergent! cria-t-il d'un ton de joyeuse humeur.

— Bon voyage, monsieur, répondit le vieux soldat, car s'il est bon pour vous...

— Il le sera pour tout le monde, ajouta M. Miguel, puisque nous le faisons ensemble! »

Les palancas s'appuyèrent contre la berge, les voiles furent hissées à bloc, et les deux embarcations, enlevées par une jolie brise, prirent le milieu du fleuve, au bruit des derniers vivats.

Un de ces énormes sauriens vint s'ébattre... (Page 72.)

VI

D'ILES EN ILES.

Ce parcours du moyen Orénoque était commencé. Que de longues heures, que de monotones journées à passer à bord de ces pirogues!

Que de retards aussi sur un fleuve, en réalité, si peu propre à une rapide navigation! Cette monotonie n'existerait pas, sans doute, pour M. Miguel et ses compagnons. En attendant leur arrivée au confluent du Guaviare et de l'Atabapo, ils feraient œuvre de géographes, ils compléteraient la reconnaissance hydrographique de l'Orénoque, ils étudieraient la disposition de ses affluents non moins nombreux que ses îles, ils relèveraient la situation de ses raudals, ils rectifieraient enfin les erreurs dont la carte de ces territoires était encore entachée. Le temps s'écoule vite pour des savants... qui cherchent à en savoir davantage!

Peut-être était-il regrettable que le sergent Martial se fût opposé à ce que le voyage s'effectuât dans une seule et même embarcation, car les heures eussent paru moins interminables. Mais, sur ce point, l'intransigeance de l'oncle avait été absolue, et, d'ailleurs, le neveu n'avait fait aucune observation à ce sujet, comme s'il eût été nécessaire qu'il en fût ainsi.

Le jeune garçon dut se contenter de lire et relire l'ouvrage de son compatriote, si précis, en somme, sur tout ce qui concerne l'Orénoque, et il n'aurait pu trouver un meilleur guide que le voyageur français.

Lorsque la *Maripare* et la *Gallinetta* eurent atteint le milieu du fleuve, on aperçut les cerros qui bossuent la surface des plaines voisines. Sur la rive gauche, un amas de cases devint visible vers onze heures du matin, au pied de collines granitiques. C'était le village de Cabruta, composé d'une cinquantaine de paillotes, et si l'on veut bien multiplier ce nombre par huit, on aura à peu près celui de ses habitants. Là les métis ont remplacé les Indiens Guamos, actuellement dispersés, des indigènes dont la peau est plus blanche que celle des mulâtres. Cependant, comme on était dans la saison des pluies, le sergent Martial et Jean de Kermor purent voir d'assez près quelques-uns de ces Guamos, qui viennent, à cette époque, pêcher sur leurs canots d'écorce.

Le patron de la *Gallinetta* parlait l'espagnol. Aussi, le jeune garçon lui adressait-il maintes questions auxquelles Valdez répondait volontiers. Et, le soir, alors que la falca s'approchait de la rive droite, Valdez dit à Jean :

« Voici Capuchino, une ancienne mission abandonnée depuis longtemps.

— Est-ce que vous comptez vous y arrêter, Valdez?... demanda Jean.

— C'est indispensable, puisque la brise va cesser avec la nuit. D'ailleurs, on ne navigue que de jour sur l'Orénoque par prudence, car les passes changent souvent, et il est indispensable d'y voir clair pour se diriger. »

En effet, les mariniers ont l'habitude de s'amarrer chaque soir aux rives du fleuve ou des îles. Aussi la *Maripare* vint-elle atterrir le long de la berge de Capuchino. Après le dernier repas, où figurèrent quelques poissons de l'espèce des dorades, achetés aux pêcheurs de Cabruta, les passagers des pirogues s'endormirent d'un profond sommeil.

Ainsi que l'avait pronostiqué le patron Valdez, la brise était tombée aux premières heures de la nuit, mais elle reprit dès le jour naissant, en se maintenant au nord-est. Les voiles furent donc hissées, et les deux falcas, vent arrière, remontèrent le fleuve sans encombres.

En face de Capuchino s'ouvrait la bouche de l'Apurito, un bras de l'Apure. Le delta de ce puissant tributaire se montra deux heures plus tard. C'est par cet affluent que le *Simon-Bolivar*, après avoir quitté Caïcara, s'avançait à travers les territoires de la Colómbie, limités à l'ouest par les Andes.

Et, à ce propos, M. Miguel demanda à ses deux compagnons pourquoi, en somme, ce ne serait pas l'Apure qui serait l'Orénoque plutôt que l'Atabapo ou le Guaviare.

« Par exemple!... riposta M. Felipe. L'Apure peut-il être autre chose que l'affluent d'un fleuve qui mesure ici près de trois mille mètres de largeur?...

— Et ses eaux ne sont-elles pas troubles et blanchâtres, s'écria M. Varinas, tandis que celles-ci, depuis Ciudad-Bolivar, sont claires et limpides ?...

— Entendu, dit M. Miguel en souriant, et mettons l'Apure hors de concours. Nous trouverons assez d'autres concurrents sur notre route. »

Ce que M. Miguel aurait pu dire, c'est que, en tout cas, l'Apure arrose des llanos autrement riches que ceux de l'Orénoque, et qu'il semble véritablement le continuer vers l'ouest, tandis que celui-ci fait un angle en cet endroit et vient du sud depuis San-Fernando. C'est sur une longueur de cinq cents kilomètres, presqu'à Palmirito, que les bateaux à vapeur, qui ne peuvent s'aventurer en amont de son embouchure, en suivent le cours. On l'a justement nommé le « fleuve des llanos », ces vastes surfaces propices à toutes cultures, si heureusement disposées pour l'élevage des bestiaux, et qui renferment la population la plus robuste et la plus laborieuse du Venezuela central.

Ce qu'il convient aussi de remarquer, — et Jean put le constater de ses propres yeux, — c'est que les caïmans abondent sous ces eaux épaisses, qui leur permettent d'approcher plus facilement leur proie. Quelques-uns de ces sauriens monstrueux vinrent s'ébattre à quelques pieds de la *Gallinetta*. Longs de plus de six mètres, ces géants de l'espèce des crocodiles sont nombreux dans les tributaires de l'Orénoque, alors que les caïmans des rivières des llanos n'atteignent qu'une taille inférieure.

Et, sur une demande que lui fit le jeune garçon, le patron Valdez répondit :

« Ces bêtes ne sont pas toutes dangereuses, et il y en a, — entre autres les bavas, — qui n'attaquent même pas les baigneurs. Quant aux cebados, c'est-à-dire ceux qui ont déjà goûté de la chair humaine, ils s'élanceraient jusque dans les embarcations pour vous dévorer !...

— Qu'ils y viennent ! s'écria le sergent Martial.

« POUR VARIER VOTRE ORDINAIRE! » DIT M. MIGUEL. (Page 73.)

— Non... qu'ils n'y viennent pas, mon oncle! » répondit Jean, en montrant une de ces énormes bêtes dont les formidables mâchoires s'ouvraient et se refermaient à grand bruit.

Au surplus, les crocodiles ne sont pas seuls à infester les eaux de l'Orénoque et de ses affluents. Il s'y rencontre aussi les caribes, poissons d'une telle vigueur qu'ils brisent d'un coup les plus forts hameçons, et dont le nom, dérivé de celui de Caraïbe, indique des cannibales aquatiques. En outre, que l'on se défie des raies et des anguilles électriques, ces gymnotes appelées trembladors. Pourvues d'un appareil assez compliqué, elles tuent les autres poissons à coups de décharges que l'homme ne supporterait pas impunément.

Pendant cette journée, les falcas côtoyèrent quelques îles le long desquelles le courant était plus rapide, et, une ou deux fois, il fallut employer l'espilla fixée à de solides racines d'arbres.

En passant devant l'île Verija de Mono, hérissée de massifs à peu près impénétrables, plusieurs coups de fusil retentirent à bord de la *Maripare*. Une demi-douzaine de canards tombèrent à la surface du fleuve. C'étaient M. Miguel et ses amis qui venaient de se montrer adroits tireurs.

Quelques instants après, la curiare s'approchait de la *Gallinetta*.

« Pour varier votre ordinaire! » dit M. Miguel, en offrant une couple de ces canards.

Jean de Kermor remercia M. Miguel, tandis que le sergent Martial grommelait une sorte de remerciement.

Après avoir demandé au jeune garçon comment il avait passé ces deux jours de navigation, et reçu une réponse satisfaisante de tous points, M. Miguel souhaita le bonsoir au neveu comme à l'oncle, et la curiare le ramena à sa pirogue.

Dès la tombée de la nuit, les deux falcas vinrent s'amarrer à l'île Pajaral, la rive droite du fleuve étant encombrée de roches erratiques, sur lesquelles M. Chaffanjon avait pu relever de nombreuses inscriptions, dues au couteau des marchands qui fréquentent cette partie du fleuve.

On soupa de bon appétit. Les canards, apprêtés par le sergent Martial, lequel s'entendait en cuisine comme un cantinier de régiment, offraient une chair savoureuse et parfumée, bien supérieure à celle des espèces européennes. A neuf heures, on se coucha, ou du moins, le jeune garçon alla s'étendre sur l'estera dans la partie du rouf qui lui servait de chambre, et son oncle, fidèle à ses habitudes, vint soigneusement l'envelopper de la moustiquaire.

Précaution qui fut loin d'être inutile! Que de moustiques et quels moustiques! Et M. Chaffanjon, à en croire le sergent Martial, ne saurait être taxé d'exagération pour avoir dit que là « est peut-être la plus grande difficulté d'un voyage sur l'Orénoque ». Des myriades de dards venimeux vous piquent sans relâche, et cette piqûre produit une inflammation, encore douloureuse après quinze jours, qui va jusqu'à provoquer une fièvre intense.

Aussi avec quel soin l'oncle ajusta le voile protecteur autour de la couche du neveu! Puis, quelles bouffées il tira de sa pipe, afin d'écarter momentanément les terribles insectes! Et de quelles énergiques tapes il écrasa ceux qui cherchaient à s'introduire par les plis mal fermés!

« Mon bon Martial, tu vas te démettre les poignets... répétait Jean. Il est inutile de te donner tant de peine!... Rien ne m'empêche de dormir...

— Non, répondait le vieux soldat, je ne veux pas qu'une seule de ces abominables bêtes siffle à tes oreilles! »

Et il continua sa manœuvre aussi longtemps qu'il entendit quelque bourdonnement suspect. Puis, lorsqu'il s'aperçut que Jean était plongé dans le sommeil, il alla se coucher à son tour. Quant à lui, il se moquait pas mal de ces attaques-là. Mais, bien qu'il se dit trop coriace pour en souffrir, la vérité est qu'il était piqué tout comme un autre, et se grattait à faire trembler la pirogue.

Le lendemain matin, démarrage des embarcations et départ à la voile. Le vent était favorable, intermittent, il est vrai. De gros nuages boursouflés couvraient le ciel à moyenne hauteur. La pluie tombait par violentes averses, et les passagers durent se tenir sous les roufs.

En premier lieu, il y eut à vaincre d'assez forts courants, le lit du fleuve étant rétréci par un barrage de petites îles. Il fut même indispensable de rallier la rive gauche où la résistance des eaux était moindre.

Cette rive présentait un aspect marécageux, avec un embrouillis de canaux et de bayous. Telle elle se poursuit depuis l'embouchure de l'Apurito jusqu'à l'embouchure de l'Arauca, sur une étendue de deux cents kilomètres. Là est la région si fréquentée des canards sauvages. On les voyait voler à la surface des plaines, tachetant l'espace de milliers de points noirs.

« S'il y en a autant que de moustiques, ils ne sont pas du moins aussi désagréables, s'écria le sergent Martial, et sans compter qu'ils se mangent ! »

Il n'aurait pu imaginer une comparaison plus juste.

Cela ne justifiait-il pas le fait qui est rapporté par Élisée Reclus d'après Carl Sachs. On raconte, assure-t-il, qu'un régiment de cavalerie campé près d'une lagune de cette région se nourrit exclusivement de canards sauvages pendant quinze jours, sans qu'il eût été possible de constater une diminution apparente de ces oiseaux dans les canaux environnants.

Les chasseurs de la *Gallinetta* et de la *Maripare*, — pas plus que le régiment de cavalerie dont il est question, — ne diminuèrent d'une manière sensible ces légions de volatiles. Ils se contentèrent d'en abattre quelques douzaines que les curiares allèrent ramasser au fil du courant. Le jeune garçon eut plusieurs coups heureux, à l'extrême satisfaction du sergent Martial, et, comme celui-ci se disait qu'une politesse en vaut une autre, il envoya à M. Miguel et à ses compagnons, très pourvus déjà, une part de son gibier. Décidément, il voulait ne rien leur devoir.

Pendant cette journée, les patrons des pirogues eurent à faire preuve d'une réelle habileté pour éviter les pointes de roches. Heurter l'une d'elles eût amené la perte de l'embarcation au milieu de ces eaux grossies par les pluies. Et non seulement, cette manœuvre exigeait une parfaite sûreté de main dans le maniement de la pagaie d'arrière, mais il fallait veiller aux troncs en dérive et se garer de leurs chocs. Ces arbres étaient détachés de l'île de Zamuro, laquelle commençait déjà à s'en aller par morceaux depuis quelques années. Les passagers des pirogues purent constater que cette île, rongée par les infiltrations, touchait à sa destruction complète.

Les falcas vinrent passer la nuit à la pointe amont de l'île Casimirito. Elles trouvèrent en cet endroit un suffisant refuge contre la bourrasque, qui se déchainait avec une rare violence. Quelques cases abandonnées, servant habituellement aux pêcheurs de tortues, assurèrent aux passagers un abri plus sérieux que celui des roufs. Il s'agit des passagers de la *Maripare*, car ceux de la *Gallinetta* ne descendirent pas à terre, malgré l'invitation qui leur fut faite.

D'ailleurs, il n'était peut-être pas très prudent de prendre pied sur l'île Casimirito qui est peuplée de singes et aussi de pumas et de jaguars. Très heureusement, la tempête engagea ces fauves à rester au fond de leurs repaires, car le campement ne fut point attaqué. Il est vrai, certains rauquements sauvages se propagèrent à travers les accalmies des rafales, et aussi quelques bruyantes vociférations de ces singes, si dignes du qualificatif de hurleurs, dont les naturalistes les ont gratifiés.

Le lendemain, meilleure apparence du ciel. Les nuages s'étaient abaissés pendant la nuit. A la grosse pluie formée dans les zones élevées, succédait une pluie fine, presque de l'eau pulvérisée, qui cessa même au lever du jour. Le soleil reparut par intervalles, et la brise, franchement établie au nord-est, permit aux falcas de naviguer grand largue, — le fleuve faisant un crochet vers l'ouest jusqu'au delà de Buena Vista, avant de se diriger vers le sud.

Le lit de l'Orénoque, très élargi, offrait alors un aspect qui devait frapper Jean de Kermor et le sergent Martial en leur qualité de Nantais. De là vint que celui-ci ne put retenir cette observation :

« Hé! mon neveu, regarde donc un peu où nous sommes aujourd'hui... »

« Mauvais temps! » dit le sergent. (Page 81.)

Le jeune garçon, quittant le rouf, se plaça sur l'avant de l'embarcation, dont la voile gonflée s'arrondissait derrière lui. L'atmosphère, très pure, laissait apercevoir les lointains horizons des llanos.

Alors le sergent Martial d'ajouter :

« Est-ce que, par hasard, nous sommes revenus dans notre cher pays de Bretagne?...

— Je te comprends, répondit Jean. Ici, l'Orénoque ressemble à la Loire...

— Oui, Jean, à notre Loire au-dessus comme au-dessous de Nantes!... Vois-tu ces bancs de sable jaune!... S'il naviguait entre eux une demi-douzaine de chalands, avec leur grande voile carrée, à la queue les uns des autres, je croirais que nous allons arriver à Saint-Florent ou à Mauves !

— Tu as raison, mon bon Martial, et la ressemblance est frappante. Toutefois, ces longues plaines qui s'étendent au delà des deux rives, me rappellent plutôt les prairies de la basse Loire, du côté du Pellerin ou de Paimbœuf...

— C'est ma foi vrai, mon neveu, et je m'attends à voir paraître le bateau à vapeur de Saint-Nazaire, — le pyroscaphe, comme on dit là-bas, un mot qui est fait avec du grec, paraît-il, et que je n'ai jamais pu comprendre !

— Et, s'il vient, le pyroscaphe, répondit le jeune garçon en souriant, nous ne le prendrons pas, mon oncle... nous le laisserons passer... Nantes est maintenant où est mon père... n'est-ce pas?...

— Oui... là où est mon brave colonel, et lorsque nous l'aurons retrouvé, lorsqu'il saura qu'il n'est plus seul au monde, eh bien... il redescendra le fleuve avec nous en pirogue... puis sur le *Bolivar*... puis il prendra avec nous le bateau de Saint-Nazaire... et ce sera bien pour retourner cette fois en France...

— Dieu t'entende ! » murmura Jean.

Et, tandis qu'il prononçait ces paroles, son regard se perdait, en amont du fleuve, vers les cerros dont la lointaine silhouette se dessinait au sud-est.

Puis, revenant à l'observation, fort juste d'ailleurs, que le sergent Martial avait faite sur la ressemblance de la Loire et de l'Orénoque en cette partie de son cours :

« Par exemple, dit-il, ce que l'on peut voir ici, à certaines époques, sur ces plages de sable, on ne le verrait ni sur la haute ni sur la basse Loire...

— Et qu'est-ce donc?...

— Ce sont ces tortues qui, chaque année, vers la mi-mars, viennent y pondre et enterrer leurs œufs.

— Ah!... il y a des tortues...

— Par milliers, et, même, le rio que tu aperçois sur la rive droite, s'appelait le rio Tortuga avant de s'appeler le rio Chaffanjon.

— S'il s'appelait le rio Tortuga, c'est qu'il méritait ce nom, sans doute... Cependant jusqu'ici, je ne vois pas...

— Un peu de patience, oncle Martial, et bien que le moment de la ponte soit passé, tu verras ces tortues en de telles quantités... à ne pas le croire...

— Mais, si elles ne pondent plus, nous ne pourrons pas nous régaler de leurs œufs, qui sont excellents, m'a-t-on dit...

— Excellents, et la chair de l'animal n'est pas moins succulente. Aussi je compte bien que notre patron Valdez saura en attraper pour notre pot-au-feu...

— Une soupe à la tortue!... s'écria le sergent.

— Oui, et cette fois, elle ne sera pas faite comme en France, avec de la tête de veau...

— Ce ne serait pas la peine d'être venu si loin, répliqua le sergent Martial, et de ne manger qu'une simple blanquette! »

Le jeune garçon ne se trompait pas, en disant que les pirogues approchaient de ces plages où la présence des chéloniens attire les Indiens des territoires environnants. Si ces indigènes n'y apparaissent plus qu'aux époques de pêche, ils les occupaient en grand nombre autrefois. Ces Taparitos, ces Panares, ces Yaruros, ces Guamos, ces Mapoyos, se faisaient une guerre acharnée afin de s'en assurer la possession. Là et avant eux, sans doute, habitaient les Otomacos, actuellement dispersés sur les contrées de l'ouest. D'après les récits de Humboldt, ces Indiens, qui prétendaient descendre d'aïeux de pierre, étaient d'intrépides joueurs de paume, plus habiles encore que ces Basques, de race européenne, introduits au Venezuela. On les citait également parmi ces populations géophages, qui, à l'époque de l'année où manque le poisson, se nourrissaient de boulettes de glaise, de l'argile pure, à peine torréfiée. C'est, du reste, une habitude qui n'a pas entièrement disparu. Ce vice, — on ne saurait l'appeler autrement, — a été contracté dès l'enfance et devient impérieux. Les géophages dévorent la terre comme les Chinois fument l'opium, poussés à cet acte par un besoin irrésistible. M. Chaffanjon a rencontré quelques-uns de ces misérables, qui en étaient arrivés à lécher l'argile de leurs paillotes.

Pendant l'après-midi, la navigation des falcas éprouva mille difficultés, et il en coûta d'extrêmes fatigues à leurs équipages. Le courant se propageait avec une extrême rapidité en cette partie du lit, notablement rétréci par l'empiétement des bancs de sable.

Sous un ciel orageux, au milieu d'une atmosphère saturée de fluide électrique, les roulements de la foudre arrivaient du sud. Un gros orage montait contre le vent. La brise ne tarda pas à exhaler ses derniers souffles, et c'est à peine si quelques bouffées intermittentes se firent sentir.

Dans ces conditions, la prudence commandait de chercher un abri, car on ne sait jamais comment finissent ces orages de l'Orénoque, et s'ils n'amèneront pas de violentes perturbations atmosphériques. Les bateliers ont donc hâte de se réfugier au fond de quelque crique, dont les hautes berges les garantissent contre les rafales.

Par malheur, cette portion du fleuve ne présentait aucune relâche convenable. Les llanos s'étendaient de chaque côté à perte de vue, d'immenses prairies dénuées d'arbres, dont l'ouragan balayerait la surface sans rencontrer aucun obstacle.

M. Miguel, amené à interroger le patron Martos sur ce qu'il allait faire, lui demanda s'il ne serait pas obligé de mouiller dans le lit du fleuve jusqu'au lendemain.

« Ce serait dangereux, répondit Martos. Notre ancre ne tiendrait pas en cet endroit... Nous serions jetés sur les sables, roulés, mis en pièces...

— Quel parti prendre alors?...

— Essayons d'atteindre le plus prochain village en amont, ou, si c'est impossible, nous redescendrons à l'île Casimirito près de laquelle nous avons passé la nuit.

— Et quel est ce village?...

— Buena Vista sur la rive gauche. »

Cette manœuvre était, en effet, tellement indiquée que, sans s'être concerté avec le patron de la *Maripare*, Valdez prenait déjà direction vers ce village.

Les voiles dégonflées pendaient le long des mâts. Les mariniers les affalèrent au fond de l'embarcation afin qu'elles ne pussent donner prise au vent. Peut-être, après tout, l'orage n'éclaterait-il pas avant une ou deux heures. Les nuages, d'une teinte livide, semblaient être immobilisés contre l'horizon du sud.

« Mauvais temps, dit le sergent Martial en interrogeant le patron de la *Gallinetta*.

— Mauvais temps, répondit Valdez, mais tâchons de gagner sur lui. »

Les deux pirogues se trouvaient alors, par le travers l'une de l'autre, à une cinquantaine de pieds, pas davantage. Les longues perches en fourche furent alors utilisées comme des gaffes, en prenant appui au pied des bancs. Ce fut, en somme, beaucoup de travail pour peu de résultat, car on étalait à peine le courant. D'ailleurs, nulle possibilité de procéder d'une façon différente. L'essentiel, c'était de rallier la rive gauche du fleuve, le long de laquelle on pourrait se haler au moyen de l'espilla.

Une grande heure fut employée à cette opération. Que de fois dut-on craindre, si les falcas ne se décidaient pas à mouiller, de les voir entraînées en aval, et peut-être jetées sur quelques récifs! Enfin, grâce à l'adresse des patrons, à la vigueur des mariniers, auxquels MM. Miguel, Felipe et Varinas, d'une part, le sergent Martial et Jean de l'autre, vinrent en aide, les deux embarcations accostèrent la rive gauche, sans avoir très sensiblement perdu en obliquant à travers le lit du fleuve.

Il fallut alors faire usage de l'espilla, et, du moins, si l'on dépensait de la force, on était certain de n'être point ramené en aval.

Sur la proposition de Valdez, les pirogues furent amarrées l'une à l'arrière de l'autre, et les deux équipages se réunirent pour le halage le long de la rive. Lorsque la berge le permettait, ils débarquaient et remorquaient les embarcations que la pagaie du timonier maintenait en bonne route. Lorsque la berge devenait impraticable à des piétons, on portait l'espilla à une quarantaine de mètres en avant, on la tournait sur une roche ou sur une souche. Puis, les mariniers revenaient à bord de la *Maripare*, et halaient d'ensemble.

C'est ainsi que les îles Seiba, Cururuparo et Estillero furent laissées sur bâbord, et, un peu après, l'île Posso Redondo, plus rapprochée de la rive droite.

Entre temps, l'orage montait vers le zénith. Tout l'horizon méridional se zébrait d'éclairs d'une extraordinaire fréquence. Les roulements de la foudre, mêlés d'éclats intenses, ne discontinuaient plus. Par bonheur, vers huit heures du soir, lorsque la tempête se déchaîna en violentes bourrasques de vent et de grêle sur la rive gauche de l'Orénoque, les deux pirogues se trouvaient en sûreté au pied du village de Buena Vista.

« Oh! ce qu'il y a dans les livres !... » répondit le sergent Martial. (Page 94.)

VII

ENTRE BUENA VISTA ET LA URBANA.

La nuit fut féconde en désastres. Les dégâts, produits par les fureurs de l'orage, s'étendirent sur une aire d'une quinzaine de kilomètres jusqu'à l'embouchure du rio Arauca. On le reconnut bien, le lendemain, 26 août, à voir les débris de toutes sortes que charriait le fleuve, dont les eaux, d'habitude si limpides, avaient pris une teinte limoneuse. Si les deux pirogues ne s'étaient abritées au fond de ce petit port, si elles eussent été surprises en plein Orénoque, il n'en serait plus resté que d'informes carcasses. Équipages et passagers auraient péri, sans qu'il eût été possible de leur porter secours.

Très heureusement, Buena Vista fut épargnée, la diagonale de ce chubasco s'étant établie plus à l'ouest.

Buena Vista occupe la partie latérale d'une île prolongée par de vastes bancs de sable à l'époque de la saison sèche, et que la crue du fleuve réduit notablement pendant la saison des pluies. C'est ce qui avait permis à la *Gallinetta* et à la *Maripare* de gagner la base même du village.

Village?... Il n'y a là qu'une agglomération de quelques cases, pouvant loger cent cinquante à deux cents Indiens. Ils n'y viennent que pour la récolte des œufs de tortues, dont on tire une huile de vente courante sur les marchés venezueliens. Aussi, durant le mois d'août, ce village est-il à peu près abandonné, car la ponte cesse vers la moitié du mois de mai. Il n'y avait plus à Buena Vista qu'une demi-douzaine d'Indiens, vivant de pêche et de chasse, et ce n'est pas chez eux que les pirogues auraient pu s'approvisionner, si cela eût été nécessaire. Comme leurs réserves n'étaient point épuisées, elles suffiraient jusqu'à la bourgade de la Urbana où il serait facile de se ravitailler.

L'important était que les falcas n'eussent pas souffert de ce terrible coup de vent.

D'ailleurs, sur le conseil des mariniers, les passagers avaient accepté d'être mis à terre pendant la nuit. Une famille de ces indigènes, qui occupait une case assez propre, leur avait offert l'hospitalité. Ces Indiens appartenaient à la tribu des Yaruros, qui comptaient jadis parmi les premières du pays, et, contrairement à leurs congénères, ils restaient à Buena Vista, même après la période de la ponte.

Cette famille se composait du mari, — un homme vigoureux, vêtu du guayaco et du pagne traditionnels, — de sa femme, habillée de la longue chemise indienne, jeune encore, de petite taille, bien faite, — d'une enfant de douze ans, aussi sauvage que sa mère. Ces Indiens furent cependant sensibles aux cadeaux qu'offrirent leurs hôtes, du tafia et des cigares pour l'homme, des colliers de verroteries et un petit miroir pour la mère et sa fillette. Ces objets de pacotille sont prisés au plus haut degré chez les indigènes venezueliens.

Cette case ne possédait, en fait de mobilier, que des hamacs suspendus aux bambous de la toiture, et trois ou quatre de ces paniers, nommés canastos où les Indiens déposent leurs vêtements et leurs ustensiles les plus précieux.

Quoi qu'en eût le sergent Martial, les passagers de la *Maripare* et lui durent partager cette hospitalité en commun, car son neveu et lui ne l'eussent rencontrée en aucune autre case. M. Miguel, plus encore que ses collègues, se montra très prévenant pour les deux Français. Jean de Kermor, tout en se tenant sur une réserve que lui imposaient d'ailleurs les regards fulminants de son oncle, eut l'occasion de faire plus ample connaissance avec ses compagnons de voyage. En outre, il fut promptement accaparé — c'est le mot, — par la petite indigène, qui se sentit attirée par sa bonne grâce.

On causa donc, tandis que la tempête mugissait au dehors. La conversation fut fréquemment interrompue. Les éclats de la foudre se répercutaient si bruyamment qu'il eût été malaisé de s'entendre. Ni l'Indienne, ni la fillette ne manifestaient la moindre peur, alors même que l'éclair et le coup de tonnerre se produisaient ensemble. Et plus d'une fois, ainsi que cela devait être constaté le lendemain, des arbres voisins de la case furent foudroyés avec un horrible fracas.

Évidemment, les Indiens, habitués à ces orages qui sont fréquents sur l'Orénoque, n'éprouvaient pas cette impression que subissent les animaux eux-mêmes. Leurs nerfs résistent à cet ébranlement physique autant que moral. Il n'en allait pas ainsi du jeune garçon, et, s'il n'avait pas précisément « peur du tonnerre », comme on dit, il n'échappait pas à ce sentiment de nerveuse inquiétude dont d'énergiques natures ne sont pas toujours exemptes.

Jusqu'à minuit, la conversation se poursuivit entre les hôtes de l'Indien, et le sergent Martial y aurait pris un vif intérêt, s'il eût compris l'espagnol comme le comprenait son neveu.

Cette conversation, provoquée par MM. Miguel, Felipe et Varinas, porta précisément sur les travaux qui, trois mois avant, attirent chaque année plusieurs centaines d'indigènes en cette partie du fleuve.

Certes, les tortues fréquentent d'autres plages de l'Orénoque, mais nulle part en aussi grand nombre qu'à la surface des bancs de sable depuis le rio Cabullare jusqu'au village de la Urbana. Ainsi que le raconta l'Indien, très au courant des mœurs de la gent chélonienne, très habile à cette chasse ou à cette pêche, — les deux mots se valent, — c'est dès le mois de février qu'on voit apparaître les tortues, il ne serait peut-être pas suffisant de dire par centaines de mille.

Il va de soi que cet Indien, ignorant les classifications de l'histoire naturelle, ne pouvait indiquer à quelle espèce appartiennent ces tortues, si incroyablement multipliées sur les battures de l'Orénoque. Il se contentait de les pourchasser, de concert avec les Guahibos, Otomacos et autres, auxquels se joignaient les métis des llanos voisins, de recueillir les œufs à l'époque de la ponte, et d'en extraire l'huile par des procédés très simples, — aussi simples que lorsqu'il s'agit du fruit des oliviers. Pour récipient, tout bonnement un canot qui est tiré sur la plage; en travers du canot, des corbeilles dans lesquelles sont déposés les œufs; un bâtonnet qui sert à les briser, tandis que leur contenu, délayé d'eau, tombe au fond du canot. Une heure après, l'huile remonte à la surface; on la chauffe afin d'en évaporer l'eau, et elle devient claire. L'opération est terminée.

« Et cette huile est, parait-il, excellente, dit Jean, qui s'en rapportait là-dessus à l'opinion de son guide favori.

— Excellente, en effet, ajouta M. Felipe.

— Dans quelle espèce classe-t-on ces tortues?... demanda le jeune garçon.

— Dans l'espèce des cinosternon scorpioïdes, répondit M. Miguel, et ces animaux, qui mesurent près d'un mètre de carapace, ne pèsent pas moins d'une soixantaine de livres. »

Et comme M. Varinas n'avait pas encore déployé ses connaissances spéciales à l'endroit de l'ordre des chéloniens, il fit observer que le nom véritablement scientifique des scorpioïdes de son ami Miguel était le podocnemis dumerilianus, appellation à laquelle l'Indien parut être on ne peut plus indifférent.

» Une simple question... dit alors Jean de Kermor, en s'adressant à M. Miguel.

— Tu parles trop, mon neveu... murmura le sergent Martial, en mâchonnant sa moustache.

— Sergent, demanda en souriant M. Miguel, pourquoi empêcher votre neveu de s'instruire?...

— Parce que... parce qu'il n'a pas besoin d'en savoir plus que son oncle!

— C'est entendu, mon Mentor, reprit le jeune garçon, mais voici ma question : Ces bêtes-là sont-elles dangereuses?...

— Elles peuvent l'être par leur nombre, répondit M. Miguel, et on courrait de gros risques à se trouver sur leur passage, quand elles processionnent par centaines de mille...

— Par centaines de mille!...

— Tout autant, monsieur Jean, puisqu'on ne recueille pas moins de cinquante millions d'œufs, rien que pour les dix mille dames-jeannes que remplissent annuellement les produits de cette pêche. Or, d'une part, comme la moyenne d'œufs est d'une centaine par tortue, de l'autre, comme les carnassiers en détruisent un nombre considérable, et, enfin, comme il en reste assez pour perpétuer la raco, j'estime à un million le nombre des tortues qui fréquentent les sables de la Manteca, précisément sur cette partie de l'Orénoque. »

Les calculs de M. Miguel n'étaient point entachés d'exagération. Ce sont réellement des myriades de ces animaux que rassemble une sorte d'attraction mystérieuse, a dit E. Reclus, — mascaret vivant, lent et irrésistible, qui renverserait tout comme une inondation ou une avalanche.

Il est vrai, l'homme en détruit de trop grandes quantités, et l'espèce pourrait bien disparaître un jour. Certaines battures sont déjà abandonnées, au grand dommage des Indiens, et entre autres les plages de Cariben, situées un peu au-dessous des bouches du Meta.

L'Indien donna alors quelques détails intéressants sur les habitudes de ces tortues, lorsque l'époque de la ponte est arrivée. On les voit sillonner ces vastes espaces sablonneux, y creuser des trous profonds de deux pieds environ où sont déposés les œufs, — cela durant une vingtaine de jours à partir de la mi-mars, — puis recouvrir soigneusement de sable le trou où ces œufs ne tarderont pas à éclore.

En outre, sans parler du rendement de l'huile, les indigènes cherchent à s'emparer de ces tortues pour l'alimentation, car leur chair est très estimée. Les atteindre sous les eaux est presque impossible. Quant à les prendre sur les bancs de sable, lorsqu'elles les parcourent isolément, cela se fait simplement au moyen de bâtons qui permettent de les retourner sur le dos, — posture des plus critiques pour un chélonien, lequel ne saurait se replacer tout seul sur ses pattes.

« Il y a des gens comme cela, fit observer M. Varinas. Lorsque, par malheur, ils sont tombés à la renverse, ils ne peuvent plus se relever. »

Juste remarque qui termina d'une façon assez inattendue cette discussion sur les chéloniens de l'Orénoque.

C'est alors que M. Miguel, s'adressant à l'Indien, lui posa cette question :

ENTRE BUENA VISTA ET LA URBANA. 89

Quelques arbres leur offrirent l'abri de leur frondaison. (Page 96.)

« Avez-vous vu, à leur passage à Buena Vista, les deux voyageurs français qui remontaient le fleuve, il y a quatre ou cinq semaines? »

La question intéressait directement Jean de Kermor, puisqu'il s'agissait de compatriotes. Aussi attendait-il avec une certaine émotion la réponse de l'Indien.

« Deux Européens?... demanda l'Indien.

— Oui... deux Français.

— Il y a cinq semaines?... Oui... je les ai vus, repondit l'Indien, et leur falca s'est arrêtée pendant vingt-quatre heures à l'endroit où sont les vôtres.

— Ils étaient en bonne santé?... demanda le jeune garçon.

— Bonne santé... deux hommes vigoureux et de belle humeur... L'un est un chasseur comme je voudrais l'être, et avec une carabine comme je voudrais en posséder une... Des jaguars et des pumas, il en a mis quantité par terre... Ah! c'est beau de tirer avec une arme qui met une balle à cinq cents pas dans la tête d'un ocelot ou d'un fourmilier! »

Et, tandis que l'Indien parlait de la sorte, son œil étincelait. Lui aussi était un habile tireur, un chasseur passionné. Mais que pouvaient son fusil de pacotille, son arc et ses flèches, lorsqu'il s'agissait de lutter avec ces armes de choix dont le Français était certainement pourvu.

« Et son compagnon?... dit M. Miguel.

— Son compagnon?... répliqua l'Indien. Oh! celui-là... c'est un chercheur de plantes, un ramasseur d'herbes... »

En ce moment, l'Indienne prononça quelques mots en langue indigène que ses hôtes ne purent comprendre, et, presque aussitôt, son mari d'ajouter :

« Oui... oui... je lui ai donné une tige de saurau qui a paru lui faire plaisir... une espèce rare... et il était si content qu'il a voulu faire notre petite image avec une machine... notre image sur un petit miroir...

— Leur photographie, sans doute... dit M. Felipe.

— Voulez-vous la montrer?... » demanda M. Miguel.

La fillette quitta sa place près de son ami Jean. Puis, ouvrant un des canastos déposés à terre, elle en tira « la petite image » et l'apporta au jeune garçon.

C'était bien une épreuve photographique. L'Indien avait été pris dans sa pose favorite, le chapeau de fibres sur la tête, la cobija drapée sur les épaules; à droite, sa femme vêtue de la longue chemise, des colliers de verroterie aux bras et aux jambes; à gauche, l'enfant enveloppée du pagne et grimaçant comme un joyeux petit singe.

« Et savez-vous ce que sont devenus ces deux Français?... demanda M. Miguel à l'Indien.

— Je sais qu'ils ont traversé le fleuve pour gagner la Urbana, où ils ont laissé leur pirogue, et qu'ils ont pris à travers les llanos du côté du soleil.

— Étaient-ils seuls?...

— Non... ils avaient emmené un guide et trois Indiens Mapoyos.

— Et, depuis leur départ, vous n'en avez plus entendu parler?...

— On est sans nouvelles. »

Qu'étaient devenus ces deux voyageurs, MM. Jacques Helloch et Germain Paterne?... N'y avait-il pas lieu de craindre qu'ils eussent péri dans cette expédition à l'est de l'Orénoque?... Les Indiens les avaient-ils trahis?... Leur existence était-elle menacée au milieu de ces régions peu connues?... Jean n'ignorait pas que M. Chaffanjon avait couru les plus grands dangers de la part des gens de son escorte, alors qu'il opérait une reconnaissance sur le Caura, qu'il n'avait sauvé sa vie qu'en abattant d'une balle le guide qui le trahissait... Et le jeune garçon se sentait profondément ému à la pensée que ses deux compatriotes avaient peut-être trouvé la mort, comme tant d'autres explorateurs de cette partie du Sud-Amérique...

Un peu après minuit, l'orage commença à décroître. A la suite d'une pluie diluvienne, le ciel se rasséréna. Quelques étoiles apparurent tout humides, semblaient-elles, comme si les averses eussent inondé les extrêmes limites du firmament. Le météore prit fin presque subitement, — phénomène fréquemment observé en ces contrées, lorsque l'atmosphère a été troublée par les décharges électriques.

« Du beau temps pour demain, » fit observer l'Indien, au moment où ses hôtes se retiraient.

En effet, le plus sage était de regagner les falcas, puisque la nuit promettait d'être sèche et calme. On serait mieux couché sur l'estera des roufs que sur le sol de la paillote indienne.

Le lendemain, dès l'aube, les passagers étaient prêts à quitter Buena Vista. Non seulement le soleil se levait sur un horizon assez pur, mais le vent halait le nord-est, et les voiles pourraient être substituées aux palancas.

Il n'y avait d'ailleurs que peu de route à faire jusqu'à la bourgade de la Urbana, où la relâche durerait vingt-quatre heures. S'il ne survenait aucun incident, les falcas y arriveraient dans l'après-midi.

M. Miguel et ses deux amis, le sergent Martial et Jean de Kermor prirent congé de l'Indien et de sa famille. Puis, leurs voiles hissées, la *Gallinetta* et la *Maripare* s'engagèrent entre les passes que les battures sablonneuses ménageaient entre elles. Il eût suffi d'une crue un peu forte pour recouvrir tous ces bancs et donner au fleuve une largeur de plusieurs kilomètres.

A bord de leur pirogue, le sergent Martial et le jeune garçon s'étaient placés en avant du rouf afin de respirer cet air vif et salubre d'une belle matinée. La voile les protégeait contre les rayons du soleil, déjà brillant à son lever.

Le sergent Martial, sous l'influence de la conversation de la veille, et dont il avait saisi une partie, prit la parole en ces termes :

« Dis un peu, Jean, est-ce que tu crois à toutes ces histoires de l'Indien?...

— Lesquelles?...

— Ces milliers et milliers de tortues qui se promènent dans les environs comme une armée en campagne...

— Pourquoi non?...

— Ça me paraît bien extraordinaire! Des légions de rats, je ne dis pas... on en a vu... mais des légions de ces grosses bêtes longues d'un mètre...

— On en a vu aussi.

— Qui les a vues?...

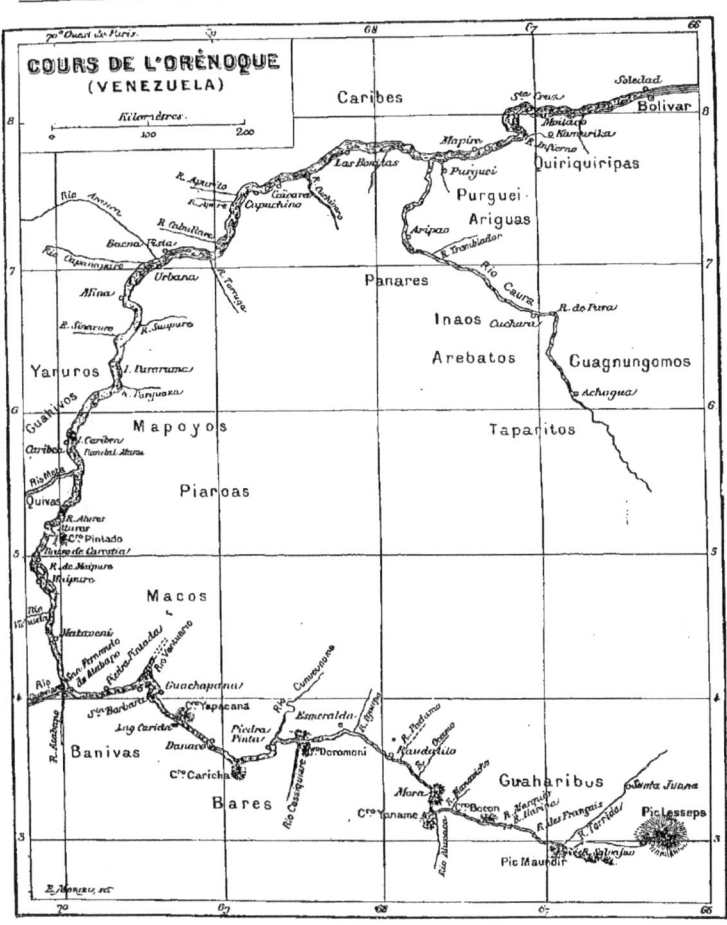

— L'Indien d'abord.

— Bah ! des contes de sauvages !...

— Et puis, les voyageurs qui ont remonté l'Orénoque du côté de la Urbana en parlent également...

— Oh! ce qu'il y a dans les livres!... répondit le sergent Martial, très incrédule à l'endroit des récits de voyages.

— Tu as tort, mon oncle. Cela est très croyable, et j'ajoute que cela est très certain.

— Bon... bon!... Dans tous les cas, si la chose est vraie, je ne pense pas, comme le prétend M. Miguel, qu'il y ait grand danger à rencontrer tant de tortues sur sa route!

— Cependant... si elles vous barrent le chemin...

— Eh bien... on passe par-dessus, que diable!

— Et le risque d'être écrasé, si, par malheur, l'on fait une chute au milieu de ces bêtes...

— N'importe!... Je voudrais le voir pour le croire...

— Nous arrivons un peu tard, répondit Jean, et il y a quatre mois, à l'époque de la ponte, tu aurais pu juger de tes propres yeux...

— Non, Jean, non!... Tout cela, c'est des histoires que les voyageurs inventent pour attraper les braves gens qui préfèrent rester chez eux...

— Il y en a de très véridiques, mon bon Martial.

— S'il existe tant de tortues que cela, il est étonnant que nous n'en apercevions pas une seule!... Vois-tu ces bancs de sable disparaissant sous des carapaces!... Tiens... je ne suis pas exigeant... je ne demande pas à les compter par centaines de mille, ces tortues, mais rien qu'une cinquantaine... une dizaine... d'autant que, puisque cela fait de si bon pot-au-feu, j'aurais plaisir à tremper mon pain dans un bouillon de cette espèce...

— Tu me donnerais bien la moitié de ta gamelle, n'est-ce pas, mon oncle?

— Et pourquoi, s'il te plait?... Rien qu'avec cinq ou six mille de ces bêtes-là, il y aurait de quoi remplir ta gamelle et la mienne, je pense... Mais pas une... pas une!... Où peuvent-elles s'être cachées?... Dans la cervelle de notre Indien, sans doute!»

Il était difficile de pousser l'incrédulité plus loin. Si le sergent Martial n'apercevait pas un de ces chéloniens nomades, ce n'était pourtant pas faute de regarder, et, vraiment, il finirait par y user sa lunette.

Cependant les deux pirogues continuaient à remonter de conserve sous la poussée du vent. Tant qu'elles purent suivre la rive gauche, la brise demeura favorable, et il n'y eut pas lieu d'employer les palancas. La navigation continua de la sorte jusqu'à l'embouchure de l'Arauca, important tributaire de l'Orénoque, auquel il verse une partie des eaux nées sur le versant même de la chaîne des Andes, et qui ne se mélange d'aucun autre affluent, tant son bassin est étroitement limité.

La remontée se poursuivit pendant la matinée et, vers onze heures, il fut nécessaire de traverser le fleuve, puisque la Urbana est située sur la rive droite.

Là, les difficultés commencèrent, et assez grandes pour occasionner des retards. Entre ces bancs d'un sable très fin, alors rétrécis par la surélévation des eaux, les passes présentaient des coudes brusques. Par instant, au lieu du vent arrière, les falcas trouvaient le vent debout. De là, l'obligation d'amener les voiles, de marcher avec les palancas, et, comme il fallait rebrousser un courant rapide, on dut recourir à tous les bras afin de ne pas être ramené en aval.

Les montres marquaient donc deux heures de l'après-midi, lorsque la *Gallinetta* et la *Maripare*, l'une précédant l'autre, atteignirent une île baptisée du même nom que la bourgade. D'un aspect différent de celui des llanos riverains, cette île était boisée, et même laissait voir quelques essais de culture. C'est chose rare en cette portion du fleuve, où les Indiens ne connaissent guère d'autre occupation que la chasse, la pêche, la récolte des œufs de tortues, — récolte si abondante qu'elle nécessite un grand nombre de travailleurs, quoi qu'en pût penser le sergent Martial.

Comme les mariniers se sentaient très fatigués de leur manœuvre opérée sous un ciel brûlé des feux de la méridienne, les patrons jugèrent opportun de leur accorder une heure qui serait consacrée au repas d'abord, au repos ensuite. On aurait toujours le temps de gagner la Urbana avant le soir. En effet, dès que l'île serait contournée, ce village se laisserait apercevoir. Il est le dernier du moyen Orénoque, précédant celui de Cariben, situé à deux cents kilomètres en amont, près de l'embouchure du Meta.

Les falcas vinrent s'amarrer le long de la berge, et les passagers descendirent à terre, où quelques arbres leur offrirent l'abri de leur large frondaison.

En dépit du sergent Martial, une sorte d'intimité commençait à s'établir entre les passagers des deux pirogues, et n'est-ce pas naturel, lorsque l'on voyage en ces conditions? L'insociabilité eût été un contre-sens. M. Miguel cachait moins que jamais l'intérêt que lui inspirait le jeune de Kermor, et celui-ci n'aurait pu, sans manquer aux plus élémentaires lois de la politesse, demeurer insensible à ces marques de sympathie. Il fallait bien que le sergent Martial se résignât à subir ce qu'il ne pouvait empêcher. Mais, s'il indiquait une tendance à s'adoucir, à rentrer ses piquants de porc-épic, il ne le faisait pas sans s'administrer les plus violents reproches au sujet de sa sottise et de sa faiblesse.

Si cette île était cultivée en de certains endroits, il ne semblait pas qu'elle contînt aucun gibier de poil. A peine quelques couples de canards ou de ramiers voletaient-ils à sa surface. Les chasseurs n'eurent donc pas la pensée de prendre leur fusil en vue de varier le menu du dîner prochain. Ils trouveraient, d'ailleurs, à la Urbana tout ce qui serait nécessaire au ravitaillement des falcas.

Cette halte de repos se passa en causeries, tandis que les mariniers dormaient à l'ombre des arbres.

Vers trois heures, Valdez donna le signal du départ. Aussitôt les pirogues débordèrent. On devait d'abord se haler avec l'espilla jusqu'à la pointe méridionale de l'île. De là, il n'y aurait plus qu'à traverser obliquement l'autre moitié du fleuve.

Cette dernière partie de la navigation ne donna lieu à aucun incident, et, avant le soir, les deux falcas vinrent relâcher au pied même de la Urbana.

On y voyait une troisième falca. (Page 99.)

VIII

UN NUAGE DE POUSSIÈRE A L'HORIZON.

On pourrait appeler la Urbana la capitale du moyen Orénoque. C'est la bourgade la plus importante entre Caïcara et San-Fernando de Atabapo, situés chacun aux deux angles que fait le fleuve, — le premier à l'endroit où il quitte la direction de l'est à l'ouest pour prendre celle du sud, le second à l'endroit où il quitte la direction du sud pour prendre celle de l'ouest à l'est.

Il va sans dire que cette disposition hydrographique n'est la véritable que si l'opinion de M. Miguel prévaut contre celles de MM. Felipe et Varinas, et conformément au tracé de l'Orénoque, tel qu'il est indiqué sur les cartes modernes.

Au surplus, encore six cents kilomètres environ, et les géographes auraient atteint le triple confluent où serait tranchée cette question, — on devait l'espérer du moins.

Un cerro, — colline de moyenne altitude, — s'élève sur la rive droite et porte le même nom que la bourgade bâtie à son pied. A cette époque, la Urbana possédait une population de trois cent cinquante à quatre cents habitants, répartis en une centaine de cases, pour la plupart de race mulâtre, métis d'Espagnols et d'Indiens. Ils ne sont point cultivateurs, et quelques-uns seulement s'occupent de l'élevage des bestiaux. A part la récolte de la sarrapia et des œufs de tortues dont le temps est très limité, ils ne font rien que pêcher ou chasser et, en somme, montrent un penchant naturel à l'oisiveté. Ils vivent à l'aise, d'ailleurs, et les habitations disséminées entre les bananiers de la rive, offrent l'aspect d'un bien-être rare en ces lointaines régions.

MM. Miguel, Felipe et Varinas, le sergent Martial et Jean de Kermor, comptaient ne rester qu'une nuit à la Urbana. Arrivés vers cinq heures, la soirée leur suffirait au renouvellement de leurs provisions en viande et légumes, car la Urbana était en mesure de fournir amplement à tous leurs besoins.

Ce qu'il y avait de mieux à faire, c'était de s'adresser au chef civil de la localité, lequel s'empressa d'offrir ses services et mit sa demeure à la disposition des passagers.

C'était un mulâtre d'une cinquantaine d'années, ce chef civil, dont l'autorité s'étend sur les llanos du district et auquel incombe la police du fleuve. Il vivait là avec sa femme d'origine métisse, et une demi-douzaine d'enfants de six à dix-huit ans, garçons et filles, vigoureux et de santé florissante.

Lorsqu'il sut que M. Miguel et ses deux collègues étaient de hauts personnages de Ciudad-Bolivar, il leur fit encore meilleur accueil, et les invita à passer la soirée dans sa case.

L'invitation s'étendit jusqu'aux passagers de la *Gallinetta*. Jean de Kermor en fut d'autant plus heureux qu'il aurait peut-être là l'occasion de se renseigner relativement à ses deux compatriotes, dont le sort ne laissait pas de le préoccuper.

En premier lieu, les patrons Valdez et Martos se chargèrent de ravitailler les pirogues, de les réapprovisionner de sucre, d'ignames et surtout de cette farine de manioc, écrasée à la râpe de pierre, le rayo, qu'on emploie communément, pour ne pas dire exclusivement, à la fabrication du pain dans les régions du moyen Orénoque.

Les deux falcas avaient accosté le revers même de la berge assez escarpée au fond d'une petite anse qui formait port et dans lequel quelques curiares et canots de pêche étaient sur leurs amarres.

On y voyait aussi une troisième falca sous la garde d'un patron indigène.

C'était l'embarcation des deux explorateurs français, MM. Jacques Helloch et Germain Paterne. Leurs mariniers les attendaient à la Urbana depuis six semaines, n'ayant reçu aucune nouvelle d'eux, et pris d'une très vive inquiétude, on peut le croire.

Après avoir dîné à bord des falcas, les passagers se rendirent à la case du chef civil.

La famille se tenait dans la salle principale, qui était simplement meublée d'une table, de sièges en cuir de cerf, et ornée de quelques attributs de chasse.

Plusieurs « notables » de la Urbana avaient été conviés à cette soirée, et, avec eux, un habitant des environs. Ce personnage ne fut pas tout à fait un inconnu pour Jean, grâce au portrait que M. Chaffanjon en fait dans son récit, et chez lequel le voyageur français avait reçu une très cordiale et très généreuse hospitalité. Et voici ce qu'il en dit :

« M. Marchal, un Venezuelien déjà d'un âge avancé, est venu, depuis une quinzaine d'années, se fixer à la Tigra, située en amont de la Urbana. C'est un vrai sage, M. Marchal. Il a abandonné la politique pour l'élevage des bestiaux. Il a fondé un hato, dont le corral renferme une centaine d'animaux, soignés par quelques péons et leurs familles. Autour du hato s'étendent des champs de manioc, de maïs, de cannes à sucre, délimités par des bordures de bananiers superbes, et qui pourvoient largement à l'alimentation de ce petit monde heureux et tranquille. »

Ce M. Marchal, dont quelques affaires avaient exigé la présence à la Urbana, s'y trouvait donc à l'arrivée des pirogues. Il s'y était transporté avec sa curiare, conduite par deux de ses hommes, et, descendu chez le chef civil, son ami, il faisait tout naturellement partie des personnes invitées à cette soirée.

Qu'on ne s'attende pas à une réception du high-life dans cette petite bourgade, au fond des llanos de l'Orénoque. Mais, à défaut des pâtisseries fines, des confiseries délicates, des vins de grande marque, des liqueurs recherchées, il y eut des gâteaux confectionnés par la maîtresse de maison et ses filles, — sans parler d'un franc et cordial accueil. On servit quelques tasses de ce délicieux café de bruquilla, qui provient d'une légumineuse herbacée, cultivée au hato de M. Marchal.

Cet excellent vieillard prit un extrême plaisir à causer avec Jean de Kermor en la langue du pays. Il lui rappela que, cinq ans avant, son compatriote avait séjourné quelque temps dans son hato, — trop peu à son vif regret.

« Mais il avait une telle impatience de continuer son aventureux voyage ! ajouta M. Marchal. C'est un hardi pionnier, mon cher enfant. Dédaigneux du danger, il a reconnu notre fleuve national jusqu'à ses sources, et au risque de sa vie. Voilà un Français qui honore la France ! »

Ces paroles, prononcées avec une véritable animation, témoignaient de la chaleur que conservait le cœur de ce vénérable Vénézuélien.

Lorsque M. Marchal et le chef civil surent quel but poursuivaient MM. Miguel, Felipe et Varinas, Jean crut bien s'apercevoir qu'ils se regardaient non sans quelque surprise. Pour eux, la question de l'Orénoque n'était-elle pas tranchée depuis longtemps, et en faveur de M. Miguel ?

Bien que M. Marchal n'en fût plus à connaître San-Fernando, et que son opinion fût établie relativement à l'Atabapo et le Guaviare, il ne laissa pas d'encourager les trois membres de la Société de Géographie à pousser leur recherche jusqu'au confluent des trois fleuves.

« La science ne pourra qu'en profiter, dit-il, et qui sait, messieurs, si vous ne rapporterez pas de cette expédition quelque découverte personnelle ?...

— C'est notre espoir, répondit M. Miguel, car il s'agit de visiter une région presque inconnue, s'il faut aller au delà de San-Fernando...

— Et nous irons... affirma M. Felipe.

— Aussi loin qu'il le faudra! » ajouta M. Varinas.

Le sergent Martial ne saisissait qu'imparfaitement le sens de cette conversation, dont son neveu lui traduisait quelques mots. Cela l'étonnait toujours, que des gens, à moins qu'ils ne fussent privés de raison, eussent la curiosité de savoir de « quel trou sortait une rivière ».

« Enfin, murmura-t-il, si tous les hommes étaient sages, on ne bâtirait pas tant d'hospices pour les fous! »

L'entretien porta alors sur les deux Français dont on attendait vainement le retour à la Urbana. Le chef civil les avait reçus à leur arrivée. M. Marchal les connaissait aussi, car, en partant, ils s'étaient arrêtés un jour au hato de la Tigra.

« Et depuis leur départ, demanda M. Miguel, vous n'avez plus entendu parler d'eux?...

— Ni d'une façon, ni d'une autre, répondit le chef civil. Les llaneros, qui revenaient de l'est, que nous avons interrogés à plusieurs reprises, affirment ne point les avoir rencontrés.

— Est-ce que leur intention, reprit Jean, n'était pas de remonter le cours de l'Orénoque?...

— Oui, mon cher enfant, répondit M. Marchal, et ils comptaient stationner aux divers villages riverains. Ils voyagent un peu à l'aventure, m'ont-ils déclaré. L'un, M. Germain Paterne, herborise avec la curiosité d'un naturaliste qui risquerait sa vie pour découvrir une plante inconnue. L'autre, M. Jacques Helloch, chasseur déterminé, est passionné pour les choses géographiques, le relèvement d'une contrée, la détermination d'un cours d'eau. Ces passions-là conduisent loin... très loin souvent... trop loin peut-être... et quand il s'agit de revenir...

— Espérons, dit M. Varinas, qu'il n'est rien arrivé de fâcheux à ces deux Français!

— Il faut l'espérer, répondit le chef civil, bien que leur absence se soit déjà trop prolongée!

—Est-il certain, questionna M. Felipe, qu'ils devaient revenir à la Urbana?...

— Aucun doute à cet égard, puisque leur pirogue les y attend avec les collections qu'ils ont recueillies déjà et le matériel de campement.

— Lorsqu'ils sont partis, dit Jean, avaient-ils un guide... une escorte?...

— Oui... quelques Mapoyos que je leur avais procurés, répliqua le chef civil.

— Des hommes dont vous étiez sûr?... demanda M. Miguel en insistant.

— Aussi sûr qu'on peut l'être, lorsqu'il s'agit des Indiens de l'intérieur.

— Et, reprit Jean, sait-on quelle partie du territoire ils s'apprêtaient à visiter?...

— D'après ce que je connais de leurs projets, répondit M. Marchal, ils ont dû se diriger vers la sierra Matapey, à l'est de l'Orénoque, contrée peu connue, et que les Yaruros ou les Mapoyos sont seuls à parcourir. Vos deux compatriotes et le chef de l'escorte étaient à cheval, les autres Indiens, au nombre d'une demi-douzaine, les accompagnaient à pied en portant les sacs.

— Est-ce que le pays à l'est de l'Orénoque est sujet aux inondations?... demanda Jean de Kermor.

— Non, répondit M. Miguel, et la surface de ses llanos est sensiblement au-dessus du niveau de la mer.

— En effet, monsieur Miguel, ajouta le chef civil, mais il est sujet aux tremblements de terre, et vous savez qu'ils ne sont pas rares au Venezuela.

— En tout temps?... dit le jeune garçon.

— Non, déclara M. Marchal, à certaines époques, et, précisément, depuis un mois, nous avons ressenti d'assez violentes secousses jusqu'au hato de la Tigra. »

On a reconnu, en effet, que le sol vénézuélien est souvent troublé par les poussées volcaniques, bien que ses montagnes n'aient point de cratères en activité. Humboldt a même pu l'appeler « le pays des tremble-terre par excellence ». Et cette appellation n'était-elle pas justifiée par la destruction de la ville de Cumana au seizième siècle, qui fut renversée de nouveau cent cinquante ans après, et dont les environs « tremblèrent » pendant quinze mois? Est-ce qu'une autre ville du territoire des Andes, Mesida, n'a pas été cruellement éprouvée par ces terribles commotions? En 1812, douze mille habitants ne furent-ils pas écrasés sous les ruines de Caracas? Ces désastres, qui ont fait des milliers de victimes, sont donc toujours à redouter pour ces provinces hispano-américaines, et il était vrai que, depuis quelque temps, on sentait le sol frémir dans la contrée orientale du moyen Orénoque.

Lorsque tout eut été demandé et répondu au sujet des deux Français, M. Marchal fut conduit à interroger le sergent Martial et son neveu.

« Nous savons, maintenant, dit-il, pourquoi MM. Miguel, Varinas et Felipe ont entrepris cette campagne sur l'Orénoque. Votre voyage n'a sans doute pas le même objet... »

Le sergent Martial eut un énorme geste de dénégation; mais, sur un signe de Jean, il dut s'abstenir d'exprimer son dédain pour ces questions géographiques, bonnes tout au plus à intéresser les fabricants de manuels et d'atlas.

Le jeune garçon raconta alors son histoire, quels motifs l'avaient entraîné à quitter la France, à quel sentiment filial il obéissait en remontant le cours de l'Orénoque dans l'espoir de se procurer quelques nouveaux renseignements à San-Fernando, d'où était partie la dernière lettre écrite par le colonel de Kermor, son père.

Le vieux M. Marchal ne put cacher l'émotion que lui causa cette réponse. Il prit les mains de Jean, il l'attira dans ses bras, il l'embrassa au front, — ce qui fit peut-être sourdement grommeler le sergent, — et ce fut comme une bénédiction qu'il lui donna, avec les souhaits les plus ardents pour la réussite de ses projets.

« Mais, ni vous, monsieur Marchal, ni monsieur le chef civil, vous n'avez entendu parler du colonel de Kermor?.. » demanda le jeune garçon.

Réponse négative.

« Peut-être, reprit le chef civil, le colonel ne s'est-il pas arrêté à la Urbana?... Cela m'étonnerait, cependant, car il est rare que les pirogues ne viennent pas s'approvisionner ici... C'était en 1879, dites-vous...

— Oui, monsieur, répondit Jean. Est-ce que vous habitiez déjà cette bourgade?...

— Assurément, et je n'ai jamais appris que le colonel de Kermor y ait passé. »

Toujours cet incognito, dont il semblait que le colonel eût voulu se couvrir depuis son départ.

« Peu importe, mon cher enfant, affirma M. Miguel, il est impossible que votre père n'ait pas laissé trace de son séjour à San-Fer-

SI JAMAIS HOMME FUT CONFONDU DANS SON INCRÉDULITÉ. (Page 110.)

nando, et là, vous obtiendrez les renseignements qui assureront le succès de vos recherches. »

La réunion se prolongea jusqu'à dix heures, et les hôtes du chef civil, après avoir pris congé de cette obligeante famille, retournèrent à bord de leurs pirogues, qui devaient démarrer le lendemain au jour levant.

Jean alla s'étendre sur sa couchette à l'arrière du rouf, et, sa chasse ordinaire aux moustiques terminée, le sergent Martial vint s'étaler sur la sienne.

Tous les deux s'endormirent, mais leur sommeil ne fut pas de longue durée.

Vers deux heures, une rumeur lointaine, continue, croissante, les réveilla.

C'était comme un sourd bruissement qu'on ne pouvait confondre avec le roulement même éloigné de la foudre. En ce moment aussi, les eaux du fleuve, soumises à une agitation singulière, imprimaient un balancement de roulis à la *Gallinetta*.

Le sergent Martial et le jeune garçon se relevèrent, sortirent du rouf, vinrent se poster au pied du mât.

Le patron Valdez et ses mariniers, debout à l'avant de la falca, interrogeaient l'horizon.

« Qu'y a-t-il, Valdez?... demanda Jean.

— Je ne sais...

— Est-ce un orage qui s'approche?...

— Non... le ciel est sans nuages... la brise souffle du levant... elle est faible...

— D'où vient ce trouble?...

— Je ne sais... je ne sais... » répétait Valdez.

En effet, c'était inexplicable, à moins qu'il ne se produisît, en amont ou en aval du village, une sorte de mascaret, dû à la crue subite du fleuve. On peut s'attendre à tout de la part de ce capricieux Orénoque.

A bord de la *Maripare*, même étonnement chez les passagers et chez l'équipage.

M. Miguel et ses deux amis, hors du rouf, cherchaient vainement à reconnaître la cause de ce phénomène.

Des propos, échangés entre les deux pirogues, il ne résulta aucune explication plausible.

D'ailleurs, si ce mouvement des eaux se ressentait dans les deux falcas, le sol riverain n'en était pas exempt.

Aussi, presque au même instant, les habitants de la Urbana, abandonnant leurs cases, se dirigèrent-ils vers la berge.

M. Marchal et le chef civil ne tardèrent pas à rejoindre la population qu'un peu d'épouvante commençait à gagner.

Il était alors quatre heures et demie du matin, et le jour allait poindre.

Les passagers des deux embarcations débarquèrent aussitôt et vinrent interroger le chef civil.

« Que se passe-t-il?... demanda M. Miguel.

— Il y a sans doute un tremblement de terre dans la sierra Matapey, répondit le chef civil, et les secousses se propagent jusque sous le lit du fleuve... »

M. Miguel émit la même opinion.

Nul doute que la région ne fût soumise à ces trépidations dues aux commotions sismiques, très fréquentes dans les terrains des llanos.

« Mais... il y a autre chose... fit observer M. Miguel. Entendez-vous cette sorte de bourdonnement qui vient de l'est? »

Et, en prêtant l'oreille, on percevait comme une espèce de ronflement, une basse continue, sur la nature de laquelle on ne pouvait se prononcer.

« Attendons, dit M. Marchal. Je ne crois pas que la Urbana ait rien à craindre...

— C'est mon avis, déclara le chef civil, et il n'y a aucun danger à rentrer dans les cases. »

C'était probable, et cependant il n'y eut que la minorité des habitants à suivre ce conseil. Au surplus, le jour s'accentuait, et peut-

UN NUAGE DE POUSSIÈRE A L'HORIZON. 107

être les yeux donneraient-ils l'explication d'un phénomène que n'avaient pu donner les oreilles.

Pendant trois heures, la lointaine rumeur ne cessa de s'accroître d'une façon étrange. Il semblait qu'il se produisit une espèce de glissement, une puissante reptation à la surface du territoire. Lourd et cadencé, ce glissement se transmettait jusqu'à la rive droite du fleuve, comme si le sol eût été tourbeux. Que les secousses fussent attribuées à un tremblement de terre dont le centre se trouvait à la sierra Matapey, rien que de très admissible, et ce n'était pas la première fois que la bourgade les subissait. Quant à ce roulement, semblable à celui qui proviendrait du matériel d'une armée en marche, personne n'en soupçonnait encore la véritable cause.

Le chef civil et M. Marchal, accompagnés des passagers des deux falcas, se dirigèrent vers les premières assises du cerro d'Urbana, afin d'observer la campagne dans un plus large rayon.

Le soleil montait sur un ciel très pur, pareil à un énorme ballon gonflé d'un gaz lumineux que la brise eût poussé vers les rives de l'Orénoque. Aucun nuage à l'horizon, nul indice même que la journée dût être orageuse.

Lorsque les observateurs se furent élevés d'une trentaine de mètres, ils dirigèrent leurs regards vers l'est.

L'immensité se développait devant eux, la vaste plaine verdoyante, cette « mer silencieuse des herbes », suivant la poétique métaphore d'Élisée Reclus. Il est vrai, cette mer n'était pas au calme plat, et il fallait qu'elle fût sérieusement troublée dans ses fonds, car, à quatre ou cinq kilomètres de distance, les llanos se couronnaient de volutes sablonneuses.

« Cela, dit M. Marchal, c'est une poussière intense... la poussière du sol qui se dégage...

— Ce n'est cependant pas le vent qui la soulève... affirma M. Miguel.

— En effet, puisqu'il est à peine sensible, répondit M. Marchal. Seraient-ce donc les trépidations?... Non... cette explication ne tient pas...

— Et puis, ajouta le chef civil, il y a ce bruit... qui semble venir d'une marche pesante...

— Qu'est-ce donc alors?... » s'écria M. Felipe.

Et, en ce moment, comme une réponse qui lui eût été adressée, une détonation se fit entendre, la détonation d'une arme à feu que répercutèrent les échos du cerro d'Urbana, et à laquelle d'autres succédèrent.

« Des coups de fusil!... affirma le sergent Martial. Ce sont des coups de feu, ou je ne m'y connais plus!

— Il faut qu'il y ait des chasseurs en chasse sur la plaine... observa Jean.

— Des chasseurs... mon cher enfant?... répondit M. Marchal. Ils ne soulèveraient pas une telle masse de poussière... à moins d'être légion... »

Il n'était pas contestable, cependant, que les détonations entendues ne provinssent d'armes à feu, revolvers ou carabines. Et même on pouvait apercevoir une vapeur blanchâtre, qui tranchait sur la teinte jaune du nuage de poussière.

Du reste, de nouveaux coups éclatèrent, et si éloignés qu'ils fussent encore, la légère brise suffisait à les apporter jusqu'à la bourgade.

« A mon avis, messieurs, dit M. Miguel, nous devrions aller reconnaître ce qui se passe de ce côté...

— Et porter secours à des gens qui en ont besoin peut-être... ajouta M. Varinas.

— Qui sait, dit Jean, en regardant M. Marchal, si ce ne sont pas mes compatriotes...

— Ils auraient donc affaire à une armée, répondit le vieillard. il n'y a que des milliers d'hommes qui puissent soulever tant de poussière!... Vous avez raison, M. Miguel, descendons sur la plaine...

— Bien armés! » ajouta M. Miguel.

Mesure de prudence très indiquée, en effet, si les pressentiments de Jean de Kermor ne l'avaient pas trompé, si c'étaient les deux

UN NUAGE DE POUSSIÈRE A L'HORIZON. 109

Les fauves furent accueillis par les coups de fusil... (Page 113.)

Français, que les Indiens de cette région attaquaient et qui se défendaient à coups de fusil.

En quelques instants, chacun eut regagné l'un sa case, l'autre sa pirogue. Le chef civil et quelques-uns des habitants, les trois géographes, le sergent Martial et son neveu, le revolver à la ceinture, la carabine sur l'épaule, prirent direction à travers les llanos, en contournant le pied du cerro d'Urbana.

M. Marchal avait voulu se joindre à eux, tant son impatience était grande de savoir à quoi s'en tenir.

La petite troupe allait d'un bon pas, et comme le nuage venait au devant d'elle, les trois ou quatre kilomètres qui les séparaient alors ne tarderaient pas à être franchis.

D'ailleurs, même à cette distance, il eût été possible de distinguer des formes humaines, si les volutes de poussière n'eussent été si épaisses. Cependant on apercevait la lueur des détonations, qui éclataient par instants, de plus en plus perceptibles à l'oreille.

Le bruit lourd et rythmé s'accusait aussi davantage, à mesure que se rapprochait la masse basse et rampante qui se dérobait encore aux regards.

A un kilomètre de là, M. Miguel, qui marchait en tête à côté du chef civil, leurs carabines prêtes à être épaulées, s'arrêta soudain. Une exclamation d'extrême surprise lui échappa...

En vérité, si jamais mortel eut l'occasion de voir sa curiosité satisfaite, si jamais homme fut confondu dans son incrédulité, ce fut bien le sergent Martial. Ah! le vieux soldat ne croyait pas à la présence de ces milliers de chéloniens, qui, à l'époque de la ponte, envahissaient les plages de l'Orénoque, entre l'embouchure de l'Arauca et les bancs de sable de Cariben...

« Des tortues... ce sont des tortues ! » s'écria M. Miguel, et il ne se trompait pas.

Oui !... des tortues, une centaine de mille, plus peut-être, s'avançaient vers la rive droite du fleuve. Et pourquoi cet exode anormal, en dehors de leurs habitudes, puisqu'on n'était plus à l'époque de la ponte ?...

M. Marchal répondit à cette question, qui venait à l'esprit de tous :

« Je pense que ces bêtes auront été effrayées par les secousses du tremblement de terre... Sans doute chassées par les eaux du Tortuga ou du Suapure qui ont été rejetées hors de leur lit... elles viennent chercher un abri dans l'Orénoque, et même au delà... poussées par l'irrésistible instinct de la conservation... »

C'était là une explication très naturelle, et même la seule admissible. La sierra Matapey et ses environs avaient dû être profondément bouleversés par ce tremblement de terre. Déjà, en ces conditions, pareil envahissement s'était produit en dehors des mois de mars et d'avril où il s'opère d'une façon régulière, et il n'y avait pas lieu, pour des riverains du fleuve, d'en être autrement surpris. Toutefois, dans une certaine mesure, ils pouvaient s'en montrer inquiets.

Et maintenant, l'exode des tortues une fois admis, d'où provenaient ces coups de feu?... Qui donc avait à se défendre contre ces chéloniens?... Et, d'ailleurs, que feraient des balles contre leurs impénétrables carapaces?...

On le reconnut bientôt à travers les déchirures de l'épais nuage.

En effet, les myriades de tortues s'avançaient en masse compacte, serrées les unes contre les autres. C'était comme une immense surface d'écailles, couvrant plusieurs kilomètres carrés, qui se déplaçait.

Or, sur cette surface mouvante, s'agitaient nombre d'animaux, lesquels, pour éviter d'être écrasés, avaient dû y chercher refuge. Là, surpris par cette invasion à travers les llanos, courait et gambadait une troupe de singes hurleurs, qui semblaient « la trouver drôle », pour employer une locution du sergent Martial. Puis, on apercevait aussi plusieurs couples de ces fauves, habitués des vastes campagnes vénézuéliennes, des jaguars, des pumas, des tigres, des ocelots, non moins redoutables que s'ils eussent librement couru la forêt ou la plaine.

Et c'était contre ces bandes que se défendaient deux hommes, à coups de fusil et de revolver.

Déjà quelques cadavres gisaient sur le dos des carapaces, dont le mouvement ondulatoire ne pouvait que gêner des êtres humains qui ne pouvaient y assurer leur pied, alors que les quadrupèdes et les singes n'y prenaient garde.

Quels étaient ces deux hommes?... Ni M. Marchal ni le chef civil ne parvinrent à les reconnaître, à cause de la distance. Toutefois, à leur costume, il y avait lieu d'affirmer que ce n'étaient point des Yaruros, ni des Mapoyos, ni aucun des Indiens qui fréquentent les territoires du moyen Orénoque.

S'agissait-il donc des deux Français aventurés sur les plaines de l'est, et dont on attendait vainement le retour?... Jean de Kermor, — la pensée lui en était venue, — allait-il éprouver cette joie de retrouver des compatriotes?...

MM. Marchal, Miguel, Felipe et Varinas, le chef civil et ceux des habitants qui l'accompagnaient, avaient suspendu leur marche... Convenait-il de se porter plus avant?... Non, assurément... Arrêtés par le premier rang des tortues, obligés bientôt de revenir en arrière, ils n'auraient pu rejoindre les deux hommes, cernés de tous côtés par la bande des fauves.

Cependant Jean insista afin qu'on se lançât à leur secours, ne mettant pas en doute que ces deux hommes fussent l'explorateur et le naturaliste français...

« C'est impossible, dit M. Marchal, et c'est inutile... On s'exposerait sans leur venir en aide... Mieux vaut laisser les tortues arriver jusqu'au fleuve... Là... leur masse se disloquera d'elle-même...

— Sans doute, dit le chef civil, mais nous sommes menacés d'un grave danger!...

— Lequel?...

— Si ces milliers de tortues rencontrent la Urbana sur leur route... si leur marche ne dévie pas en gagnant le fleuve... c'en est fait de notre bourgade! »

Par malheur, on ne pouvait rien pour empêcher cette catastrophe. Après avoir contourné la base du cerro, la lente et irrésistible avalanche gagnait vers la Urbana, dont deux centaines de mètres la séparaient alors. Tout serait renversé, écrasé, anéanti à l'intérieur du village... L'herbe ne pousse plus là où les Turcs ont passé, a-t-on pu dire... Eh bien... il ne resterait pas une case, pas une hutte, pas un arbre, pas un arbrisseau, là où aurait passé la masse des tortues...

« Le feu... le feu! » s'écria M. Marchal.

Le feu, — c'était la seule barrière que l'on pût opposer à cet envahissement.

Les habitants du village, à la pensée du danger qu'ils couraient, les femmes et les enfants, pris de panique, jetaient des cris d'épouvante...

M. Marchal avait été compris, et les passagers des pirogues, leurs équipages, tous se mirent à l'œuvre.

En avant de la bourgade s'étendaient de larges prairies, revêtues d'une herbe épaisse, que deux jours d'un soleil ardent avaient desséchée, et sur lesquelles quelques goyaviers et autres arbres dressaient leurs branches chargées de fruits.

Il ne fallait pas hésiter à sacrifier ces plantations, et il n'y eut pas une hésitation.

En dix ou douze places, à cent pas de la Urbana, le feu fut mis simultanément aux herbes. Des flammes jaillirent comme si elles sortaient des entrailles du sol. Une intense fumée vint se mêler au nuage de poussière qui se rabattait vers le fleuve.

Et, néanmoins, la masse des tortues avançait toujours, et elle avancerait, sans doute, tant que le premier rang ne serait pas atteint par l'incendie. Mais, peut-être, les derniers rangs pousseraient-ils les premiers jusque dans les flammes qui s'éteindraient alors?...

Le péril n'aurait donc pas été conjuré, et la Urbana, écrasée, détruite, ne serait bientôt plus qu'un monceau de ruines...

Il en arriva autrement, et le moyen, proposé par M. Marchal, devait réussir.

Tout d'abord, les fauves furent accueillis par les coups de fusil du sergent Martial, de M. Miguel et de ses amis, des habitants qui étaient armés, tandis que les deux hommes, sur la masse mouvante, épuisaient contre eux leurs dernières munitions.

Pris de deux côtés, quelques-uns de ces fauves tombèrent sous les balles. Les autres, effrayés par les volutes de flammes qui tourbillonnaient, cherchèrent à s'échapper en remontant vers l'est, et ils parvinrent à se sauver à la suite des singes qui les précédaient, remplissant l'air de hurlements.

On put voir, à cet instant, les deux hommes se précipiter vers la barrière de feu, avant qu'elle eût gagné le premier rang des tortues, qui s'avançaient toujours avec lenteur...

Une minute plus tard, Jacques Helloch et Germain Paterne, — c'étaient eux, — se trouvaient en sûreté près de M. Marchal, après avoir gagné le revers du cerro.

Alors, se détournant de ce rideau de flammes tendu sur une longueur d'un demi-kilomètre, la masse des chéloniens inclina vers la gauche de la bourgade, puis, descendant la rive, disparut sous les eaux de l'Orénoque.

Jacques Helloch et Germain Paterne.

IX

TROIS PIROGUES NAVIGUANT DE CONSERVE.

A la suite de cette extraordinaire invasion qui avait menacé de détruire complètement la Urbana, le départ des falcas fut retardé de vingt-quatre heures. Si l'intention des deux Français était de continuer leur exploration du cours de l'Orénoque jusqu'à San-Fernando de Atabapo, ne valait-il pas mieux remonter le fleuve avec eux?... Et, dans ce cas, pour leur laisser le temps de se reposer, puis de faire leurs préparatifs, ne convenait-il pas de remettre le départ au lendemain?...

Assurément, et ainsi en jugèrent dans leur sagesse MM. Miguel, Felipe et Varinas. De fait, on se fût demandé, non sans surprise, pourquoi l'oncle et le neveu n'auraient pas été de cet avis. D'ailleurs, Jacques Helloch et Germain Paterne, ayant leur propre pirogue, ne seraient ni une charge ni une gêne, et, quoi que pût penser le sergent Martial, il y aurait plus de sécurité pour les trois embarcations à naviguer de conserve.

« Et, en outre, n'oublie pas, ce sont des compatriotes, lui dit Jean de Kermor.

— Un peu jeunes! » avait murmuré le sergent Martial, en secouant la tête.

En somme, il y avait intérêt à connaître leur histoire, et lorsqu'ils apprirent que l'oncle et le neveu étaient français, — même bretons, — ils s'empressèrent de la raconter.

Jacques Helloch, âgé de vingt-six ans, était originaire de Brest. Après quelques missions remplies avec succès, il avait été chargé par le ministre de l'Instruction publique d'une expédition à travers les territoires de l'Orénoque. Six semaines auparavant, il était arrivé au delta du fleuve.

On considérait à juste titre ce jeune homme comme un explorateur de grand mérite, alliant le courage à la prudence, ayant déjà donné maintes preuves de son endurance et de son énergie. Ses cheveux noirs, ses yeux ardents, son teint animé par un sang généreux, sa taille au-dessus de la moyenne, sa constitution vigoureuse, l'élégance naturelle de sa personne, disposaient en sa faveur. Il possédait cette physionomie à la fois sérieuse et souriante qui inspire la sympathie dès le premier abord. Il plaisait, sans chercher à plaire, naturellement, simplement, étranger à toute pose comme à toute préoccupation de se faire valoir.

Son compagnon, Germain Paterne, — vingt-huit ans, — adjoint à sa mission scientifique par le ministre, était breton, lui aussi. Issu d'une honorable famille de Rennes, son père, conseiller à la Cour d'appel, sa mère et ses deux sœurs vivaient encore, tandis que Jacques Helloch, fils unique, avait perdu ses parents desquels il tenait une certaine fortune qui eût suffi à ses goûts pour le présent comme pour l'avenir.

Germain Paterne, non moins résolu que son ancien camarade de collège, mais d'un caractère très différent, allait où Jacques Helloch le conduisait, et ne présentait jamais aucune objection. Il était passionné pour l'histoire naturelle et plus particulièrement pour la botanique, et non moins pour la photographie. Il eût photographié sous la mitraille, et n'aurait pas plus « bougé » que son objectif. S'il n'était pas beau, il n'était pas laid, et peut-on l'être avec une physionomie intelligente, lorsqu'on possède une inaltérable bonne humeur? Un peu moins grand que son ami, il jouissait d'une santé de fer, d'une constitution à toute épreuve, un marcheur insensible à la fatigue, doué d'un de ces estomacs qui digèrent des cailloux et ne se plaignent pas quand le dîner est sommaire ou se fait attendre. Ayant appris de quelle mission Jacques Helloch avait été chargé, il s'était proposé comme second. Quel meilleur compagnon, et plus utile et plus sûr, aurait pu trouver celui-ci, qui le connaissait de longue date? En ce qui concernait la mission, elle durerait ce qu'elle durerait. Aucun terme ne lui était fixé. Elle devait s'étendre non seulement au cours de l'Orénoque, mais à ses tributaires à peine relevés sur les cartes, spécialement en sa partie moyenne jusqu'à San-Fernando, bourgade qui devait être le point extrême atteint par les explorateurs

Il reste maintenant à dire dans quelles conditions, après avoir étudié l'Orénoque depuis les multiples bras de son embouchure jusqu'à Ciudad-Bolivar, et de Ciudad-Bolivar à la Urbana, les deux amis avaient voulu reconnaître l'est du fleuve. Laissant leur pirogue et leurs bagages à la Urbana, l'un avait emporté ses instruments d'observation plus une excellente carabine Hammerless à répétition et à éjecteur Greener, l'autre s'était chargé de sa boîte de naturaliste, et d'une non moins excellente arme de la même maison, — sans compter deux revolvers serrés dans leur étui de cuir.

En quittant la Urbana, Jacques Helloch et Germain Paterne s'étaient dirigés vers le massif de la sierra Matapey, imparfaitement visitée jusqu'alors. Une escorte de Mapoyos, chargée d'un léger matériel de campement, les accompagnait. Trois cents kilomètres les séparaient des rives de l'Orénoque, lorsqu'ils furent à la limite extrême de leur expédition, qui avait duré un peu plus de trois semaines. Après avoir étudié le cours du Suapure dans le sud, et du rio Tortuga ou rio Chaffanjon dans le nord, procédé à des levés orographiques et hydrographiques, colligé des plantes qui allaient enrichir l'herbier du naturaliste, ils avaient, quinze jours auparavant, commencé leur voyage de retour.

C'est alors que de graves et inattendues éventualités s'étaient produites.

Et d'abord, les deux jeunes gens furent attaqués par un parti de ces Indiens Bravos qui errent en bandes à l'intérieur du territoire. Lorsqu'ils eurent, non sans péril, repoussé ces attaques, ils durent rétrograder avec l'escorte jusqu'au pied de la sierra Matapey, où le guide et ses hommes les abandonnèrent traîtreusement. Volés de leur matériel, réduits à leurs instruments et à leurs armes, quand ils se trouvaient encore à vingt lieues de la Urbana, ils résolurent de se diriger vers la bourgade, chassant pour assurer la nourriture quotidienne, couchant sous les arbres, l'un dormant, l'autre veillant tour à tour.

Et c'est ainsi que, quarante-huit heures auparavant, à la suite du tremblement de terre qui secouait la région, cet invraisemblable exode de tortues vint les surprendre à leur campement. S'ils ne purent devancer cette masse, c'est que le passage fut fermé par les fauves qu'elle repoussait devant elle. Alors ils n'hésitèrent pas à se faire véhiculer par ces chéloniens, carapaces ambulantes, qui se dirigeaient vers la rive droite de l'Orénoque, — ce qui était à la fois prudent et profitable. Or, il n'y avait encore que les singes à les avoir imités, quand, à quelques lieues du fleuve, pendant cette journée, plusieurs couples d'animaux, affolés, prirent exemple sur les quadrumanes. La situation devint alors très périlleuse. Il fallut se défendre contre ces fauves, tigres, pumas et jaguars. Quelques-uns furent abattus par les Hammerless, tandis que la masse, semblable à ces trottoirs mouvants des grandes cités d'Amérique, continuait à se rapprocher de l'Orénoque. Toutefois, Jacques Helloch et Germain Paterne en étaient à leurs dernières cartouches, lorsqu'ils aperçurent les premières maisons de la Urbana, derrière ce rideau de flammes qui protégeait la bourgade, où ils arrivèrent dans les circonstances que l'on sait. Ainsi s'était terminée l'expédition des deux Français. Bref, les jeunes gens étaient sains et saufs, et la Urbana ayant échappé au danger d'être écrasée sous cette avalanche rampante, tout était pour le mieux.

Tel fut le récit que fit Jacques Helloch. Quant à son itinéraire, il ne songeait point à y rien changer. Germain Paterne devait rembarquer avec lui afin de continuer la reconnaissance du fleuve jusqu'à San-Fernando de Atabapo.

« Jusqu'à San-Fernando?... dit le sergent Martial, dont les sourcils se froncèrent.

— Mais pas plus loin, répondit Jacques Helloch.

— Ah! »

Et il est probable que, dans la bouche du sergent Martial, ce « ah! » indiquait moins de satisfaction que de contrariété.

Décidément, il devenait de plus en plus insociable, l'oncle intérimaire de Jean de Kermor!

Celui-ci dut alors narrer sa propre histoire, et on ne s'étonnera pas que Jacques Helloch se sentît pris d'un vif intérêt pour ce jeune garçon de dix-sept ans à peine, qui ne reculait pas devant les risques d'un tel voyage. Son compagnon et lui ne connaissaient pas personnellement le colonel de Kermor; mais, en Bretagne, ils avaient entendu parler de sa disparition, et voici que le hasard les mettait précisément sur la route de cet enfant parti à la recherche de son père... Et Germain Paterne, qui avait conservé quelque souvenir de la famille de Kermor, cherchait à les retrouver au fond de sa mémoire...

« Monsieur Jean, dit Jacques Helloch, lorsque l'histoire eut été terminée, nous sommes heureux de cette circonstance qui nous fait rencontrer sur la même route, et puisque notre intention était d'aller à San-Fernando, nous irons ensemble. Là, je l'espère, vous aurez de nouveaux renseignements concernant le colonel de Kermor, et si nous pouvons vous être utiles, comptez sur nous. »

Le jeune garçon remercia ses compatriotes, tandis que le sergent Martial murmurait à part lui :

« Les trois géographes, d'une part, les deux Français de l'autre!... Mille tonnerres de carambas!... ils sont trop... beaucoup trop à vouloir nous rendre service!... Attention... et garde à nous! »

Cette après-midi, les préparatifs furent achevés, c'est-à-dire ceux qui se rapportaient à la troisième pirogue, car les deux autres étaient, depuis le matin, prêtes à partir. Cette falca se nommait la *Moriche*, ayant pour patron un Banivas, appelé Parchal, et pour équipage neuf Indiens, dont il n'y avait qu'à se louer. Les approvisionnements renouvelés, Jacques Helloch n'eut à regretter que la perte de son matériel de campement, volé au cours de l'expédition à la sierra Matapey. Quant à Germain Paterne, comme il avait sauvé, intacte et bien garnie, sa boîte de botaniste, il aurait eu mauvaise grâce à se plaindre.

Le lendemain, 28 août, dès la pointe de l'aube, les passagers des trois pirogues prirent congé du chef civil de la Urbana, de M. Marchal et des habitants qui leur avaient fait si cordial accueil.

L'excellent vieillard voulut serrer dans ses bras le jeune garçon, qu'il espérait bien revoir, lorsque le colonel de Kermor et lui repas-

ATTAQUÉS PAR UN PARTI DE CES INDIENS BRAVOS... (Page 118.)

seraient devant le hato de la Tigra, où ils ne refuseraient pas de s'arrêter quelques jours. Puis, l'embrassant :

« Courage, mon cher enfant, lui dit-il, mes vœux vous accompagnent, et Dieu vous conduise ! »

Les trois falcas démarrèrent l'une après l'autre. Le vent qui remontait favorisait la marche, et, comme il tendait à fraîchir, on pouvait compter sur une rapide navigation. Leurs voiles hissées, les pirogues, après un dernier adieu à la Urbana, longèrent la rive droite, où le courant était moins accentué.

A partir de la Urbana, l'Orénoque va presque en droite ligne du nord au sud jusqu'à San-Fernando. Ces deux bourgades occupent chacune l'angle des deux principales courbures du fleuve et à peu près sur le même méridien. Donc, si le vent tenait, le voyage n'éprouverait aucun retard.

Les trois falcas marchaient de conserve, sensiblement animées de la même vitesse, tantôt en file comme les chalands de la Loire, lorsque l'étroitesse du chenal l'exigeait, tantôt de front, lorsque la passe présentait une largeur suffisante.

Ce n'est pas que le lit de l'Orénoque ne fût assez étendu d'une rive à l'autre ; mais, en amont de la Urbana, son lit est obstrué de vastes plages sablonneuses. A cette époque, il est vrai, ces plages, rétrécies par la crue des eaux, formaient autant d'îles, avec une partie centrale, à l'abri des inondations, qui se montrait toute verdoyante. De là, nécessité de s'aventurer entre ces îles, et à travers les quatre bras qu'elles dessinent, et dont deux seulement sont navigables pendant la période de sécheresse.

Lorsque les pirogues n'étaient séparées que par un intervalle de quelques mètres, on causait d'un bord à l'autre. Jean, interpellé, ne pouvait se dispenser de répondre. On parlait surtout du voyage à la recherche du colonel de Kermor, de ses chances de succès, et Jacques Helloch ne ménageait pas ses encouragements au jeune garçon.

Entre temps, Germain Paterne, son objectif posé à l'avant de la

Moriche, prenait des vues instantanées, dès que le paysage en valait la peine.

Toutefois, ce n'était pas uniquement entre leur embarcation et la *Gallinetta* que s'échangeaient ces propos. Les deux Français s'intéressaient aussi à l'expédition géographique de MM. Miguel, Felipe et Varinas. Ils les entendaient souvent discuter, et avec quelle animation, lorsqu'ils croyaient pouvoir tirer argument d'une observation recueillie en route. La diversité de caractère des trois collègues, ils l'avaient reconnue dès le début, et, comme de juste, c'était M. Miguel qui leur inspirait à la fois plus de sympathie et de confiance. Au total, ce petit monde s'entendait bien, et Jacques Helloch excusait même chez le sergent Martial son humeur grommelante de vieux soldat.

Par exemple, il avait été amené à se faire cette réflexion, qui ne semblait pas être venue à l'esprit de M. Miguel et de ses amis, et il l'avait communiquée à Germain Paterne :

« Est-ce que tu ne trouves pas singulier que ce grognard soit l'oncle du jeune de Kermor?...

— Pourquoi serait-ce singulier, si le colonel et lui sont beaux-frères?...

— En effet, mais alors, — tu l'avoueras, — ils n'ont guère marché du même pas... L'un devenu colonel, tandis que l'autre est resté sergent...

— Cela s'est vu, Jacques... cela se voit... et cela se verra encore...

— Soit, Germain!... Après tout, s'il leur convient d'être oncle et neveu, cela les regarde. »

En réalité, Jacques Helloch avait quelque raison de trouver la chose bizarre, et son opinion était qu'il n'y avait peut-être là qu'une parenté occasionnelle, improvisée pour les facilités du voyage.

Pendant la matinée, la flottille passa à l'ouvert de la bouche du Capanaparo, puis de celle de l'Indabaro, qui n'est qu'un bras de ce dernier affluent.

Il va sans dire que les principaux chasseurs des pirogues, M. Miguel d'une part, Jacques Helloch de l'autre, tiraient volontiers le gibier qui venait à portée de fusil. Les canards et les ramiers, convenablement accommodés, variaient d'une façon agréable la viande séchée et les conserves.

La rive gauche offrait alors un curieux aspect avec sa falaise de rochers, taillés à pic, premières assises des cerros de Baraguan, au pied desquels le fleuve a encore une largeur de dix-huit cents mètres. Au delà, il se rétrécit vers l'embouchure du Mina, et le courant, qui devient plus rapide, menaçait de retarder la marche des falcas.

Par bonne chance, le vent soufflait en fraîche brise, au point que les mâts tortus, — de simples troncs à peine écorcés, — pliaient sous la tension des voiles. Rien ne craqua, en somme, et dans l'après-midi, vers trois heures, on arriva devant le hato de la Tigra, propriété de M. Marchal.

Nul doute que si l'hospitalier vieillard eût été chez lui, il aurait fallu, bon gré mal gré, — bon gré certainement, — faire escale pendant une journée à tout le moins. M. Marchal n'eût permis ni à Jacques Helloch ni à Germain Paterne de ne pas le favoriser d'une seconde visite, en outre de celle que les deux Français lui avaient promise à leur retour.

Mais, si les pirogues ne débarquèrent pas leurs passagers, ceux-ci voulurent emporter une vue du pittoresque hato de la Tigra, dont Germain Paterne fit une photographie très réussie.

A partir de ce point, la navigation devint plus difficile, et l'eût été davantage, si le vent n'avait conservé une direction et une force suffisantes pour permettre aux falcas de gagner contre le courant. En effet, la largeur de l'Orénoque était alors réduite à douze cents mètres, et de nombreux récifs encombraient son lit assez sinueux.

Toutes ces difficultés furent vaincues, grâce à l'habileté des mariniers. Vers cinq heures et demie du soir, les falcas, ayant dépassé le rio Caripo, vinrent prendre leur poste de nuit à l'embouchure du rio Sinaruco.

A peu de distance gisait l'île Macupina, couverte de massifs d'arbres étroitement serrés et qui présente un sous-bois presque impénétrable. Il se compose en partie de nombreux palmas llaneras, sorte de palmiers, dont les feuilles déploient quatre à cinq mètres de longueur. Ces feuilles servent à fabriquer la toiture des paillotes indiennes, lorsque les indigènes n'ont besoin que d'un abri temporaire à l'époque de la pêche.

Il y avait là, précisément, quelques familles de Mapoyos, avec lesquels M. Miguel et Jacques Helloch prirent contact. Alors, dès que les pirogues eurent accosté, ils débarquèrent, afin de se mettre en chasse, et non sans succès, — du moins l'espéraient-ils.

Au premier abord, suivant l'habitude du pays, les femmes s'enfuirent à l'approche de ces étrangers, et ne reparurent qu'après avoir revêtu la longue chemise qui les couvre d'une façon à peu près décente. Elles ne portaient, quelques instants avant, que le guayuco, comme les hommes, et n'avaient pour tout voile que leur longue chevelure. Ces Indiens méritent d'être remarqués entre ces diverses peuplades qui forment la population indigène du Venezuela central. Robustes, bien musclés, bien bâtis, ils donnent l'idée de la force et de la santé.

Les chasseurs, grâce à leur concours, purent pénétrer à travers l'épaisse forêt, qui se masse à l'embouchure du Sinaruco.

Deux coups de fusil mirent à terre deux pécaris de grande taille, sans parler de ceux qui au cours de cette chasse furent adressés à une bande de capucins, — singes dignes sans doute de cette désignation congréganiste, mais dont aucun ne put être atteint.

« On ne dira pas de ceux-là, fit observer Jacques Helloch, qu'ils tombent comme des capucins de cartes !

— Il est, en effet, difficile d'approcher ces quadrumanes, répondit M. Miguel, et, pour mon compte, ce que j'ai perdu de poudre et de plomb !... Jamais je n'en ai touché un seul...

— Eh! c'est regrettable, monsieur Miguel, car cette bête, cuite à point, offre aux gourmets un excellent régal! »

Tel est aussi l'avis de M. Chaffanjon, ainsi que Jean le déclara : un singe, vidé, flambé, rôti à petit feu suivant la mode indienne, et d'une couleur dorée des plus appétissantes, c'est un manger de premier choix.

Ce soir-là, il fallut se contenter des pécaris, qui furent partagés entre les trois pirogues. Assurément, le sergent Martial aurait eu mauvaise grâce à refuser la part que lui apporta Jacques Helloch, attention dont le jeune garçon le remercia en disant :

« Si notre compatriote fait l'éloge du singe à la broche, il ne vante pas moins les mérites du pécari, et il affirme même quelque part n'avoir rien goûté de meilleur pendant le cours de son exploration...

— Et il a raison, monsieur Jean... répondit Jacques Helloch; mais, faute de singes...

— On mange des merles! » répliqua le sergent Martial, qui regarda cette réponse comme un remerciement.

En réalité, ces pécaris, appelés boquiros en langue indigène, étaient délicieux, et le sergent Martial dut en convenir. Toutefois il déclara à Jean qu'il entendait ne plus jamais manger que de ceux qu'il aurait tués de sa propre main.

« Cependant, mon oncle, il est difficile de refuser... M. Helloch est fort complaisant...

— Trop complaisant, mon neveu!... D'ailleurs, je suis là, que diable! et qu'on me mette un pécari à bonne portée, je l'abattrai tout aussi bien que ce M. Helloch! »

Le jeune garçon ne put s'empêcher de sourire, en tendant la main à son brave compagnon.

« Heureusement, murmura celui-ci, toutes ces politesses, qui ne me vont guère, prendront fin à San-Fernando, et ce ne sera pas trop tôt, je pense! »

Départ le lendemain, dès le petit jour, alors que les passagers reposaient encore sous leurs roufs. Le vent paraissant bien établi au nord, les patrons Valdez, Martos et Parchal, en démarrant de bonne heure, espéraient arriver, le soir même, à Cariben, une quarantaine de kilomètres en aval de l'embouchure du Meta.

La journée ne fut marquée par aucun incident. Les eaux du fleuve étaient alors assez hautes, et les pirogues purent franchir les capricieux angosturas, entre l'arête des récifs, principalement à la pointe d'amont de l'île Parguaza, nom du rio qui débouche sur la rive droite.

Cette passe formait une sorte de raudal, d'un accès peu facile pendant la saison sèche. Toutefois, sa longueur n'est pas comparable à celle des autres raudals que les falcas devaient rencontrer aux approches d'Atures, à une trentaine de lieues sur le cours supérieur de l'Orénoque. Il n'y eut donc pas lieu d'opérer le débarquement du matériel, ni de procéder à ces portages, qui occasionnent tant de fatigues et de retards.

Le territoire, à droite du fleuve, présentait un aspect très différent. Ce n'étaient plus l'immensité de ces plaines qui s'étendaient jusqu'à l'horizon, où se profilait le cadre des montagnes. Les mouvements du sol, très accentués et très rapprochés, formaient des mamelons isolés, des bancos de structure bizarre, — disposition orographique qui se rattachait dans l'est à de véritables chaînes. On eût cru voir une sorte de cordillère riveraine, qui tranchait avec les llanos de la rive gauche. Entre ces cerros, il y avait lieu de distinguer ceux de Carichana, capricieusement dessinés au milieu d'une région très boisée et couverte d'une luxuriante verdure.

Dans l'après-midi, lorsque la rive droite fut devenue plate, les pirogues durent s'élever vers la gauche, afin de remonter le raudal de Cariben, le seul passage praticable que le fleuve offre en cet endroit.

A l'est, s'étendaient ces vastes battures, ces larges plages à tortues, si fructueusement exploitées autrefois, et qui valaient celles de la Urbana. Mais cette exploitation, mal réglée, conduite sans aucune méthode, livrée à l'avidité déraisonnable des indigènes, amènera certainement la totale destruction de ces chéloniens. Ce qui est certain, dans tous les cas, c'est que les tortues ont à peu près abandonné les plages de cette partie du bassin. Aussi, la station de Cariben, agréablement située à peu de distance en aval du Meta, l'un des grands affluents du fleuve, a-t-elle perdu toute son importance. Au lieu de devenir bourgade, elle n'est plus qu'un village à peine, et finira par descendre au rang des infimes hameaux du moyen Orénoque.

En longeant les berges granitiques d'une île qui porte le nom de Piedra del Tigre, les passagers des pirogues se trouvèrent en présence d'un curieux buffet de ces roches sonores, qui sont célèbres au Venezuela.

En premier lieu, leur oreille avait été frappée par une suite de sons musicaux très distincts, un ensemble harmonique d'une intensité particulière. Comme les falcas naviguaient alors l'une près de l'autre, on put entendre le sergent Martial s'écrier de l'avant de la *Gallinetta* :

« Ah çà! quel est le chef de musique qui nous donne une pareille sérénade?... »

Il ne s'agissait point d'une sérénade, bien que la région fût aussi espagnole de mœurs que la Castille ou l'Andalousie. Mais les voyageurs auraient pu se croire à Thèbes, au pied de la statue de Memnon.

M. Miguel s'empressa de donner l'explication de ce phénomène d'acoustique, qui n'est pas particulier à ce pays.

« Au lever du soleil, dit-il, cette musique que perçoivent nos oreilles, eût été plus perceptible encore, et voici quelle en est la cause. Ces roches contiennent en grand nombre des paillettes de mica. Sous les rayons solaires, l'air dilaté s'échappe des fissures de ces roches, et, en s'échappant, fait vibrer ces paillettes.

— Eh! répondit Jacques Helloch, le soleil est un habile exécutant!...

— Ça ne ne vaut pas le biniou de notre Bretagne! dit le sergent Martial.

— Non, sans doute, répliqua Germain Paterne. Tout de même un orgue naturel, cela fait bien dans le paysage...

— Mais il y a trop de monde à l'entendre! » grommela le sergent Martial.

Français et Vénézuéliens fraternisèrent. (Page 131.

X

A L'EMBOUCHURE DU META.

Après avoir rallié la rive gauche du fleuve, les trois pirogues purent se dégager du raudal de Cariben, sans qu'il fût nécessaire de débarquer leur matériel. Vers six heures du soir, elles vinrent s'amarrer l'une après l'autre au fond du petit port.

Autrefois, les passagers eussent trouvé en cet endroit une bourgade, habitée par une population active, douée d'un certain mouvement commercial, et qui ne demandait qu'à prospérer. A présent, la ruine était arrivée, pour les causes que l'on sait, et Cariben ne comptait plus que cinq cases d'Indiens, — une de moins qu'à l'époque où M. Chaffanjon y débarquait avec le général Oublion.

Au surplus, demander l'hospitalité aux quelques Yaruros qui les habitaient n'eût offert aucun avantage. Ce n'est pas en cette localité déchue que les falcas auraient eu chance de se ravitailler. D'ailleurs, elles l'avaient amplement fait à la Urbana, et pourraient gagner Atures, sans avoir besoin de renouveler les approvisionnements. Les chasseurs, entre temps, ne les laisseraient point à court de gibier.

Le lendemain, 31 août, les amarres furent larguées un peu avant le lever du soleil. La navigation serait encore favorisée si la brise continuait à souffler du nord. La direction à suivre, en effet, était sensiblement vers le sud, qui est celle de l'Orénoque depuis la Urbana jusqu'à San-Fernando, Cariben étant à peu près à mi-route entre ces deux points.

Le vent venait bien du nord, mais par risées, et il ne fallait pas compter sur les voiles, qui, gonflées deux ou trois minutes, pendaient ensuite inertes le long des mâts. Il y eut lieu de recourir aux palancas et aux garapatos, car, à cette hauteur, le courant, renforcé par les apports du Meta, quelques kilomètres en amont, était assez rude à refouler.

En cette partie de son cours, l'Orénoque n'était pas désert. Un certain nombre d'embarcations indigènes le remontaient et le descendaient. Aucune ne manifesta l'intention d'accoster l'une ou l'autre des pirogues.

Ces curiares servaient aux Quivas, qui fréquentent plus volontiers le fleuve aux approches de son important tributaire. Or, il n'y avait pas lieu à s'étonner, ni à regretter de ne point entrer en communication avec eux. En effet, ces Indiens jouissent d'une réputation détestable — qu'ils méritent.

Vers onze heures, le vent ayant refusé, Valdez et les deux patrons firent amener les voiles. Il y eut alors nécessité de naviguer à la palanca, en profitant des remous le long de la rive, où le courant se faisait moins sentir.

Les pirogues ne gagnèrent donc que peu vers l'amont pendant cette journée, maussade et pluvieuse d'ailleurs, et, à cinq heures de l'après-midi, elles vinrent mouiller à l'embouchure du Meta, derrière une pointe de sa rive droite, où elles se trouvèrent en dehors du courant.

Le ciel s'était rasséréné aux approches de la nuit. Il ne pleuvait plus. Un grand calme régnait dans l'atmosphère. Par une trouée des nuages, à l'horizon du couchant, le soleil envoya ses derniers rayons sur les eaux du Meta, qui semblèrent se mêler à celles de l'Orénoque en un ruissellement lumineux.

Les falcas se disposèrent bord à bord, la *Gallinetta* entre les deux autres. C'était comme si les voyageurs eussent occupé les trois chambres d'une maison unique, — et même trois chambres dont les portes restaient ouvertes.

En ces conditions, après tant d'heures désagréables que la rafale avait obligé à passer sous les roufs, pourquoi ne pas respirer ensemble le bon air du soir, pourquoi ne pas prendre ensemble le repas, pourquoi ne pas s'entretenir comme des amis réunis à la même table?... Si « ours » qu'il fût, le sergent Martial aurait été mal venu à se plaindre de cette vie en commun.

Les quatre Français et les trois Vénézueliens fraternisèrent donc. Chacun prit sa part de la conversation, qui fut d'abord engagée par Jacques Helloch sur un terrain où des adversaires allaient se trouver aux mains, — le terrain géographique.

En effet, et malicieusement peut-être, il dit :

« Monsieur Miguel, nous voici mouillés à l'embouchure du Meta...

— Effectivement, monsieur Helloch.

— C'est un des affluents de l'Orénoque?...

— Oui, et l'un des plus importants, puisqu'il lui verse quatre mille cinq cents mètres cubes d'eau par seconde.

— Ne vient-il pas des hautes Cordillères de la République colombienne?...

— Comme vous dites, répliqua alors M. Felipe, qui ne voyait pas trop à quoi tendaient ces demandes de Jacques Helloch.

— Est-ce qu'il ne reçoit pas sur son parcours un grand nombre de tributaires?...

— Un grand nombre, répondit M. Miguel, et dont les plus considérables sont l'Upia et l'Humadea à la jonction desquels il prend son nom, puis le Casanare qui a donné le sien à toute une immense aire de llanos.

— Mon cher Jean, dit alors Jacques Helloch, — si vous me permettez de vous appeler ainsi... »

Le jeune garçon rougit légèrement, et le sergent Martial se leva comme s'il eût été projeté par un ressort.

« Qu'avez-vous, sergent?... demanda M. Miguel.

— Rien! » répondit le vieux soldat en se rasseyant.

Jacques Helloch reprit donc :

« Mon cher Jean, je pense que nous ne retrouverons jamais une occasion pareille de causer du Meta, puisqu'il coule maintenant sous nos yeux...

— Et tu peux ajouter, fit observer Germain Paterne en se retournant vers M. Miguel et ses deux collègues, que nous n'aurons jamais de meilleurs professeurs pour nous instruire.

— Vous êtes fort polis, messieurs, répondit M. Varinas, mais nous ne connaissons pas le Meta autant que vous pourriez le croire... Ah! s'il s'agissait du Guaviare...

— Ou de l'Atabapo! riposta M. Felipe.

— Nous allons y arriver, messieurs, reprit Jacques Helloch. Néanmoins, comme je pense que M. Miguel est très ferré sur l'hydrographie du Meta, je poursuivrai mes questions en lui demandant si cet affluent de l'Orénoque n'atteint pas parfois une grande largeur...

— En effet... et sa largeur peut même atteindre à deux mille mètres, répondit M. Miguel.

— Et sa profondeur...

— Actuellement, depuis que le chenal est balisé, les navires tirant six pieds le remontent jusqu'au confluent de l'Upia, pendant la saison des pluies, et jusqu'au tiers de ce parcours pendant la sécheresse.

— Il s'ensuit donc, conclut Jacques Helloch, que le Meta est une voie de communication toute naturelle entre l'Atlantique et la Colombie...

— Ce n'est pas contestable, répondit M. Miguel, et quelques géographes ont pu justement affirmer que le Meta était le plus court chemin de Bogota à Paris.

— Eh bien, alors, messieurs, pourquoi, au lieu d'être un simple tributaire de l'Orénoque, le Meta ne serait-il pas l'Orénoque lui-même, et pourquoi MM. Felipe et Varinas n'abandonneraient-ils pas à son profit les prétentions insuffisamment justifiées du Guaviare et de l'Atabapo?... »

Ah! c'est à cela qu'il en voulait venir, ce Français!... On imagine aisément qu'il n'avait pu achever sa phrase sans que les deux champions de l'Atabapo et du Guaviare eussent protesté par gestes à défaut de paroles.

Et aussitôt, une discussion de s'engager, et les arguments de pleuvoir comme des hallebardes sur l'audacieux qui venait de soulever une question relative au cours de l'Orénoque. Non pas qu'il s'y intéressât autrement, car il lui semblait bien que la vérité était du côté de M. Miguel et de la plupart des géographes, mais il lui plaisait de voir les rivaux aux prises. Et, en réalité, ses arguments valaient ceux de MM. Varinas et Felipe, si même ils ne valaient mieux, car, sous le rapport de l'importance hydrographique, le Meta distance très certainement l'Atabapo et le Guaviare. D'ailleurs, les deux savants ne voulurent céder ni l'un ni l'autre, et la discussion se fût sans doute prolongée bien avant dans la nuit, si Jean de Kermor ne l'eût détournée en posant une question bien autrement sérieuse à M. Miguel.

D'après son guide, les rives du Meta étaient fréquentées par des Indiens redoutables. Aussi lui demanda-t-il ce qu'il pouvait leur apprendre à ce sujet.

« Cela nous intéresse évidemment davantage », répondit M. Miguel, qui ne fut pas fâché d'opérer une diversion.

En effet, ses deux collègues s'étaient « emballés », suivant leur habitude, et que serait-ce donc, lorsqu'ils se trouveraient au confluent des trois fleuves?...

« Il s'agit des Quivas, reprit-il, une tribu dont la férocité n'est que trop connue des voyageurs qui naviguent jusqu'à San-Fernando. On parle même d'une bande de ces Indiens qui aurait franchi le fleuve et gagné les territoires de l'est, où elle se livre au pillage et au massacre.

— Est-ce que le chef de cette bande n'est pas mort?... fit observer Jacques Helloch, qui n'était pas sans avoir entendu parler de ce ramassis de malfaiteurs.

— Il est mort, en effet, répondit M. Miguel, mort il y a deux ans environ.

— Et quel homme était-ce?...

— Un nègre nommé Sarrapia, que la bande avait mis à sa tête et qu'elle a remplacé par un forçat en fuite...

— Les Quivas, demanda Jean, ceux qui sont restés sur les rives de l'Orénoque...

— Ils ne sont pas moins redoutables, affirma M. Miguel. La plupart des canots que nous avons rencontrés depuis Cariben leur appartiennent, et il sera prudent de nous tenir sur nos gardes, tant que nous n'aurons pas dépassé ces territoires, où ces pillards, capables de tous les crimes, sont encore très nombreux. »

Cette assertion n'était que trop justifiée par des attaques dont quelques marchands de San-Fernando avaient été récemment les victimes. Le président du Venezuela et le Congrès, disait-on, songeaient à organiser une expédition qui aurait pour objet de détruire ces bandes de l'Alto-Orinoco. Après avoir été chassés de la Colombie, les Quivas seraient chassés du Venezuela, et, — à moins qu'ils ne fussent anéantis jusqu'au dernier, — ce serait le Brésil qui deviendrait le théâtre de leurs déprédations. En attendant cette expédition, les Quivas faisaient courir aux voyageurs de très sérieux dangers, surtout depuis qu'ils avaient pour chef un évadé du pénitencier de Cayenne. Donc, les passagers des trois pirogues devraient exercer une minutieuse et incessante surveillance au cours de cette navigation.

« Il est vrai, nous sommes en nombre, en comptant nos mariniers qui nous sont dévoués, déclara Jacques Helloch, et les armes ne nous manquent point ni les munitions... Mon cher Jean, vous pourrez, cette nuit, dormir tranquille à l'abri de votre rouf... Nous veillerons sur vous...

— C'est mon affaire, il me semble! fit sèchement observer le sergent Martial.

— Cela nous regarde tous, mon brave sergent, répondit Jacques Helloch, l'essentiel est que votre neveu ne soit point privé de sommeil à son âge...

— Je vous remercie, monsieur Helloch, répondit le jeune garçon en souriant, mais mieux vaut que chacun de nous soit de garde à tour de rôle.

— A chacun sa faction! » ajouta le sergent Martial.

Mais à part lui, il se promit bien, si Jean dormait au moment où son heure serait arrivée, de ne point interrompre son sommeil et de veiller seul sur le campement.

Cette détermination prise, la garde de huit à onze heures fut confiée aux deux Français. M. Miguel et ses collègues les relèveraient de onze heures à deux heures du matin. Ce serait ensuite à

Jean de Kermor et au sergent Martial de les remplacer jusqu'à la pointe du jour.

Les passagers de la *Gallinetta* et de la *Maripare* allèrent donc s'étendre sur leurs esteras, tandis que, d'autre part, les équipages, après les fatigues de cette rude manœuvre du halage, prenaient un repos bien gagné.

Jacques Helloch et Germain Paterne vinrent se poster à l'arrière de la pirogue. De là, leur surveillance pourrait s'étendre en amont et en aval du fleuve et même sur l'embouchure du Meta. Du côté de la rive, il n'y avait rien à craindre, car elle s'accoudait à une sorte de marécage impraticable.

Les deux amis, assis l'un près de l'autre, causaient de choses et d'autres. L'un fumait un de ces cigares dont il était largement approvisionné, car le tabac est d'échange courant avec les riverains de l'Orénoque. L'autre tirait de grosses bouffées de sa pipe de bruyère à laquelle il était aussi fidèle que pouvait l'être le sergent Martial à la sienne.

Les étoiles resplendissaient au firmament, pur de toute humidité, dégagé de toute vapeur. La brise, presque entièrement tombée, ne se manifestait plus qu'en légers souffles intermittents. La Croix du Sud étincelait à quelques degrés au-dessus de l'horizon méridional. Grâce à ce calme des éléments, le moindre bruit, l'eau fendue par une embarcation, troublée par une pagaie, se fût entendue de loin, et il suffirait d'observer les berges avec quelque attention pour prévenir n'importe quelle approche suspecte.

C'est à cette surveillance que s'employaient les deux jeunes gens, en s'abandonnant à une intime causerie.

Il est certain que Jean de Kermor inspirait une très vive sympathie à Jacques Helloch. Celui-ci ne voyait pas sans appréhension un garçon de cet âge lancé dans un voyage gros de périls. Tout en admirant le mobile si généreux, si respectable qui le faisait agir, il s'effrayait des dangers auxquels l'exposait son projet de s'aventurer... jusqu'où... il ne le savait...

« Je ne vois rien, et pourtant... » (Page 139.)

A ce propos, maintes fois déjà, il s'était entretenu de la famille du colonel de Kermor avec Germain Paterne, et celui-ci interrogeait sa mémoire au sujet de cette famille dont il avait certainement entendu parler, il y avait quelque quinze ans.

« Vois-tu, Germain, lui dit ce soir-là Jacques Helloch, je ne puis me faire à l'idée que cet enfant, — car ce n'est qu'un enfant, — s'en aille ainsi à travers ces régions du haut Orénoque!... Et sous la conduite de qui?... De ce vieux brave, un excellent cœur, j'en conviens, mais qui ne me paraît pas être le guide qu'il faut à son neveu, si les circonstances deviennent graves...

— Est-ce bien son oncle?... interrompit Germain Paterne. Cela me paraît au moins douteux!...

— Que le sergent Martial soit ou non l'oncle de Jean de Kermor, reprit Jacques Helloch, peu importerait, à la condition que ce soldat fût encore un homme dans la force de l'âge, ayant l'habitude de ces périlleuses expéditions!... Aussi je me demande toujours comment il a pu consentir...

— Consentir... tu dis bien, Jacques, insista Germain Paterne en secouant les cendres de sa pipe. Oui, consentir, car c'est à n'en pas douter, notre jeune garçon qui a eu l'idée de ce voyage... C'est lui qui a entraîné son oncle... Non... décidément, ce grognard n'est pas son oncle, car il me semble bien me rappeler que le colonel de Kermor n'avait plus de famille, lorsqu'il a quitté Nantes...

— Pour aller où?...

— C'est ce qu'on n'a jamais pu savoir.

— Cependant, ce que son fils nous a dit avoir appris par la dernière lettre écrite de San-Fernando... En vérité, si c'est sur d'aussi vagues renseignements qu'ils sont partis...

— Ils espèrent en obtenir de plus complets à San-Fernando, Jacques, où il est certain que le colonel de Kermor a séjourné, il y a treize ou quatorze ans...

— En effet, Germain, et c'est bien ce qui m'inquiète! Que ce jeune garçon recueille de nouvelles informations à San-Fernando, qui sait s'il ne voudra pas aller plus loin... très loin... soit en Colombie, à travers ces territoires de l'Atabapo ou du Guaviare, soit aux sources de l'Orénoque!... Or, cette tentative le conduirait à une perte presque certaine... »

A cet instant, Germain Paterne, interrompant son compagnon, dit à mi-voix :

« N'entends-tu rien, Jacques...? »

Celui-ci se releva, rampa vers l'avant de la pirogue, prêta l'oreille, parcourut du regard la surface du fleuve depuis la rive opposée jusqu'à l'embouchure du Meta.

« Je ne vois rien, dit-il à Germain Paterne qui l'avait suivi, et pourtant... Oui... ajouta-t-il, après avoir écouté plus attentivement, il se fait comme un bruit sur les eaux...

— Ne serait-il pas prudent de réveiller nos équipages?...

— Attends... Ce bruit n'est pas celui d'un canot qui s'approche... Peut-être est-ce les eaux du Meta et de l'Orénoque qui s'entrechoquent à leur confluent...

— Tiens... tiens... là! » dit Germain Paterne.

Et il indiquait de gros points noirs, lesquels se mouvaient à une centaine de pieds en aval des falcas.

Jacques Helloch vint prendre sa carabine, déposée près du rouf, et se pencha au-dessus du bord.

« Ce n'est pas une embarcation, dit-il, et cependant, je crois voir... »

Il venait d'épauler son arme, lorsque Germain Paterne l'arrêta d'un geste.

« Ne tire pas... ne tire pas!... répéta-t-il. Il ne s'agit point de Quivas en quête de pillage!... Ce sont d'honnêtes amphibies qui viennent respirer à la surface du fleuve...

— Des amphibies?...

— Oui... trois ou quatre de ces lamantins et de ces toninos, hôtes habituels de l'Orénoque!... »

Germain Paterne n'avait point fait erreur. Ce n'étaient que des couples de ces vaches marines, — les lamantins, — et de ces toninos, — les cochons de mer, — qui se rencontrent fréquemment dans les fleuves et les rivières du Venezuela.

Ces inoffensifs amphibies s'approchaient lentement des pirogues; mais, saisis de peur, sans doute, ils disparurent presque aussitôt.

Les deux jeunes gens regagnèrent leur place à l'arrière, et la conversation, un moment interrompue, recommença en ces termes, après que Germain Paterne eut de nouveau bourré et allumé sa pipe.

« Tu disais, tout à l'heure, demanda Jacques Helloch, que, si tes souvenirs ne te trompaient pas, le colonel de Kermor n'avait plus de famille...

— Je crois pouvoir l'affirmer, Jacques!... Et... tiens... un détail me revient... Il y eut un procès qui lui fut fait par un parent de sa femme, procès que le colonel gagna en appel à Rennes, après l'avoir perdu en première instance à Nantes... Oui... oui... tout cela se représente à ma mémoire... Quatre ou cinq ans plus tard, Mme de Kermor, qui était une créole de la Martinique, avait péri dans un naufrage, lorsqu'elle revenait des colonies en France... péri avec sa fille unique... Ce fut là un coup terrible pour le colonel... A la suite d'une longue maladie, frappé dans ce qu'il avait de plus cher, sa femme et son enfant, sans famille, comme je te le disais, Jacques, il donna sa démission... A quelque temps de là, le bruit se répandit qu'il avait quitté la France. Or, semble-t-il, on n'a jamais su en quel pays il s'était expatrié, autrement que par cette dernière lettre, adressée de San-Fernando à l'un de ses amis... Oui... c'est bien cela, et je m'étonne que ma mémoire ait pu me faire défaut à ce sujet. Si nous interrogions là-dessus le sergent Martial et le jeune de Kermor, je suis certain qu'ils confirmeraient mon dire...

— Ne leur demandons rien, répondit Jacques Helloch. Ce sont là des affaires privées, et il y aurait indiscrétion de notre part à vouloir nous y mêler.

— Soit, Jacques, mais, tu le vois, j'avais raison de prétendre que le sergent Martial ne pouvait être l'oncle de Jean de Kermor, puisque le colonel de Kermor, après la perte de sa femme et de sa fille, n'avait plus aucun proche parent... »

Jacques Helloch, les bras croisés, la tête inclinée, réfléchissait à ce que venait de lui apprendre son compagnon. Celui-ci commettait-il donc quelque méprise?... Non!... Il habitait Rennes, lorsque le procès du colonel de Kermor était venu en appel, et les faits rapportés ci-dessus avaient été mentionnés au cours du procès...

LES BALLES, MIEUX DIRIGÉES QUE LES FLÈCHES, JETÈRENT LE DÉSORDRE.
(Page 144.)

C'est alors que lui vint à l'esprit cette réflexion si naturelle, que chacun eût faite, d'ailleurs.

Si le sergent Martial n'est pas le parent, dit-il, Jean ne peut pas davantage être le fils du colonel de Kermor, puisque le colonel n'a jamais eu qu'une fille, et que cette enfant a péri, toute petite encore, dans ce naufrage qui avait coûté la vie à sa mère...

— C'est évident, déclara Germain Paterne. Il est impossible que ce jeune garçon soit le fils du colonel...

— Et pourtant... il dit l'être, » ajouta Jacques Helloch.

Il y avait certainement là quelque chose de très obscur, de très mystérieux même. Était-il admissible que ce jeune garçon fût victime d'une erreur, — une erreur qui l'aurait engagé en une si périlleuse aventure?... Non, assurément. Le sergent Martial et son prétendu neveu devaient, au sujet du colonel de Kermor et des liens qui l'unissaient à Jean, s'appuyer sur une certitude en contradiction avec les renseignements de Germain Paterne. Au total, l'intérêt que Jacques Helloch portait au jeune garçon ne put que s'accroître par tout ce que la situation offrait d'inexplicable.

Les deux amis continuèrent à s'entretenir de ces choses jusqu'au moment où, — vers onze heures, — MM. Miguel et Felipe, laissant dormir le farouche champion du Guaviare, vinrent les relever de leur garde.

« Vous n'avez rien vu de suspect?... demanda M. Miguel, debout à l'arrière de la *Maripare*.

— Absolument rien, monsieur Miguel, répondit Jacques Helloch. Les rives et le fleuve sont tranquilles...

— Et il est probable, ajouta Germain Paterne, que votre faction ne sera pas plus troublée que la nôtre.

— Alors, bonne nuit, messieurs, » répondit M. Felipe en leur serrant la main d'un bord à l'autre.

Très probablement, si M. Miguel et son collègue employèrent à causer les quelques heures confiées à leur surveillance, cette conversation n'eut aucun rapport avec celle de Jacques Helloch et de

Germain Paterne. Sans doute, M. Felipe dut profiter de l'absence de M. Varinas pour accabler celui-ci de toutes les foudres de son argumentation, et il est probable que M. Miguel l'écouta avec sa bienveillance ordinaire.

Bref, il n'était survenu rien d'anormal, lorsque, vers deux heures du matin, ils réintégrèrent le rouf de la *Maripare*, au moment où le sergent Martial venait les remplacer.

Le sergent Martial s'installa sur l'arrière de la pirogue, sa carabine à son côté, et se prit à réfléchir. Jamais il n'avait eu l'âme si pleine d'inquiétudes, — non pour lui, grand Dieu! mais pour ce cher enfant qui dormait sous le toit de la pirogue. Il revoyait dans sa pensée tous les détails de cette campagne entreprise par Jean, à la volonté duquel il avait dû céder, le départ d'Europe, la traversée de l'Atlantique, les divers incidents survenus depuis que tous deux avaient quitté Ciudad-Bolivar... Où allaient-ils ainsi... et jusqu'où les entraînerait cette campagne de recherches?... Quels renseignements seraient fournis à San-Fernando?... En quelle bourgade lointaine du territoire le colonel de Kermor était-il allé enfouir les dernières années d'une existence si heureuse au début, si vite brisée par la plus épouvantable des catastrophes?... Et, pour le retrouver, à quels dangers serait exposé le seul être qui lui restait au monde?...

Et puis, les choses n'avaient pas marché comme le désirait le sergent Martial... Il aurait voulu que ce voyage s'accomplît sans que nul étranger se fût rencontré sur la route... Et voilà, d'abord, que la *Maripare* et la *Gallinetta* avaient navigué de conserve... Ses passagers s'étaient trouvés en relation avec son prétendu neveu, et pouvait-il en être autrement entre gens qui voyagent dans les mêmes conditions?... En second lieu, — et c'était peut-être plus grave à son avis, et pour des raisons connues de lui seul, — la malchance venait de mettre ces deux Français sur son passage... Et comment aurait-il pu empêcher que des relations plus étroites s'établissent entre compatriotes, l'intérêt excité par le but que poursuivait Jean, les offres de services presque impossibles à refuser... Et, pour comble, c'étaient des Bretons de cette même Bretagne... En vérité, le hasard est singulièrement indiscret, et se mêle trop volontiers de choses qui ne le regardent point!...

En cet instant, dans la direction de l'est, le calme fut troublé par un léger bruit, une sorte de cadence, qui s'accentuait peu à peu.

Absorbé dans ses pensées, le sergent Martial ne l'entendit pas, ce bruit, assez faible d'ailleurs. Il ne distingua pas davantage quatre petites embarcations que le courant du Meta amenait le long de la rive droite. Elles étaient mues à la pagaie, ce qui leur permettait de s'approcher des falcas, en refoulant le courant d'aval.

Montées par une vingtaine de Quivas, ces curiares n'étaient plus qu'à deux cents mètres des pirogues, et si les passagers étaient surpris pendant leur sommeil, ils seraient égorgés sans avoir eu le temps de se défendre, puisque le sergent Martial, distrait de sa surveillance, ne voyait rien... n'entendait rien...

Soudain, alors que les falcas et les curiares n'étaient plus séparées que par une soixantaine de pieds, la détonation d'une arme à feu éclata.

Presque aussitôt, des cris retentirent à bord de l'embarcation la plus voisine.

C'était Jacques Helloch qui venait de tirer ce coup de feu auquel succéda un second coup dû à la carabine de Germain Paterne.

Les deux jeunes gens, — il était alors cinq heures du matin, et l'aube pointait à peine, — venaient de se réveiller, lorsque ce bruit de pagaie était arrivé jusqu'à leur oreille. Après s'être glissés à l'arrière de la *Moriche*, ils avaient reconnu l'imminence de l'attaque et déchargé leurs armes sur les curiares.

L'alarme donnée, passagers et mariniers, tous furent sur pied au même moment.

MM. Miguel, Varinas et Felipe, le fusil à la main, se précipitèrent hors du rouf de la *Maripare*.

Jean surgit près du sergent Martial, lequel, à son tour, venait de tirer dans la direction des embarcations, s'écriant d'un ton de désespoir :

« Malheur... malheur!... M'être laissé surprendre! »

Les Quivas ripostaient alors, et une vingtaine de flèches passèrent au-dessus des pirogues. Quelques-unes s'implantèrent dans le toit des roufs, mais n'atteigniront personne à bord.

M. Miguel et ses compagnons répondirent par une seconde décharge, et les balles, mieux dirigées que les flèches, jetèrent le désordre chez les Quivas.

« Rentrez dans le rouf, Jean, rentrez dans le rouf!... » cria alors Jacques Helloch, trouvant inutile que le jeune garçon s'exposât pendant cette attaque.

Une nouvelle volée de flèches arriva en cet instant, et l'une d'elles blessa le sergent Martial à l'épaule.

« Bien fait!... bien fait!... s'écria-t-il. Moi... un soldat... pendant sa faction!... Je n'ai que ce que je mérite! »

Troisième décharge des carabines et des revolvers sur les curiares, qui dérivaient alors par le travers des pirogues.

Les Quivas, n'ayant pu surprendre les passagers et les équipages, n'avaient plus qu'à s'enfuir. Plusieurs d'entre eux étaient mortellement atteints, et quelques autres avaient reçu de graves blessures.

Le coup manqué, les curiares disparurent en aval de l'Orénoque.

La pointe de la flèche s'était enfoncée au défaut de l'épaule. (Page 146.)

XI

RELACHE AU VILLAGE D'ATURES.

Ce jour-là, — 1er septembre, — dès six heures du matin, les falcas quittèrent ces dangereux parages. Passagers et mariniers venaient d'échapper au massacre, aux lieux mêmes où tant d'autres furent les victimes de ces cruelles tribus.

Et, décidément, pensa M. Miguel, puisque le Congrès a voté la destruction de cette maudite engeance de Quivas, il ne serait pas trop tôt de se mettre à l'œuvre !

« Je n'ai que ce que je mérite ! » s'était écrié le sergent Martial, en arrachant la flèche qui lui avait déchiré l'épaule.

Et les remords qu'il éprouvait d'avoir regardé plutôt dans le passé que dans le présent pendant sa faction, étaient autrement cuisants que les souffrances de sa blessure. Toutefois cette faute ne valait pas la mort d'un homme, — même celle d'un soldat qui s'était laissé surprendre à son poste, et — on l'espérait, — cette blessure ne serait pas mortelle.

Dès que les embarcations des Quivas furent hors de vue, le sergent Martial, étendu sur la litière du rouf, reçut les premiers soins de Jean. Mais il ne suffit pas d'être le neveu de son oncle et d'y déployer tant de zèle, pour tirer celui-ci d'affaire. Encore doit-on posséder quelques connaissances en médecine, et le jeune garçon ne les possédait pas.

Il est donc heureux que Germain Paterne, en sa qualité de naturaliste-botaniste, eût fait ses études en médecine et qu'une boîte de pharmacie fût à bord de la *Moriche*...

Aussi Germain Paterne voulut-il donner au sergent Martial les soins que nécessitait son état, et on ne s'étonnera pas que Jacques Helloch montrât un extrême empressement à lui venir en aide.

Il résulta de ce concours de circonstances que la *Gallinetta* allait compter deux passagers supplémentaires, durant les premières heures de navigation, — et ils ne purent voir sans en être touchés quelle affection Jean de Kermor témoignait au vieux soldat.

Après avoir examiné la blessure, Germain Paterne reconnut que la pointe de la flèche s'était enfoncée au défaut de l'épaule de trois centimètres, sans atteindre aucun muscle, aucun nerf, la chair seulement. En somme, il n'y avait pas à craindre que cette blessure pût avoir des conséquences graves, si la flèche n'était pas empoisonnée.

Or, il arrive trop souvent que les Indiens de l'Orénoque trempent leurs flèches dans la liqueur connue sous le nom de curare. Cette liqueur est composée du suc du mavacare, liane de la famille des strychnées, et de quelques gouttes de venin de serpent. Ce produit noirâtre, brillant comme de la réglisse, est très employé par les indigènes. Il paraît même que jadis les Indiens Otomaques, cités dans les récits de Humboldt, enduisaient l'ongle de leur index de cette substance, et communiquaient le poison rien que par un serrement de main.

Or, si le sergent Martial avait été touché par une flèche trempée dans le curare, on le reconnaîtrait bientôt. Le blessé ne tarderait pas à être privé de la voix, puis du mouvement des membres, de la face et du thorax, tout en gardant son intelligence entière jusqu'à la mort qu'on ne pourrait conjurer.

Il convenait donc d'observer si ces symptômes se produiraient pendant les premières heures.

Après le pansement, le sergent Martial ne put faire autrement que de remercier Germain Paterne, quoiqu'il enrageât à la pensée que des relations plus intimes allaient s'établir entre les deux pirogues. Puis il tomba dans une sorte d'assoupissement léthargique, qui ne laissa pas d'inquiéter ses compagnons.

Le jeune garçon s'adressant à Germain Paterne :

« Êtes-vous ou n'êtes-vous pas rassuré sur son état... monsieur?... demanda-t-il.

— Je ne puis me prononcer encore... répondit Germain Paterne. Il n'y a là, en réalité, qu'une légère blessure... et elle se fermera d'elle-même... si la flèche n'était pas empoisonnée... Attendons et nous serons avant peu fixés à cet égard...

— Mon cher Jean, ajouta Jacques Helloch, ayez bon espoir... Le sergent Martial guérira et guérira vite... Il me semble que s'il s'agissait de curare la plaie aurait déjà un autre aspect...

— C'est mon avis, Jacques, déclara Germain Paterne. Au prochain pansement, nous saurons à quoi nous en tenir... et votre oncle... je veux dire le sergent Martial...

— Dieu me le conserve! murmura le jeune garçon, dont une larme mouillait les yeux.

— Oui... mon cher Jean... répéta Jacques Helloch, Dieu le conservera... Vos soins... les nôtres guériront le vieux soldat!... Je vous le répète, ayez confiance! »

Et il serra la main de Jean de Kermor, qui tremblait dans la sienne.

Heureusement, le sergent Martial dormait.

MM. Miguel, Felipe et Varinas, — alors que les trois falcas marchaient en ligne sous l'action d'une forte brise du nord-est, — eurent aussitôt des nouvelles du blessé, et voulaient croire qu'il en réchapperait.

En effet, les Quivas emploient souvent le curare pour empoisonner leurs flèches et aussi les traits de leurs sarbacanes; mais que ce soit une habitude constante, non point. La préparation de ce poison ne peut même se faire que par des « spécialistes », s'il est permis d'employer cette qualification quand il s'agit de sauvages, et il n'est pas toujours facile de recourir à l'industrie de ces praticiens de la savane. Donc, toutes les probabilités étaient pour que l'affaire n'eût aucun dénouement fâcheux.

Au surplus, si, contre toute attente, l'état du sergent Martial exigeait quelques jours de repos, et dans des conditions meilleures que celles où il se trouvait à bord de la *Gallinetta*, il serait facile de relâcher au village d'Atures, une soixantaine de kilomètres en amont des bouches du Meta.

C'était là, en effet, que les voyageurs devraient attendre pendant une semaine au moins que leurs pirogues, dont ils se seraient séparés, eussent franchi les nombreux rapides compris en cette partie de l'Orénoque. Or, puisque le vent était favorable, il y avait lieu de prévoir que le village d'Atures apparaîtrait dans la journée du lendemain.

Les voiles furent étarquées, de manière à imprimer le maximum de vitesse, et, si la brise se maintenait, les falcas auraient fait le soir plus de la moitié du chemin.

Pendant la matinée, Jacques Helloch et Germain Paterne vinrent trois ou quatre fois observer le sergent Martial.

La respiration du blessé était bonne, son sommeil profond et tranquille.

L'après-midi, vers une heure, lorsqu'il se réveilla, le sergent Martial vit à son côté le jeune garçon, et il le salua d'un bon sourire. Mais, en apercevant les deux Français près de lui, il ne put dissimuler une certaine grimace.

« Est-ce que vous souffrez davantage?... lui demanda Germain Paterne.

— Moi... monsieur... répliqua le sergent Martial, comme s'il eût été froissé d'une pareille demande, pas le moins du monde!... Une simple égratignure... un bobo!... Est-ce que vous vous imaginez que j'ai une peau de femmelette!... Il n'y paraîtra plus demain, et, si cela vous plaît, je ne serais pas gêné de vous porter sur mon épaule!... D'ailleurs, je compte bien me lever...

— Non... vous resterez couché, sergent, déclara Jacques Helloch... C'est ordonné par le médecin...

— Mon oncle, ajouta le jeune garçon, tu voudras bien obéir à l'ordre... et sous peu tu n'auras plus qu'à remercier ces messieurs de leurs soins...

— C'est bon... c'est bon!... » murmura le sergent Martial, grognant comme un dogue agacé par un roquet.

Germain Paterne fit alors un nouveau pansement, et constata que la plaie ne s'était point envenimée. A coup sûr, si la flèche eût été empoisonnée, l'effet du poison aurait déjà commencé à se manifester. Physiquement sinon moralement, le blessé, en ce moment, eût été frappé de paralysie partielle.

« Allons... sergent... cela va mieux... affirma Germain Paterne.

— Et, dans quelques jours, cela ira tout à fait bien! » ajouta Jacques Helloch.

Puis, lorsqu'ils eurent regagné leur pirogue, qui naviguait bord à bord avec la *Gallinetta* :

« Il ne manquait plus que cela!... grommela le sergent Martial. Les voilà ici à demeure... ces deux Français...

— Que veux-tu, mon oncle... répondit Jean en le calmant. Il ne fallait pas te faire blesser...

— Non, pardieu, il ne le fallait pas, et tout ça... c'est ma faute... à moi... un conscrit de huit jours... un propre à rien... qui ne sais seulement plus monter la garde!... »

A l'heure où le crépuscule obscurcissait les rives du fleuve, les pirogues atteignirent la barrière de Vivoral, où elles devaient s'abriter pendant la nuit. Déjà se faisaient entendre les rumeurs confuses et lointaines des raudals d'Atures.

Comme on pouvait redouter encore quelque attaque des Quivas, les plus sévères précautions furent prises. Le patron Valdez ne laissa pas ses hommes s'endormir sans avoir désigné ceux qui devraient veiller durant les premières heures. Mêmes mesures ordonnées à bord des deux autres falcas par Martos et Parchal. En outre, les armes, carabines, revolvers, furent mises en état, leurs charges renouvelées.

Aucune alerte ne troubla cette relâche, et le sergent Martial put dormir tout d'une traite. Au pansement du matin, Germain Paterne constata que la blessure était en voie de guérison. Encore quelques jours, elle serait cicatrisée. Les conséquences du terrible curare n'étaient plus à craindre.

Le temps restait pur, la brise fraîche et favorable. Au loin se profilaient ces montagnes des deux rives entre lesquelles se resserrent les raudals d'Atures.

En cet endroit, l'île Vivoral divise le fleuve en deux branches dont les eaux forment de furieux rapides. D'ordinaire, à l'époque où l'étiage est en décroissance, les roches du lit découvrent, et il est impossible de passer sans procéder au transport des bagages jusqu'à l'extrémité de l'île.

Cette opération, longue et fatigante, ne fut pas nécessaire cette fois, et, en se halant le long des berges au moyen de l'espilla, les pirogues purent doubler la pointe d'amont. Plusieurs heures furent ainsi gagnées, et la navigation régulière reprit, lorsque le soleil débordait l'horizon de quelques degrés au-dessus des cerros du Cataniapo de la rive droite.

Pendant la matinée, on put suivre assez aisément la berge, au pied des cerros, et, vers midi, les falcas s'arrêtaient au petit village de Puerto-Real. Un beau nom pour un port fluvial, où sont disséminées quelques paillotes à peine habitées.

C'est de là que s'effectue d'habitude le portage du matériel des embarcations, lequel est conduit par terre au village d'Atures, situé à cinq kilomètres au-dessus. Aussi les Guahibos recherchent-ils avec empressement cette occasion de gagner quelques piastres. Lorsqu'on a traité avec eux, ils prennent les bagages à dos, et les passagers les suivent, laissant aux mariniers la dure tâche de traîner leurs pirogues à travers les rapides.

Ce raudal est une sorte de couloir, creusé entre les montagnes escarpées de la rive, d'une longueur de dix kilomètres. Les eaux, irritées par le resserrement du défilé où leur pente les engage, deviennent torrentueuses. D'ailleurs, la nature ne leur a pas assuré un libre passage. Le lit du fleuve, « en escalier », dit de Humboldt, est barré de corniches qui transforment le rapide en cataractes. Partout des écueils émergeant en bouquets de verdure, des rochers qui affectent la forme sphérique et semblent ne se maintenir sur leur base que par une dérogation aux lois de l'équilibre. La dénivellation du fleuve entre l'amont et l'aval est de neuf mètres. Et c'est à travers ces sas ménagés d'un barrage à l'autre, entre ces blocs semés çà et là, à la surface de ces hauts-fonds prompts à se déplacer, qu'il faut haler les bateaux. Véritable traînage sur ces seuils granitiques, et, pour peu que les circonstances climatériques ne s'y prêtent pas, cette manœuvre exige beaucoup de temps et d'efforts.

On le comprend, il est de première nécessité que l'on procède au déchargement des embarcations. Aucune ne pourrait franchir ces raudals, sans risquer d'y perdre sa cargaison. Il est déjà assez surprenant qu'elles puissent le faire à vide, et la plupart seraient englouties ou démolies, n'était la merveilleuse habileté des mariniers, qui les dirigent au milieu de ces tourbillons.

Les trois pirogues furent donc déchargées. On traita avec les Guahibos pour le transport des colis jusqu'au village d'Atures. Le salaire qu'ils demandent leur est ordinairement payé en étoffes, bibelots de pacotille, cigares, eau-de-vie. Il est vrai, qu'ils ne refusent point les piastres, et le portage des trois falcas se régla à un prix dont ils parurent satisfaits.

Il va sans dire que les passagers ne confient pas leurs bagages à ces Indiens, en leur donnant rendez-vous au village d'Atures. Les Guahibos ne méritent pas une si absolue confiance, — loin de là, — et il est sage de ne point mettre leur probité à l'épreuve. Aussi font-ils, d'habitude, escorte aux voyageurs, et c'est ce qui eut lieu en cette occasion.

La distance de Puerto-Real au village d'Atures n'étant que de cinq kilomètres, elle eût donc pu être aisément franchie en quelques heures, même avec l'impedimentum du matériel, qui était assez encombrant, les ustensiles, les couvertures, les valises, les vêtements, les armes, les munitions, les instruments d'observation de Jacques Helloch, les herbiers, boîtes et appareils photographiques de Germain Paterne. Mais là n'était pas la difficulté. Le sergent Martial pourrait-il faire le trajet à pied?... Sa blessure n'obligerait-elle pas à le transporter sur une civière jusqu'au village?...

Non! l'ancien sous-officier n'était pas une femmelette, comme il ne cessait de le répéter, et un pansement à l'épaule n'empêche pas de mettre un pied devant l'autre. Sa blessure ne le faisait aucunement souffrir, et à Jacques Helloch qui lui offrait son bras, il répondit :

« Merci, monsieur... Je marcherai d'un bon pas et n'ai besoin de personne. »

Un regard du jeune garçon à Jacques Helloch signifia que mieux valait ne pas contrarier le sergent Martial, même en lui faisant des offres obligeantes.

La petite troupe prit donc congé des mariniers chargés de remorquer les falcas à travers les remous de ce rapide. Les patrons Valdez, Martos et Parchal promirent de ne pas perdre une heure, et l'on pouvait se fier à leur zèle.

Les passagers quittèrent Puerto-Real vers onze heures et demie du matin.

Il n'était pas nécessaire d'aller d' « un bon pas », ainsi que le sergent Martial se disait prêt à le faire. Comme Jacques Helloch et ses compagnons avaient eu la précaution de déjeuner, ils pouvaient atteindre le village d'Atures sans hâter leur marche, et y arriver avant l'heure du dîner.

La route, ou plutôt le sentier, longeait la rive droite du fleuve. Cela dispenserait de le traverser, puisque le village est situé sur cette rive. A gauche se dressait le talus très à pic des cerros, dont la chaîne se continue jusqu'en amont des raudals. Parfois, le passage suffisait à peine pour une seule personne, et la petite troupe marchait en file.

Les Guahibos tenaient la tête, à quelques pas. Après eux venaient M. Miguel et ses deux collègues. Suivaient Jacques Helloch, Jean de Kermor et le sergent Martial. Germain Paterne formait l'arrière-garde.

Lorsque la largeur de la berge le permettait, on marchait par trois ou par deux. Le jeune garçon, le sergent Martial, Jacques Helloch se trouvaient alors sur la même ligne.

Décidément, Jacques Helloch et Jean étaient devenus une paire d'amis, et à moins d'être un vieil entêté, toujours geignant, comment voir cela d'un mauvais œil ?...

Entre temps, Germain Paterne, sa précieuse boîte au dos, s'arrêtait, lorsque quelque plante sollicitait sa curiosité. Ses compagnons, qui le devançaient, lui adressaient des rappels énergiques, auxquels il ne se hâtait pas d'obéir.

Chasser dans ces conditions, inutile d'y songer, si l'occasion ne se présentait pas de remonter sur une centaine de pieds les étroites gorges des cerros.

C'est même ce qui arriva, à l'extrême satisfaction de M. Miguel, mais au grand dommage d'un singe aluate, — le premier qu'il eût la bonne chance d'abattre.

« Mes compliments, monsieur Miguel, mes compliments! cria Jacques Helloch, lorsque l'un des Guahibos, qui s'était détaché, rapporta la bête en question.

— Je les accepte, monsieur Helloch, et je vous promets que la peau de cet animal figurera à notre retour au Musée d'Histoire naturelle, avec cette inscription : « *Tué de la main de M. Miguel, membre de la Société de Géographie de Ciudad-Bolivar* ».

— Et ce sera justice, ajouta M. Felipe.

— Pauvre bête! fit Jean, en considérant l'aluate étendu sur le sol, le cœur traversé d'une balle.

— Pauvre... mais excellente à manger... dit-on... répliqua Germain Paterne.

— En effet, monsieur, affirma M. Varinas, et vous pourrez tous en juger ce soir, lorsque nous serons à Atures. Ce singe formera la principale pièce de notre prochain dîner...

— Ne sera-ce pas presque de l'antropophagie?... fit observer en plaisantant Jacques Helloch.

— Oh! monsieur Helloch!... répondit Jean. Entre un singe et un homme...

— Bah! la différence n'est pas déjà si grande, mon cher Jean!... N'est-il pas vrai, sergent?...

—. En effet... tous les deux s'entendent en grimaces! » répondit le sergent Martial, et il le prouvait bien en ce moment.

Quant au gibier de plume, il ne manquait pas, des canards, des ramiers, d'autres oiseaux aquatiques en grand nombre, et surtout de ces pavas qui sont des poules à large envergure. Toutefois, s'il eût été facile de démonter ces volatiles, il eût été difficile d'en prendre possession, car ils seraient tombés dans les tourbillons du rapide.

Il est vraiment curieux, cet Orénoque, lorsque ses eaux furieuses se précipitent à travers ce raudal d'Atures, qui est le plus long et le plus impraticable peut-être de son cours. Que l'on se figure les assourdissantes rumeurs des cataractes, les vapeurs pulvérisées qui les couronnent, le charriage des troncs, arrachés aux rives par la violence du torrent et choqués contre les rocs émergés, les portions de berge qui se détachent par instants et menacent l'étroit sentier tracé à leur surface. C'est à se demander comment des pirogues peuvent le franchir sans y laisser les bordages de leurs flancs ou de leurs fonds. Et, en vérité, les passagers de la *Gallinetta*, de la *Moriche* et de la *Maripare* ne seraient rassurés qu'à l'heure où ils verraient apparaître leurs embarcations au port d'Atures.

La petite troupe, dont la marche n'avait été interrompue ni par un incident, ni par un accident, fit halte au village, un peu après deux heures de l'après midi.

A cette époque, Atures était tel encore que l'avait trouvé l'explorateur français cinq ans auparavant, tel qu'il restera sans doute, si l'on s'en tient aux pronostics d'Élisée Reclus, relativement à ces villages du moyen Orénoque. Tant que les voyageurs des trois pirogues ne seraient pas arrivés à San-Fernando, ils ne rencontreraient aucune bourgade de quelque importance. Et, au delà, c'est le désert ou à peu près, même sur les vastes bassins du Rio Negro et de l'Amazone.

Sept ou huit cases, c'était tout Atures, une trentaine d'Indiens, toute sa population. Là, encore, les indigènes s'occupent à l'élevage des bestiaux, mais on chercherait vainement, en amont du fleuve, des llaneros qui se livrent à ce travail. On n'y voit plus que des passages de bêtes à cornes, lorsque l'époque est venue de « transhumer » les troupeaux d'un territoire à un autre.

M. Miguel et ses deux compagnons, le sergent Martial et Jean, Jacques Helloch et Germain Paterne durent donc s'accommoder des moins délabrées de ces paillotes, où chaque groupe put tant bien que mal s'installer.

Au total, si ce village n'offrait aucun confortable, s'il y avait lieu de regretter les roufs des pirogues, il jouissait d'un avantage des plus appréciables. Pas un seul moustique ! Pourquoi ces insupportables insectes le fuyaient-ils?... on l'ignorait, et Germain Paterne ne put s'expliquer à ce sujet. Ce qui est certain, c'est que, la nuit venue, le sergent Martial fut dispensé d'abriter son neveu sous le toldo habituel.

Toutefois, à défaut de moustiques, il y a, en quantité, de ces niguas ou chiques dont les Indiens ont particulièrement à souffrir sur ces rives du fleuve.

En effet, ces indigènes marchent pieds nus, Or, la piqûre de ces chiques est extrêmement douloureuse. En s'introduisant sous la peau, elles produisent la tuméfaction des parties atteintes. On ne peut les extraire qu'au moyen d'une pointe, et l'opération ne se pratique pas sans difficulté ni douleur.

Inutile de dire qu'au dîner du soir, — qui fut pris en commun sous un bouquet d'arbres, — l'aluate tué par M. Miguel et cuit à petit feu, figura comme plat de résistance...

« Eh bien, s'écria M. Felipe, n'est-ce pas un rôti de premier choix?...

— Excellent, ce quadrumane, affirma M. Miguel, et il mériterait la place d'honneur sur une table européenne !

— C'est mon avis, répondit Jacques Helloch, et nous devrions en expédier quelques douzaines aux restaurants parisiens...

— Et pourquoi ces bêtes-là ne vaudraient-elles pas le veau, le bœuf ou le mouton, observa Germain Paterne, puisqu'elles ne se nourrissent que de végétaux d'un parfum exquis?...

— Seulement, répondit M. Varinas, le difficile est de les approcher d'assez près pour les tirer avec avantage.

— Nous en savons quelque chose, répliqua M. Miguel, puisque, je le répète, celui-ci est le premier...

Lorsque quelque plante sollicitait sa curiosité... (Page 153.)

— Auquel il faudra joindre un deuxième, monsieur Miguel, dit Jacques Helloch. Puisque nous devons passer quelques jours dans ce village, faisons la chasse aux singes. — Vous serez des nôtres, n'est-il pas vrai, mon cher Jean?

— Je ne me crois pas digne de vous accompagner, répondit le jeune garçon en remerciant d'un geste. D'ailleurs, mon oncle ne me permettrait pas... sans lui, du moins...

— Certes, non, je ne le permettrais pas! déclara le sergent Martial, très heureux que son neveu l'eût mis à même de répondre par un refus à la proposition de son compatriote.

— Et pourquoi?... reprit Jacques Helloch. Cette chasse n'offre aucun danger...

— Il est toujours dangereux de s'aventurer à travers ces forêts qui ne sont pas uniquement fréquentées par des singes, je suppose, répondit le sergent Martial.

— En effet... on peut y rencontrer des ours... quelquefois... répliqua M. Felipe.

— Oh! des ours débonnaires, répondit Germain Paterne, quelques-uns de ces fourmiliers qui n'attaquent jamais l'homme, et qui vivent de poissons et de miel!

— Et les tigres... et les lions... et les ocelots... est-ce aussi du miel qu'ils mangent?... riposta le sergent Martial, résolu à ne point en démordre.

— Ces fauves sont rares, affirma M. Miguel, et ils ne rôdent guère autour des villages, tandis que les singes viennent volontiers gambader dans le voisinage des habitations.

— En tout cas, dit alors M. Varinas, il y a un moyen très simple qu'on emploie dans les bourgades de l'Orénoque pour s'emparer des singes, sans les poursuivre, et même sans quitter sa case...

— Et lequel?... demanda Jean.

— On dépose à la lisière d'un bois quelques calebasses, on les fixe solidement au sol, on les perce d'un trou par lequel le singe peut introduire sa main lorsqu'elle est ouverte, mais d'où il ne peut la retirer quand elle est fermée. Un fruit, un de ceux qu'ils préfèrent, est placé à l'intérieur de ces calebasses. Le singe le voit, il le sent, son désir le pousse, il introduit sa main par le trou, il saisit sa proie, et, comme d'une part il ne veut pas lâcher le fruit, et, comme de l'autre, il ne peut pas retirer sa main, le voilà prisonnier...

— Comment, s'écria le sergent Martial, cet animal n'a pas l'idée d'abandonner...

— Non... il n'a pas cette idée, répondit M. Varinas.

— Et l'on viendra prétendre que les singes sont remplis d'intelligence et de malice...

— Sans doute, mais leur gourmandise l'emporte sur leur intelligence, dit M. Felipe.

— Les fichues bêtes! »

Assurément, les quadrumanes qui se laissent prendre à ce piège méritent la qualification susdite. Et pourtant, le moyen indiqué par M. Varinas est souvent employé avec succès dans les forêts de l'Orénoque.

Cependant il convenait d'occuper les quelques jours de cette halte au village d'Atures, en attendant l'arrivée des pirogues. Le jeune garçon put même raconter que, six ans avant, son compatriote y était resté onze jours, — laps de temps qui avait été nécessaire à sa falca pour franchir le raudal d'Atures. Cette fois, les eaux étant hautes, peut-être faudrait-il moins de temps aux pirogues parties le matin même de Puerto-Real.

Dans tous les cas, durant leur séjour, Jean de Kermor et le sergent Martial n'accompagnèrent point les trois Venezueliens et les deux Français qui allèrent battre la plaine aux environs du village. Les chasseurs ne rencontrèrent aucun fauve, ou du moins ceux qu'ils aperçurent ne cherchèrent pas à les attaquer. Un tapir seulement fut blessé par une balle de Jacques Helloch, et put s'éloigner sans en attendre une seconde, qui l'aurait sans doute étendu sur le sol.

En revanche, les chasseurs eurent l'occasion de tuer ce qu'ils voulaient de pécaris, de cerfs, de cabiais, pour le renouvellement de leurs provisions. Ce qui ne fut pas consommé, on le fit sécher ou boucaner, suivant la mode indienne, de manière à se réserver une quantité de viande suffisante au reste du voyage.

Entre temps, MM. Miguel, Varinas et Felipe, Jacques Helloch et Germain Paterne poussèrent leurs excursions jusqu'aux célèbres grottes situées sur le territoire d'Atures, à Punta Cerro, puis à l'île

Cucuritale, où se retrouvent les traces du passage de l'infortuné docteur Crevaux, enfin au cerro de Los Muertos, où ces grottes servent de cimetière aux Indiens Piaroas. M. Miguel et ses compagnons descendiront même pendant une douzaine de kilomètres vers le sud-est, afin de visiter le cerro Pintado. C'est un bloc de porphyre, haut de deux cent cinquante mètres, que les indigènes sont parvenus à décorer, vers son milieu, d'inscriptions gigantesques, de dessins représentant un scolopendre, un homme, un oiseau, un serpent long de plus de trois cents pieds.

Peut-être Germain Paterne eût-il préféré recueillir quelque plante rare à la base de la Montagne-Peinte, — il vaudrait mieux l'appeler la Montagne-Gravée, — mais, à son vif regret, ses recherches furent infructueuses.

Il va sans dire que les excursionnistes revenaient de ces longues promenades passablement fatigués. La chaleur était excessive, et les fréquents orages, qui éclataient avec violence, n'arrivaient pas à la modérer.

Ainsi s'écoula le temps au village d'Atures. Les deux repas quotidiens réunissaient tous les convives à la même table. On se narrait les événements de la journée. Jean prenait un vif plaisir au récit des chasses de Jacques Helloch, toujours soucieux de détourner le jeune garçon des tristes préoccupations de l'avenir. Et quels vœux il formait pour que Jean obtînt à San-Fernando d'exactes informations relativement au colonel de Kermor, et qu'il ne fût pas obligé de se risquer en de lointaines aventures!

Puis, le soir venu, le jeune garçon lisait à haute voix diverses pages de son guide favori, et plus spécialement celles qui concernaient Atures et ses environs. M. Miguel et ses collègues étaient frappés de l'exactitude, de la précision, des renseignements de l'explorateur français en ce qui concernait le cours de l'Orénoque, les mœurs des différentes tribus indiennes, les particularités de leurs territoires, les coutumes des llaneros, avec lesquels il s'était trouvé en rapport.

Et, au vrai, si Jean de Kermor était obligé de prolonger sa campagne jusqu'aux sources du fleuve, il ne pourrait que tirer grand profit des informations si sûres de son compatriote.

Enfin, le 9 septembre, vers midi, Germain Paterne, qui avait été herboriser sur la rive, en avant du village, reparut en appelant ses compagnons.

Aucune excursion n'ayant été projetée ce jour-là, ils étaient tous réunis dans la principale paillote du village, attendant l'heure du déjeuner.

Aux cris qui se faisaient entendre, Jacques Helloch s'élança d'un bond au dehors.

Les autres le suivirent, pouvant craindre que Germain Paterne ne demandât du secours, soit qu'il fût aux prises avec quelque fauve, soit qu'il eût rencontré une bande de Quivas dans le voisinage d'Atures.

Germain Paterne revenait seul, sa boîte au dos, faisant de grands gestes.

« Eh! qu'y a-t-il?... lui cria Jacques Helloch.

— Nos pirogues, mes amis!

— Nos pirogues?... répondit M. Miguel.

— Déjà?... s'écria M. Felipe.

— Elles ne sont pas à un demi-kilomètre. »

Tous de courir alors, en redescendant la rive gauche du fleuve, et, à un tournant, ils aperçurent les falcas que leurs équipages remorquaient à l'espilla le long de la berge.

Bientôt les passagers purent se faire entendre des patrons, lesquels, debout à l'arrière, maintenaient les embarcations contre les embardées du halage.

« Vous... Valdez?... demanda le sergent Martial.

— Moi-même, sergent, et, vous le voyez, mes camarades me suivent...

— Pas d'avaries?... interrogea M. Miguel

— Pas d'avaries, répondit Valdez, mais nous avons eu du mal tout de même!

« — Enfin, vous voilà arrivés... dit Jacques Helloch au patron de la *Moriche*.

— Oui... et en sept jours... ce qui est rare, lorsqu'il s'agit de franchir le raudal d'Atures. »

Et Parchal disait vrai, mais ces Banivas sont d'excellents mariniers, il est juste de le reconnaître. Il n'y avait qu'à les louer de leur habileté et de leur zèle, et ces braves gens se montrèrent d'autant plus sensibles aux éloges des passagers, que ces éloges furent accompagnés de quelques piastres supplémentaires, — à titre de bonne main.

Le passage du raudal de Maipures.

XII

QUELQUES OBSERVATIONS DE GERMAIN PATERNE.

Le départ des trois pirogues s'effectua le lendemain aux premières heures du soleil levant. La veille, l'après-midi, on avait procédé au rembarquement du matériel, et comme aucune avarie n'était survenue pendant le passage du raudal, le voyage n'eut à subir aucun retard de ce chef.

Il est vrai, peut-être les passagers allaient-ils être moins favorisés entre Atures et la bourgade de San-Fernando. Le vent, qui marquait une tendance à calmir, ne suffirait pas à pousser les falcas contre le courant de l'Orénoque. Tout au plus pourraient-elles l'étaler. Cependant, comme la brise soufflait encore de la partie du nord, ne variant guère que de l'est à l'ouest, les voiles furent hissées, en attendant qu'il y eût lieu de recourir à l'espilla ou aux palancas.

Inutile de mentionner que chaque groupe avait repris sa place dans sa pirogue, — le sergent Martial et Jean de Kermor à bord de la *Gallinetta*, MM. Miguel, Varinas et Felipe à bord de la *Maripare*, Jacques Helloch et Germain Paterne à bord de la *Moriche*.

Autant que possible, on naviguait en ligne, et le plus souvent — le sergent Martial l'observait non sans grogner en sourdine, — la *Moriche* marchait de conserve avec la *Gallinetta*, ce qui permettait aux passagers de causer, et ils ne s'en faisaient pas faute.

Pendant la matinée, les falcas ne gagnèrent que cinq kilomètres vers l'amont. Il fut d'abord indispensable d'évoluer au milieu de ce dédale d'ilots et de récifs dont le fleuve est embarrassé jusqu'au-dessus d'Atures. Impossible même de conserver aux voiles une orientation constante. Entre ces passes rétrécies, les eaux descendaient avec rapidité, et les palancas durent être maniées avec une grande vigueur.

Lorsque la flottille se trouva par le travers du cerro de Los Muertos, le lit de l'Orénoque devint plus libre. Après s'être rapprochées de la rive droite où le courant est moins fort, les falcas purent s'aider de la brise dans une certaine mesure.

En arrière de la rive opposée se dressait le cerro Pintado que M. Miguel et ses compagnons avaient visité et dont on put alors observer le bizarre massif, qui domine les vastes plaines fréquentées des Indiens Guahibos.

En même temps que le soleil déclinait sur l'horizon, le vent diminua graduellement en halant le nord-est, et il refusa même vers les cinq heures du soir.

Les pirogues naviguaient alors à la hauteur du raudal de Garcita. Sur le conseil du patron Valdez, les passagers se préparèrent à stationner en cet endroit, qui leur offrait un abri convenable pour la durée de la nuit.

Le parcours pendant cette journée n'avait été que d'une quinzaine de kilomètres, et l'on se remit en route le lendemain dès l'aube naissante.

Le passage du raudal de Garcita n'offrit aucune difficulté. Il est praticable toute l'année et ne nécessite aucun transbordement. En ce mois, d'ailleurs, l'Orénoque, coulant à pleine eau, gardait une profondeur suffisante pour des embarcations à fond plat. Cependant il commençait à baisser, puisqu'on était déjà à la mi-septembre, et la saison sèche ne tarderait pas à réduire son étiage.

Il est vrai, les pluies étaient encore abondantes et fréquentes. Elles n'avaient point épargné les voyageurs depuis leur départ, et ils devaient subir des averses torrentielles jusqu'à leur arrivée à San-Fernando. Ce jour-là, d'interminables rafales obligèrent à se confiner sous les roufs. En somme, la brise tendait plutôt à fraîchir — ce dont il n'y avait pas à se plaindre.

Le soir, dans un coude du fleuve arrondi vers l'est, entre la rive droite et une île, l'île Rabo Pelado, les pirogues relâchèrent à un endroit assez abrité.

De six heures à sept heures, les chasseurs battirent la lisière de cette île, toute hérissée de taillis et presque impénétrable. Ils purent abattre une demi-douzaine de gabiotas, palmipèdes de petite espèce, gros comme des pigeons, et qui furent servis au repas du soir.

En outre, au retour, Jacques Helloch tua d'une balle un de ces jeunes caïmans que les Indiens appellent babas, et dont ils déclarent la chair excellente.

Il est vrai, cette préparation culinaire, ce sancocho, comme on le nomme dans le pays, fut dédaigné des convives. On l'abandonna aux mariniers qui s'en régalèrent.

Seul, Germain Paterne voulut y goûter, parce qu'un naturaliste n'a pas la permission d'être difficile et doit se sacrifier dans l'intérêt de la science.

« Eh bien?... lui demanda Jacques Helloch.

— Eh bien, répondit Germain Paterne, ce n'est pas bon à la première bouchée... mais à la seconde...

— C'est...

— Détestable ! »

Le sancocho était jugé et condamné sans appel.

Le lendemain, départ de l'île Rabo Pelado et reprise de la navigation vers le sud-ouest, — direction qu'affecte l'Orénoque jusqu'au raudal des Guahibos. Jour de pluie continue. Brise intermittente venant du nord-est. Voiles des pirogues, tantôt inertes, pendant le long du mât, tantôt gonflées et arrondies comme une enveloppe d'aérostat.

Le soir, Valdez vint s'amarrer en aval de l'île de Guayabo, n'ayant parcouru que douze kilomètres, car l'action du vent avait été souvent inférieure à celle du courant.

Le lendemain, après une journée fatigante, les trois pirogues purent atteindre le raudal des Guahibos et relâchèrent à l'embouchure du bras de Carestia, qui contourne par la rive droite une longue île à l'endroit où elle divise le cours de l'Orénoque.

La nuit se passa tranquillement après le souper, qui fut renforcé d'une couple de huccos, volatiles aquatiques, démontés sur les berges de l'île.

Là, le lit du fleuve est sinueux, large, mais encombré d'îlots et d'îles. De plus, il est coupé par un barrage d'où les eaux retombent en cascades retentissantes. Le site est d'une sauvagerie superbe, l'un des plus beaux peut-être qui se rencontrent sur le moyen Orénoque.

Les voyageurs eurent le temps de l'admirer, car il leur fallut quelques heures pour remonter le raudal des Guahibos. Les pirogues le franchirent sans qu'il y eût nécessité de procéder à leur déchargement, et bien qu'il présente d'habitude plus de difficultés que celui de Garcita.

Vers trois heures de l'après-midi, en suivant le bras de la rive gauche, on arriva au village de Carestia, où devait s'opérer le débarquement, afin de faciliter aux pirogues le passage du raudal de Maipures.

Il y eut donc lieu de recommencer la manœuvre qui s'était faite à Puerto-Real. Des Indiens se chargèrent de transporter à dos les bagages et accompagnèrent les passagers jusqu'à Maipures, où ils s'arrêtèrent avant cinq heures du soir.

Du reste, la distance entre Carestia et Maipures n'est que de six kilomètres, et le sentier, le long de la berge, se prêtait aisément à la marche.

C'était là que l'on devait attendre la *Gallinetta*, la *Maripare* et la *Moriche*, auxquelles il ne faudrait pas moins de trois à quatre jours pour rejoindre.

En effet, si le raudal de Maipures mesure une longueur moindre que celui d'Atures, peut-être offre-t-il de plus sérieux obstacles. Dans tous les cas, la dénivellation des eaux s'y accuse davantage, — douze mètres environ à répartir entre six kilomètres. Mais on pouvait compter sur le zèle et l'habileté des équipages. Tout ce qu'il serait humainement possible de faire pour gagner du temps, ils le feraient.

Au surplus, on n'avait pas mis cinq jours à parcourir les soixante kilomètres qui séparent les deux principaux raudals de cette partie de l'Orénoque.

Les Indiens Maipures, qui ont donné leur nom à ce village, formaient une ancienne tribu, alors réduite à quelques familles, dont le métissage a profondément modifié le type. Le village, situé au pied d'âpres falaises granitiques d'un grand caractère, ne se compose plus que d'une dizaine de cases.

C'est là que la petite troupe eut à s'installer pour quelques jours, et dans des conditions à peu près identiques à celles du village d'Atures.

C'était la dernière fois, d'ailleurs, qu'ils seraient forcés d'abandonner les pirogues avant de relâcher à San-Fernando. Jusqu'à cette bourgade, le fleuve n'est plus coupé par ces rapides, qui nécessitent, d'une part, le débarquement des passagers et des bagages, et de l'autre, le traînage des embarcations sur les seuils rocheux que balayent des eaux torrentueuses. Donc, le mieux était de patienter, sans récriminer contre cet état de choses, et l'on prit ce nouveau retard en patience, quoique pût dire le sergent Martial, qui brûlait d'avoir atteint San-Fernando.

A Maipures, il n'y eut pas lieu de tuer le temps en excursions, ainsi qu'on avait pu le faire dans les plaines du cerro Pintado. On se contenta de chasser et d'herboriser. Le jeune garçon, accompagné du sergent Martial, prit un très vif intérêt aux promenades scientifiques de Germain Paterne, tandis que les chasseurs pourvoyaient aux besoins journaliers.

C'était utile, nécessaire même, car les approvisionnements faits à la Urbana et dans les chasses précédentes seraient épuisés, s'il se produisait quelque retard, et il n'y aurait plus possibilité de se ravitailler avant le terme du voyage.

Or, de Maipures à San-Fernando, étant donné le cours irrégulier de l'Orénoque, il faut compter environ de cent trente à cent quarante kilomètres.

Enfin, le 18, dans l'après-midi, les trois falcas arrivèrent à ce village, après avoir suivi la rive gauche du fleuve, sur laquelle il est bâti. Par sa situation, il n'est pas venezuelien, et il appartient à la Colombie. Seulement, le chemin de halage de cette rive doit, paraît-il, rester neutralisé jusqu'en 1911, et ne deviendra colombien qu'à partir de cette date.

On voit que Valdez et ses compagnons avait fait diligence, puisque, en cinq jours, ils avaient pu remonter le raudal. Sans attendre

JEAN AVAIT TOUT ENTENDU. (Page 174.)

au lendemain, les pirogues furent rechargées, et, le 19 au matin, elles reprirent leur navigation.

Durant cette journée pluvieuse, la flottille dut encore circuler entre une infinité d'îlots et de roches qui hérissent le lit du fleuve. Comme le vent soufflait de l'ouest, il ne favorisait plus la marche des falcas, et même eût-il soufflé du nord qu'elles n'auraient pu en profiter, tant elles étaient obligées à de fréquents changements de direction à travers les passes.

Au delà de l'embouchure du Sipapo, se rencontre un petit raudal, celui de Sijuaumi, dont le passage n'exigea que quelques heures sans débarquement.

Cependant, grâce à ces diverses causes de retard, les pirogues ne purent s'avancer au delà de l'embouchure du rio Vichada, où elles se disposèrent pour la nuit.

Les deux rives du fleuve, en cet endroit, présentent un contraste frappant. A l'est, le territoire est bossué de tumescences, de bancos réguliers, de collines basses, qui se raccordent avec les montagnes, dont les lointains profils recevaient alors les derniers rayons du soleil à l'instant de son coucher. Vers l'ouest, au contraire, se développaient de spacieuses plaines, arrosées par ces eaux noires du Vichada, venues des llanos colombiens, et qui fournissent un si considérable apport au lit de l'Orénoque.

Peut-être Jacques Helloch s'attendait-il à ce qu'il s'élevât une discussion entre MM. Felipe et Varinas relativement au Vichada, car il aurait pu être considéré comme principale branche, avec autant de raison que le Guaviare ou l'Atabapo. Il n'en fut rien. Les deux adversaires n'étaient plus éloignés de l'endroit où confluaient leurs cours d'eau favoris. Ils auraient alors le temps de se disputer sur les lieux mêmes et en connaissance de cause.

La journée suivante les en rapprocha d'une vingtaine de kilomètres. La navigation devint plus aisée sur cette partie du fleuve dégagée de récifs. Les patrons purent durant quelques heures se servir des voiles, et rallier, dans ces conditions moins fatigantes, le village de Mataweni, situé sur la rive gauche, près du rio de ce nom.

On ne vit là qu'une douzaine de huttes, appartenant aux Guahibos, qui occupent les territoires riverains de l'Orénoque, et plus particulièrement ceux de la rive gauche. Si les voyageurs avaient eu le temps de remonter le Vichada, ils auraient trouvé un certain nombre de villages habités par ces Indiens, doux de caractère, laborieux, intelligents, qui font le commerce du manioc avec les marchands de San-Fernando.

Et même, en cas que Jacques Helloch et Germain Paterne eussent été seuls, peut-être auraient-ils relâché à l'embouchure de ce tributaire, comme ils l'avaient fait à la Urbana, quelques semaines avant. Il est vrai, leur excursion à travers la sierra Matapey avait failli mal finir. Néanmoins, Germain Paterne crut devoir formuler sa proposition en ces termes, lorsque la *Moriche* eut été amarrée à la berge de Mataweni, bord à bord avec la *Gallinetta*.

« Mon cher Jacques, dit-il, nous avons été chargés par le ministre de l'Instruction publique d'une mission scientifique sur l'Orénoque, si je ne me trompe...

— Où veux-tu en venir?... demanda Jacques Helloch, assez surpris de cette observation.

— A ceci, Jacques... Est-ce que cette mission concerne uniquement l'Orénoque?...

— L'Orénoque et ses affluents...

— Eh bien, pour dire les choses comme elles sont, il me semble que nous négligeons quelque peu les affluents du superbe fleuve depuis que nous avons quitté la Urbana...

— Tu crois?...

— Juges-en, cher ami. Avons-nous remonté le Suapure, le Pararuma et le Parguaza de la rive droite?...

— Je ne le pense pas.

— Avons-nous engagé notre pirogue entre les rives du Meta de la rive gauche, ce Meta qui est l'un des plus importants tributaires du grand fleuve venezuelien?...

— Non, et nous avons dépassé l'embouchure du Meta sans y pénétrer.

— Et le rio Sipopo?...

— Nous avons négligé le rio Sipopo.

— Et le rio Vichada?...

— Nous avons aussi manqué à tous nos devoirs envers le rio Vichada.

— C'est ainsi que tu plaisantes, Jacques?...

— C'est ainsi, mon bon Germain, car, enfin, tu devrais te dire que ce que nous n'avons pas fait à l'aller, il sera toujours temps de le faire au retour. Ils ne disparaîtront pas, tes affluents, j'imagine, ils ne s'assèchent même pas dans la saison chaude, et nous les retrouverons à leur place habituelle, lorsque nous redescendrons le superbe fleuve...

— Jacques... Jacques... quand nous aurons l'honneur d'être reçus par le ministre de l'Instruction publique...

— Eh bien, naturaliste que tu es, nous lui dirons à ce haut fonctionnaire : si nous avions été seuls, monsieur le ministre, nous aurions sans doute procédé à ces excursions en remontant l'Orénoque, mais nous étions en compagnie... en bonne compagnie... et il nous a paru qu'il valait mieux naviguer de conserve jusqu'à San-Fernando...

— Où nous séjournerons quelque temps, je suppose... demanda Germain Paterne.

— Le temps de trancher cette question du Guaviare et de l'Atabapo, répondit Jacques Helloch, non point qu'elle ne me paraisse résolue au profit de M. Miguel. Après tout, ce sera une occasion excellente d'étudier ces deux affluents dans la société de MM. Felipe et Varinas. Tu peux être certain que notre mission y gagnera, et que le ministre de l'Instruction publique nous enguirlandera de ses félicitations les plus officielles! »

Il convient de dire que Jean de Kermor, alors seul à bord de la *Gallinetta*, avait entendu cette conversation des deux amis. Ce n'était point indiscrétion de sa part, et, en somme, le sujet qu'ils traitaient n'avait rien de bien intime.

Il était indéniable, quoique le sergent Martial eût tout fait pour y mettre obstacle, que, depuis leur rencontre, Jacques Helloch n'avait négligé aucune occasion de témoigner la plus vive sympathie à Jean de Kermor. Que celui-ci s'en fût aperçu, nul doute, et, à cette sympathie, comment répondait-il?... S'abandonnait-il, comme on eût pu l'attendre d'un jeune garçon de son âge envers ce compatriote si serviable qui lui portait tant d'intérêt, qui faisait des vœux si ardents pour la réussite de ses projets, qui se mettait à sa disposition dans la mesure du possible?...

Non, et cela pouvait même sembler assez bizarre. Quelque touché que pût être Jean, quelque reconnaissant qu'il dût se montrer envers Jacques Helloch, il gardait une extrême réserve vis-à-vis de lui, — non point parce que le sergent Martial l'aurait grondé, s'il en eût été autrement, mais par suite de son caractère discret, toujours empreint d'une certaine timidité.

Et, lorsque le moment de se séparer serait venu, lorsque Jean quitterait San-Fernando s'il lui fallait continuer ses recherches, lorsque Jacques Helloch reprendrait la route du retour, oui! Jean serait très affecté de cette séparation... Peut-être même se dirait-il que si Jacques Helloch lui eût servi de guide, il aurait plus sûrement atteint son but...

Et ne fut-il pas très ému, quand, à la fin de cette conversation, à laquelle il prêtait une complaisante oreille, il entendit Jacques Helloch dire à son camarade :

« Et puis, Germain, il y a ce jeune garçon que le hasard a mis sur notre route, et auquel je m'intéresse... Est-ce qu'il ne t'inspire pas une profonde sympathie?...

— Profonde, Jacques!

— Car plus j'y réfléchis, Germain, s'il a raison d'obéir au sentiment filial qui lui a fait entreprendre ce voyage, plus je crains qu'il se trouve bientôt aux prises avec de telles difficultés et de tels dangers qu'il ne puisse les vaincre! S'il recueille de nouveaux renseignements à San-Fernando, ne va-t-il pas se lancer à travers ces régions du haut Orénoque... ou même du Rio Negro?... Oui!... s'il se dit: mon père est là!... il voudra aller!... C'est une âme forte dans le corps d'un enfant!... Il suffit de l'observer, il suffit de l'entendre, et le sentiment du devoir est poussé chez lui jusqu'à l'héroïsme!... N'est-ce pas ton avis, Germain?...

— Jacques, je partage tes idées sur le jeune de Kermor, et c'est avec raison que tu t'effraies...

— Et qui a-t-il pour le conseiller, pour le défendre?... reprit Jacques Helloch. Un vieux soldat, qui assurément se ferait tuer pour lui... Mais est-ce le compagnon qu'il lui faudrait?... Non, Germain, et veux-tu que je te dise toute ma pensée?... Eh bien, mieux vaudrait que ce pauvre enfant ne trouvât à San-Fernando aucun renseignement relatif à son père... »

Si Jacques Helloch avait pu observer Jean au moment où il parlait ainsi, il l'aurait vu se redressant, relevant la tête, ses yeux animés... puis retombant, accablé, à la pensée qu'il n'atteindrait peut-être pas son but... qu'il était condamné à revenir, sans avoir réussi...

Toutefois, après cet instant de défaillance, l'espoir le reprit, lorsqu'il entendit Jacques Helloch ajouter :

« Non! non!... ce serait trop cruel pour ce pauvre Jean, et je veux encore croire que ses recherches aboutiront!... C'est à San-Fernando que le colonel de Kermor était de passage, il y a treize ans... Aucun doute à cet égard... Là... Jean apprendra ce qu'est devenu son père... Ah! j'aurais voulu pouvoir l'accompagner...

— Je te comprends, Jacques... Il lui aurait fallu pour guide un homme comme toi, et non ce vieux briscard... qui n'est pas plus son oncle que je ne suis sa tante!... Mais que veux-tu?... Notre itinéraire ne peut être le sien, et, sans parler des affluents que nous devons explorer au retour...

— Est-ce qu'il n'y en a pas au delà de San-Fernando?... fit observer Jacques Helloch.

— Si vraiment... Je t'en citerai d'admirables même... le Cunucunuma, le Cassiquiare, le Mavaca... et, à ce compte-là, notre expédition nous conduirait jusqu'aux sources de l'Orénoque...

— Et pourquoi pas, Germain?... L'exploration serait plus complète, voilà tout... et ce n'est pas le ministre de l'Instruction publique qui pourrait se plaindre!...

— Le ministre... le ministre, Jacques! Tu le tournes et le retournes à toutes sauces, ce grand maître de l'Université!... Et puis, si ce n'est plus du côté de l'Orénoque que Jean de Kermor va continuer ses recherches... s'il va s'aventurer à travers des llanos de la Colombie... si même il descend vers le bassin du Rio Negro et de l'Amazone... »

Jacques Helloch ne répondit pas, car il ne pouvait répondre. A la rigueur, il le comprenait bien, poursuivre son voyage même jusqu'aux sources de l'Orénoque, ce serait toujours rester dans l'esprit de sa mission... tandis que quitter le bassin du fleuve, et aussi le Venuezela pour suivre le jeune garçon à travers les territoires de la Colombie ou du Brésil...

Dans la pirogue voisine, agenouillé au fond du rouf, Jean avait tout entendu... Il savait quelle sympathie il inspirait à ses compagnons... Et il savait aussi que ni Jacques Helloch ni Germain Paterne ne croyaient à cette parenté qui l'unissait au sergent Martial... Sur quoi se fondaient-ils pour cela, et que penserait son vieil ami, s'il venait à l'apprendre?...

Et, sans se demander ce que lui réservait l'avenir, si le courage, le dévouement de Jacques Helloch lui viendraient jamais en aide, il remerciait Dieu d'avoir mis sur sa route ce brave et généreux compatriote.

C'était le capitan, le chef du village... (Page 177.)

XIII

RESPECT AU TAPIR.

Le lendemain matin, — 21 septembre, — lorsque les voyageurs quittèrent le petit port de Matawoni, ils n'étaient plus qu'à trois jours et demi de San-Fernando. En quatre-vingts heures, s'il ne leur survenait aucun retard, — même si le temps ne les favorisait pas, — ils devaient être rendus au terme de leur voyage.

La navigation fut reprise dans les conditions ordinaires, — à la voile lorsque la brise le permettait, — à la palanca et au garapato, lorsque les pirogues pouvaient profiter des remous dus aux nombreux coudes du fleuve, — à l'espilla, quand les perches ne parvenaient pas à vaincre la force du courant.

La température se tenait à un haut degré. Des nuages orageux trainaient lourdement, se résolvant parfois en grosse pluie tiède. Puis, un ardent soleil leur succédait, et il fallait s'abriter sous les roufs. En somme, le vent était faible, intermittent, et ne suffisait pas à rafraichir cette dévorante atmosphère.

Des rios nombreux affluaient au fleuve, surtout par sa rive gauche, — rios innomés, dont le lit devait se tarir pendant la saison sèche. Du reste, Germain Paterne ne plaida pas en leur faveur, et ils ne méritaient pas la visite des géographes.

On rencontra, à plusieurs reprises, des canots montés par ces Piaroas qui occupent d'habitude la rive droite de cette partie de l'Orénoque.

Ces Indiens accostaient familièrement les pirogues et offraient leurs services pour les dures manœuvres de l'espilla. On les acceptait sans hésiter, et ils se contentaient pour toute rétribution de morceaux d'étoffe, de verroteries, de cigares. Ce sont, — eux aussi, — d'habiles mariniers, recherchés pour le passage des rapides.

Ce fut donc avec une escorte d'une demi-douzaine de curiares que la flottille accosta le village d'Augustino, situé sur la rive droite, et dont M. Chaffanjon ne parle point, pour cette bonne raison qu'il n'existait pas lors de son voyage.

Du reste, en général, ces Indiens ne sont pas sédentaires. De même qu'ils abandonnent le canot d'écorce dont ils ont eu besoin pour traverser une rivière, ils abandonnent la case qu'ils ont dressée comme une tente et pour quelques jours.

Il paraissait cependant que ce village d'Augustino devait avoir quelques chances de durée, bien que sa construction fût récente. Il occupait une place heureusement choisie dans un coude de l'Orénoque. Sur la grève, et en arrière jusqu'à de moyens cerros verdoyants, les arbres poussaient par centaines. A gauche, se massait une forêt de caoutchoucs, dont les gomeros tiraient profit en recueillant cette précieuse gomme.

Le village comprenait une quarantaine de paillotes cylindriques ou cylindro-coniques, et sa population s'élevait à deux cents habitants environ.

En débarquant, M. Miguel et ses compagnons auraient pu croire qu'il n'y avait à Augustino ni enfants ni femmes.

Cela tenait à ce que femmes et enfants, effarouchés, s'étaient enfuis à travers la forêt, suivant leur habitude, dès qu'on leur signale l'approche des étrangers.

Parut un Piaroa de belle taille, quarante ans d'âge, de constitution vigoureuse, de large carrure, revêtu du guayuco, sa chevelure brûlée à la naissance du front et tombant sur les épaules, des bracelets de corde au-dessous des genoux et au-dessus des chevilles. Ce personnage se promenait le long de la berge, entouré d'une dizaine d'Indiens, qui lui marquaient un certain respect.

C'était le capitan, le chef du village, celui qui en avait indiqué l'emplacement, — un endroit très sain, où Augustino n'avait point à souffrir du fléau ordinaire de ces rives, les maudits et insupportables moustiques.

M. Miguel, suivi des autres passagers, s'avança vers ce capitan, qui parlait la langue venezuelienne.

« Vous êtes les bienvenus, tes amis avec toi, dit-il, en leur tendant la main.

— Nous ne sommes ici que pour quelques heures, répondit M. Miguel, et nous comptons repartir demain au point du jour.

— En attendant, dit le Piaroa, tu peux prendre repos dans nos cases... Elles sont à ta disposition.

— Nous te remercions, capitan, répondit M. Miguel, et nous te rendrons visite. Mais, pour une nuit, il est préférable de rester à bord de nos falcas.

— Comme il te plaira.

— Tu es le chef d'un beau village, reprit alors M. Miguel, en remontant vers la grève.

— Oui... il vient seulement de naître, et il prospérera, s'il trouve protection chez le gouverneur de San-Fernando. J'espère que de posséder un village de plus sur le cours de l'Orénoque, cela est agréable au Président de la République...

— Nous lui apprendrons, à notre retour, répondit M. Miguel, que le capitan...

— Caribal, dit l'Indien, dont le nom fut donné avec autant de fierté que si c'eût été celui d'un fondateur de ville ou celui du héros Simon Bolivar.

— Le capitan Caribal, reprit M. Miguel, peut compter sur nos bons offices à San-Fernando près du gouverneur, comme à Caracas près du Président. »

On ne pouvait entrer en relation avec ces Piaroas dans des conditions plus avantageuses et converser en meilleurs termes.

M. Miguel et ses compagnons suivirent ces Indiens jusqu'au village, à une portée de fusil de la berge.

Jacques Helloch et son ami Jean marchaient à côté l'un de l'autre devant le sergent Martial.

« Votre guide habituel, le livre de notre compatriote, mon cher Jean, demanda Jacques Helloch, vous donne sans doute des renseignements précis sur ces Piaroas, et vous devez en savoir plus que nous à leur sujet...

— Ce qu'il nous apprend, répondit le jeune garçon, c'est que ces Indiens sont d'un tempérament placide, peu enclins à la guerre. La plupart du temps, ils vivent à l'intérieur des forêts les plus reculées du bassin de l'Orénoque. Il est à croire que ceux-ci ont voulu essayer d'une vie nouvelle sur les bords du fleuve...

— C'est probable, mon cher Jean, et leur capitan, qui paraît doué d'intelligence, les aura décidés à fonder ce village en cet endroit. Le gouvernement venezuelien aura raison d'encourager ces tentatives, et si quelques missionnaires venaient s'installer à Augustino, ces Piaroas ne tarderaient pas à prendre rang parmi les indigènes civilisés, ces « racionales », comme on les appelle...

— Des missionnaires, monsieur Helloch, répondit Jean. Oui... ces gens de courage et de dévouement réussiraient au milieu de ces tribus indiennes... Et j'ai toujours pensé que ces apôtres, qui abandonnent le bien-être dont ils pourraient jouir, qui renoncent aux joies de la famille, qui poussent le dévouement à ces pauvres sauvages jusqu'au sacrifice de leur vie, remplissent la plus noble des missions au grand honneur de l'humanité... Et voyez, d'après ce qu'on raconte, quels résultats le Père Esperante a obtenus à Santa-Juana, et quel encouragement à l'imiter !

— En effet, » répondit Jacques Helloch.

Et il était toujours surpris de trouver des idées si sérieuses, si généreuses aussi, chez ce jeune garçon, évidemment plus avancé que son âge. Aussi ajouta-t-il :

« Mais, mon cher Jean, ce sont là des choses auxquelles on ne pense guère... quand on est jeune...

— Oh!... je suis vieux... monsieur Helloch, répondit Jean, dont le visage rougit légèrement.

— Vieux... à dix-sept ans...

— Dix-sept ans, moins deux mois et neuf jours, affirma le sergent Martial, qui intervint dans la conversation, et je n'entends pas que tu te vieillisses, mon neveu...

— Pardon, mon oncle, je ne me vieillirai plus, » répondit Jean, qui ne put s'empêcher de sourire.

Puis, se retournant vers Jacques Helloch :

« Enfin, pour en revenir aux missionnaires, reprit-il, ceux qui se fixeront à Augustino auront à lutter contre les préjugés de ces Indiens, car, au dire de mon guide, ce sont bien les plus crédules et les plus superstitieux qui se rencontrent dans les provinces de l'Orénoque !. »

Et les passagers des falcas n'allaient pas tarder à reconnaître le bien fondé de cette observation.

La case du capitan était agréablement bâtie sous un massif d'arbres magnifiques. Une toiture en feuilles de palmiers la recouvrait, terminée par une sorte de couronne cylindrique que surmontait une touffe de fleurs. Une seule porte donnait accès à la chambre unique, qui mesurait quinze pieds de diamètre. Le mobilier, réduit au strict nécessaire, comprenait des paniers, des couvertures, une table, quelques sièges grossièrement fabriqués, les très simples ustensiles du ménage de l'Indien, ses arcs, ses flèches, ses instruments de culture.

Cette case venait d'être récemment achevée, et la veille même, avait eu lieu la cérémonie d'inauguration, — une cérémonie qui consiste à chasser le mauvais esprit.

Or, le mauvais esprit ne s'évanouit pas comme une vapeur, il ne se dissipe pas comme un souffle. Battre les paillis des murs, les épousseter ainsi que le ferait une ménagère européenne, ne saurait suffire. Cet esprit, ce n'est pas une poussière que le balai rejette au dehors. Il est immatériel de son essence, et il faut qu'un animal vivant le respire d'abord, l'emporte ensuite à tire d'aile à travers l'espace. Il est donc nécessaire de confier cette tâche à quelque oiseau de choix.

D'habitude, c'est à un toucan que l'on accorde la préférence, et ce volatile s'acquitte de ses fonctions à merveille. Tandis qu'il opère, la famille, réunie à l'intérieur de la case, revêtue de ses ornements de fête, se livre à des chants, à des danses, à des libations, en absorbant d'innombrables tasses de ce café bruquilla, dans lesquelles l'aguardiente ou le tafia n'ont point été épargnés.

Comme, la veille, il n'avait pas été possible de se procurer un toucan, c'était un perroquet qui avait dû remplir à sa place ce rôle de purificateur.

« PRENONS GARDE... PRENONS GARDE!... » S'ÉCRIA M. MIGUEL. (Page 183.)

Bref, après avoir voleté et piaillé à l'intérieur, l'oiseau s'était envolé dans la forêt, et l'on pouvait en toute sécurité habiter la paillote. Aussi le capitan ne se fit-il point scrupule d'y introduire les étrangers, et ceux-ci n'eurent pas à craindre d'être hantés par le mauvais esprit.

Lorsque les visiteurs sortirent de la case du capitan Caribal, ils trouvèrent la population d'Augustino plus nombreuse, on peut même dire au complet. Les femmes, les enfants, rassurés maintenant et rappelés par leurs pères, leurs frères, leurs maris, avaient réintégré le village. Ils allaient d'une paillote à l'autre, déambulaient sous les arbres, gagnaient la grève du côté de l'endroit où s'amarraient les falcas.

Germain Paterne put observer que les femmes, aux traits réguliers, de petite taille, bien faites, étaient, en réalité, d'un type inférieur à celui des hommes.

Tous ces Piaroas procédèrent alors aux échanges communément effectués entre les Indiens et les voyageurs, touristes ou négociants, qui remontent ou descendent l'Orénoque. Ils offrirent des légumes frais, des cannes à sucre, quelques-uns de ces régimes de bananes qui sont désignées sous le nom de platanos, lesquelles séchées et conservées, assurent la nourriture des Indiens pendant leurs excursions.

En retour, ces Piaroas reçurent des paquets de cigares dont ils sont très friands, des couteaux, des hachettes, des colliers de verroteries, et se montrèrent très satisfaits de leurs relations avec les étrangers.

Cependant ces allées et venues n'avaient pris qu'une heure. Avant que le soleil se fût abaissé derrière l'horizon, il restait assez de temps aux chasseurs pour tenter quelques coups heureux à travers les forêts voisines d'Augustino.

La proposition fut donc faite, et autant dire que Jacques Helloch et M. Miguel se la firent à eux-mêmes. D'ailleurs, leurs compagnons les chargeaient volontiers du soin d'abattre cabiais, pécaris, cerfs, pavas, huccos, pigeons, canards, toujours bien accueillis par le personnel des pirogues.

Il suit de là que MM. Varinas et Felipe, Jean de Kermor et le sergent Martial demeurèrent les uns dans les embarcations, les autres sur la rive ou dans le village, tandis que Jacques Helloch, M. Miguel, suivis de Germain Paterne, sa boîte de botaniste au dos, s'enfonçaient sous le couvert des palmiers, des calebassiers, des coloraditos et des innombrables morichals disposés en épais taillis au delà des champs de cannes et de manioc.

Il n'y avait pas à craindre de s'égarer, car la chasse devrait s'effectuer dans le voisinage d'Augustino, à moins que les chasseurs ne fussent entrainés au loin par leur passion cynégétique.

Au surplus, il n'y eut pas lieu de s'éloigner. Dès la première heure, M. Miguel abattit un cabiai, et Jacques Helloch coucha un cerf sur le sol. Avec ces deux bêtes, ils auraient une suffisante charge à rapporter aux falcas. Peut-être auraient-ils mieux fait d'emmener avec eux un ou deux Indiens; mais aucun d'eux ne s'étant offert pour ce service, ils n'avaient point réclamé leur concours. D'autre part, n'ayant pas voulu déranger les mariniers occupés aux petites réparations des pirogues, ils étaient partis seuls et ils reviendraient seuls au village.

Les voilà donc, alors qu'ils étaient éloignés de deux à trois kilomètres, M. Miguel, son cabiai sur l'épaule, Jacques Helloch et Germain Paterne, portant le cerf, en route pour Augustino, et ils ne s'en trouvaient plus qu'à cinq ou six portées de fusil, lorsqu'ils s'arrêtèrent afin de reprendre haleine.

Il faisait très chaud, et l'air circulait assez difficilement sous le dôme épais des arbres. A cet instant, comme ils venaient de s'étendre au pied d'un palmier, les branches d'un fourré très dru, à leur droite, s'agitèrent avec violence. Il semblait qu'une masse puissante essayait de s'engager entre le fouillis des arbrisseaux.

« Attention!... dit Jacques Helloch à ses compagnons. Il y a là quelque fauve...

— J'ai deux cartouches à balle dans ma carabine... répondit M. Miguel.

— Eh bien, tenez-vous prêt, tandis que je vais recharger la mienne », répliqua Jacques Helloch.

Et il ne lui fallut que quelques secondes pour mettre son Hammerless en état de faire feu.

Les arbustes du fourré ne remuaient plus. Néanmoins, en prêtant l'oreille, les chasseurs purent surprendre le souffle d'une respiration haletante, et aussi un rauque grognement sur la nature duquel il n'y avait pas à se tromper.

« Ce doit être un animal de forte taille, dit Germain Paterne, en s'avançant.

— Reste ici... reste... lui dit Jacques Helloch. Nous avons affaire sans doute à un jaguar ou un puma... Mais, avec les quatre balles qui l'attendent...

— Prenons garde... prenons garde!... s'écria M. Miguel. Il me semble bien apercevoir un long museau qui s'allonge entre les branches...

— Eh bien, quel que soit le propriétaire de ce museau... » répondit Jacques Helloch.

Et il déchargea ses deux coups.

Aussitôt, le fourré s'ouvrit sous une poussée formidable, un hurlement retentit à travers le feuillage, et une énorme masse se précipita hors des branches.

Deux autres détonations éclatèrent.

A son tour, M. Miguel venait de décharger sa carabine.

Cette fois, l'animal tomba sur le sol, en poussant un dernier cri de mort.

« Eh!... ce n'est qu'un tapir! s'écria Germain Paterne. Vrai... il ne valait pas vos quatre charges de poudre et de balles! »

Assurément, s'il ne les valait pas, au point de vue de la défensive, cet inoffensif animal, peut-être les valait-il au point de vue comestible.

Donc, au lieu d'un puma ou d'un jaguar, qui sont les plus redoutables carnassiers de l'Amérique méridionale, les chasseurs n'avaient eu affaire qu'à un tapir. C'est un fort animal, brun de pelage, grisâtre sur la tête et à la gorge, court, de poils clairsemés, portant une sorte de crinière, attribut du mâle. Cette bête, plutôt nocturne que diurne, habite les fourrés et aussi les marais. Son nez, une sorte de petite trompe mobile prolongée en forme de boutoir, lui donne l'aspect d'un sanglier, et même d'un cochon, mais un cochon qui aurait la taille d'un âne.

En somme, il n'y a pas lieu de craindre les attaques de ce pachyderme. Il ne vit que de fruits et de végétaux, et il est tout au plus capable de bousculer un chasseur.

Cependant il ne fallait pas regretter les quatre coups de carabine, et si l'on parvenait à transporter ce tapir aux pirogues, les équipages sauraient en faire leur profit.

Mais, après que l'animal eut roulé sur le sol, M. Miguel et ses compagnons n'avaient pas entendu le cri d'un Indien, qui les guettait sur la gauche du fourré, ni vu cet Indien s'enfuir à toutes jambes dans la direction du village. Ils rechargèrent le cerf et le cabiai sur leurs épaules, et se remirent en route, ayant l'intention d'envoyer chercher le tapir par quelques-uns des mariniers.

Lorsqu'ils arrivèrent à Augustino, la population était en proie à la colère et à l'épouvante. Hommes, femmes, entouraient le capitan. Le sieur Caribal ne paraissait pas moins animé que ses administrés, et, lorsque parurent Germain Paterne, M. Miguel et Jacques Helloch, ce furent des cris formidables, des cris de haine et de vengeance qui les accueillirent.

Que s'était-il passé?... D'où provenait ce revirement?... Est-ce que ces Piaroas se préparaient à quelques démonstrations hostiles contre les pirogues?...

Jacques Helloch et ses deux compagnons furent bientôt rassurés en voyant le jeune garçon, le sergent Martial, MM. Felipe et Varinas se diriger de leur côté.

« Aux pirogues... aux pirogues!... » (Page 186.)

« Qu'y a-t-il?... demandèrent-ils.

— Valdez qui était au village, répondit Jean, a vu un Indien sortir de la forêt, courir auprès du capitan, et il l'a entendu lui dire que vous aviez tué...

— Un cabiai... un cerf... que nous rapportons... répondit M. Miguel.

— Et aussi un tapir?...

— Oui... un tapir, répondit Jacques Helloch, et quel mal y a-t-il à tuer un tapir?...

— Aux pirogues... aux pirogues! » cria vivement le sergent Martial.

En effet, la population paraissait sur le point de se livrer à des actes de violence. Ces Indiens, si pacifiques, si accueillants, si serviables, étaient maintenant en proie à une véritable fureur. Quelques-uns s'étaient armés d'arcs et de flèches. Leurs clameurs ne cessaient de grossir. Ils menaçaient de se jeter sur les étrangers. Le capitan Caribal ne parviendrait que très difficilement à les contenir, en admettant qu'il le voulût, et le danger s'accroissait à chaque seconde.

Était-ce donc pour ce seul motif que les chasseurs avaient abattu un tapir?...

Uniquement, et il était regrettable, qu'avant leur départ, Jean, conformément à ce que racontait son guide, ne les eût pas avertis de ne jamais toucher à un poil de ce pachyderme. C'est, paraît-il, un animal sacré aux yeux de ces indigènes enclins à toutes les superstitions, et, comme tels, portés par nature à admettre les transformations de la métempsycose.

Non seulement ils croient aux esprits, mais ils regardent le tapir comme un de leurs aïeux, le plus vénérable et le plus vénéré des ancêtres piaroas. C'est dans le corps d'un tapir que va se loger l'âme de l'Indien, quand il meurt. Or, un tapir de moins, c'est un logement de moins pour ces âmes, qui risqueraient d'errer indéfiniment à travers l'espace, faute de domicile. De là, cette défense absolue d'attenter aux jours d'un animal destiné à cette honorable fonction de logeur, et, lorsque l'un d'eux a été mis à mort, la colère de ces Piaroas peut les porter aux plus redoutables représailles.

Cependant, ni M. Miguel ni Jacques Helloch ne voulaient abandonner le cerf et le cabiai, dont le trépas n'entraînait aucune responsabilité. Aussi les mariniers, qui étaient accourus, s'en saisirent-ils et tous de se diriger vers les pirogues.

La population les suivait, de plus en plus surexcitée. Le capitan n'essayait pas de modérer les furieux, — au contraire. Il marchait en tête, il brandissait son arc, et l'irritation de ces indigènes fut au comble, lorsque le corps du tapir arriva sur une civière de branchages portée par quatre hommes.

A cet instant, les passagers avaient atteint leurs falcas, dont les roufs suffiraient à les protéger contre les flèches de ces Indiens, qui sont dépourvus d'armes à feu.

Jacques Helloch fit rapidement entrer Jean dans la *Gallinetta*, avant que le sergent Martial eût pu prendre ce soin, et il lui recommanda de s'étendre sous le rouf. Puis, il se précipita à bord de la *Moriche*, suivi de Germain Paterne.

De leur côté, MM. Miguel, Varinas et Felipe avaient trouvé asile dans la *Maripare*.

Les équipages, maintenant à leur poste, prirent les mesures pour se lancer au milieu du fleuve.

Les amarres furent larguées, à l'instant même où une grêle de flèches s'abattit sur les pirogues, qui s'éloignaient à la palanca, de manière à sortir du remous produit par le revers de la pointe. Avant de se jeter dans le courant, la manœuvre ne pouvait qu'être fort lente, et les pirogues étaient exposées à recevoir une seconde décharge des indigènes, rangés le long de la grève.

La première n'avait touché personne. La plupart des flèches avaient volé au-dessus des embarcations, sauf quelques-unes, qui s'étaient fichées dans le paillis des roufs.

Les armes étant prêtes alors, MM. Miguel et ses deux collègues, Jacques Helloch, Germain Paterne et le sergent Martial, se portèrent à l'avant et à l'arrière des trois pirogues.

Les carabines épaulées, six détonations retentirent à quelques secondes d'intervalle, et furent suivies de six autres.

Sept à huit Indiens tombèrent plus ou moins blessés, et deux des Piaroas, après avoir roulé au revers de la berge, disparurent sous les eaux du petit port.

Il n'en fallait pas tant pour mettre en fuite cette population affolée, et ce fut une débandade générale qui, au milieu des vociférations, la ramena vers Augustino.

Les falcas, ne courant plus le risque d'être inquiétées, contournèrent la pointe, et, avec l'aide de la brise, traversèrent obliquement le fleuve.

Il était six heures du soir, lorsque la *Moriche*, la *Maripare* et la *Gallinetta* allèrent sur la rive gauche prendre leur amarre de nuit dont aucune agression ne viendrait troubler le repos.

A propos de cet événement, voici la question qui fut faite par Germain Paterne à son ami, au moment où le sommeil s'appesantissait sur leurs paupières :

« Dis donc, Jacques, qu'est-ce que ces Piaroas vont faire de leur tapir ?...

— Ils l'enterreront avec tous les honneurs dus à une bête si sacrée !

— Par exemple... Jacques !... Je te parie qu'ils le mangeront, et ils n'auront pas tort, car rien de bon comme un filet de tapir à la braise ! »

« Voici des nuages qui viennent du sud. » (Page 191.)

XIV

LE CHUBASCO.

Dès la pointe du jour, lorsque les dernières constellations illuminaient encore l'horizon de l'ouest, les passagers furent réveillés par les préparatifs du départ. Tout laissait espérer qu'ils étaient à leur dernière étape. San-Fernando ne se trouvait pas à plus d'une quinzaine de kilomètres. La pensée de coucher le soir même dans une véritable chambre, pourvue d'un véritable lit, n'offrait rien moins qu'une très agréable perspective. On comptait alors trente et un jours de navigation depuis Caïcara, autant de nuits, par conséquent, pendant lesquelles il avait fallu se contenter de la simple estera des roufs. Quant au temps passé à la Urbana, dans les villages d'Atures et de Maipures, sous le chaume des paillotes et sur des couches indiennes, cela n'a rien de commun avec le confort, non pas d'un hôtel, mais d'une auberge, pour peu qu'elle soit meublée à l'européenne. Nul doute que San-Fernando n'offrît toute satisfaction à cet égard.

Lorsque M. Miguel et ses compagnons se tirèrent de leurs roufs, les falcas avaient pris le milieu du fleuve. Elles marchaient assez rapidement sous l'action d'un vent du nord-est. Par malheur, certains symptômes, auxquels les mariniers de l'Orénoque ne se trompent guère, faisaient craindre que cette brise n'eût pas la durée suffisante à un parcours de quinze kilomètres. Les pirogues naviguaient l'une près de l'autre, et Jacques Helloch, se tournant vers la *Gallinetta* :

« Vous allez bien, ce matin, mon cher Jean?... lui demanda-t-il en le saluant de la main.

— Je vous remercie, monsieur Helloch, répondit le jeune garçon.

— Et vous, sergent Martial?...

— Je ne parais pas me porter plus mal que d'habitude, se contenta de répliquer le vieux soldat.

— Cela se voit... cela se voit, reprit Jacques Helloch d'un ton de bonne humeur. J'espère que nous arriverons tous en excellente santé ce soir à San-Fernando...

— Ce soir?... » répéta alors le patron Valdez en hochant la tête d'un air dubitatif.

En cet instant, M. Miguel, qui venait d'observer le ciel, se mêla à la conversation :

« Est-ce que vous n'êtes pas satisfait du temps, Valdez?... dit-il

— Pas trop, monsieur Miguel... Voici des nuages qui viennent du sud, et ils n'ont pas bonne apparence!

— Cette brise ne les refoulera pas?...

— Si elle tient... peut-être... mais si elle calmit... comme je le crains!... Voyez-vous, ce sont des nuages d'orage qui se lèvent là-bas, et il n'est pas rare qu'ils montent contre le vent. »

Jacques Helloch promena ses regards sur l'horizon et parut être de l'avis du patron de la *Gallinetta*.

« En attendant, dit-il, profitons de la brise, et faisons le plus de route possible.

— Nous n'y manquerons pas, monsieur Helloch, » répondit Valdez.

Durant la matinée les pirogues n'eurent pas à subir trop de retard. Elles avaient pu utiliser la voilure pour refouler le courant, assez rapide entre les rives que bordaient de vastes llanos, coupés de quelques mesas, sortes de buttes en pleine verdure. Plusieurs des rios qui y jetaient leur apport, accru par les dernières pluies, seraient asséchés avant cinq ou six semaines.

Grâce à la brise, les embarcations, après avoir contourné les roches de Nericawa, purent, non sans certaines difficultés, et au prix de grands efforts, franchir le petit raudal d'Aji, dont les passes, à cette époque, se conservaient encore assez profondes pour permettre d'évoluer entre les nombreux récifs. Le danger était qu'une pirogue, saisie inopinément par le courant, fût jetée contre les écueils où elle se serait immanquablement fracassée.

Pareille catastrophe faillit même arriver à la *Moriche*. Entraînée avec une extrême violence, il s'en fallut de peu qu'elle ne fût précipitée sur l'arête d'un énorme roc. Au surplus, si cet accident se fût produit, la *Gallinetta* et la *Maripare* auraient pu, sans doute, sauver le personnel et le matériel de la *Moriche*. Dans ce cas, Jacques Helloch et son compagnon eussent été obligés de prendre passage à bord de l'une ou l'autre falca, et il était tout indiqué que la *Gallinetta* reçût à son bord des compatriotes.

Voilà une éventualité qui aurait extrêmement contrarié — pour ne pas dire plus — le sergent Martial. Il est vrai, l'hospitalité offerte aux deux Français n'eût jamais duré que quelques heures.

Après s'être tiré des dangers du raudal d'Aji, les mariniers ne furent pas moins heureux au passage de celui de Castillito, — le dernier qui puisse gêner la navigation du fleuve en aval de San-Fernando.

Le déjeuner achevé, vers midi, Jacques Helloch vint à l'avant de la *Moriche* fumer un cigare.

A son vif regret, il dut constater que Valdez ne s'était pas trompé dans ses prévisions. La brise mourait, et les voiles impuissantes ne permettaient pas même d'étaler le courant. Parfois, sous une légère velée qui les gonflait, les pirogues gagnaient quelques encablures vers l'amont.

Il était évident que l'état atmosphérique menaçait d'être troublé à bref délai. Au sud, les nuages grisâtres, veinés de teintes fuligineuses, comme un pelage de fauve, barraient l'horizon. De longues queues échevelées s'éparpillaient au loin. Le soleil, qui, à l'heure de sa culmination, passait au zénith, ne tarderait pas à disparaitre derrière cet épais voile de vapeurs.

« Tant mieux! dit alors Germain Paterne, dont les joues hâlées se perlaient de gouttes de sueur.

— Tant pis! répondit Jacques Helloch. Il serait préférable de fondre en eau plutôt que d'être menacé d'un orage en cette partie du fleuve, où je ne vois aucun refuge.

— On ne respire plus, disait alors M. Felipe à ses collègues, et, si le vent tombe, nous allons être suffoqués...

— Savez-vous ce que le thermomètre indique à l'intérieur du rouf?... répliqua M. Varinas. Trente-sept degrés, et s'il monte un tant soit peu, nous serons sur les limites mêmes de la cuisson!

— Je n'ai jamais eu aussi chaud! » se contenta de répondre M. Miguel, en s'épongeant le front.

Chercher abri sous les roufs était devenu impossible. Au moins, à l'arrière des pirogues, pouvait-on respirer quelques souffles d'air,

Les embarcations bondissaient. (Page 196.)

— un air brûlant, il est vrai, à croire qu'il s'échappait de la gueule d'un four. Par malheur, les falcas marchant avec la brise, celle-ci se faisait sentir à peine, et même pas du tout dans ses intermittences qui se prolongeaient d'une inquiétante façon.

La *Gallinetta*, la *Maripare* et la *Moriche*, cependant, parvinrent à rallier vers trois heures une grande île indiquée sur la carte sous le nom d'Amanameni, — île boisée, couverte d'épais taillis, berges à pic. En remontant le bras du fleuve où le courant descendait moins rapidement, et en se remorquant à l'espilla, les mariniers atteignirent l'extrémité méridionale de cette île.

Le soleil avait alors disparu derrière cet amoncellement de ballots de vapeurs, qui semblaient prêts à se dérouler les uns sur les autres. De longs ronflements de tonnerre bourdonnaient vers le sud. Des premiers éclairs sillonnaient ces amas nuageux, qui menaçaient de faire explosion. Pas un souffle venant du nord Aussi l'orage gagnait-il, en étendant ses larges ailes électriques du levant au couchant. Toute l'aire du ciel serait vite envahie par ces masses fuligineuses. Le météore se dissiperait-il sans provoquer une formidable lutte des éléments?... Cela peut arriver, mais le plus confiant des météorologistes n'aurait pu l'espérer, cette fois.

Par prudence, les voiles des pirogues furent amenées, d'autant qu'elles ne rendaient aucun service. Par prudence aussi, les mariniers décalèrent les mâts, que l'on coucha de l'avant à l'arrière. Dès que les falcas commencèrent à perdre, chaque équipage se mit sur les palancas, et, en déployant ce que cette atmosphère étouffante lui laissait de vigueur, rebroussa le rapide courant du fleuve.

Après l'île Amanameni, on atteignit l'île Guayartivari, d'une étendue non moins considérable, et il fut possible de se haler le long de ses berges assez accores. En somme, les pirogues avançaient plus vite qu'avec les palancas, et c'est dans ces conditions qu'elles purent doubler l'extrémité d'amont.

Tandis que les haleurs prenaient quelque repos, avant de se remettre à la manœuvre des palancas, M. Miguel s'approcha de la *Moriche* et demanda :

« A quelle distance sommes-nous encore de San-Fernando ?...

— A trois kilomètres, répondit Jacques Helloch, qui venait de consulter la carte du fleuve.

— Eh bien... ces trois kilomètres, il faut les enlever dans l'après-midi, » déclara M. Miguel.

Et, s'adressant aux mariniers :

« Allons, mes amis, cria-t-il à haute voix, un dernier effort!... Vous ne vous en repentirez pas et serez bien payés de vos peines!... Il y a deux piastres pour chacun de vous, si nous sommes amarrés au quai de San-Fernando avant ce soir! »

Les compagnons de M. Miguel se rendirent garants de cette promesse. Alléchés par la prime offerte, les équipages des trois pirogues parurent disposés à faire l'impossible pour l'empocher. Et, étant données les circonstances dans lesquelles on leur demandait ce supplément d'énergie, les deux piastres seraient très justement gagnées.

Les embarcations se trouvaient alors par le travers du Guaviare, dont l'embouchure échancre profondément la rive gauche de l'Orénoque, à moins que ce ne soit l'Orénoque qui creuse profondément la rive droite du Guaviare, en cas que M. Varinas aurait raison contre MM. Miguel et Felipe.

On ne s'étonnera donc pas si le défenseur du Guaviare, sa lorgnette aux yeux, promenait ses regards ardents sur ce large estuaire par lequel se déversaient les eaux argileuses et jaunâtres de son fleuve favori. Et, on ne s'étonnera pas davantage si M. Felipe, affectant le plus parfait dédain, lorsque sa pirogue passa à l'ouvert de cette embouchure, demanda d'un ton ironique, bien qu'il sût à quoi s'en tenir :

« Quel est donc ce ruisseau?... »

Un ruisseau, ce Guaviare, que les bâtiments peuvent remonter sur un millier de kilomètres... un ruisseau dont les affluents arrosent ce territoire jusqu'à la base des Andes... un ruisseau dont l'apport est de trois mille deux cents mètres cubes par seconde!...

Et pourtant, à la méprisante question de M. Felipe, personne ne répondit, personne n'eut le temps de répondre, ou plutôt la réponse ne fut que ce mot, jeté soudain par les mariniers des trois falcas :

« Chubasco... chubasco! »

En effet, tel est le nom indien du terrible coup de vent qui venait de se déchaîner à la limite de l'horizon. Ce chubasco fonçait sur le lit de l'Orénoque comme une avalanche. Et,—ce qui eût paru étrange, inexplicable à quiconque n'eût pas été familiarisé avec ces phénomènes particuliers aux llanos venezueliens, — c'est en partant du nord-ouest qu'il se précipita à leur surface.

Un instant avant, l'atmosphère était calme, — plus que calme, lourde, épaisse, un air solidifié. Les nuages, saturés d'électricité, envahissaient le ciel, et, au lieu de monter du sud, la tempête éclata sur l'horizon opposé. Le vent rencontra presque au zénith ces masses de vapeurs, il les dispersa, il en amoncela d'autres, emplies de souffles, de grêles, de pluies, qui bouleversèrent ce carrefour fluvial, où se mélangent les eaux d'un fleuve puissant et de ses deux grands tributaires.

Le chubasco eut pour effet, en premier lieu, d'écarter les embarcations de l'embouchure du Guaviare, et, en second lieu, non seulement de les maintenir contre le courant sans l'aide des palancas, mais de les pousser obliquement dans la direction de San-Fernando. Si la tourmente ne les mettait pas en danger, les passagers n'auraient pas lieu de regretter la direction qu'elle imprimait aux trois pirogues.

Ce qui n'est que trop réel, par malheur, c'est que ces chubascos sont le plus souvent féconds en désastres. Qui n'en a pas été témoin ne pourrait se faire une idée de leur impétuosité. Ils engendrent des rafales cinglantes, mélangées de grêlons, dont on ne supporterait pas impunément le choc, mitraille pénétrante qui traverse le paillis des roufs.

En entendant le cri de « chubasco... chubasco! » les passagers s'étaient mis à l'abri. Comme, en prévision de ce « coup de chien », suivant l'expression des matelots, les voiles avaient été amenées et les mâts rabattus, la *Maripare*, la *Moriche* et la *Gallinetta* purent résister au premier choc de la bourrasque. Cependant ces précautions n'avaient pas éloigné tout danger. Il en était d'autres que le risque de chavirer. Poussées avec cette fureur, balayées de lames déferlantes comme celles d'un océan, les falcas se jetèrent les unes sur les autres, s'entre-choquèrent, menaçant de s'ouvrir ou de se fracasser contre les récifs de la rive droite. En admettant que les passagers parvinssent à se sauver sur la berge, leur matériel serait entièrement perdu.

Et, à présent, les embarcations bondissaient à la surface démon-

JEAN AVAIT ÉTÉ PRÉCIPITÉ DANS CES EAUX TOURBILLONNANTES. (Page 199.)

tée du fleuve. Impossible de les maintenir avec les pagaies d'arrière que les patrons essayaient vainement de manœuvrer. Elles tournaient sur elles-mêmes, lorsqu'elles se heurtaient à quelque vague monstrueuse, qui précipitait à bord d'énormes paquets d'eau. A demi enfoncées sous cette surcharge, elles se fussent certainement englouties, si les mariniers n'avaient pris soin de les vider, et si les passagers ne s'étaient joints à eux. En somme, ces bateaux à fond plat, faits pour naviguer sur des nappes tranquilles, ne sont ni de taille ni de forme à supporter de pareils coups, et le nombre est grand de ceux qui, pendant ces fréquents chubascos de la saison chaude, périssent entre les rives du moyen Orénoque.

Le fleuve est fort large en cet endroit. Il s'évase depuis la pointe méridionale de la grande île de Guayartivari. On le prendrait pour un vaste lac, arrondi vers l'est, à l'opposé de l'embouchure du Guaviare, qui se creuse en entonnoir au sud. Les violences atmosphériques peuvent donc s'y exercer librement, et les llanos riverains ne présentent ni cerros, ni forêts de nature à leur faire obstacle. L'embarcation, surprise par ces coups de vent, n'a même plus la possibilité de fuir comme les navires en mer, et sa seule ressource est de se jeter à la côte.

Les mariniers le savaient bien, et ne pouvaient rien faire pour prévenir cette catastrophe. Aussi songeaient-ils déjà à sauver leurs personnes, avant d'avoir abordé les récifs, et ce sauvetage ne pourrait s'effectuer qu'à la condition de se lancer à travers le ressac.

MM. Miguel, Varinas et Felipe, malgré les assauts de la rafale, avaient quitté le rouf de la *Maripare*, inondé en partie par le choc des lames, et ils se tenaient prêts à tout événement.

L'un deux s'était borné à dire :

« C'est faire naufrage au port! »

A bord de la *Gallinetta*, le sergent Martial essayait de rester calme. S'il eût été seul, s'il n'avait eu à craindre que pour lui, il aurait retrouvé cette résignation d'un vieux soldat qui en a vu bien d'autres! Mais Jean... le fils de son colonel... cet enfant qu'il avait consenti à suivre en cet aventureux voyage, comment le sauver, si la pirogue sombrait avant d'avoir atteint la rive?... Le sergent Martial ne savait pas nager, et l'eût-il su, qu'aurait-il pu au milieu de ces eaux désordonnées, emportées par un courant de foudre?... Il s'y jetterait, pourtant, et s'il ne parvenait pas à sauver Jean, il périrait avec lui!...

Le jeune garçon avait conservé son sang-froid, tandis que le sergent Martial sentait le sien l'abandonner. Sorti du rouf, il se tenait cramponné aux montants de l'arrière... Il voyait le danger, il n'en détournait pas les yeux... Et ses lèvres murmuraient le nom de son père...

Quelqu'un, pourtant, était là... veillant sur lui, — sans qu'il s'en aperçût, tandis que les pirogues, affalées, dérivaient du même côté, tantôt l'une près de l'autre, tantôt séparées par quelque lame cabriolante. Jacques Helloch ne le perdait pas de vue, et lorsque les falcas venaient bord à bord au risque de se démolir, il ne songeait qu'à lui faire entendre des paroles d'encouragement. Et en avait-il donc besoin, ce jeune garçon qui ne tremblait pas devant ce danger de mort!...

« Encore deux minutes, et nous serons à la côte... dit Germain Paterne, debout, à l'avant de la *Moriche*.

— Soyons prêts... répondit Jacques Helloch d'une voix brève, prêts à sauver les autres! »

La rive gauche de l'Orénoque n'était pas distante de deux cents mètres par suite de la courbure que le fleuve décrit en raccordant l'embouchure du Guaviare. On l'apercevait, à travers les raies de pluie et de grêle, toute blanche des embruns qui coiffaient ses récifs. En quelques instants, elle serait atteinte, car la force du chubasco s'accroissait, et les pirogues, prises par le travers, bondissaient au milieu des coups de lames qui les couvraient en grand.

Un choc eut lieu.

La *Moriche* venait d'aborder la *Gallinetta*.

Ce choc fut si violent et la *Gallinetta* donna une telle bande que l'eau embarqua par-dessus le plat-bord.

Elle ne chavira pas pourtant.

Mais un cri terrible venait de dominer les assourdissants fracas de la tempête.

Ce cri, c'était le sergent Martial qui l'avait poussé.

Au moment de la collision Jean avait été précipité dans ces eaux tourbillonnantes.

« Mon enfant... mon enfant!... » répétait le vieux soldat, la tête perdue, les membres paralysés...

Cependant il allait à son tour s'élancer dans le courant... Et qu'aurait-il pu faire?...

Jacques Helloch le retint d'un bras vigoureux, puis le repoussa au fond de la pirogue.

Et si Jacques Helloch se trouvait là, c'est qu'il venait de sauter à bord de la *Gallinetta*, afin d'être plus près du jeune garçon, plus à portée de le secourir...

Et à l'instant où Jean disparaissait, il avait entendu le sergent Martial crier un nom... oui!... un autre nom... et ce n'était pas celui de Jean...

« Laissez-moi faire... lui dit-il.

— Vous ne m'empêcherez pas... s'écria le sergent Martial.

— Vous ne savez pas nager... vous péririez tous les deux!... Moi... je... sauverai votre enfant! »

Et Jacques Helloch se jeta dans le fleuve.

Tout cela dit et fait en quelques secondes.

Cinq ou six brasses permirent à Jacques Helloch de rejoindre Jean, lequel, après être revenu plusieurs fois à la surface, était sur le point de s'enfoncer... Il le saisit par le milieu du corps, il lui releva la tête qu'il maintint au-dessus de l'eau, et il se laissa dériver vers la côte.

« Courage... courage! » répétait-il.

Jean, les yeux fermés, privé de sentiment, ne pouvait ni l'entendre... ni le comprendre...

Les pirogues n'étaient pas à vingt mètres en arrière. Tandis que Valdez retenait le sergent Martial fou de désespoir, on voyait Jacques Helloch soutenant le jeune garçon. La rafale les poussait tous deux vers la rive. Les falcas y arrivèrent enfin, et, par une heureuse circonstance, au lieu d'être jetées contre les récifs, elles furent soulevées par une lame de fond et portées sur une grève sablonneuse où elles s'échouèrent sans faire de graves avaries.

Au même instant, Jacques Helloch sortit de l'eau et prit pied.

Entre ses bras s'abandonnait Jean, qui avait perdu connaissance. Après l'avoir déposé près d'une roche, la tête légèrement relevée, il essaya de le rappeler à lui...

Personne n'avait péri pendant cette tempête, — ni lorsque les pirogues se heurtaient l'une l'autre, ni quand elles s'échouèrent.

M. Miguel et ses compagnons, qui venaient de sauter hors de la *Maripare*, se dirigèrent vers Jacques Helloch, agenouillé près du jeune garçon.

Germain Paterne, sain et sauf, accourait aussi, tandis que les équipages halaient les embarcations hors du ressac.

Le sergent Martial arriva au moment où Jean, ouvrant les yeux, adressait un regard à son sauveur.

« Mon enfant... mon enfant!... s'écria-t-il.

— Martial... mon bon Martial!... » murmura Jean.

Puis ses yeux se refermèrent, après avoir remercié une dernière fois celui qui venait de braver la mort pour lui...

A cinq cents mètres sur la gauche, apparaissaient les premières maisons de San-Fernando, et il fallait s'y rendre sans retard.

Jacques Helloch allait donc reprendre le jeune garçon, lorsque le sergent Martial lui dit :

« Si je ne sais pas nager... je sais marcher du moins... monsieur, et la force ne me manquera pas pour porter mon enfant! »

Ce fut là tout le remerciement qu'il adressa au jeune homme.

Alors, Jean entre ses bras, accompagné de M. Miguel et de ses deux collègues, de Jacques Helloch et de Germain Paterne, le sergent Martial suivit le sentier de la berge qui conduisait à la bourgade.

Le sergent Martial portait Jean. (Page 205.)

XV

SAN-FERNANDO.

L'Atabapo et le Guaviare, à l'endroit où ils se jettent dans l'Orénoque, — que l'on veuille bien admettre cette hypothèse jusqu'à plus ample informé, — sont séparés par une sorte de presqu'île. Les lits de ces deux affluents limitent cette presqu'île, le premier à l'est, le second à l'ouest, et sa pointe se dirige vers le nord.

Là se dessine ce carrefour dont M. E. Reclus fait avec raison « le véritable centre hydrographique de toute la région comprise entre les Antilles et l'Amazone ».

San-Fernando occupe la rive occidentale de la dite presqu'île, bordée en même temps par la rive droite de l'Atabapo. Ce tributaire tombe-t-il directement dans l'Orénoque, ou même n'est-il qu'un bras du Guaviare?... Question indécise que les nouvelles discussions et études de MM. Miguel, Varinas et Felipe finiraient peut-être par élucider.

La petite bourgade, que fonda Solano en 1757, est située à une altitude de deux cent trente-sept mètres au-dessus du niveau de la mer. Si jamais bourgade a le juste espoir d'acquérir une grande importance dans l'avenir, c'est bien San-Fernando. En effet, cinq voies navigables se ramifient autour de ce point géographique : l'Atabapo mène au Brésil, en passant par Gavita, à travers les bassins du rio Negro et de l'Amazone; le haut Orénoque conduit vers les régions orientales du Venezuela, et le moyen Orénoque aux régions septentrionales; l'Yrinida dessert les contrées du sud-ouest; le Guaviare coule à la surface des territoires de la Colombie.

Cependant, bien que San-Fernando rayonne comme une étoile sur cette province hispano-américaine, il ne semble pas qu'elle ait encore profité de son rayonnement — en ce qui la concerne du moins. Ce n'était qu'un gros village en 1887, à l'époque où M. Chaffanjon y séjourna, avant d'entreprendre son expédition aux sources de l'Orénoque. Sans doute, ses maisons sont plus nombreuses, sa population s'est augmentée depuis sept années, mais cela ne s'est pas effectué dans une très sensible proportion.

De cinq à six cents habitants, voilà au maximum ce que compte San-Fernando. Ils travaillent à la construction des barques qu'emploie la navigation de ce carrefour, ils font le commerce du caoutchouc, des gommes et des fruits, principalement ceux du palmier piriguao.

C'est de ce village, que partit en 1882, le docteur Crevaux, accompagné de M. Lejeanne, pour remonter le Guaviare, — exploration qui devait ajouter une victime de plus à la nécrologie des découvreurs modernes.

La population de San-Fernando comprend quelques familles d'origine blanche, un certain nombre de nègres et d'Indiens, ces derniers appartenant pour la plupart à la tribu des Banivas. L'autorité du Président de la République et du Congrès est dévolue à un gouverneur, qui ne dispose que d'un chiffre très restreint de soldats. Cette milice est surtout affectée à la police du territoire et aux réquisitions d'hommes, lorsqu'il est nécessaire de mettre à la raison les bandes qui infestent les rives de l'Orénoque et de ses tributaires.

Les Banivas méritent d'être remarqués entre toutes les races autochtones du Venezuela. Leur constitution physique les place au-dessus de leurs congénères, — corps robuste, membres solidement attachés, physionomie qui dénote l'intelligence, sans aucune dépression de la face, sang généreux qui coule sous leur peau rougeâtre, ardeur de leurs yeux présentant une légère obliquité. Au point de vue moral, ils l'emportent aussi sur les autres indigènes, étant industrieux, soit qu'ils exercent le métier de bateliers, soit qu'ils confectionnent des hamacs ou des espillas employées au halage des embarcations. La bonté et l'honnêteté de ces Indiens les recommandent aux voyageurs qui ont besoin de leurs services. Ils sont pêcheurs, ils sont chasseurs, ils s'entendent à la culture et à la récolte du caoutchouc. Eux aussi, sont-ils donc superstitieux?... Non, si on les compare aux Piaroas. Ils professent la religion catholique, à laquelle les ont convertis les missionnaires, mais y mélangent parfois des pratiques locales difficiles à déraciner.

Bien que les habitations de San-Fernando ne méritent guère que le nom de cases ou de paillotes, il en est parmi elles qui offrent un certain confort.

MM. Miguel, Felipe et Varinas trouvèrent domicile chez le gouverneur. Ce haut personnage tint à avoir pour hôtes ces trois notables de Ciudad-Bolivar. Il était donc probable que la demeure de Son Excellence s'emplirait des éclats d'une discussion qui la rendraient à peu près inhabitable. Toutefois, M. Miguel et ses deux collègues n'en étaient pas encore là. Avant de s'y abandonner, si l'on veut que la discussion soit sérieuse, il convient de s'être rendu sur les lieux, d'avoir observé, constaté, contrôlé le pour et le contre. La question nécessiterait donc un examen minutieux de l'embouchure des trois fleuves, de longues stations aux confluents de l'Atabapo et du Guaviare, peut-être même une reconnaissance effective de leur cours sur un certain nombre de kilomètres. En ce moment, les tenants de ces tributaires avaient à se reposer des fatigues d'un voyage de plus de six semaines sur le cours du bas et du moyen Orénoque.

Le sergent Martial et Jean de Kermor purent se loger dans une sorte d'hôtel convenable, non loin du port, en attendant que de nouveaux renseignements leur permissent d'organiser les recherches en telle ou telle direction.

Quant à Jacques Helloch et à Germain Paterne, ils préférèrent ne point débarquer de leur pirogue. Habitués à cette demeure flottante, ils s'y trouveraient mieux installés que partout ailleurs. C'était la *Moriche* qui les avait amenés à San-Fernando, c'était la *Moriche* qui les ramènerait à Caïcara, lorsque leur mission scientifique aurait été remplie.

Inutile de dire que dès que les violences du chubasco eurent pris fin, les mariniers s'étaient hâtés de ramener les trois falcas au port de San-Fernando. Cette opération fut achevée le soir même, car ces coups de vent s'apaisent d'ordinaire après deux ou trois heures. Les pirogues n'étaient pas sans avoir souffert des chocs alors qu'elles traversaient le fleuve, et aussi quelque peu de leur échouage sur la grève. Il est vrai, comme elles n'avaient point abordé les récifs, leurs avaries, sans gravité, pourraient être promptement réparées. Le temps, d'ailleurs, ne manquerait ni à la *Maripare* ni à la *Mo-*

riche, puisque leurs passagers devaient séjourner à San-Fernando. En serait-il ainsi de la *Gallinetta ?...* C'est ce que les circonstances allaient décider, car, s'il retrouvait les traces du colonel de Kermor, Jean comptait se remettre en route sans perdre un seul jour.

Du reste, ses compagnons de voyage, vivement intéressés à l'œuvre de ce jeune garçon, allaient unir leurs efforts pour obtenir de nouveaux renseignements. Par M. Miguel et ses deux collègues, le concours du gouverneur de San-Fernando était assuré, et nul mieux que lui n'eût pu procéder à une sérieuse enquête. De leur côté, Jacques Helloch et Germain Paterne feraient l'impossible pour venir en aide à leurs compatriotes. Ils étaient munis d'une lettre de recommandation près d'un très obligeant habitant de la bourgade, blanc d'origine, M. Mirabal, alors âgé de soixante-huit ans, et dont M. Chaffanjon parle avec un vif sentiment de reconnaissance dans le récit de son expédition aux sources de l'Orénoque. Les deux Français, ou plutôt les quatre Français devaient trouver le meilleur accueil dans cette honnête, affectueuse et serviable famille.

Toutefois, avant de raconter quelles démarches furent faites dès l'arrivée des voyageurs à San-Fernando, il est nécessaire de dire comment s'était effectué leur acheminement vers la bourgade, après le naufrage des pirogues.

On ne l'a point oublié, le sergent Martial portait Jean entre ses bras, MM. Varinas, Felipe et Miguel marchaient en avant, suivis de Jacques Helloch et de Germain Paterne. Celui-ci avait assuré qu'une bonne nuit rendrait au jeune garçon toutes ses forces. Il avait eu la précaution de prendre sa boîte de pharmacie, et ce n'étaient pas les soins qui feraient défaut au jeune garçon. Il est vrai, toujours aussi désagréable qu'incompréhensible, le sergent Martial ne cessait de tenir Germain Paterne à l'écart, et, lorsque celui-ci voulut s'approcher :

« C'est bon... c'est bon!... grommela-t-il. Mon neveu respire comme vous et moi... et nous ne manquerons de rien, dès que la *Gallinetta* sera au port...

— Dans quelques heures, affirma Jacques Helloch, qui savait

par Valdez et Parchal que les pirogues arriveraient avant la nuit.

— C'est bien, repartit le sergent Martial, et pourvu que nous trouvions un bon lit à San-Fernando... A propos... monsieur Helloch... je vous remercie d'avoir sauvé le petit! »

Sans doute, il s'était dit qu'il devait au moins ce très simple et très bref remerciement; mais de quel ton singulier il l'agrémenta, et quel regard soupçonneux il jeta sur Jacques Helloch...

Celui-ci ne répondit qu'en inclinant la tête et resta de quelques pas en arrière.

Ce fut ainsi que les « naufragés » atteignirent la bourgade, où, sur l'indication de M. Miguel, le sergent Martial put retenir deux chambres, dans l'une desquelles Jean serait mieux installé que sous le rouf de la *Gallinetta*.

Germain Paterne vint plusieurs fois au cours de la soirée, — sans que son compagnon se fût joint à lui, — prendre des nouvelles du jeune garçon. Pour toute réponse, il lui fut assuré que tout allait aussi bien que possible, et que l'on pouvait se passer de ses services, dont on le remerciait.

Cela était vrai, le jeune de Kermor reposait paisiblement, et, dès que la pirogue eut été amarrée au port, Valdez apporta une valise contenant des vêtements que le sergent Martial tint prêts pour le lendemain.

Et, de fait, ce matin-là, lorsque Germain Paterne se présenta en la double qualité de médecin et d'ami, ce fut à l'ami seulement, que, malgré les grondements de son oncle, Jean, ne se ressentant plus des fatigues de la veille, fit le meilleur accueil, tout reconnaissant qu'il était de ses bons offices.

« Puisque je vous ai dit que cela ne serait rien, monsieur... déclara une fois de plus le sergent Martial.

— Vous aviez raison, sergent, mais cela aurait pu être grave, et sans mon ami Jacques...

— Je dois la vie à monsieur Helloch, répondit Jean, et quand je le verrai... je ne sais comment je pourrai lui exprimer...

« — Il n'a fait que son devoir, répondit Germain Paterne, et même si vous n'aviez pas été notre compatriote...

— C'est bon... c'est bon... grommela le sergent Martial, et quand nous rencontrerons M. Helloch!... »

On ne le rencontra pas — dans la matinée du moins. Son intention était-elle donc de se tenir à l'écart?... Lui répugnait-il de paraître quêter les remerciements que méritait sa conduite?... Ce qui est certain, c'est qu'il demeura à bord de la *Moriche*, très pensif, très taciturne, et, après lui avoir donné des nouvelles du jeune garçon, Germain Paterne ne put pas en tirer quatre paroles.

Cependant Jacques Helloch et Jean se revirent dans l'après-midi. Le premier, un peu embarrassé, — le sergent Martial mordit sa moustache en l'observant, — prit la main qui lui fut tendue, mais il ne la pressa pas sans façon comme d'habitude.

Ce fut chez M. Mirabal que cette rencontre eut lieu. Jacques Helloch s'y trouvait avec la lettre de recommandation qu'il avait près de cet excellent vieillard. Quant au sergent Martial et à Jean, s'ils avaient eu la pensée de venir s'adresser à lui, c'était pour obtenir des renseignements relatifs au colonel de Kermor.

M. Mirabal ne cacha point à ces Français qui lui étaient adressés ou qui s'adressaient à lui, sa vive satisfaction de les accueillir. Il déclara être à leur entière disposition, et il n'épargnerait rien pour leur être utile. La sympathie qu'il éprouvait à l'égard de ces voyageurs, dont il parlait la langue, éclatait dans son attitude, dans ses propos, dans l'empressement qu'il mettait à les renseigner sur toutes choses. Il avait vu le docteur Crevaux lors de son passage... il se souvenait de M. Chaffanjon, auquel il était heureux d'avoir rendu service... il ne ferait pas moins pour Jacques Helloch et Germain Paterne... pour le sergent Martial et son neveu, qui pouvaient compter sur lui en toute circonstance.

Le jeune garçon fit alors connaître le motif qui l'avait amené au Venezuela, et cela ne fit qu'accroître la sympathie qu'il inspirait à M. Mirabal.

Et tout d'abord, le vieillard avait-il souvenir que le colonel de Kermor eût séjourné, quatorze ans auparavant, à la bourgade de San-Fernando?...

La réponse ne fut point de nature à satisfaire le jeune garçon. En remontant dans sa mémoire, M. Mirabal ne se rappelait rien de relatif à la présence d'un colonel de ce nom à San-Fernando.

Un profond chagrin se peignit sur la figure de Jean, et ses yeux laissèrent couler quelques larmes.

« Monsieur Mirabal, demanda alors Jacques Helloch, y a-t-il longtemps que vous êtes ici?...

— Plus de quarante ans, monsieur Helloch, répondit le vieillard, et je n'ai quitté San-Fernando qu'à de rares et courts intervalles. Si un voyageur tel que le colonel de Kermor y eût passé quelques jours, je l'aurais certainement vu... j'aurais eu des rapports avec lui... Notre bourgade n'est ni assez grande ni assez peuplée pour qu'un étranger n'y soit pas signalé, et j'eusse été informé de sa présence...

— Mais... s'il a voulu garder l'incognito...

— A cela je ne puis vous répondre, répliqua M. Mirabal. Aurait-il donc eu des raisons pour le faire?...

— Monsieur, dit Jean, mon père a quitté la France depuis quatorze ans, et ses amis n'ont connu son départ que longtemps après... Mon oncle... le sergent Martial... n'était même pas dans la confidence des projets de son colonel...

— Non, certes! s'écria le vieux soldat, car j'aurais bien su l'empêcher...

— Et vous, mon cher enfant?... demanda M. Mirabal.

— Je n'habitais pas la maison de mon père à cette époque, répondit Jean, non sans montrer une certaine hésitation. Ma mère et moi, nous étions aux colonies... et c'est lorsque nous revenions en France, qu'elle a péri dans un naufrage... Moi... j'ai pu être sauvé... et quelques années plus tard, quand je fus de retour en Bretagne... mon père avait quitté Nantes... et nous ne savons ce qu'il est devenu... »

Il y avait évidemment, dans la vie de ce jeune garçon, un mystère que Jacques Helloch avait déjà pressenti. Mais comme il ne lui appartenait pas de le pénétrer, il s'était toujours tenu sur une extrême réserve. Ce qui ne pouvait pas être mis en doute, c'est que le colonel de Kermor avait déjà abandonné le pays, lorsque son fils y arriva, et que le sergent Martial, qu'il fût ou non de sa famille, ignorait absolument où il était allé.

« Et cependant, dit M. Mirabal, vous avez des raisons sérieuses de croire, mon cher enfant, que votre père est venu à San-Fernando...

— Des raisons non seulement sérieuses, monsieur, mais formelles.

— Lesquelles?...

— Une lettre écrite par mon père, signée de lui, datée de San-Fernando, est arrivée à l'un de ses amis dans le courant de l'année 1879.

— C'est formel, en effet... à moins que... ajouta M. Mirabal. Il existe une autre bourgade de ce nom au Venezuela, dans l'est de l'Orénoque... San-Fernando de Apure...

— La lettre venait bien de San-Fernando de Atabapo et portait le timbre de la poste à cette date du 12 avril 1879.

— Et pourquoi, mon cher enfant, n'avez-vous pas aussitôt mis à exécution votre projet?...

— Parce que... mon oncle et moi... nous n'avons eu connaissance de cette lettre qu'il y a trois mois... L'ami, auquel elle était adressée, ne devait la communiquer à personne... et c'est après sa mort que sa famille nous l'a remise... Ah! si je n'avais pas été loin au moment où mon père s'expatriait... il ne serait pas parti... »

M. Mirabal, très ému, attira Jean et l'embrassa affectueusement. Que pourrait-il faire pour lui venir en aide?... Il se le demandait... Un fait dominait tout, cependant, c'est qu'une lettre avait été écrite par le colonel de Kermor, lettre datée du 12 avril 1879, et qu'elle était partie de San-Fernando de Atabapo.

« Et pourtant, dit M. Mirabal, ma mémoire ne me rappelle rien... non... rien... bien qu'à cette époque je fusse certainement à San-Fernando...

— Comment, s'écria le jeune garçon, mon père a passé ici... il a dû y séjourner quelque temps... et il n'aurait pas laissé trace de son passage!... »

Et des sanglots lui échappèrent, comme si son dernier espoir se fût évanoui devant les affirmations si précises, si désolantes de M. Mirabal.

« Ne vous désespérez pas... Jean, — cette fois, il ne dit pas mon cher Jean! — reprit Jacques Helloch, incapable, lui aussi, de maîtriser son émotion. Assurément le colonel de Kermor a pu venir à San-Fernando sans que M. Mirabal en ait été informé... »

Le vieillard releva la tête.

« D'autres personnes l'ont peut-être connu... continua Jacques Helloch... Nous chercherons... nous interrogerons... Je vous le répète... Jean... il ne faut pas renoncer... »

Le sergent Martial se taisait... Il regardait le jeune garçon... Il semblait lui redire ce qu'il lui avait maintes fois répété avant leur départ : « Tu verras, mon pauvre enfant, que nous ne ferons qu'un inutile voyage! »

« Enfin, ajouta M. Mirabal pour conclure, comme il serait possible, après tout, que je n'eusse rien su de la présence du colonel de Kermor, je ferai des recherches... je m'informerai près des habitants de San-Fernando... Moi aussi, je vous l'assure, il ne faut pas désespérer... Que votre père soit venu à San-Fernando, ce n'est pas douteux... Mais voyageait-il sous son nom?... Avait-il conservé en voyage sa qualité de colonel?... »

Oui! il y avait encore cette hypothèse, admissible en somme, bien qu'on ne se fût pas trop expliqué pourquoi le colonel aurait caché son nom et sa qualité.

« A moins, fit observer Jacques Helloch, que M. de Kermor ait voulu passer à San Fernando sans être connu...

— Dans quel intérêt?... demanda M. Mirabal.

— Mon père avait éprouvé de grands chagrins, répondit le jeune garçon, dont le cœur battait avec violence. Après la mort de ma pauvre mère, il s'est cru seul au monde...

— Mais vous... mon cher enfant?...

— Il me croyait mort aussi... » répondit Jean, tandis que le sergent Martial ne cessait de gronder dans son coin.

Il était visible que cette sorte d'interrogatoire ne lui plaisait en aucune façon. Cela touchait à certains points qu'il avait toujours voulu tenir dans l'ombre en ce qui concernait le passé de son prétendu neveu.

Ni M. Mirabal, ni Jacques Helloch n'insistèrent. En somme, le colonel de Kermor, éprouvé par tant de malheurs, avait cru devoir partir secrètement, — si secrètement que son ancien compagnon d'armes n'en avait rien su. Donc il n'était pas impossible qu'il eût changé de nom, ne voulant pas que l'on pût jamais découvrir l'endroit où il avait été réfugier une vie brisée par tant d'épreuves!

Le sergent Martial et le jeune garçon prirent alors congé de M. Mirabal, et se retirèrent, profondément attristés tous les deux. Mais enfin le vieillard leur avait promis de s'enquérir de tout ce qui aurait pu se rapporter au colonel de Kermor, et nul doute qu'il tiendrait sa promesse.

Après avoir regagné l'auberge, le sergent Martial et Jean n'en sortirent plus de la journée.

Le lendemain, sur la présentation de M. Miguel, Jean eut une entrevue avec le gouverneur de cette province de l'Orénoque.

Son Excellence ne put rien lui apprendre de relatif à son père. D'ailleurs, il ne résidait à San-Fernando que depuis cinq années. Mais, s'il ne pouvait renseigner le jeune garçon, il se joindrait à M. Mirabal pour l'enquête dont celui-ci s'était chargé.

Cette seconde journée s'écoula sans que la question eût fait un pas. Le sergent Martial ne décolérait plus!... Être venu si loin, avoir couru tant de dangers en pure perte!... Comment avait-il été assez faible pour consentir à ce voyage, assez faible pour l'avoir entrepris!... Toutefois il s'imposa de ne point récriminer devant le malheureux Jean, car c'eût été bénévolement accroître son chagrin, et il le voyait si accablé, si désespéré...

De son côté, Jacques Helloch s'occupa de recueillir des renseignements. Par malheur, ses démarches furent vaines. Et alors, rentré à bord de la *Moriche*, il s'abandonnait à une tristesse dont Germain Paterne commençait à s'effrayer. Son ami, si volontiers causeur, d'une humeur si égale, si communicatif, répondait à peine à ses questions.

« Qu'as-tu?... lui demandait Germain Paterne.

— Rien.

— Rien... cela veut dire tout quelquefois!... Certes, la situation de ce pauvre garçon est très affligeante, j'en conviens, mais enfin il ne faut pas que cela te fasse perdre de vue ta mission...

— Ma mission!...

— Ce n'est pas... j'imagine... ou du moins je ne crois pas que le ministre de l'Instruction publique t'ait envoyé sur l'Orénoque pour retrouver le colonel de Kermor...

— Et pourquoi pas?...

— Voyons... Jacques... parlons sérieusement!... Tu as été assez heureux pour sauver le fils du colonel...

— Le fils!... s'écria Jacques Helloch. Ah!... le fils!... Eh bien, Germain, peut-être... Oui!... mieux vaudrait peut-être que Jean eût péri... s'il ne doit pas retrouver son père...

— Je ne comprends pas, Jacques...

— Parce que ce sont des choses auxquelles tu n'entends rien... auxquelles tu ne peux rien entendre...

— Merci! »

Et alors, Germain Paterne prit le parti de ne plus interroger son compagnon, se demandant ce qu'il y avait au fond de cette extraordinaire affection croissante pour le jeune de Kermor.

Le lendemain, lorsque Jean arriva avec le sergent Martial chez

« MONSIEUR HELLOCH, J'AURAIS DEUX MOTS A VOUS DIRE. » (Page 216.)

M. Mirabal, celui-ci, en compagnie de Jacques Helloch, se disposait à leur rendre visite.

De l'enquête faite chez les habitants de San-Fernando, il résultait qu'un étranger, une douzaine d'années auparavant, avait effectivement séjourné dans la bourgade. Cet étranger était-il français?... Personne à pouvoir le dire, et il semblait, d'ailleurs, avoir des raisons particulières pour garder le plus secret incognito.

Jean crut voir l'obscurité de cette mystérieuse affaire s'éclairer de quelque lueur. Que l'on doive ou non ajouter foi aux pressentiments, il lui vint à la pensée que l'étranger était... devait être son père.

« Et lorsque ce voyageur a quitté San-Fernando, monsieur Mirabal, demanda-t-il, sait-on de quel côté il s'est dirigé?...

— Oui... mon enfant... Il allait vers les régions du haut Orénoque.

— Et depuis... plus eu de nouvelles?...

— On ne sait ce qu'il est devenu.

— On le saurait peut-être, dit Jacques Helloch, en faisant des recherches sur cette partie du fleuve...

— Ce serait une expédition pleine de périls, fit observer M. Mirabal, et vouloir s'y exposer sur des indices si vagues... »

Le sergent Martial approuva d'un geste les craintes exprimées par M. Mirabal.

Jean, lui, se taisait, mais à son attitude résolue, au feu qui brillait dans son regard, on sentait la ferme intention de n'en pas tenir compte, de continuer sa campagne, si dangereuse qu'elle pût être, de ne pas abandonner ses projets, d'aller jusqu'au bout...

Et M. Mirabal le comprit bien, lorsque Jean lui dit :

« Je vous remercie, monsieur Mirabal... je vous remercie également, monsieur Helloch, de ce que vous avez fait... Un étranger a été vu ici à l'époque où mon père s'y trouvait... à l'époque où il écrivait de San-Fernando même...

— Sans doute... mais de là à penser... que ce soit le colonel de Kermor... observa le vieillard.

— Pourquoi pas... s'écria Jacques Helloch, et n'y a-t-il pas des chances pour que ce soit lui?...

— Eh bien... puisque cet étranger s'est dirigé vers le haut Orénoque, dit Jean, c'est là que j'irai...

— Jean... Jean!... s'écria le sergent Martial, qui se précipita vers le jeune garçon...

— J'irai! » répéta Jean d'un ton qui indiquait une résolution inébranlable.

Puis, se retournant vers le vieillard :

« Existe-t-il sur le haut Orénoque quelques bourgades, quelques villages, où je pourrais me rendre et prendre des informations, monsieur Mirabal?...

— Des villages... il y en a plusieurs, Guachapana... la Esmeralda... d'autres encore... A mon avis, pourtant, s'il était possible de retrouver les traces de votre père, mon cher enfant, ce serait au delà des sources... à la Mission de Santa-Juana.

— Nous avons déjà entendu parler de cette Mission, répondit Jacques Helloch. Est-elle de création récente?...

— Voilà quelques années déjà qu'elle a été fondée, répondit M. Mirabal, et elle est en voie de prospérité.

— Une mission espagnole?...

— Oui, et c'est un missionnaire espagnol qui la dirige... le Père Esperante.

— Dès que nos préparatifs de voyage seront achevés, déclara Jean, nous partirons pour Santa-Juana...

— Mon cher enfant, dit le vieillard, je ne dois pas vous laisser ignorer que les périls sont grands sur le cours du haut Orénoque, fatigues, privations, risque de tomber entre les mains de bandes d'Indiens, qui ont une réputation de férocité... ces cruels Quivas, que commande maintenant un forçat évadé de Cayenne...

— Ces dangers que mon père a courus, répondit Jean, je n'hésiterai pas à les courir pour le retrouver! »

L'entretien se termina sur cette réponse du jeune garçon. M. Mirabal comprit que rien ne pourrait l'arrêter. Il irait « jusqu'au bout », ainsi qu'il venait de le dire.

Le sergent Martial, désespéré, s'en alla avec Jean, qui vint passer le reste du jour sur la *Gallinetta*.

Lorsque Jacques Helloch fut seul avec M. Mirabal, celui-ci ne put que lui confirmer à quels dangers de toutes sortes allait s'exposer le fils du colonel de Kermor, n'ayant que ce vieux soldat pour guide.

« Si vous avez quelque influence sur lui, monsieur Helloch, ajouta-t-il, détournez-le de ce projet, qui repose sur tant d'incertitude... Empêchez-le de partir...

— Rien ne l'en détournera, monsieur Mirabal, affirma Jacques Helloch. Je le connais... rien ! »

Jacques Helloch retourna à bord de la *Moriche*, plus soucieux que jamais, et ne répondit même plus aux quelques paroles de son compagnon.

Assis à l'arrière de la pirogue, Jacques Helloch regardait Valdez et deux de ses hommes qui s'occupaient de préparer la *Gallinetta* pour un long voyage. Il convenait de la décharger entièrement afin de visiter ses fonds et procéder à un complet radoub, nécessité par les fatigues du dernier parcours et l'échouage sur la grève de San-Fernando.

Jacques Helloch observait aussi Jean, qui surveillait ce travail. Peut-être le jeune garçon s'attendait-il à ce que Jacques Helloch lui adressât la parole... voulût lui faire des observations sur la témérité de ses projets... essayât de l'en détourner...

Celui-ci restait muet, immobile. Plongé dans ses réflexions, il semblait obsédé d'une idée fixe... une de ces idées qui s'incrustent dans le cerveau... qui le dévorent...

Le soir arriva.

Vers huit heures, Jean se disposa à regagner l'auberge pour prendre quelque repos.

« Bonsoir... monsieur Helloch... dit-il.

« — Bonsoir... Jean... » répondit Jacques Helloch, qui se releva comme s'il eût l'intention de suivre le jeune garçon...

Jean marchait sans retourner la tête, et disparut entre les paillotes à cent pas de là.

Le sergent Martial était resté sur la grève, très agité à la pensée d'une démarche qu'il avait résolu de faire. Enfin, il s'y décida, et revenant vers la *Moriche* :

« Monsieur Helloch, murmura-t-il, j'aurais deux mots à vous dire. »

Jacques Helloch débarqua aussitôt et vint retrouver le vieux soldat :

« Que me voulez-vous, sergent?... demanda-t-il.

— Si c'était un effet de votre complaisance... d'engager mon neveu... qui vous écoutera peut-être... vous... à ne point entreprendre ce voyage... »

Jacques Helloch regarda le sergent Martial bien en face. Puis, après une certaine hésitation, répondit :

« Je ne l'en dissuaderai pas, car ce serait inutile, vous le savez bien... et même... à la condition que cela vous convienne... j'ai pris une résolution...

— Laquelle?...

— La résolution d'accompagner Jean...

— Vous... accompagner mon neveu...

— Qui n'est pas votre neveu, sergent!

— Lui... le fils du colonel...

— Qui n'est pas son fils... mais sa fille... la fille du colonel de Kermor! »

FIN DE LA PREMIÈRE PARTIE.

SECONDE PARTIE

I

QUELQUES MOTS DU PASSÉ.

Vers huit heures, dans la matinée du 2 octobre, les pirogues *Gallinetta* et *Moriche*, ayant descendu le bras qui longe à droite la presqu'île d'Atabapo, remontaient le cours du haut Orénoque sous une favorable brise du nord-ouest.

La veille, après la conversation du sergent Martial et de Jacques Helloch, le premier ne pouvait plus refuser au second la permission de les accompagner, « son neveu et lui », jusqu'à la Mission de Santa-Juana. A présent, le secret de Jeanne de Kermor était connu de celui qui l'avait sauvée, et ne tarderait pas à l'être — nul doute à cet égard — de Germain Paterne. Il eût été difficile, on l'avouera, que cette révélation ne se produisit pas, et même il était préférable qu'il en fût ainsi, étant données les circonstances dans lesquelles la deuxième partie du voyage allait s'accomplir. Mais ce secret, si précieusement conservé jusqu'alors, les deux jeunes gens sauraient le garder vis-à-vis de MM. Miguel, Felipe, Varinas, Mirabal et le gouverneur de la province. Au retour, si les recherches aboutissaient, ce serait le colonel de Kermor en personne qui aurait cette joie de leur présenter sa fille.

Il fut aussi convenu que ni Valdez, ni Parchal, ni aucun des mariniers des pirogues ne seraient instruits de ces derniers incidents. Au total, on ne pouvait qu'approuver le sergent Martial d'avoir fait passer Jeanne pour son neveu Jean, dans l'espoir d'obvier aux difficultés d'une telle campagne, et mieux valait ne pas se départir de cette prudente conduite.

Et maintenant, dépeindre la stupéfaction, l'abattement, puis la colère du vieux soldat, lorsque Jacques Helloch lui eut fait connaître ce qu'il avait découvert, — à savoir que Jean de Kermor était Jeanne de Kermor, — ce serait malaisé et, d'ailleurs, inutile, car on se le figurera sans peine.

De même, il n'y a pas lieu d'insister sur la très naturelle confusion que ressentit la jeune fille, quand elle se retrouva en présence de Jacques Helloch et de Germain Paterne. Tous deux voulurent l'assurer de leur respect, de leur dévouement, de leur discrétion. Au surplus, son caractère décidé, supérieur aux timidités ordinaires de son sexe, reprit promptement le dessus.

« Pour vous, Jean... toujours Jean... dit-elle en tendant la main à ses deux compatriotes.

— Toujours... mademoiselle... répondit Germain Paterne en s'inclinant.

— Oui... Jean... mon cher Jean... répondit Jacques Helloch, et il en sera ainsi jusqu'au jour où nous aurons remis mademoiselle Jeanne de Kermor entre les mains de son père. »

Il va de soi que Germain Paterne ne crut devoir faire aucune observation au sujet de ce voyage qui allait se prolonger jusqu'aux sources de l'Orénoque et peut-être au delà.

Personnellement, cette circonstance ne lui déplaisait point, et elle lui procurerait mainte occasion d'enrichir ses collections, en botanisant à travers la flore du haut fleuve. Cela lui permettrait de compléter sa mission de naturaliste, et décidément le ministre de l'Instruction publique serait mal venu à blâmer qu'elle se fût étendue si loin.

Quant à Jeanne de Kermor, elle ne pouvait qu'être profondément touchée à la pensée que les deux jeunes gens allaient joindre leurs efforts aux siens, l'accompagner à la Mission de Santa-Juana, braver dans son intérêt les éventualités de cette expédition, accroître ainsi ses chances de réussite. Aussi son cœur débordait-il de reconnaissance envers celui qui l'avait arrachée à la mort, et qui voulait être à ses côtés pendant tout le voyage.

« Mon ami, dit-elle au sergent Martial, que la volonté de Dieu s'accomplisse!... Dieu sait ce qu'il fait... »

— Avant de le remercier, j'attendrai la fin! » se borna à répondre le vieux soldat.

Et il s'en fut grommeler en son coin, honteux comme un oncle qui a perdu son neveu.

Il va sans dire que Jacques Helloch avait déclaré à Germain Paterne :

« Tu comprends bien que nous ne pouvions pas abandonner mademoiselle de Kermor...

— Je comprends tout, mon cher Jacques, répondit Germain Paterne, même les choses auxquelles tu prétends que je n'entends rien!... Tu as cru sauver un jeune garçon, tu as sauvé une jeune fille, voilà le fait, et il est évident qu'il nous serait impossible de quitter cette intéressante personne...

— Je ne l'eusse pas fait avec Jean de Kermor! affirma Jacques Helloch. Non!... je n'aurais pu le laisser s'exposer à tant de périls, sans vouloir les partager!... C'était mon devoir, — notre devoir à tous les deux, Germain, de lui venir en aide jusqu'au bout...

— Parbleu! » répliqua Germain Paterne le plus sérieusement du monde.

Voici ce que Mlle de Kermor avait, de façon sommaire, raconté à ses deux compatriotes.

Le colonel de Kermor, né en 1829, ayant actuellement soixante-trois ans, avait épousé, en 1859, une créole de la Martinique. Les deux premiers enfants de ce mariage étaient morts en bas âge. Jeanne ne les avait pas connus, et de cette perte M. et Mme de Kermor étaient demeurés inconsolables.

M. de Kermor, officier distingué, dut à sa bravoure, à son intelligence, à ses qualités spéciales, un avancement brillant et rapide. Il était colonel à quarante et un ans. Le soldat, puis caporal, puis sergent Martial, avait voué un absolu dévouement à cet officier, qui eut l'occasion de lui sauver la vie sur le champ de bataille de Solférino. Tous deux firent ensuite la funeste et héroïque campagne contre les armées prussiennes.

Deux ou trois semaines avant la déclaration de cette guerre de 1870, des affaires de famille avaient obligé Mme de Kermor à partir pour la Martinique. Là naquit Jeanne. Au milieu des violents chagrins qui l'accablaient, le colonel éprouva une profonde joie de la naissance de cette enfant. Si son devoir ne l'avait retenu, il eût été rejoindre sa femme et sa fille aux Antilles, et il les aurait ramenées toutes les deux en France.

Dans ces conditions, Mme de Kermor ne voulut pas attendre que la fin de la guerre permit à son mari de venir la chercher. Elle avait hâte de se retrouver près de lui, et, au mois de mai 1871, elle s'embarqua à Saint-Pierre-Martinique sur un paquebot anglais, le *Norton*, à destination de Liverpool.

Mme de Kermor était accompagnée d'une femme créole, la nourrice de sa fille, âgée de quelques mois seulement. Son intention était de garder cette femme à son service, lorsqu'elle serait rentrée en Bretagne, à Nantes, où elle demeurait avant son départ.

Dans la nuit du 23 au 24 mai, en plein Atlantique, alors que régnait un épais brouillard, le *Norton* fut abordé par le steamer espagnol *Vigo*, de Santander. A la suite de cette collision, le *Norton* coula à pic presque immédiatement, entraînant ses passagers, moins cinq de ceux-ci, et son équipage, moins deux hommes, sans que le navire abordeur eût pu lui porter secours.

Mme de Kermor n'avait pas eu le temps de quitter la cabine qu'elle occupait du côté où le choc s'était produit, et la nourrice périt également, bien qu'elle fût parvenue à remonter sur le pont avec l'enfant.

Par miracle, cette enfant ne compta pas au nombre des victimes, grâce au dévouement de l'un des deux matelots du *Norton* qui réussit à atteindre le *Vigo*.

Après l'engloutissement du *Norton*, le navire espagnol endommagé dans son avant, mais dont les machines n'avaient pas souffert de la collision, resta sur le lieu de la catastrophe et mit ses embarcations à la mer. Ses recherches prolongées n'aboutirent pas, et il dut se diriger vers la plus rapprochée des Antilles, où il arriva huit jours plus tard.

C'est de là que s'opéra le rapatriement des quelques personnes qui avaient trouvé refuge à bord du *Vigo*.

Parmi les passagers de ce navire il y avait M. et Mme Eredia, riches colons originaires de la Havane, qui voulurent recueillir la petite Jeanne. Cette enfant était-elle maintenant sans famille? on ne parvint pas à le savoir. Un des deux matelots sauvés affirmait bien que la mère de la petite fille, une Française, était embarquée sur le *Norton*, mais il ignorait son nom, et, ce nom, comment pourrait-on l'apprendre, s'il n'avait pas été inscrit aux bureaux du steamer anglais avant l'embarquement?... Or, il ne l'était pas, ainsi que cela fut établi dans l'enquête relative à l'abordage des deux navires.

Jeanne, adoptée par les Eredia, les suivit à la Havane. C'est là qu'ils l'élevèrent, après avoir inutilement essayé de découvrir à quelle famille elle appartenait. Le nom qu'elle reçut fut précisément celui de Juana. Très intelligente, elle profita de l'éducation qui lui fut donnée et apprit à parler le français comme l'espagnol. D'ailleurs elle savait sa propre histoire, on ne la lui avait point cachée. Aussi sa pensée l'entraînait-elle sans cesse vers ce pays de France où se trouvait peut-être un père qui la pleurait et qui n'espérait plus jamais la revoir.

Quant au colonel de Kermor, on se figure ce qu'avait été sa douleur, quand il se vit doublement frappé, par la mort de sa femme et la mort de cette enfant qu'il ne connaissait même pas. Au milieu des troubles de la guerre de 1871, il n'avait pu apprendre que Mme de Kermor s'était décidée à quitter Saint-Pierre-Martinique pour venir le rejoindre. Il ignorait donc qu'elle eût pris passage à bord du *Norton*. Et lorsqu'il l'apprit, ce fut en même temps que la nouvelle de ce sinistre maritime. En vain multiplia-t-il ses recherches. Elles ne produisirent d'autre résultat que de lui donner la certitude que sa femme et sa fille avaient péri avec la plupart des passagers et des hommes du paquebot.

La douleur du colonel de Kermor fut immense. Il perdait à la fois une femme adorée, et cette petite fille qui n'avait pas même reçu son premier baiser. Tel fut l'effet de ce double malheur qu'il y eut lieu de craindre pour sa raison. Et même il tomba si dangereusement malade que, sans les soins assidus de son fidèle soldat, le sergent Martial, la famille de Kermor se fût peut-être éteinte en la personne de son chef.

Le colonel guérit cependant, mais sa convalescence fut longue.

Toutefois, ayant pris la résolution de renoncer au métier qui avait été l'honneur de toute sa vie et qui lui réservait un magnifique avenir, il démissionna en 1873. Il n'avait alors que quarante-quatre ans, et était dans la force de l'âge.

Depuis ce jour, le colonel de Kermor vécut, très retiré, dans une modeste maison de campagne à Chantenay-sur-Loire, près de Nantes. Il ne recevait plus aucun ami, n'ayant d'autre compagnon que le sergent Martial, qui s'était retiré du service en même temps que lui. Ce n'était plus qu'un malheureux abandonné sur une côte déserte, après un naufrage, — le naufrage de ses affections terrestres.

Enfin, deux ans plus tard, le colonel de Kermor disparut. Ayant prétexté un voyage, il quitta Nantes, et le sergent Martial attendit vainement son retour. La moitié de sa fortune, — une dizaine de mille francs de rentes, — avait été laissée par lui à ce dévoué compagnon d'armes, qui les reçut du notaire de la famille. Quant à l'autre moitié, le colonel de Kermor l'avait réalisée, puis emportée... où ?... Cela devait rester un impénétrable mystère.

L'acte de donation au profit du sergent Martial était accompagné d'une notice, ainsi libellée :

« Je fais mes adieux à mon brave soldat, avec lequel j'ai voulu partager mon bien. Qu'il ne cherche pas à me retrouver, ce serait peine inutile. Je suis mort pour lui, mort pour mes amis, mort pour ce monde, comme sont morts les êtres que j'ai le plus aimés sur la terre. »

Et rien de plus.

Le sergent Martial ne voulut pas croire à cette impossibilité de jamais revoir son colonel. Des démarches furent faites dans le but de découvrir en quel pays il était allé ensevelir son existence désespérée, loin de tous ceux qui l'avaient connu, et auxquels il avait dit un éternel adieu...

Cependant la petite fille grandissait au milieu de sa famille d'adoption. Douze ans s'écoulèrent avant que les Eredia fussent parvenus à recueillir quelques renseignements relatifs à la famille de cette enfant. Enfin, on finit par apprendre qu'une Mme de Kermor, passagère à bord du *Norton*, était la mère de Juana, et que son mari, le colonel de ce nom, vivait encore.

L'enfant était alors une fillette d'une douzaine d'années, qui promettait de devenir une charmante jeune fille. Instruite, sérieuse, pénétrée d'un profond sentiment de ses devoirs, elle possédait une énergie peu commune à son âge et à son sexe.

Les Eredia ne se crurent pas en droit de lui cacher ces nouvelles informations, et, à partir de ce jour, il sembla que son esprit fût éclairé d'une lueur persistante. Elle se crut appelée à retrouver son père. Cette croyance devint sa pensée habituelle, une sorte d'obsession qui produisit une modification très visible de son état intellectuel et moral. Bien que si heureuse, si filialement traitée en cette maison où s'était passée son enfance, elle ne vécut plus que dans l'idée de rejoindre le colonel de Kermor... On sut qu'il s'était retiré en Bretagne, près de Nantes, sa ville natale... On écrivit pour savoir s'il y résidait actuellement... Quelle accablante nouvelle, lorsque la jeune fille apprit pour toute réponse que son père avait disparu depuis bien des années déjà.

Alors Mlle de Kermor supplia ses parents adoptifs de la laisser partir pour l'Europe... Elle irait en France... à Nantes... Elle parviendrait à ressaisir des traces que l'on disait perdues... Où des étrangers échouent, une fille, guidée par son seul instinct, peut réussir...

Bref, les Eredia consentirent à son départ, sans aucun espoir, d'ailleurs. Mlle de Kermor quitta donc la Havane, puis, après une heureuse traversée, arriva à Nantes, où elle ne trouva plus que le sergent Martial, toujours dans l'ignorance de ce qu'était devenu son colonel.

Que l'on juge de l'émotion du vieux soldat, lorsque cette enfant, celle que l'on disait avoir péri dans la catastrophe du *Norton*, franchit le seuil de la maison de Chantenay. Il ne voulait pas croire, et il fut forcé de croire. Le visage de Jeanne lui rappelait les traits

Que l'on juge de l'émotion du vieux soldat... (Page 224.)

de son père, ses yeux, sa physionomie, tout ce qui peut se transmettre par le sang de ressemblance physique et morale. Aussi reçut-il la jeune fille comme un ange que son colonel lui eût envoyé de là-haut...

Mais, à cette époque, il avait déjà abandonné tout espoir d'apprendre en quel pays le colonel de Kermor avait été enfouir sa triste existence...

Quant à Jeanne, elle prit la résolution de ne plus quitter la maison paternelle. Cette fortune que le sergent Martial avait reçue et qu'il se mit en mesure de lui restituer, tous deux l'emploieraient à entreprendre de nouvelles recherches.

En vain la famille Eredia insista-t-elle pour ramener Mlle de Kermor près d'elle. Il lui fallut se résigner à être séparée de sa fille adoptive. Jeanne remercia ses bienfaiteurs de tout ce qu'ils avaient fait pour elle... son cœur débordait de reconnaissance envers ceux qu'elle ne reverrait pas de longtemps sans doute... mais, pour elle, le colonel de Kermor vivait toujours, et peut-être y avait-il lieu de le penser, puisque la nouvelle de sa mort n'était arrivée ni au sergent Martial, ni à aucun des amis qu'il avait laissés en Bretagne... Elle le chercherait, elle le retrouverait... A l'amour paternel répondait cet amour filial, bien que ni le père ni la fille ne se fussent jamais connus... Il y avait entre eux un lien qui les réunissait, un lien si tenace que rien ne pourrait le rompre!

La jeune fille resta donc à Chantenay avec le sergent Martial. Celui-ci lui apprit qu'elle avait été baptisée sous le nom de Jeanne, quelques jours après sa naissance à Saint-Pierre-Martinique, et il lui restitua ce nom à la place de celui qu'elle portait dans la famille Eredia. Jeanne vécut près de lui, s'obstinant à relever les plus légers indices, qui eussent permis de se lancer sur les traces du colonel de Kermor.

Mais à qui s'adresser pour obtenir quelque nouvelle de l'absent?... Est-ce que le sergent Martial n'avait pas tenté par tous les moyens, et sans y réussir, de recueillir des renseignements sur son compte?... Et dire que le colonel de Kermor ne s'était expatrié que parce qu'il se croyait seul au monde!... Ah! s'il pouvait savoir que sa fille, sauvée du naufrage, l'attendait dans la maison paternelle...

Plusieurs années s'écoulèrent. Aucun rayon n'avait effleuré ces ténèbres. Et, sans doute, le plus impénétrable mystère eût continué d'envelopper le colonel de Kermor, si une première révélation, très inattendue, ne se fût produite dans les circonstances suivantes.

QUELQUES MOTS DU PASSÉ

On ne l'a pas oublié, une lettre, signée du colonel, était arrivée à Nantes en 1879. Cette lettre venait de San-Fernando de Atabapo, Venezuela, Amérique du Sud. Adressée au notaire de la famille de Kermor, elle se rapportait à une affaire toute personnelle qu'il s'agissait de régler. Mais, en même temps, recommandation était faite de garder un absolu secret sur l'existence de cette lettre. Or, ledit notaire vint à décéder, alors que Jeanne de Kermor se trouvait encore à la Martinique, et que personne ne savait qu'elle fût la fille du colonel.

C'est seulement sept ans après, que cette lettre fut retrouvée dans les papiers du défunt, — vieille de treize ans déjà. A cette époque, ses héritiers, qui connaissaient l'histoire de Jeanne de Kermor, son installation près du sergent Martial, les tentatives faites pour se procurer des documents relatifs à son père, s'empressèrent de lui donner communication de cette lettre.

Jeanne de Kermor était majeure alors. Depuis qu'elle avait vécu, — on pourrait dire, sous « l'aile maternelle » du vieux compagnon d'armes de son père, — l'éducation qu'elle avait reçue dans la famille Eredia s'était complétée de cette instruction solide et sérieuse, qu'offre la pédagogie moderne.

S'imagine-t-on ce qu'elle éprouva, de quel irrésistible désir elle fut prise, lorsque ce document tomba entre ses mains ! C'était la certitude acquise que le colonel de Kermor, en 1879, se trouvait à San-Fernando. Et si on ignorait ce qu'il était devenu depuis ce temps, du moins y avait-il là un indice, — l'indice, tant réclamé, — qui permettrait de faire les premiers pas sur la route des recherches. On écrivit au gouverneur de San-Fernando, on écrivit plusieurs fois... Les réponses furent toujours les mêmes... Personne ne connaissait le colonel de Kermor... personne n'avait souvenir qu'il fût venu dans la bourgade... Et, cependant, la lettre était formelle...

Dans ces conditions, le mieux ne serait-il pas de se rendre à San-Fernando?... Assurément... Aussi la jeune fille résolut-elle de partir pour cette région du haut Orénoque.

Mlle de Kermor était restée en correspondance régulière avec la famille Eredia. Elle fit connaître à ses parents adoptifs cette détermination d'aller là où il lui serait peut-être possible de retrouver les dernières traces de son père, et ceux-ci ne purent que l'encourager dans sa résolution, malgré les difficultés d'un tel voyage.

Mais, de ce que Jeanne de Kermor eût formé ce projet, d'une extrême gravité, on en conviendra, s'ensuivait-il que le sergent Martial voudrait y accéder?... Ne refuserait-il pas son consentement?... Ne s'opposerait-il pas à l'accomplissement de ce que Jeanne considérait comme un devoir?... Ne résisterait-il pas, par crainte des fatigues, des dangers qu'elle courrait en ces lointaines régions du Venezuela?... Plusieurs milliers de kilomètres à franchir!... Une jeune fille se lançant dans une campagne si aventureuse... avec un vieux soldat pour guide... car, si elle partait, il ne la laisserait pas partir seule...

« Et, cependant, mon bon Martial a dû y consentir, dit Jeanne en achevant ce récit, qui venait de dévoiler aux deux jeunes gens le mystère de son passé. Oui!... il a consenti, et il l'a bien fallu, n'est-ce pas, mon vieil ami?...

— Et j'ai tout lieu de m'en repentir, répondit le sergent Martial, puisque, malgré tant de précautions...

— Notre secret a été découvert! ajouta la jeune fille en souriant. Voici donc que je ne suis plus ton neveu... et que tu n'es plus mon oncle!... Mais monsieur Helloch et monsieur Paterne n'en diront rien à personne... N'est-il pas vrai, monsieur Helloch?...

— A personne, mademoiselle!

— Pas de mademoiselle, monsieur Helloch, se hâta de déclarer Jeanne de Kermor, et il ne faut pas prendre cette mauvaise habitude de m'appeler ainsi... Vous finiriez par vous trahir... Non... Jean... rien que Jean...

— Oui... Jean... tout court... et même notre cher Jean... pour varier un peu... dit Germain Paterne.

— Maintenant, monsieur Helloch, vous vous expliquez ce qu'a

S'IMAGINE-T-ON CE QU'ELLE ÉPROUVA... (Page 227.)

exigé de moi mon bon Martial... Il est devenu mon oncle, et je suis devenue son neveu... J'ai revêtu l'habit d'un jeune garçon, j'ai coupé mes cheveux, et, ainsi métamorphosée, je me suis embarquée à Saint-Nazaire pour Caracas. Je parlais l'espagnol comme ma langue naturelle, — ce qui pouvait m'être bien utile pendant ce voyage, — et me voici dans cette bourgade de San-Fernando!... Puis, lorsque j'aurai retrouvé mon père, nous reviendrons en Europe par la Havane... Je tiens à ce qu'il rende visite à cette généreuse famille qui l'a remplacé près de sa fille... et à laquelle nous devons tous deux tant de reconnaissance ! »

Les yeux de Jeanne de Kermor se mouillèrent de quelques larmes. Mais elle se remit, et ajouta :

« Non, mon oncle, non, il ne faut pas se plaindre si notre secret a été découvert... Dieu l'a voulu, comme il a voulu que deux de nos compatriotes, deux amis dévoués, se soient rencontrés sur notre route... Et, au nom de mon père, messieurs, je vous remercie de toute mon âme, de ce que vous avez déjà fait... et de ce que vous avez résolu de faire encore ! »

Et elle tendit la main à Jacques Helloch et à Germain Paterne, qui la pressèrent affectueusement.

Le lendemain, les jeunes gens, le sergent Martial et Jean — ce nom lui sera conservé tant que les circonstances l'exigeront — prirent congé de MM. Miguel, Felipe et Varinas, lesquels faisaient leurs préparatifs en vue d'explorer les confluents du Guaviare et de l'Atabapo. Les trois collègues ne voyaient pas, sans de vives appréhensions, le jeune garçon s'engager sur le lit supérieur de l'Orénoque, même avec le concours de ses compatriotes. Et, tout en faisant des vœux pour le succès de son voyage, M. Miguel lui dit :

« Peut-être nous trouverez-vous ici à votre retour, mon cher enfant, si mes compagnons et moi, nous n'avons pas pu nous mettre d'accord... »

Enfin, après avoir reçu les adieux du gouverneur de San-Fernando qui leur donna des lettres pour les commissaires des principales bourgades de l'amont, puis les embrassements de M. Mirabal qui pressa Jean sur son cœur, Jacques Helloch et Germain Paterne, Jean et le sergent Martial s'embarquèrent à bord de leurs pirogues.

La population avait voulu assister au départ. Des vivats saluèrent les deux falcas, lorsqu'elles se détachèrent de la rive gauche du fleuve. Dès qu'elles eurent contourné les rochers, qui se dressent au confluent où s'entremêlent les eaux de l'Atabapo et du Guaviare, elles gagnèrent l'Orénoque et disparurent en remontant dans la direction de l'est.

Valdez accepta son offre. (Page 233.)

II

PREMIÈRE ÉTAPE.

La *Gallinetta* et la *Moriche* étaient commandées, ainsi qu'elles l'avaient été depuis leur départ de Caïcara, par les patrons Parchal et Valdez. Avec Parchal et ses hommes, Jacques Helloch et Germain Paterne n'avaient éprouvé aucune difficulté pour la prolongation du voyage. Engagés en vue d'une campagne d'une durée indéterminée, peu importait à ces braves gens qu'elle eût pour résultat l'exploration de l'Orénoque jusqu'à ses sources ou de tout autre de ses affluents, du moment qu'ils étaient assurés d'un bon salaire.

En ce qui concernait Valdez, il avait fallu établir les conditions d'un nouveau marché. L'Indien ne devait conduire le sergent Martial et son neveu que jusqu'à San-Fernando, ceux-ci n'ayant pu traiter que de cette façon, puisque tout dépendait des renseignements qui seraient recueillis dans la bourgade. Valdez, on le sait, était originaire de San-Fernando, où il demeurait d'habitude, et, après avoir pris congé du sergent Martial, il comptait attendre l'occasion de redescendre le fleuve pour le compte d'autres passagers, marchands ou voyageurs.

Or, le sergent Martial et Jean avaient été extrêmement satisfaits de l'habileté et du zèle de Valdez, et ce n'est pas sans regret qu'ils s'en fussent séparés pour cette seconde partie de la campagne, la plus difficile assurément. Aussi lui proposèrent-ils de rester à bord de sa pirogue la *Gallinetta* au cours de cette navigation sur le haut Orénoque.

Valdez consentit volontiers. Toutefois, des neuf hommes de son équipage, il ne put en conserver que cinq, quatre devant s'employer à la récolte du caoutchouc, qui leur vaut de plus grands bénéfices. Le patron trouva heureusement à les remplacer, en engageant trois Mariquitares et un Espagnol, de manière à compléter l'équipage de la *Gallinetta*.

Les Mariquitares, qui appartiennent aux tribus de ce nom répandues sur les territoires de l'est, sont d'excellents bateliers. Et même ceux-ci connaissaient le fleuve sur une étendue de plusieurs centaines de kilomètres au delà de San-Fernando.

Quant à l'Espagnol, nommé Jorrès, arrivé depuis quinze jours à

PREMIÈRE ÉTAPE. 233

la bourgade, il cherchait précisément une occasion de se rendre à Santa-Juana où, disait-il, le Père Esperante ne refuserait pas de l'admettre au service de la Mission. Or, ayant appris que le fils du colonel de Kermor avait résolu de se rendre à Santa-Juana, et dans quel but il entreprenait ce voyage, Jorrès s'était empressé de s'offrir comme batelier. Valdez, auquel il manquait un homme, accepta son offre. Cet Espagnol paraissait être doué d'intelligence, bien que la dureté de ses traits, le feu de son regard, ne prévinssent pas trop en sa faveur. Il était, d'ailleurs, de tempérament taciturne et peu communicatif.

Il est bon d'ajouter que les patrons Valdez et Parchal avaient déjà remonté le fleuve jusqu'au rio Mavaca, un des tributaires de gauche, à trois cent cinquante kilomètres environ en aval du massif de la Parima, d'où s'épanchent les premières eaux du grand fleuve.

Il convient de faire remarquer aussi que les pirogues employées sur le haut Orénoque sont ordinairement de construction plus légère que celles du cours moyen. Mais la *Gallinetta* et la *Moriche*, de dimensions restreintes, n'avaient point paru impropres à ce genre de navigation. On les avait visitées avec soin, radoubées dans leurs fonds, remises en parfait état. Au mois d'octobre, la saison sèche n'a pas encore abaissé à son minimum l'étiage du fleuve. Sa profondeur devait donc suffire au tirant d'eau des deux falcas. Mieux valait ne pas les changer pour d'autres, puisque leurs passagers y étaient habitués depuis plus de deux mois.

A l'époque où M. Chaffanjon accomplissait son extraordinaire voyage, il n'existait, en fait de carte, que celle de Coddazzi, généralement peu exacte, et dont le voyageur français avait dû rectifier en maint endroit les erreurs. En conséquence, ce dut être la carte dressée par M. Chaffanjon qui allait servir pendant cette seconde partie de la campagne.

Le vent était favorable, une assez forte brise. Les deux pirogues, voiles hissées à bloc, marchaient rapidement, à peu près sur la même ligne. Les équipages, groupés à l'avant, n'avaient point à faire usage de leurs bras. Beau temps, avec un ciel semé de légers nuages chassant de l'ouest.

A San-Fernando, les falcas avaient été ravitaillées de viande séchée, de légumes, de cassave, de conserves, de tabac, de tafia et d'aguardiente, d'objets d'échange, couteaux, hachettes, verroterie, miroirs, étoffes, et aussi de vêtements, de couvertures, de munitions. Mesure prudente, car, en amont de la bourgade, il eût été malaisé de se procurer le nécessaire, sauf pour la nourriture. En ce qui concernait l'alimentation du personnel, d'ailleurs, le Hammerless de Jacques Helloch ét la carabine du sergent Martial devaient y pourvoir largement. La pêche ne manquerait pas non plus d'être fructueuse, car le poisson fourmille aux embouchures des nombreux rios qui grossissent le cours supérieur du fleuve.

Le soir, vers cinq heures, les deux pirogues, bien servies par la brise, vinrent s'amarrer à l'extrême pointe de l'île Mina, presque en face du Mawa. Une couple de cabiais furent tués, et il n'y eut lieu de toucher aux provisions ni pour les passagers ni pour les équipages.

Le lendemain, 4 octobre, on repartit dans des conditions identiques. Après une navigation en droite ligne sur les vingt kilomètres de cette portion de l'Orénoque, à laquelle les Indiens donnent le nom de cañon Nubo, la *Moriche* et la *Gallinetta* relâchèrent au pied des étranges rocs de la Piedra Pintada.

C'est la « Pierre Peinte » dont Germain Paterne essaya vainement de déchiffrer les inscriptions, en partie recouvertes par les eaux. En effet, les crues de la saison pluvieuse maintenaient au-dessus de l'étiage normal le niveau du fleuve. Du reste, on rencontre une autre Piedra Pintada au delà de l'embouchure du Cassiquiare, avec les mêmes signes hiéroglyphiques, — signature authentique de ces races indiennes que le temps a respectée.

D'habitude, les voyageurs de l'Alto Orinoco préfèrent débarquer pendant la nuit. Dès qu'est établi une sorte de campement sous les arbres, ils suspendent leurs hamacs aux basses branches, et dorment à la belle étoile, et les étoiles sont toujours belles au firmament vénézuélien quand elles ne sont pas voilées de nuages. Il est vrai, les passagers s'étaient contentés jusqu'alors de l'abri des roufs à bord de leurs pirogues, et ils ne pensèrent pas qu'il y eût lieu de les abandonner.

En effet, outre que les dormeurs risquent d'être surpris par des averses soudaines et violentes, assez communes en ces contrées, d'autres éventualités peuvent se produire, qui ne sont pas moins inquiétantes.

C'est ce que firent observer, ce soir-là, les deux patrons Valdez et Parchal.

« Si cela défendait contre les moustiques, expliqua le premier, mieux vaudrait camper. Mais les moustiques sont aussi malfaisants sur la berge que sur le fleuve...

— En outre, ajouta Parchal, on est exposé aux fourmis, dont les piqûres vous donnent des heures de fièvre.

— Ne sont-ce pas celles qu'on appelle « veinte y cuatro » ? demanda Jean, très renseigné par la lecture assidue de son guide.

— Précisément, répondit Valdez, sans compter les chipitas, des petites bêtes qu'on distingue à peine, qui vous dévorent de la tête aux pieds, les termites, si insupportables qu'ils obligent les Indiens à fuir leurs cases...

— Et sans compter les chiques, ajouta Parchal, et aussi ces vampires, qui vous sucent le sang jusqu'à la dernière goutte...

— Et sans compter les serpents, amplifia Germain Paterne, des culebra mapanare et autres, longs de plus de six mètres!... Je leur préfère encore les moustiques...

— Et moi je n'aime ni les uns ni les autres! » déclara Jacques Helloch.

Tous furent de cet avis. Aussi, le couchage à bord des falcas devait-il être maintenu, tant que quelque orage, un coup de chubasco, par exemple, n'obligerait pas les passagers à chercher refuge sur les berges.

Le soir, on avait pu atteindre l'embouchure du rio Ventuari, un important tributaire de la rive droite. A peine était-il cinq heures, et il restait deux heures de jour. Toutefois, d'après le conseil de Valdez, on fit halte en cet endroit, car, au-dessus du Ventuari, le lit, obstrué de roches, présente une navigation difficile et dangereuse qu'il serait imprudent de tenter aux approches de la nuit.

Le repas fut pris en commun. Le sergent Martial n'y pouvait plus faire d'objections, maintenant que le secret de Jean était connu de ses deux compatriotes. Visiblement même, Jacques Helloch et Germain Paterne apportaient une extrême réserve dans leurs rapports avec la jeune fille. Ils se seraient reprochés de la gêner par trop d'assiduité, — Jacques Helloch surtout. Si ce n'était pas de l'embarras, c'était du moins un sentiment particulier qu'il éprouvait, lorsqu'il se trouvait en présence de Mlle de Kermor. Celle-ci n'aurait pu ne point s'en apercevoir, mais elle ne voulait y prendre garde. Elle agissait avec la même franchise, la même simplicité qu'autrefois. Elle invitait les deux jeunes gens à se réunir dans sa pirogue, le soir venu. Puis, l'on causait des incidents de la navigation, des éventualités que présentait l'avenir, des chances de succès, des renseignements qui seraient sans doute recueillis à la Mission de Santa-Juana.

« Et c'est de bon augure qu'elle porte ce nom, fit alors observer Jacques Helloch. Oui ! de bon augure, puisque c'est précisément votre nom... mademoiselle...

— Monsieur Jean... s'il vous plait... monsieur Jean ! interrompit la jeune fille en souriant, tandis que se fronçait le gros sourcil du sergent Martial.

— Oui... monsieur Jean ! » répondit Jacques Helloch, après avoir indiqué du geste qu'aucun des mariniers de la falca n'avait pu l'entendre.

Ce soir-là, la conversation s'engagea sur cet affluent à l'embouchure duquel les pirogues avaient pris leur poste de nuit.

C'est un des plus considérables de l'Orénoque. Il lui verse une

« Est-ce que je ne vous ai pas déjà vu quelque part? » (Page 241.)

énorme masse d'eau par sept bouches disposées en delta, à travers une des courbes les plus prononcées de tout son système hydrographique, — un coude en angle aigu, qui mord profondément sa coulière. Le Ventuari descend du nord-est au sud-ouest, alimenté par les inépuisables réservoirs des Andes Guyanaises, et il arrose les territoires ordinairement habités par les Indiens Macos et les Indiens Mariquitares. Son apport est donc plus volumineux que celui des affluents de gauche, qui se promènent lentement à travers la plate savane.

Et c'est ce qui amena Germain Paterne à déclarer, en haussant quelque peu les épaules :

« En vérité, MM. Miguel, Varinas et Felipe auraient là un beau sujet de discussion! Voici ce Ventuari, qui le disputerait non sans avantage à leur Atabapo et à leur Guaviare, et s'ils avaient été ici, nous en aurions eu pour toute la nuit à entendre les arguments qu'ils s'envoient en pleine poitrine.

— C'est probable, répondit Jean, car ce cours d'eau est le plus important de la région.

— Au fait, s'écria Germain Paterne, je sens que le démon de l'hydrographie s'empare de mon cerveau!... Pourquoi le Ventuari ne serait-il pas l'Orénoque?...

— Si tu penses que je vais discuter cette opinion... répliqua Jacques Helloch.

— Et pourquoi pas?... Elle est aussi bonne que celles de MM. Varinas et Felipe...

— Tu veux dire qu'elle est aussi mauvaise...

— Et pour quelle raison?...

— Parce que l'Orénoque... c'est l'Orénoque.

— Bel argument, Jacques!

— Ainsi, monsieur Helloch, demanda Jean, votre opinion est conforme à celle de M. Miguel...

— Entièrement... mon cher Jean.

— Pauvre Ventuari! répondit en riant Germain Paterne. Je vois qu'il n'a pas de chance de réussir, et je l'abandonne. »

Les journées des 4, 5 et 6 octobre exigèrent une grande dépense de forces, qu'il fallut demander aux bras des équipages, soit pour le halage, soit pour la manœuvre des pagaies et des palancas. Après la Piedra Pintada, les pirogues avaient dû contourner pendant sept à huit kilomètres un encombrement d'îlots et de rochers qui rendait la marche très lente et très difficile. Et, bien que la brise continuât à souffler de l'ouest, se servir des voiles eût été impossible à travers ce labyrinthe. En outre, la pluie tomba en tumultueuses averses, et les passagers furent contraints de se consigner sous leurs roufs durant de longues heures.

En amont de ces rochers avaient succédé les rapides de Santa-Barbara, que les pirogues franchirent heureusement sans avoir été obligées à aucun transbordement. On n'aperçut point en cet endroit les ruines de l'ancien village, signalées par M. Chaffanjon, et il ne semblait même pas que cette portion de la rive gauche du fleuve eût jamais été habitée par des Indiens sédentaires.

Ce ne fut qu'au delà des passes de Cangreo que la navigation put être reprise dans des conditions normales, — ce qui permit aux falcas d'atteindre dès l'après-midi du 6 octobre le village de Guachapana où elles relâchèrent.

Et si les patrons Valdez et Parchal y firent halte, ce fut uniquement pour accorder une demi-journée et une nuit de repos à leurs équipages.

En effet, Guachapana ne se compose que d'une demi-douzaine de paillotes depuis longtemps abandonnées. Cela tient à ce que la savane environnante est infestée de termites, dont les nids mesurent jusqu'à deux mètres de hauteur. Devant cet envahissement des « poux de bois », il n'y a qu'un parti à prendre, leur céder la place, et c'est ce que les Indiens avaient fait.

« Telle est, observa Germain Paterne, la puissance des infiniment petits. Rien ne résiste aux bestioles, lorsque leur nombre se chiffre par myriades. Une bande de tigres, de jaguars, on peut parvenir à la repousser, même à en débarrasser un pays... et on ne décampe point devant ces fauves...

— A moins qu'on ne soit un Indien Piaroa, dit Jean, d'après ce que j'ai lu...

— Mais, dans ce cas, c'est bien plus par superstition que par crainte que ces Piaroas prennent la fuite, ajouta Germain Paterne, tandis que des fourmis, des termites finissent par rendre un pays inhabitable. »

Vers cinq heures, les mariniers de la *Moriche* purent s'emparer d'une tortue de l'espèce terecaïe. Ce chélonien servit à la confection d'une soupe excellente, et d'un non moins excellent bouilli, auquel les Indiens donnent le nom de sancocho. Au surplus, — ce qui permettait d'économiser sur les approvisionnements des falcas, — à la lisière des bois voisins, singes, cabiais, pécaris, n'attendaient qu'un coup de fusil pour figurer sur la table des passagers. De tous côtés, il n'y avait qu'à cueillir ananas et bananes. Au-dessus des berges se dispersaient incessamment, en bruyantes volées, des canards, des hoccos au ventre blanchâtre, des poules noires. Les eaux fourmillaient de poissons, et ils sont si abondants que les indigènes peuvent les tuer à coups de flèches. En une heure, on aurait rempli les canots des pirogues.

La question de nourriture n'est donc pas pour préoccuper les voyageurs du haut Orénoque.

Au delà de Guachapana, la largeur du fleuve ne dépasse plus cinq cents mètres. Néanmoins, son cours est toujours divisé par de nombreuses îles, qui créent des chorros, violents rapides dont le courant se déroule avec une très gênante impétuosité. La *Moriche* et la *Gallinetta* ne purent rallier ce jour-là que l'île Perro de Agua, et encore faisait-il presque nuit lorsqu'elles y arrivèrent.

A vingt-quatre heures de là, après une journée pluvieuse, maintes fois troublée par des sautes de vent qui obligèrent de naviguer à la palanca en amont de l'île Camucapi, les voyageurs atteignirent la lagune de Carida.

Il y avait jadis, en cet endroit, un village qui fut abandonné, parce qu'un Piaroa avait succombé sous la dent d'un tigre, — ainsi que le fait fut certifié à M. Chaffanjon. Le voyageur français, d'ailleurs, ne trouva plus en ce village que quelques cases, utilisées par un Indien Baré moins superstitieux ou moins poltron que ses congénères. Ce Baré fonda un rancho dont Jacques Helloch et ses compagnons reconnurent le parfait état de prospérité. Ce rancho comprenait des champs de maïs, de manioc, des plantations de bananiers, de tabac, d'ananas. Au service de l'Indien et de sa femme, on comptait une douzaine de péons, qui vivaient à Carida dans la plus heureuse entente.

Il eût été difficile d'opposer un refus à l'invitation que fit ce brave homme de visiter son établissement. Il vint à bord des pirogues, dès qu'elles eurent accosté la grève. Un verre d'aguardiente lui fut présenté. Il ne l'accepta qu'à la condition qu'on irait boire le tafia et fumer les cigarettes de tabari à l'intérieur de sa case. Il y aurait eu mauvaise grâce à décliner cette invitation, et les passagers promirent de se rendre au rancho après leur dîner.

Un petit incident se produisit alors, auquel on n'attacha pas, et on ne pouvait même attacher grande importance.

Au moment où il débarquait de la *Gallinetta*, le Baré avisa un des hommes de l'équipage, — ce Jorrès que le patron avait engagé à San-Fernando.

On n'a point oublié que l'Espagnol n'avait offert ses services que parce que son intention était de se rendre à la Mission de Santa-Juana.

Et alors le Baré de lui demander, après l'avoir regardé avec une certaine curiosité :

« Hé ! l'ami... dites-moi... est-ce que je ne vous ai pas déjà vu quelque part?... »

Il y eut un léger froncement des sourcils de Jorrès, qui se hâta de répondre :

« Pas ici... toujours, l'Indien, car je ne suis jamais venu à votre rancho.

— C'est étonnant... Peu d'étrangers passent à Carida, et l'on n'oublie guère leur figure, quand ils l'ont montrée... ne fût-ce qu'une seule fois...

— C'est peut-être à San-Fernando que vous m'aurez rencontré? répliqua l'Espagnol.

— Depuis combien de temps y étiez-vous?...

— Depuis... trois semaines.

— Non, ce n'est pas là... car il y a plus de deux ans que je ne suis allé à San-Fernando.

— Alors vous vous trompez, l'Indien... Vous ne m'avez jamais vu, déclara l'Espagnol d'un ton brusque, et j'en suis à mon premier voyage sur le haut Orénoque...

— Je veux vous croire, répondit le Baré, et pourtant... »

La conversation prit fin, et si Jacques Helloch entendit ce bout de dialogue, du moins ne s'en préoccupa-t-il pas autrement. En effet, pourquoi Jorrès aurait-il tenu à cacher qu'il fût déjà venu à Carida, si cela était ?

D'ailleurs, Valdez n'avait qu'à se louer de cet homme, qui ne reculait point devant la besogne, quelque fatigante qu'elle dût être, étant vigoureux et adroit. Seulement, on pouvait observer, — non pour lui en faire un reproche, — qu'il vivait à l'écart des autres, causant peu, écoutant plutôt ce qui se disait aussi bien entre les passagers qu'entre les équipages.

Cependant, à la suite de cet échange de paroles entre le Baré et Jorrès, il vint à la pensée de Jacques Helloch de demander à ce dernier pour quelle raison il se rendait à Santa-Juana.

Jean, vivement intéressé à tout ce qui concernait cette mission, attendit non sans impatience ce que l'Espagnol allait répondre.

Ce fut très simplement, sans témoigner l'ombre d'embarras, que celui-ci dit :

« J'étais d'église dans mon enfance, novice au couvent de la Merced, à Cadix... Puis, l'envie me prit de voyager... J'ai servi comme matelot sur les navires de l'État pendant quelques années... Mais ce service m'a fatigué, et, ma première vocation reprenant le dessus, j'ai songé à entrer dans les missions... Or, je me trouvais à Caracas, sur un navire de commerce, il y a six mois, lorsque j'ai entendu parler de la Mission de Santa-Juana, fondée depuis quelques années par le Père Esperante... La pensée m'est alors venue de l'y rejoindre, ne doutant pas que je serais bien accueilli dans cet établissement qui prospère... J'ai quitté Caracas, et, en me louant comme batelier, tantôt à bord d'une falca, tantôt à bord d'une autre, j'ai pu gagner San-Fernando... J'attendais là une occasion de remonter le haut Orénoque, et mes ressources, c'est-à-dire ce que j'avais économisé durant le voyage, commençaient à s'épuiser, lorsque vos pirogues ont relâché à la bourgade... Le bruit s'est répandu que le fils du colonel de Kermor, dans l'espoir de retrouver son père, se préparait à partir pour Santa-Juana... Ayant appris que le patron Valdez recrutait son équipage, je lui ai demandé de me prendre, et me voici naviguant sur la *Gallinetta*... Je suis donc fondé à dire que cet Indien n'a jamais pu me voir à Carida, puisque j'y suis arrivé ce soir pour la première fois. »

Jacques Helloch et Jean furent frappés du ton de vérité avec lequel parlait l'Espagnol. Cela ne pouvait les surprendre, étant donné, d'après son propre récit, que cet homme avait reçu, dès sa jeunesse, une certaine instruction. Ils lui proposèrent alors d'engager un Indien pour la manœuvre de la *Gallinetta* et de le conserver comme passager à bord de l'une des pirogues.

Jorrès remercia les deux Français. Habitué maintenant à ce métier de batelier, après l'avoir fait jusqu'au rancho de Carida, il le continuerait jusqu'aux sources du fleuve.

« Et, ajouta-t-il, si je ne trouve pas à entrer dans le personnel de la Mission, je vous demanderai, messieurs, de me ramener à San-Fernando, en me prenant à votre service, et même en Europe, lorsque vous y retournerez. »

L'Espagnol parlait d'une voix tranquille, assez dure cependant, bien qu'il s'efforçât de l'adoucir. Mais cela allait avec sa physionomie rude, son air déterminé, sa tête forte à la chevelure noire, sa figure colorée, sa bouche dont les lèvres minces se relevaient sur des dents très blanches.

Il y avait aussi une particularité, dont personne ne s'était aperçu jusqu'alors, laquelle, à dater de ce jour, fut maintes fois observée par Jacques Helloch : c'était ce regard singulier que Jorrès jetait de temps à autre sur le jeune garçon. Avait-il donc découvert le secret de Jeanne de Kermor que ne soupçonnaient ni Valdez, ni Parchal, ni aucun des hommes des deux falcas?

Cela rendit Jacques Helloch assez inquiet, et l'Espagnol méritait d'être surveillé, bien que la jeune fille ni le sergent Martial n'eussent conçu le moindre soupçon. Si ceux de Jacques Helloch se changeaient en certitudes, il serait toujours temps d'agir radicalement, et de se débarrasser de Jorrès en le débarquant dans quelque village, — à la Esmeralda, par exemple, lorsque les pirogues y relâcheraient. On n'aurait même aucune raison à lui donner à cet égard. Valdez réglerait son compte, et il se transporterait comme il l'entendrait à la Mission de Santa-Juana.

Toutefois, à propos de cette Mission, Jean fut conduit à interroger l'Espagnol sur ce qu'il en pouvait savoir, et il lui demanda s'il connaissait le Père Esperante, près duquel il désirait se fixer.

« Oui, monsieur de Kermor, répondit Jorrès, après une légère hésitation.

— Vous l'avez vu?...

— A Caracas.

— A quelle époque?...

— En 1879, alors que je me trouvais à bord d'un navire de commerce.

— Était-ce la première fois que le Père Esperante venait à Caracas?...

— Oui... la première fois... et c'est de là qu'il partit pour aller fonder la Mission de Santa-Juana.

— Et quel homme est-ce... ajouta Jacques Helloch, ou plutôt quel homme était-ce à cette époque?...

— Un homme d'une cinquantaine d'années, de haute taille, de grande vigueur, portant toute sa barbe, déjà grise, et qui doit être blanche à présent. On voyait que c'était une nature résolue, énergique, comme le sont ces missionnaires, qui n'hésitent pas à risquer leur vie pour convertir les Indiens...

— Une noble tâche... dit Jean.

— La plus belle que je connaisse ! » répliqua l'Espagnol.

La conversation s'arrêta sur cette réponse. L'heure était venue d'aller rendre visite au rancho du Baré. Le sergent Martial et Jean, Jacques Helloch et Germain Paterne, débarquèrent sur la berge. Puis, à travers les champs de maïs et de manioc, ils se dirigèrent vers l'habitation où demeurait l'Indien avec sa femme.

Cette case était plus soigneusement construite que ne le sont d'ordinaire les paillotes des Indiens de cette région. Elle contenait divers meubles, des hamacs, des ustensiles de culture et de cuisine, une table, plusieurs paniers servant d'armoires, et une demi-douzaine d'escabeaux.

Ce fut le Baré qui en fit les honneurs, car sa femme ne comprenait pas l'espagnol dont il se servait couramment. Cette femme n'était qu'une Indienne, demeurée à demi sauvage, et certainement inférieure à son mari.

Celui-ci, très fier de son domaine, causa longtemps de son exploitation, de son avenir, manifestant le regret que ses hôtes ne pussent visiter le rancho dans toute son étendue. Ce ne serait d'ailleurs que partie remise, et à leur retour les pirogues y séjourneraient plus longtemps.

Des galettes de manioc, des ananas de première qualité, du tafia que le Baré tirait lui-même du sucre de ses cannes, des cigarettes de ce tabac qui pousse sans culture, simples feuilles roulées dans une mince écorce de tabari, tout cela fut offert de bon cœur et accepté de même.

Seul, Jean refusa les cigarettes, malgré l'insistance de l'Indien, et il ne consentit qu'à mouiller ses lèvres de quelques gouttes de tafia. Sage précaution, car cette liqueur brûlait comme du feu. Si Jacques Helloch et le sergent Martial ne sourcillèrent pas, Germain Paterne, lui, ne put retenir une grimace, dont les singes de l'Orénoque eussent été jaloux, — ce qui parut procurer une véritable satisfaction à l'Indien.

Les visiteurs se retirèrent vers dix heures, et le Baré, suivi de quelques péons, les accompagna jusqu'aux falcas, dont les équipages dormaient d'un sommeil profond.

Au moment où ils allaient se quitter, l'Indien ne put s'empêcher de dire par allusion à Jorrès :

« Je suis pourtant sûr d'avoir vu cet Espagnol aux environs du rancho...

— Pourquoi s'en cacherait-il?... demanda Jean.

— Il n'y a là qu'une ressemblance, mon brave Indien, » se contenta de répliquer Jacques Helloch.

Cette montagne était hantée par des esprits. (Page 243.)

III

UNE HALTE DE DEUX JOURS A DANACO.

Déjà, depuis quarante-huit heures, se dessinait à l'horizon de l'est la cime d'une montagne que les deux patrons Valdez et Parchal disaient être le cerro Yapacana. Ils ajoutaient même que cette montagne était hantée, que les esprits, chaque année, en février et mars, allument sur sa pointe un grand feu dont le reflet s'étend sur toute la contrée en s'élevant jusqu'au ciel.

Ce cerro, les pirogues eurent atteint, dans la soirée du 11 octobre, l'endroit d'où il se montre sous ses véritables dimensions, — long de quatre kilomètres, large d'un kilomètre et demi, haut d'environ douze cents mètres.

Pendant les trois jours qui avaient suivi leur départ de Carida, la navigation des falcas, servie par une brise constante, s'était accomplie rapidement et sans obstacles. On avait dépassé l'île Luna, remonté le fleuve entre des rives bordées d'épaisses palmeraies, n'ayant eu d'autre difficulté que de franchir un petit raudal qu'on appelle la « Traversée du Diable ». Seulement, le diable ne s'était pas mis en travers.

Le cerro de Yapacana occupe la plaine qui se développe sur la droite de l'Orénoque. Ainsi que l'indique M. Chaffanjon, il se présente sous la forme d'un énorme sarcophage.

« Et dès lors, fit observer Germain Paterne, pourquoi ne recèlerait-il pas des dévas, des myagres, des trolls, des cucufas et autres esprits d'origine mythologique? »

En face du cerro, la rive gauche, au delà de l'île Mavilla, était occupée par l'établissement du commissaire vénézuélien. C'était un métis, nommé Manuel Assomption. Cet homme vivait là avec sa femme, également une métisse, et plusieurs enfants, — au total, une intéressante famille.

Lorsque les falcas s'arrêtèrent devant Danaco, il faisait déjà nuit, la navigation ayant été retardée par une avarie survenue à la *Gallinetta*. Malgré toute son habileté, Valdez n'avait pu empêcher la pirogue, prise dans un remous, de heurter un angle de roche. A la suite de ce choc, une voie d'eau s'était déclarée, peu importante, il est vrai, puisqu'elle put être aveuglée avec quelques poignées d'herbes sèches. Mais, en vue de la continuation du voyage, il fallait que cette avarie fût solidement réparée, et il serait aisé de le faire à Danaco.

Les passagers restèrent toute la nuit au pied de la berge, sur le côté méridional de l'île Mavilla, sans que leur arrivée eût été signalée au commissaire.

Le lendemain, au jour levant, les pirogues traversèrent le petit bras du fleuve, et vinrent accoster une sorte d'appontement, destiné aux chargements et déchargements des embarcations.

Danaco était alors un village, non un simple rancho, tel que le voyageur français l'a noté dans son récit.

En effet, grâce à l'intelligente activité de Manuel Assomption, cet établissement avait grandi en quelques années, et sa prospérité tendait toujours à s'accroître. Une heureuse idée qu'avait eue ce métis de quitter son sitio de Guachapana, plus rapproché de San-Fernando, où l'atteignaient trop aisément les tracassantes réquisitions du gouverneur. Ici, à Danaco, il était à peu près libre d'exercer son commerce, et cette liberté produisait d'excellents résultats.

Dès le point du jour, Manuel avait eu connaissance de l'arrivée des pirogues. Aussi, accompagné de quelques-uns de ses péons, accourut-il afin de recevoir les voyageurs.

Ceux-ci descendirent immédiatement sur la berge. Là, tout d'abord, Jean crut devoir présenter une des lettres que lui avait remises le gouverneur de San-Fernando pour les commissaires du haut Orénoque.

Manuel Assomption prit la lettre, la lut, et, avec une certaine fierté, dit :

« Je n'avais pas besoin de cette lettre pour faire bon accueil à des voyageurs qui venaient relâcher à Danaco. Les étrangers, et surtout des Français, sont toujours assurés d'être bien reçus dans nos villages du Venezuela.

— Nous vous remercions, monsieur Manuel, répondit Jacques Helloch. Mais une réparation que nécessite l'avarie de l'une de nos falcas, nous obligera peut-être à devenir vos hôtes pendant quarante-huit heures...

— Pendant huit jours, si vous le voulez, monsieur... Danaco est à jamais ouvert aux compatriotes du Français Truchon, auquel les planteurs du Haut Orénoque doivent de la reconnaissance.

— Nous savions que nous serions parfaitement accueillis, monsieur Manuel... affirma Jean.

— Et comment le saviez-vous, mon jeune ami?...

— Parce que cette hospitalité que vous nous offrez, vous l'avez offerte, il y a cinq ans, à l'un de nos compatriotes qui a remonté l'Orénoque jusqu'à ses sources...

— M. Chaffanjon! s'écria le commissaire. Oui! un audacieux explorateur, et dont j'ai conservé bon souvenir, ainsi que de son compagnon, M. Moussot...

— Et qui en a conservé un non moins bon de vous, monsieur Manuel, ajouta Jean, comme des services que vous lui avez rendus, — ce qu'il a consigné dans le récit de son voyage.

— Vous avez ce récit?... demanda Manuel avec un vif sentiment de curiosité.

— Je l'ai, répondit Jean, et, si vous le désirez, je vous traduirai le passage qui vous concerne...

— Cela me fera plaisir, » répondit le commissaire, en tendant la main aux passagers des falcas.

Et, dans ce récit, non seulement il était parlé en termes excellents de M. Manuel Assomption et de son établissement de Danaco, mais aussi de ce M. Truchon, qui valait aux Français d'être en grand honneur sur le cours supérieur du fleuve.

M. Truchon vint, il y a quelque quarante ans, fonder un établissement en ce territoire du Haut Orénoque. Or, avant lui, les Indiens n'entendaient rien à l'exploitation du caoutchouc, et c'est grâce aux procédés qu'il introduisit que cette exploitation si fructueuse a fait la fortune de ces lointaines régions. De là cette légitime popularité du nom français dans toutes les provinces dont cette culture forme la principale industrie.

Manuel Assomption comptait soixante ans d'âge. Il avait l'apparence d'un homme vigoureux encore, le teint basané, la physionomie intelligente, le regard plein d'ardeur, sachant se faire obéir, car il savait commander, mais bon, attentif, prévenant pour les Indiens engagés à son rancho.

C'étaient des Mariquitares, l'une des meilleures races autochtones du Venezuela, et le village, qui avait été fondé autour du rancho, possédait une population uniquement mariquitare.

Lorsque les passagers eurent accepté l'hospitalité offerte par le commissaire, des ordres furent donnés pour que l'on procédât immédiatement à la réparation des avaries de la *Gallinetta*. Il allait être nécessaire d'en débarquer le matériel, de la tirer sur la grève, de la retourner pour calfater ses fonds. Avec les ouvriers que le commissaire proposait de mettre à la disposition de Valdez, ce travail serait certainement achevé en deux jours.

Il était alors sept heures du matin. Temps couvert, nuages très élevés, sans menace de pluie, température supportable, ne dépassant pas vingt-sept degrés centigrades.

On partit dans la direction du village, enfoui sous l'épais dôme des arbres, et qu'un demi-kilomètre séparait de la rive gauche.

Manuel Assomption, Jacques Helloch et Jean précédaient, en suivant un large sentier, bien tracé, bien entretenu, le sergent Martial et Germain Paterne.

Tout en marchant, le commissaire faisait admirer aux voyageurs les riches produits du rancho, dont les cultures s'étendaient presque jusqu'au fleuve, ses plants de manguiers, citronniers, bananiers, cacaoyers, palmiers de l'espèce macanille, — auxquels le sergent Martial trouvait que ce nom convenait parfaitement. Au delà se développaient de vastes bananeraies en plein rapport, des champs de maïs, de manioc, de canne à sucre, de tabac. Quant aux caoutchoucs, ces euphorbiacées formaient la principale récolte du domaine, et aussi les tonkas, arbrisseaux qui donnent cette fève appelée sarrapia.

Et M. Manuel de répéter :

« Si votre compatriote vient nous revoir, quel changement il trouvora au rancho de Danaco, sans parler du village, qui est déjà l'un des plus importants du territoire...

— Plus important que la Esmeralda?... demanda Jacques Helloch, en citant le nom de l'un des villages de l'amont.

— Assurément, car cette petite bourgade est abandonnée désormais, répondit le commissaire, tandis que Danaco est en pleine prospérité. Vous en jugerez, lorsque vous passerez devant la Esmeralda. D'ailleurs, les Mariquitares sont des Indiens travailleurs et industrieux, et vous pouvez observer que leurs cases sont autrement confortables que celles des Mapoyos ou des Piaroas du moyen Orénoque.

— Cependant, reprit Jacques Helloch, nous avons fait connaissance à la Urbana d'un M. Mirabal...

— Je sais... je sais! répondit Manuel Assomption. C'est le propriétaire du hato de la Tigra... Un homme intelligent... J'en ai entendu dire du bien... Mais, en somme, son hato ne deviendra jamais bourgade, et bourgade sera un jour notre village de Danaco dans lequel nous arrivons en ce moment. »

Peut-être y avait-il un peu de jalousie du commissaire envers M. Mirabal.

« Et où la jalousie va-t-elle se nicher?... » put se demander fort à propos Jacques Helloch.

Du reste, Manuel Assomption n'avait dit que la vérité relativement au village dont il parlait avec un juste orgueil. A cette époque, Danaco se composait d'une cinquantaine d'habitations, auxquelles le nom de paillotes n'eût point convenu.

Ces cases reposent sur une sorte de soubassement cylindro-conique, que domine un haut toit en feuilles de palmier, terminé par une pointe agrémentée de quelques pendeloques à sa base. Le soubassement est entrelacé de branches solidement reliées entre elles, et cimentées d'un gâchis de terre, dont les fendillements lui donnent l'apparence d'une maçonnerie de brique.

Deux portes, l'une à l'opposé de l'autre, permettent de s'introduire

LE COMMISSAIRE FAISAIT ADMIRER A SES HOTES... (Page 251.)

à l'intérieur; au lieu de la chambre unique, il forme deux chambres distinctes à l'usage des membres de la même famille, et séparées par la salle commune. Notable progrès sur l'aménagement des paillotes indiennes, qui empêche toute promiscuité. Puis, progrès non moins égal pour l'ameublement qui, tout rudimentaire qu'il soit, bahuts, table, escabeaux, paniers, hamacs, etc., témoigne d'un besoin de confort.

En traversant le village, les voyageurs purent observer la population masculine et féminine de Danaco, car les femmes et les enfants ne s'enfuirent point à leur approche.

Les hommes, d'un type assez beau, robustes, de saine constitution, étaient peut-être moins « couleur locale » qu'au temps où leur costume ne comportait que le guayuco serré à la ceinture. De même pour les femmes, qui se contentaient autrefois d'un simple tablier dont l'étoffe, semée de dessins en verroteries, se retenait au-dessus des hanches par une ceinture de perles. Actuellement, leur costume, se rapprochant de celui des métis ou des Indiens civilisés, ne choquait plus les règles de la décence. En somme, on retrouvait l'équivalent du poncho mexicain chez les chefs, et quant aux femmes, elles n'auraient pas été de leur sexe si elles n'eussent porté nombre de bracelets aux bras et aux jambes.

Après avoir fait une centaine de pas dans le village, le commissaire dirigea ses hôtes vers la gauche. A deux minutes de là, ils s'arrêtaient devant la principale habitation de Danaco.

Que l'on se figure une case double ou plutôt deux cases accouplées, communiquant entre elles, très élevées sur leur soubassement, les murs percés de fenêtres et de portes. Elles étaient entourées d'une haie en clayonnage, protégée par des palissades, avec cour d'entrée devant la façade. De magnifiques arbres les ombrageaient latéralement, et, de chaque côté, plusieurs hangars où l'on déposait les instruments de culture, où l'on enfermait les bestiaux, constituaient les annexes de cette importante exploitation.

La réception se fit dans la première pièce de l'une des cases, où se tenait la femme de Manuel Assomption, métisse d'Indien du Brésil et d'une négresse, accompagnée de ses deux fils, vigoureux gaillards de vingt-cinq et trente ans, d'un teint moins foncé que leurs père et mère.

Jacques Helloch et ses compagnons reçurent un accueil très cordial. Comme toute cette famille comprenait et parlait l'espagnol, la conversation put s'établir sans difficultés.

« Et d'abord, puisque la *Gallinetta* est en réparation pour quarante-huit heures, le sergent et son neveu demeureront ici, dit M. Manuel en s'adressant à sa femme. Tu leur prépareras une chambre ou deux à leur convenance.

— Deux... si vous le voulez bien... répondit le sergent Martial.

— Deux, soit, reprit le commissaire, et si M. Helloch et son ami veulent coucher au rancho...

— Nous vous remercions, monsieur Manuel, répondit Germain Paterne. Notre pirogue, la *Moriche*, est en bon état, et, désireux de ne point vous occasionner tant de peine, nous retournerons ce soir à bord...

— Comme il vous plaira, messieurs, répliqua le commissaire. Vous ne nous gêneriez pas, mais nous ne voulons vous gêner en rien. »

Puis, à ses fils :

« Il faudra envoyer quelques-uns de nos meilleurs péons afin d'aider les équipages des falcas...

— Et nous y travaillerons avec eux, » répondit le plus âgé des garçons.

Il prononça ces mots en s'inclinant respectueusement devant son père et sa mère, — marques de respect qui sont habituelles chez les familles du Venezuela.

Après le déjeuner, très abondant en gibier, en fruits et en légumes, M. Manuel interrogea ses hôtes sur le but de leur voyage. Jusqu'alors, le haut Orénoque n'était guère fréquenté que par les rares marchands qui se rendaient au Cassiquiare, en amont de Danaco. Au delà, la navigation ne comportait plus aucun commerce, et, seuls, des explorateurs pouvaient avoir la pensée de se rendre aux sources du fleuve.

Le commissaire fut donc assez surpris, lorsque Jean eut énoncé les raisons qui lui avaient fait entreprendre cette campagne à laquelle s'étaient associés ses deux compatriotes.

« Ainsi vous êtes à la recherche de votre père?... dit-il, avec une émotion que partageaient ses fils et sa femme.

— Oui, monsieur Manuel, et nous espérons retrouver ses traces à Santa-Juana.

— Vous n'avez pas entendu parler du colonel de Kermor?... demanda Jacques Helloch à M. Manuel.

— Jamais ce nom n'a été prononcé devant moi.

— Et pourtant, dit Germain Paterne, vous étiez déjà établi à Danaco, il y a douze ans...

— Non... nous occupions encore le sitio de Guachapana, mais il n'est pas à notre connaissance que l'arrivée du colonel de Kermor ait été signalée en cet endroit.

— Cependant, insista le sergent Martial, qui comprenait assez pour prendre part à la conversation, entre San-Fernando et Santa-Juana, il n'y a pas d'autre route à suivre que celle de l'Orénoque...

— C'est la plus facile et la plus directe, répondit M. Manuel, et un voyageur y est moins exposé que s'il s'engageait à travers les territoires de l'intérieur parcourus par les Indiens. Si le colonel de Kermor s'est dirigé vers les sources du fleuve, il a dû le remonter comme vous le faites. »

En parlant de la sorte, Manuel Assomption ne se montrait certainement pas trop affirmatif. Il était donc surprenant que le colonel de Kermor, lorsqu'il gagnait Santa-Juana, n'eût laissé aucun vestige de cette navigation sur le cours de l'Orénoque à partir de San-Fernando.

« Monsieur Manuel, demanda alors Jacques Helloch, avez-vous visité la Mission?...

— Non, et je n'ai pas été, dans l'est, au delà de l'embouchure du Cassiquiare.

— Vous a-t-on quelquefois parlé de Santa-Juana?...

— Oui... comme d'un établissement prospère, grâce au dévouement de son chef.

— Vous ne connaissez pas le Père Esperante?...

— Si... je l'ai vu une fois... voilà trois ans environ... Il avait descendu le fleuve pour les affaires de la Mission, et il s'est arrêté un jour à Danaco.

— Et quel homme est-ce, ce missionnaire?... » demanda le sergent Martial.

Le commissaire fit du Père Esperante un portrait qui s'accordait avec ce qu'en avait dit l'Espagnol Jorrès. Il n'était certainement pas douteux que celui-ci eût rencontré le missionnaire à Caracas, ainsi qu'il l'avait affirmé.

« Et depuis son passage à Danaco, reprit Jean, vous n'avez plus eu de rapport avec le Père Esperante?...

— Aucun rapport, répondit M. Manuel. Toutefois, à plusieurs reprises, j'ai su par les Indiens qui venaient de l'est que Santa-Juana prenait chaque année un nouvel accroissement. C'est une belle œuvre que celle de ce missionnaire et qui honore l'humanité...

— Oui, monsieur le commissaire, déclara Jacques Helloch, et elle honore aussi le pays qui produit de tels hommes!... Je suis certain que nous recevrons un bon accueil du Père Esperante...

— N'en doutez pas, répliqua M. Manuel, et il vous traitera comme si vous étiez ses compatriotes. C'est l'accueil qu'il réservait à M. Chaffanjon, si celui-ci eût été jusqu'à Santa-Juana...

— Et, ajouta Jean, puisse-t-il nous mettre sur les traces de mon père! »

L'après-midi, les hôtes du commissaire durent visiter le rancho, ses champs bien cultivés, ses plantations bien entretenues, ses bois où les fils Manuel faisaient une incessante guerre aux singes déprédateurs, ses prairies où paissaient les troupeaux.

On était à l'époque de la récolte du caoutchouc, — récolte prématurée cette année. D'habitude, elle ne commence qu'en novembre pour se continuer jusqu'à la fin de mars.

Aussi M. Manuel de dire :

« Si cela peut vous intéresser, messieurs, je vous montrerai demain comment on procède à cette récolte.

— Nous acceptons très volontiers, répondit Germain Paterne, et j'en ferai mon profit...

— A la condition de se lever de grand matin, observa le commissaire. Mes gomeros se mettent au travail dès le point du jour...

— Nous ne les ferons pas attendre, soyez-en sûr, répondit Germain Paterne. Ça te va-t-il, Jacques?...

— Je serai prêt à l'heure, promit Jacques Helloch. — Et vous, mon cher Jean?...

— Je ne manquerai pas cette occasion, répondit Jean, et si mon oncle est encore endormi...

— Tu me réveilleras, mon neveu, tu me réveilleras, j'y compte bien! répliqua le sergent Martial. Puisque nous sommes venus dans le pays du caoutchouc, c'est bien le moins que nous sachions comment on fait...

— La gomme élastique, sergent, la gomme élastique! » s'écria Germain Paterne.

Et l'on regagna l'habitation, après une promenade qui avait duré toute l'après-midi.

Le souper réunit les hôtes du commissaire à la même table. La conversation porta principalement sur le voyage, sur les incidents survenus depuis le départ de Caïcara, l'invasion des tortues, le coup de chubasco qui avait compromis les pirogues et la vie de leurs passagers.

« En effet, affirma M. Manuel, ces chubascos sont terribles, et le haut Orénoque n'en est point exempt. Quant aux invasions de tortues, nous n'avons pas à les craindre sur nos territoires, qui n'offrent pas de plages propices à la ponte, et ces animaux ne s'y rencontrent guère qu'isolément...

— N'en disons pas de mal! ajouta Germain Paterne. Un sancocho de tortues cuit à point, c'est excellent. Rien qu'avec ces bêtes-là et les rôtis de singe, — qui le croirait? — on est assuré de faire bonne chère en remontant votre fleuve!

— Cela est exact, dit le commissaire. Mais, pour revenir aux chubascos, défiez-vous-en, messieurs. Ils sont aussi soudains, aussi violents en amont de San-Fernando qu'en aval, et il ne faut pas donner à M. Helloch l'occasion de vous sauver une seconde fois, monsieur Jean...

— C'est bon... c'est bon!... répliqua le sergent Martial, qui n'aimait guère ce sujet de conversation. On veillera aux chubascos... on y veillera, monsieur le commissaire! »

Alors, Germain Paterne de dire :

« Et nos compagnons, dont nous ne parlons pas à M. Manuel... Est-ce que nous les avons déjà oubliés?...

— C'est juste, ajouta Jean, cet excellent M. Miguel... et M. Felipe... et M. Varinas...

— Quels sont ces messieurs dont vous citez les noms?... s'enquit le commissaire.

— Trois Vénézuéliens, avec lesquels nous avons fait le voyage de Ciudad-Bolivar à San-Fernando.

— Des voyageurs?... demanda M. Manuel.

— Et aussi des savants, déclara Germain Paterne.

— Et que savent-ils, ces savants?...

— Vous feriez mieux de demander ce qu'ils ne savent pas, fit observer Jacques Helloch.

— Et que ne savent-ils pas?...

— Ils ne savent pas si le fleuve qui arrose votre rancho est l'Orénoque...

— Comment, s'écria M. Manuel, ils auraient l'audace de contester..

— L'un, M. Felipe, soutient que le véritable Orénoque est son affluent l'Atabapo, l'autre, M. Varinas, que c'est son affluent le Guaviare...

— Voilà de la belle impudence! s'écria le commissaire. A les entendre... l'Orénoque ne serait pas l'Orénoque! »

Et il était vraiment furieux, ce digne M. Manuel Assomption, et sa femme, ses deux fils, partageaient sa fureur. Leur amour-propre était réellement touché dans ce qui leur tenait le plus au cœur, leur Orénoque, c'est-à-dire la « Grande Eau », en dialecte tamanaque, « le Roi des Fleuves »!

Il fallut alors expliquer ce que M. Miguel et ses deux collègues étaient venus faire à San-Fernando, à quelles investigations, suivies sans doute de discussions orageuses, ils devaient se livrer en ce moment.

« Et... ce monsieur Miguel... que prétend-il?... demanda le commissaire.

— Monsieur Miguel, lui, affirme que l'Orénoque est bien le fleuve que nous avons suivi de San-Fernando à Danaco, répondit Germain Paterne.

— Et qui sort du massif de la Parima! affirma d'une voix éclatante le commissaire. Aussi, que M. Miguel vienne nous voir, et il sera reçu avec cordialité!... Mais que les deux autres ne s'avisent pas de relâcher au rancho, car nous les jetterions dans le fleuve, et ils en boiraient assez pour s'assurer que son eau est bien celle de l'Orénoque! »

Rien de plus plaisant que M. Manuel parlant avec cette animation et proférant de si terribles menaces. Mais, toute exagération à part, le propriétaire du rancho tenait pour son fleuve, et il l'eût défendu jusqu'à sa dernière goutte.

Vers dix heures du soir, Jacques Helloch et son compagnon prirent congé de la famille Assomption, dirent adieu au sergent Martial et à Jean, puis regagnèrent leur pirogue.

Fut-ce involontairement, ou par suite d'une sorte de pressentiment, la pensée de Jacques Helloch se porta sur Jorrès. Il n'y avait plus à douter que cet Espagnol eût connu le Père Esperante, qu'il l'eût rencontré à Caracas ou ailleurs, puisqu'il l'avait dépeint tel que

M. Manuel venait de le faire. De ce chef, on ne pouvait accuser Jorrès d'avoir inventé une prétendue rencontre avec le missionnaire dans le but de s'imposer aux passagers des pirogues qui se rendaient à Santa-Juana.

Toutefois, d'autre part, restait cette affirmation de l'Indien Baré, prétendant que Jorrès avait dû déjà remonter l'Orénoque, au moins jusqu'au rancho de Carida. Malgré les dénégations de l'Espagnol, l'Indien avait maintenu son dire. Les étrangers ne sont pas tellement nombreux à parcourir ces territoires du Venezuela méridional que l'on puisse commettre une erreur de personne. A propos d'un indigène, cette erreur aurait été admissible. L'était-elle, alors qu'il s'agissait de cet Espagnol dont la figure était si reconnaissable?

Or, si Jorrès était venu à Carida, et, comme conséquence, dans les villages ou les sitios situés en dessus et en dessous, pourquoi le niait-il?... Quelles raisons avait-il de s'en cacher?... En quoi cela eût-il pu lui nuire dans l'esprit de ceux qu'il accompagnait à la mission de Santa-Juana?...

Après tout, peut-être le Baré se trompait-il. Entre quelqu'un qui dit : « Je vous ai vu ici, » et quelqu'un qui dit : « Vous ne pouvez m'avoir vu ici, puisque je n'y suis jamais venu », s'il y a erreur, elle ne peut évidemment pas venir du second...

Et cependant, cet incident ne laissait pas de préoccuper Jacques Helloch, non qu'il vît là un sujet d'appréhension pour lui-même; mais tout ce qui intéressait le voyage de la fille du colonel de Kermor, tout ce qui pouvait en retarder ou en compromettre le succès, l'obsédait, l'inquiétait, le troublait plus qu'il ne voulait en convenir.

Cette nuit-là, le sommeil ne le prit que très tard, et, le lendemain, il fallut que Germain Paterne l'en tirât par une tape amicale, au moment où le soleil commençait à déborder l'horizon.

L'opération était des plus simples. (Page 263.)

IV

DERNIERS CONSEILS DE M. MANUEL ASSOMPTION.

Est-il utile d'insister sur les sentiments de Jacques Helloch depuis le jour où Jean avait fait place à Jeanne, depuis le jour où la fille du colonel de Kermor, après avoir été sauvée des eaux de l'Orénoque, ne pouvait plus se cacher sous le masque de ce prétendu neveu du sergent Martial?

Que la nature de ces sentiments n'eût point échappé à Jeanne, qui, âgée de vingt-deux ans, avait pu, sous l'habit d'un jeune garçon, n'en paraître avoir que dix-sept, cela est très naturellement explicable.

Et, en somme, Germain Paterne, qui « n'entendait rien à ces choses-là ! » à en croire son compagnon, avait très bien remarqué les changements qui se produisaient par une inévitable gradation dans le cœur de Jacques Helloch. Et s'il fût venu lui dire : « Jacques, tu aimes mademoiselle Jeanne de Kermor, » est-il certain que Jacques lui aurait encore répondu : « Mon pauvre ami, tu n'entends rien à ces choses-là ! »

Et Germain Paterne n'attendait que l'occasion de lui exprimer son opinion à ce sujet, — ne fût-ce que pour réhabiliter en sa propre personne les naturalistes, botanistes et autres savants en *istes*, qui ne sont point si étrangers aux sentiments les plus délicats de l'âme qu'on veut bien le prétendre en ce bas monde!

Quant au sergent Martial, lorsqu'il songeait à ces divers incidents, son secret découvert, son plan à vau-l'eau, tant de précautions prises que les conséquences de ce maudit chubasco avaient détruites, sa situation d'oncle de Jean de Kermor irrévocablement perdue, puisque ce neveu était une nièce dont il n'était pas même l'oncle, à quelles réflexions se laissait-il aller ?...

Au fond, il était furieux, — furieux contre lui, furieux contre tous. Jean n'aurait pas dû tomber dans le fleuve pendant la bourrasque... Lui-même aurait dû s'y jeter afin de ne pas permettre à un autre de l'en tirer... Ce Jacques Helloch n'avait pas besoin de lui porter secours... Est-ce que cela le regardait?... Et pourtant, il avait bien fait, parce que sans lui... il... non... elle... eût péri certainement... Il est vrai, on pouvait espérer que cela n'irait pas plus loin... Le secret avait été soigneusement gardé... En observant l'attitude réservée du sauveur de Jeanne, le sergent Martial ne voyait rien de suspect... et son colonel, lorsqu'ils se retrouveraient tous les deux face à face, n'aurait aucun reproche à lui adresser...

Pauvre sergent Martial !

De très grand matin, il fut réveillé par Jean que M. Manuel et ses fils attendaient déjà devant l'habitation.

Presque aussitôt arrivèrent leurs compatriotes, qui avaient débarqué un quart d'heure avant.

On se souhaita le bonjour. Jacques Helloch annonça que les réparations de la *Gallinetta* avançaient, et la falca serait prête à naviguer dès le lendemain.

On partit aussitôt pour les champs où étaient déjà rassemblés les gomeros.

En réalité, ces champs sont plutôt des forêts, où l'on a marqué préalablement les arbres, ainsi que cela se fait à l'époque des coupes. Il ne s'agissait pas de les couper, d'ailleurs, mais d'en inciser l'écorce, de les « traire », en un mot, comme on dit de l'arbre à lait dans les régions australiennes.

M. Manuel, suivi de ses hôtes, pénétra sous ces étranges massifs de caoutchoucs, au moment où les gomeros commençaient leur besogne.

Le plus curieux des visiteurs, celui qui s'intéressait surtout à cette opération, en sa qualité de botaniste, c'était — qui pourrait en être surpris? — c'était Germain Paterne. Il voulut observer de très près ce travail, et le commissaire s'empressa de répondre à toutes ses questions.

L'opération était des plus simples.

En premier lieu, chaque gomero, ayant une centaine d'arbres sur l'« estrade » qui lui était réservée, alla fendre leur écorce avec une petite hachette très affilée.

« Est-ce que le nombre des incisions est limité?... demanda Germain Paterne.

— Limité entre quatre et douze, selon la grosseur de l'arbre, répondit M. Manuel, et il convient qu'elles soient faites avec une extrême précision, de manière à ne pas entamer l'écorce plus profondément qu'il ne faut.

— Alors, répliqua Germain Paterne, ce n'est pas une amputation, ce n'est qu'une saignée. »

Dès que chaque incision eut été achevée, la sève coula, le long de l'arbre, dans un petit pot, placé de façon à la recueillir jusqu'à la dernière goutte.

« Et quelle est la durée de l'écoulement?... demanda Germain Paterne.

— De six à sept heures, » répondit M. Manuel.

Pendant une partie de la matinée, Jacques Helloch et ses compagnons se promenèrent à travers cette plantation, tandis que les gomeros mettaient ces arbres en perce, — expression assez juste dont se servit le sergent Martial. Sept cents arbres furent ainsi soumis à cette opération phlébotomique, qui promettait une abondante récolte de caoutchouc.

On ne revint à l'habitation que pour l'heure du déjeuner, auquel, l'appétit aidant, chacun fit grand honneur. Les deux fils de Manuel avaient organisé une chasse dans la forêt voisine, et le gibier, dont leur mère avait surveillé la cuisson, était excellent. Excellents aussi, les poissons que deux péons avaient pêchés ou fléchés, le matin même, près des berges de l'Orénoque. Excellents les fruits et les légumes du rancho, entre autres les ananas qui, cette année, donnaient à profusion.

Au total, d'avoir assisté au début de la récolte du caoutchouc, d'avoir vu pratiquer les incisions, cela ne pouvait suffire à satisfaire la curiosité de Germain Paterne, et il pria M. Manuel de lui indiquer de quelle manière se continuait l'opération.

« Si vous restiez plusieurs jours à Danaco, répondit le commissaire, vous auriez d'abord à observer ceci : c'est que, pendant les premières heures, après les incisions, la gomme coule avec une certaine lenteur. Aussi se passe-t-il une semaine avant que les arbres aient épuisé leur sève.

— Ainsi, c'est dans huit jours seulement que vous aurez recueilli toute cette gomme...

— Non, monsieur Paterne. Ce soir, chaque gomero rapportera le produit de cette journée, puis il procédera sans tarder au fumage qui est nécessaire pour obtenir la coagulation de la gomme. Après avoir étendu le liquide sur une planchette, on l'expose à la fumée très épaisse de bois vert. Il se forme alors une première couche durcie, à laquelle se superpose une seconde, à mesure que l'on en baigne la planchette. On fabrique de cette façon une sorte de pain de caoutchouc, lequel se trouve dans des conditions à être livré au commerce, et l'opération est terminée.

— Et avant l'arrivée de notre compatriote Truchon, demanda Jacques Helloch, les Indiens, n'est-il pas vrai, n'entendaient rien à cette besogne?...

— Rien, ou presque rien, répondit le commissaire. Ils ne soupçonnaient même pas la valeur de ce produit. Aussi personne ne pouvait-il prévoir l'importance commerciale et industrielle qu'il prendrait dans l'avenir. C'est le Français Truchon qui, après s'être installé à San-Fernando d'abord, à la Esmeralda ensuite, révéla aux Indiens les procédés de cette exploitation, la plus considérable peut-être de cette partie de l'Amérique.

— Alors, vive monsieur Truchon, et vive le pays qui lui donna le jour! » s'écria ou plutôt chantonna Germain Paterne.

Et l'on but avec enthousiasme d'abord à la santé de M. Truchon, puis à la France.

Dans l'après-midi, après une sieste de quelques heures, le commissaire proposa à ses hôtes de se diriger vers le petit port où l'on travaillait à la réparation de la pirogue. Il voulait s'assurer par lui-même de la manière dont on procédait à ce travail.

Tous redescendirent à travers les champs du rancho vers la rive, écoutant M. Manuel qui parlait de son domaine, avec la légitime fierté d'un propriétaire.

Lorsqu'on arriva au port, la *Gallinetta*, entièrement réparée, allait être remise à l'eau, près de la *Moriche* qui se balançait au bout de son amarre.

Valdez et Parchal, aidés de leurs hommes et des péons, avaient mené à bonne fin cette besogne. Le commissaire fut très satisfait, et l'une comme l'autre des deux falcas lui parurent être dans des conditions excellentes pour le reste du voyage.

Il n'y avait plus qu'à traîner la *Gallinetta* sur la grève, et, une fois en pleine flottaison, à replacer le rouf, à planter la mâture, à embarquer le matériel. Le soir même, Jean et le sergent Martial pourraient s'y réinstaller, et le départ s'effectuerait dès que l'horizon se blanchirait des premières lueurs de l'aube.

En ce moment, le soleil déclinait derrière ces vapeurs empourprées, qui annonçaient la brise de l'ouest, — circonstance favorable dont il convenait de profiter.

Tandis que les mariniers et les péons prenaient les dispositions relatives à la mise à l'eau de la *Gallinetta*, M. Manuel Assomption, ses fils et les passagers des pirogues, se promenaient le long de la grève.

Au milieu de ces gens qui prêtaient la main à la manœuvre, le commissaire distingua Jorrès, d'un type physique si différent de ses compagnons.

« Quel est cet homme?... demanda-t-il.

— Un des bateliers embarqués sur la *Gallinetta*, répondit Jacques Helloch.

— Ce n'est pas un Indien...

— Non, il est Espagnol.

— Où l'avez-vous pris?...

— A San-Fernando.

— Et il fait le métier de marinier de l'Orénoque?...

— Pas d'habitude, mais il nous manquait un homme, et cet Espagnol, qui avait l'intention de se rendre à Santa-Juana, s'étant offert, le patron Valdez a accepté ses services. »

Jorrès n'était pas sans avoir observé qu'on parlait de lui, et, tout en s'occupant à la manœuvre, il prêtait l'oreille à ce qui se disait à son sujet.

Jacques Helloch fit alors au commissaire cette demande qui lui vint naturellement à l'esprit :

« Est-ce que vous connaissez cet homme?...

— Non, répondit M. Manuel. Est-il donc déjà venu sur le haut Orénoque?...

— L'Indien Baré prétend l'avoir rencontré à Carida, bien que Jorrès affirme n'y avoir jamais été.

— Voici la première fois, reprit le commissaire, qu'il se trouve en ma présence, et si je l'ai remarqué, c'est qu'il était impossible de le confondre avec un Indien. — Et vous dites qu'il se rend à Santa-Juana...

— Son désir, paraît-il, serait d'entrer au service de la Mission, ayant déjà fait son noviciat avant de courir le monde, car il a été marin. A l'en croire, il connait le Père Esperante pour l'avoir vu à Caracas, il y a une douzaine d'années, et cela paraît probable, puisqu'il nous a fait de ce missionnaire un portrait identique à celui que vous en avez fait vous-même.

— Après tout, reprit M. Manuel, peu importe, si cet homme est un batelier habile. Seulement, dans ce pays il faut se défier de ces aventuriers qui viennent on ne sait d'où... et qui vont on ne sait où... peut-être...

— Recommandation dont je tiendrai compte, monsieur Manuel, répondit Jacques Helloch, et je ne cesserai d'avoir cet Espagnol en surveillance. »

Jorrès avait-il entendu ce qui venait d'être dit?... Dans tous les cas, il n'en laissa rien paraître, bien que son œil se fût plusieurs fois allumé d'un regard dont il ne parvenait guère à dissimuler l'inquiète ardeur. Puis, bien qu'il ne fût plus question de lui, lorsque le commissaire et les voyageurs s'approchèrent de la *Gallinetta*, amarrée près de la *Moriche*, il continua de prêter l'oreille sans en avoir l'air.

La conversation portait, en ce moment, sur la nécessité d'avoir des pirogues en très bon état, lorsqu'il s'agit de refouler le courant, qui est raide dans la partie supérieure du fleuve — et M. Manuel en parlait avec insistance.

« Vous rencontrerez encore des raudals, dit-il, moins longs, moins difficiles sans doute que ceux d'Apure et de Maipure, mais d'une navigation très pénible. Il y a même lieu d'effectuer des traînages sur les récifs, ce qui suffirait à mettre les embarcations hors d'usage, si elles n'étaient d'une extrême solidité. Je vois qu'on a fait un bon travail pour celle du sergent Martial. — J'y pense, n'a-t-on pas visité la vôtre, monsieur Helloch?...

— N'en doutez pas, monsieur Manuel, car j'en avais donné l'ordre. Parchal s'est assuré que la *Moriche* était solide dans ses fonds. Nous devons donc espérer que nos deux falcas pourront se tirer des raudals sans dommage, comme aussi supporter les coups de chubascos — puisque, selon vous, ils ne sont pas moins terribles en amont qu'en aval...

— C'est la pure vérité, répondit le commissaire, et, faute de prudence, avec des bateliers qui ne connaîtraient pas le fleuve, on ne saurait parer à ces dangers. D'ailleurs, ce ne sont pas les plus redoutables...

— Et quels autres?... demanda le sergent Martial, pris de quelque inquiétude.

— Les dangers qu'implique la présence des Indiens le long de ces rives...

— Monsieur Manuel, dit alors Jean, ne voulez-vous pas parler des Guaharibos?...

— Non, mon cher enfant, répondit le commissaire en souriant, car ces Indiens sont inoffensifs. Je sais bien qu'ils passaient autrefois pour dangereux. Et précisément, en 1879, à l'époque où le colonel de Kermor aurait remonté vers les sources de l'Orénoque, on mettait à leur compte la destruction de plusieurs villages, le massacre de leurs habitants...

Excellents les fruits et les légumes du rancho... (Page 264.)

— Mon père aurait-il eu à se défendre contre les attaques de ces Guaharibos, s'écria Jean, et serait-il donc tombé entre leurs mains?...

— Non... non! se hâta de répondre Jacques Helloch. Jamais, sans doute, M. Manuel n'a entendu dire...

— Jamais, monsieur Helloch, jamais, mon cher enfant, et je vous le répète, votre père n'a pu être la victime de ces tribus indiennes, parce que, depuis une quinzaine d'années, ils ne méritent plus une si mauvaise réputation...

— Vous avez eu des rapports avec eux, monsieur Manuel?... demanda Germain Paterne.

— Oui... plusieurs fois, et j'ai pu m'assurer que M. Chaffanjon ne m'avait dit que la vérité, lorsque, à son retour, il me dépeignit ces Indiens comme des êtres assez misérables, de petite taille, chétifs, très craintifs, très fuyards et peu à craindre, en somme. Aussi ne vous dirai-je point : « Prenez garde aux Guaharibos », mais je vous dirai : « Prenez garde aux aventuriers de toute nation qui fréquentent ces savanes... Défiez-vous des bandits capables de tous les crimes, et dont le gouvernement devrait purger le territoire, en mettant ses milices à leurs trousses!

— Une question? fit observer Germain Paterne. Ce qui est un danger pour les voyageurs, ne l'est-il pas pour les ranchos et leurs propriétaires?...

— Assurément, monsieur Paterne. C'est pourquoi, à Danaco, mes fils, mes péons et moi, nous tenons-nous sur le qui-vive. Si ces bandits s'approchaient du rancho, ils seraient signalés, ils ne nous surprendraient pas, on les recevrait à coups de fusil, et nous leur ferions passer le goût de revenir. D'ailleurs, à Danaco, ils savent que les Mariquitares n'ont pas peur, et ils ne se hasarderaient pas à nous attaquer. Quant aux voyageurs qui naviguent sur le fleuve, surtout au-dessus du Cassiquiare, ils ne doivent point se départir d'une extrême vigilance, car les rives ne sont pas sûres.

— En effet, répondit Jacques Helloch, nous sommes prévenus qu'une nombreuse bande de Quivas infeste ces territoires...

— Par malheur! répondit le commissaire.

— On dit même qu'ils ont pour chef un forçat évadé...

— Oui... et un homme redoutable!

— Voici plusieurs fois, observa alors le sergent Martial, que nous entendons parler de ce forçat, qui, dit-on, s'est évadé du bagne de Cayenne...

— De Cayenne... c'est la vérité.
— Est-ce donc un Français?... demanda Jacques Helloch.
— Non... un Espagnol, qui a été condamné en France, affirma M. Manuel.
— Et il se nomme?...
— Alfaniz.
— Alfaniz?... Un nom d'emprunt, peut-être?... fit observer Germain Paterne.
— C'est son vrai nom, paraît-il. »

Si Jacques Helloch eût regardé Jorrès à cet instant, il aurait certainement surpris sur ses traits un tressaillement que celui-ci n'avait su dissimuler. L'Espagnol longeait alors la berge, à petits pas, de manière à se rapprocher du groupe, afin de mieux entendre cette conversation, tout en s'occupant de rassembler divers objets épars sur le sable.

Mais Jacques Helloch venait de se retourner à une soudaine exclamation.

« Alfaniz?... s'était écrié le sergent Martial en s'adressant au commissaire. Vous avez dit Alfaniz?...
— Oui... Alfaniz...
— Eh bien... vous avez raison... Il ne s'agit pas là d'un nom d'emprunt... C'est bien celui de ce misérable...
— Vous connaissez cet Alfaniz?... demanda vivement Jacques Helloch, très surpris de cette déclaration.
— Si je le connais!... Parle, Jean, et raconte comment il se fait que nous le connaissions!... Moi, je m'embrouillerais dans mon mauvais espagnol, et M. Manuel ne parviendrait pas à me comprendre. »

Jean raconta alors cette histoire qu'il tenait du sergent Martial, — histoire que le vieux soldat lui avait plus d'une fois rappelée, lorsque, dans leur maison de Chantenay, ils parlaient tous les deux du colonel de Kermor.

En 1871, un peu avant la fin de cette désastreuse guerre, alors que le colonel commandait un des régiments d'infanterie, il eut occasion d'intervenir comme témoin dans une double affaire de vol et de trahison.

Ce voleur n'était autre que l'Espagnol Alfaniz. Le traître, tout en opérant pour le compte des Prussiens, en faisant de l'espionnage à leur profit, commettait des vols de connivence avec un malheureux soldat d'administration, qui n'échappa au châtiment que par le suicide.

Lorsque les agissements d'Alfaniz furent découverts, il eut le temps de prendre la fuite, et il fut impossible de mettre la main sur lui. C'est par une circonstance toute fortuite que son arrestation eut lieu, deux ans après, en 1873, environ six mois avant la disparition de M. de Kermor.

Traduit devant la cour d'assises de la Loire-Inférieure, accablé par la déposition du colonel, il s'entendit condamner à la peine des travaux forcés à perpétuité. A la suite de cette affaire, Alfaniz garda une haine terrible contre le colonel de Kermor, — haine qui se traduisit par les plus effroyables menaces, en attendant qu'elle pût se traduire par des actes de vengeance.

L'Espagnol fut envoyé au bagne de Cayenne, et il venait de s'en échapper au début de 1892, après dix-neuf années, avec deux de ses compagnons de chaîne. Comme il avait vingt-trois ans à l'époque de sa condamnation, il était alors âgé de quarante-deux ans. Considéré comme un très dangereux malfaiteur, l'administration française mit ses agents en campagne afin de retrouver ses traces. Ce fut inutile. Alfaniz était parvenu à quitter la Guyane, et au milieu de ces vastes territoires à peine peuplés, à travers ces immenses llanos du Venezuela, comment eût-il été possible de reconnaître la piste du forçat évadé ?...

En somme, tout ce qu'apprit l'administration, — et ce dont la police vénézuélienne ne fut que trop certaine, — c'est que le forçat s'était mis à la tête de la bande de ces Quivas qui, chassés de la Colombie, s'étaient transportés sur la rive droite de l'Orénoque.

Privés de leur chef par la mort de Meta Sarrapia, ces Indiens, les plus redoutés de tous les indigènes, se rangèrent sous les ordres d'Alfaniz. En réalité, c'était bien à sa bande que devaient être attribués les pillages et les massacres dont les provinces méridionales de la république avaient été le théâtre depuis un an.

Ainsi, la fatalité voulait que cet Alfaniz parcourût précisément ces territoires où Jeanne de Kermor et le sergent Martial venaient rechercher le colonel. Nul doute, si son accusateur tombait entre ses mains, que le forçat se montrât sans pitié envers lui. Ce fut une nouvelle appréhension ajoutée à tant d'autres pour la jeune fille, et elle ne put retenir ses larmes, à la pensée que le misérable envoyé au bagne de Cayenne, et qui en voulait mortellement à son père, s'en fût échappé...

Jacques Helloch et M. Manuel, cependant, lui firent entendre de rassurantes paroles. Quelle apparence qu'Alfaniz eût découvert l'endroit où s'était retiré le colonel de Kermor — ce qu'aucune enquête n'avait jusqu'alors révélé?... Non!... il n'y avait pas à craindre que celui-ci fût tombé entre ses mains...

Dans tous les cas, il importait de faire diligence, de continuer les démarches, de ne se permettre aucun retard, de ne reculer devant aucun obstacle.

Du reste, tout allait être prêt pour le départ. Les hommes de Valdez, — Jorrès compris, — s'occupaient de recharger la *Gallinetta*, qui pourrait démarrer dès le lendemain.

M. Manuel ramena à l'habitation du rancho, afin d'y passer cette dernière soirée, ses hôtes reconnaissants du bon accueil qu'ils avaient trouvé à Danaco.

Après le souper, la conversation reprit de plus belle. Chacun prenait bonne note des instantes recommandations du commissaire, — surtout en ce qui concernait la surveillance à exercer à bord des pirogues.

Enfin, l'heure étant venue de se retirer, la famille Assomption reconduisit les passagers jusqu'au petit port.

Là se firent les adieux, là furent échangées les dernières poignées de main, là on promit de se revoir au retour, et M. Manuel n'oublia pas de dire :

« A propos, monsieur Helloch, et vous aussi, monsieur Paterne, lorsque vous rejoindrez les compagnons que vous avez laissés à San-Fernando, tous mes compliments à M. Miguel! Quant à ses deux amis, toutes mes malédictions, et vive l'Orénoque! — bien entendu le seul... le vrai... celui qui passe à Danaco et arrose les rives de mon domaine ! »

Le nuage s'avançait avec rapidité. (Page 285.)

V

BŒUFS ET GYMNOTES.

La voici reprise, cette navigation sur le cours supérieur du fleuve. Les voyageurs ont toujours confiance dans le succès de leur voyage.

Ils ont hâte d'être arrivés à la Mission de Santa-Juana, et fasse le ciel que le Père Esperante les mette sur la bonne route, que des renseignements plus précis les conduisent enfin au but! Puissent-ils aussi éviter une rencontre avec la bande d'Alfaniz, qui risquerait de compromettre le sort de la campagne!

Ce matin-là, presque à l'heure du départ, Jeanne de Kermor avait dit à Jacques Helloch, alors qu'ils se trouvaient seuls :

« Monsieur Helloch, non seulement vous m'avez sauvé la vie mais vous avez voulu joindre vos efforts aux miens... Mon âme est pleine de reconnaissance... Je ne sais comment je pourrai jamais m'acquitter envers vous...

— Ne parlons pas de reconnaissance, mademoiselle, répondit Jacques Helloch. De compatriote à compatriote, ces services sont des devoirs, et ces devoirs, rien ne m'empêchera de les accomplir jusqu'au bout!

— De nouveaux, de graves dangers nous menacent peut-être, monsieur Jacques...

— Non... je l'espère! D'ailleurs, c'est une raison pour que je n'abandonne pas Mlle de Kermor... Moi... vous abandonner... car, ajouta-t-il en regardant la jeune fille qui baissait les yeux, c'est bien cela que vous avez eu la pensée de me dire...

— Monsieur Jacques... oui... je voulais... je devais... Je ne puis abuser ainsi de votre générosité... J'étais partie seule pour ce long voyage... Dieu vous a mis sur mon chemin, et je l'en remercie du fond du cœur... Mais...

— Mais votre pirogue vous attend, mademoiselle, comme m'attend la mienne, et elles iront ensemble au même but... J'ai pris cette résolution, sachant à quoi je m'engageais, et ce que j'ai résolu de faire, je le fais... Si, pour que je vous laisse continuer seule cette navigation, vous n'avez pas d'autre raison que les dangers dont vous parlez...

— Monsieur Jacques, répondit vivement Mlle de Kermor, quelles autres raisons pourrais-je avoir?...

« Eh bien... Jean... mon cher Jean... comme je dois vous appeler... ne parlons plus de séparation... et en route! »

Le cœur lui battait bien fort à ce « cher Jean », tandis qu'il regagnait la *Gallinetta!* Et, lorsque Jacques Helloch eut rejoint son ami, qui souriait :

« Je parie, lui dit ce dernier, que Mlle de Kermor te remerciait de ce que tu as fait pour elle, et te demandait de ne pas faire davantage...

— Mais j'ai refusé... s'écria Jacques Helloch. Je ne l'abandonnerai jamais...

— Parbleu! » répondit simplement Germain Paterne en frappant sur l'épaule de son compatriote.

Que cette dernière partie du voyage réservât de graves complications aux passagers des deux pirogues, c'était possible, c'était probable. Toutefois, ils auraient eu mauvaise grâce à se plaindre. Les brises de l'ouest se maintenaient avec persistance, et les falcas rebroussaient assez rapidement le courant du fleuve sous leur voilure.

Ce jour-là, après avoir dépassé plusieurs îles, dont le vent courbait les hauts arbres, on atteignit vers le soir l'île Bayanon, à un coude de l'Orénoque. Les provisions abondant, grâce à la générosité de M. Manuel Assomption et de ses fils, il n'y eut point à se mettre en chasse. Aussi, comme la nuit était claire, magnifiquement illuminée des rayons de la lune, Parchal et Valdez proposèrent de ne faire halte que le lendemain.

« Si le cours du fleuve est libre de récifs et de roches, répondit Jacques Helloch, et si vous ne craignez pas de vous jeter sur quelque caillou...

— Non, dit le patron Valdez, et il faut profiter de ce beau temps pour gagner en amont. Il est rare que l'on soit aussi favorisé à cette époque. »

La proposition était sage, elle fut adoptée, et les pirogues n'envoyèrent pas leurs amarres à terre.

La nuit s'écoula sans accidents, bien que la largeur du fleuve, qui n'était que de trois cent cinquante mètres, fût parfois très réduite par le chapelet des îles, surtout à l'embouchure du rio Guanami, un affluent de la rive droite.

Au matin, la *Gallinetta* et la *Moriche* se trouvèrent à la hauteur de l'île Temblador, où M. Chaffanjon s'était mis en rapport avec un nègre intelligent et serviable du nom de Ricardo. Mais ce nègre, qui avait alors le titre de commissaire du Cunucunuma et du Cassiquiare, deux importants tributaires de droite et de gauche, n'occupait plus cette résidence. A s'en rapporter au voyageur français, c'était un homme industrieux, d'une extrême sobriété, d'une remarquable énergie, en passe de réussir dans ses entreprises, et qui, sans doute, après fortune faite, avait été fonder quelque autre rancho sur les territoires au nord de la savane.

Peut-être les passagers s'attendaient-ils à le rencontrer à l'île Temblador, car Jean avait parlé de lui d'après son guide si bien renseigné.

« Je regrette que ce Ricardo ne soit plus là, fit observer Jacques Helloch. Peut-être aurions-nous appris par lui si Alfaniz a été vu aux environs du fleuve. »

Et s'adressant à l'Espagnol :

« Jorrès, pendant votre séjour à San-Fernando, est-ce que vous avez entendu parler de ces évadés de Cayenne et de la bande d'Indiens qui s'est jointe à eux?...

— Oui, monsieur Helloch, répondit l'Espagnol.

— Avait-on signalé leur présence sur les provinces du haut Orénoque?...

— Pas que je sache... Il était question d'un parti d'Indiens Quivas...

— Précisément, Jorrès, et c'est Alfaniz, un forçat, qui s'est mis à leur tête.

— Voici la première fois que ce nom est prononcé devant moi, déclara l'Espagnol. Dans tous les cas, nous n'aurions pas à redouter la rencontre de ces Quivas, car, à ce que l'on disait dans le pays, ils cherchaient à regagner les territoires de la Colombie, d'où ils avaient été chassés, et, si cela est, ils ne peuvent être de ce côté de l'Orénoque! »

Jorrès était-il bien informé, quand il disait que ces Quivas devaient se diriger vers les llanos de la Colombie en passant plus au nord, c'était possible. Quoi qu'il en soit, les voyageurs n'oublieraient pas les recommandations de M. Manuel Assomption et se tiendraient sur leurs gardes.

La journée s'écoula, sans avoir été marquée par aucun incident. La navigation s'accomplissait dans les meilleures conditions de vitesse. Les pirogues allaient d'îles en îles, ne quittant l'une que pour atteindre l'autre.

Le soir, elles vinrent prendre leur poste à la pointe de l'île Caricha.

Le vent ayant calmi, mieux valait stationner que de recourir aux palancas pendant l'obscurité.

Dans une excursion sur la lisière de l'île, Jacques Helloch et le sergent Martial abattirent un de ces paresseux juché entre les branches d'un cecropia, dont les feuilles fournissent à cet animal son habituelle nourriture. Puis, en revenant, à l'embouchure du rio Caricha, au moment où un couple de ces sarigues, qui appartiennent à la famille des chironectes, s'occupait à pêcher pour son compte, les chasseurs firent un coup double, qui fut plus adroit qu'opportun. En effet, à se repaître de poissons, ces sarigues ne donnent qu'une chair coriace et huileuse, dont les Indiens ne veulent pas. Elles ne peuvent donc remplacer ces singes, lesquels sont un véritable régal, — même pour des estomacs européens.

Il est vrai, ces chironectes reçurent bon accueil de Germain Paterne, qui s'occupa, avec l'aide de Parchal, de les préparer pour en conserver la peau.

Quant au paresseux, uniquement fructivore, on le mit à l'étuve dans un trou rempli de pierres brûlantes, où il devait rester toute la nuit. Les passagers se promettaient bien d'y goûter, lorsqu'il serait servi au déjeuner du lendemain, et si sa chair, un peu forte de fumet, ne leur agréait pas, elle trouverait amateurs parmi les mariniers des pirogues. Au surplus, ces Indiens n'étaient pas difficiles, et, ce soir-là, l'un d'eux ayant rapporté quelques douzaines de ces gros vers de terre, des lombrics longs d'un pied, ils les coupèrent en morceaux, les firent bouillir avec des herbes, et s'en régalèrent consciencieusement.

Il va sans dire que Germain Paterne, fidèle à la règle qu'il s'était imposée de tout expérimenter par lui-même, voulut tâter de cette matelotte venezuelienne. Mais la répugnance l'emporta sur la curiosité scientifique, et l'expérience ne fut faite que du bout des lèvres.

« Je te croyais plus dévoué que cela à la science! dit Jacques Helloch en le plaisantant de son dégoût inconciliable avec ses instincts de naturaliste.

— Que veux-tu, Jacques, le dévouement d'un naturaliste a des bornes! » répondit Germain Paterne, en essayant de dissimuler un dernier haut-le-cœur.

Le lendemain, départ hâtif, afin d'utiliser une brise matinale assez vive pour remplir la voile des falcas. De cet endroit, on voyait poindre une haute chaîne de montagnes au-dessus des forêts qui s'étendaient sur la rive droite jusqu'à l'horizon. C'était la chaîne du Duido, dont les voyageurs se trouvaient encore à quelques jours de distance, et l'une des plus considérables de ce territoire.

Vingt-quatre heures après, au terme d'une fatigante journée, pendant laquelle la brise avait été intermittente, entre des averses violentes et des éclaircies courtes, Valdez et Parchal vinrent prendre le poste de nuit à la Piedra Pintada.

Il ne faut pas confondre cette Pierre Peinte et celle que les voyageurs avaient déjà rencontrée, en amont de San-Fernando. Si elle est ainsi dénommée, c'est que les roches de la rive gauche portent également l'empreinte de figurines et autres signes hiéroglyphiques.

« Ce n'est qu'un troupeau de bœufs. » (Page 286.)

Grâce à la baisse des eaux déjà prononcée, ces signes étaient apparents à la base des roches, et Germain Paterne put les examiner à loisir.

M. Chaffanjon l'avait fait, d'ailleurs, ainsi que le témoigne le récit de son voyage.

Mais il y avait lieu d'observer que leur compatriote parcourait cette partie de l'Orénoque dans la seconde quinzaine de novembre, tandis que Jacques Helloch et ses compagnons l'effectuaient dans la seconde quinzaine d'octobre. Or, ce délai d'un mois se traduit par des différences climatériques assez notables en un pays où la saison sèche succède brusquement, pour ainsi dire, à la saison pluvieuse.

L'étiage du fleuve était donc un peu plus élevé alors qu'il ne le serait dans quelques semaines, et cette circonstance devait favoriser la navigation des deux pirogues, car c'est au manque d'eau qu'il faut attribuer les plus difficiles obstacles.

Le soir même, on s'arrêtait à l'embouchure du Cunucunuma, l'un des principaux affluents de la rive droite. Germain Paterne ne crut pas devoir prendre fait et cause pour ce tributaire comme il l'avait fait pour le Ventuari. Il l'aurait pu, cependant, et avec non moins de raison.

« A quoi cela servirait-il, se borna-t-il à dire. MM. Varinas et Felipe ne sont pas là, et la discussion languirait. »

Peut-être, en d'autres circonstances, Jacques Helloch, en vue de la mission qui lui avait été confiée, eût-il suivi l'exemple du compatriote qui l'avait précédé sur le haut Orénoque. Peut-être se fût-il embarqué avec Parchal et un de ses hommes dans la curiare de la *Moriche*? Peut-être, à l'exemple de M. Chaffanjon, aurait-il exploré le Cunucunuma pendant cinq à six jours, à travers les territoires mariquitares? Peut-être enfin aurait-il renoué des relations avec ce capitan général, ce finaud d'Aramare et sa famille, qui avaient été visités et photographiés par le voyageur français?...

Mais, — on l'avouera — les instructions du ministre étaient sacrifiées au nouvel objectif qui entrainait Jacques Helloch jusqu'à Santa-Juana. Il avait hâte d'y arriver, et se fût fait un scrupule de retarder Jeanne de Kermor dans l'accomplissement de son œuvre filiale.

Parfois, — non pour le lui reprocher, mais un peu par acquit de conscience, — Germain Paterne lui touchait un mot de cette mission un peu négligée.

« Bon... c'est bon! répondait Jacques Helloch. Ce que nous ne faisons pas à l'aller, on le fera au retour...

— Quand?...

— Quand nous reviendrons, parbleu!... Est-ce que tu te figures que nous ne reviendrons pas...

— Moi?... Je n'en sais rien!... Qui sait où nous allons?... Qui sait ce qui se passera là-bas?... Supposons qu'on ne retrouve pas le colonel de Kermor...

— Eh bien, Germain, il sera temps alors de songer à redescendre le fleuve.

— Avec Mlle de Kermor?...

— Sans doute.

— Et supposons que nos recherches aboutissent... que le colonel soit retrouvé... que sa fille, comme c'est probable, veuille rester près de lui, te décideras-tu à revenir?...

— Revenir?... répondit Jacques Helloch du ton d'un homme que ces questions embarrassaient.

— Revenir seul... avec moi, s'entend?... .

— Certainement... Germain...

— Je n'y crois guère, Jacques, à ton « certainement »!

— Tu es fou!

— Soit... mais toi... tu es amoureux, — ce qui est un autre genre de folie, non moins incurable.

— Encore?... Te voilà parlant de choses...

— Auxquelles je n'entends goutte... c'est convenu!... Voyons, Jacques... entre nous... si je n'entends pas, je vois clair... et je ne sais pas pourquoi tu essayes de cacher un sentiment qui n'a rien de commun avec ta mission scientifique... et que je trouve, d'ailleurs, tout naturel!

— Eh bien, oui, mon ami! répondit Jacques Helloch d'une voix altérée par l'émotion, oui!... j'aime cette jeune fille, si courageuse, et est-il donc étonnant que la sympathie qu'elle m'inspirait soit devenue... Oui!... je l'aime!... Je ne l'abandonnerai pas!... Qu'adviendra-t-il de ce sentiment qui m'a pris tout entier, je ne sais... Comment cela finira-t-il?...

— Bien ! » répondit Germain Paterne.

Et il ne crut pas devoir rien ajouter à ce mot, trop affirmatif, peut-être, mais qui lui valut la meilleure poignée de main qu'il eût jamais reçue de son compagnon.

Il suit de toutes ces complications que si le cours du Cunucunuma ne fut pas exploré, il n'était pas certain qu'il le serait au retour des pirogues. Il méritait de l'être pourtant, car il arrose une pittoresque et riche contrée. Quant à son embouchure, elle ne mesure pas moins de deux cents mètres de largeur.

Donc, le lendemain, la *Gallinetta* et la *Moriche* se remirent en route, et ce qu'on n'avait pas fait pour le Cunucunuma, on ne le fit pas davantage pour le Cassiquiare, dont le confluent fut dépassé dans la matinée.

Il s'agissait là, cependant, de l'un des plus importants tributaires du grand fleuve. L'apport qu'il lui verse, par une échancrure de la rive gauche, vient des versants du bassin de l'Amazone. De Humboldt l'avait reconnu, et avant lui, l'explorateur Solano s'était assuré qu'une communication existait entre les deux bassins par le rio Negro, puis par le Cassiquiare.

En effet, vers 1725, le capitaine portugais Moraès, poursuivant sa navigation sur le rio Negro jusqu'au-dessous de San-Gabriel, au confluent du Guaïria, puis sur le Guaïria jusqu'à San-Carlos, descendit le Cassiquiare à partir de ce point, et déboucha dans l'Orénoque, après avoir ainsi parcouru la région venezuelo-brésilienne.

Décidément le Cassiquiare valait la peine d'être visité par un explorateur, bien que sa largeur, en cet endroit, ne dépasse guère une quarantaine de mètres. Néanmoins, les pirogues continuèrent leur marche en amont.

En cette partie du fleuve, la rive droite est très accidentée. Sans parler de la chaîne du Duido, qui se profile à l'horizon, couverte de forêts impénétrables, les cerros Guaraco forment une berge naturelle, laissant la vue s'étendre largement à la surface des llanos de gauche, sillonnés par le cours capricieux et varié du Cassiquiare.

Les falcas marchaient donc sous petite brise, ayant parfois quelque peine à refouler le courant, lorsque, un peu avant midi, Jean signala un nuage très bas et très épais, qui se traînait en rasant la savane.

Parchal et Valdez vinrent examiner ce nuage, dont les lourdes et opaques volutes se déroulaient en gagnant peu à peu la rive droite.

Jorrès, debout à l'avant de la *Gallinetta,* promenait ses regards en cette direction, et cherchait à reconnaître la cause de ce phénomène.

« C'est un nuage de poussière, » dit Valdez.

Cette opinion fut aussi celle de Parchal.

« Qui peut soulever cette poussière? demanda le sergent Martial.

— Quelque troupe en marche, sans doute... répondit Parchal.

— Il faudrait alors qu'elle fût nombreuse... fit observer Germain Paterne.

— Très nombreuse, en effet ! » répliqua Valdez.

Le nuage, à deux cents mètres de la rive, s'avançait avec rapidité. Il se déchirait parfois, et l'on voyait, semblait-il, des masses rougeâtres se mouvoir à travers ces déchirures.

« Est-ce que ce serait la bande des Quivas?... s'écria Jacques Helloch.

— Dans ce cas, par prudence, dit Parchal, ramenons les pirogues vers l'autre rive...

— Par prudence, oui, répliqua Valdez, et sans tarder d'un instant. »

La manœuvre fut ordonnée.

On amena les voiles, qui eussent gêné les falcas dans une marche oblique à travers le fleuve, et les hommes, appuyant sur leurs palancas, dirigèrent vers la rive gauche la *Gallinetta* qui précédait la *Moriche*.

Du reste, après avoir lui aussi attentivement regardé le nuage de poussière, Jorrès était venu prendre sa place aux pagaies, sans montrer aucune inquiétude.

Mais si l'Espagnol n'était pas inquiet, les voyageurs avaient le droit de l'être, au cas qu'ils fussent menacés d'une rencontre avec Alfaniz et ses Indiens. De la part de ces bandits il n'y aurait à espérer aucune pitié. Par bonheur, comme ils ne devaient pas avoir les moyens de traverser le fleuve, les pirogues, en se maintenant près de la rive gauche, seraient momentanément à l'abri de leur attaque.

Une fois là, Valdez et Parchal s'amarrèrent aux souches de la berge, et les passagers attendirent, leurs armes en état, prêts à la défensive.

Les trois cents mètres de l'Orénoque ne dépassaient pas la portée des carabines.

On n'attendit pas longtemps. Les volutes de poussière ne se déroulaient plus qu'à une vingtaine de pas du fleuve. Des cris en sortaient, ou plutôt des meuglements caractéristiques, auxquels il ne fut pas possible de se tromper.

« Eh! rien à craindre!... Ce n'est qu'un troupeau de bœufs!... s'écria Valdez.

— Valdez a raison, ajouta Parchal. Plusieurs milliers de bêtes soulèvent toute cette poussière...

— Et font tout ce tapage! » ajouta le sergent Martial.

Et ce tapage assourdissant, c'étaient bien des beuglements échappés de cette espèce de mascaret vivant, qui roulait à la surface des llanos.

Jean, que Jacques Helloch avait supplié de se mettre à l'abri sous le rouf de la *Gallinetta*, reparut alors, curieux de voir ce passage d'un troupeau à travers l'Orénoque.

Ces migrations de bœufs sont fréquentes sur les territoires du Venezuela. En effet, les propriétaires de bestiaux doivent se conformer aux exigences de la saison sèche et de la saison humide. Lorsque l'herbe manque aux prairies des hautes terres, il y a nécessité de pâturer celles des plaines basses dans le voisinage des cours d'eau, en recherchant de préférence ces fonds qui sont périodiquement atteints par les crues et dont la végétation est prodigieuse. Les graminées fournissent aux animaux une nourriture aussi abondante qu'excellente sur toute l'étendue des esteros.

Il est donc nécessaire que les llaneros fassent transhumer leurs bêtes, et, quand il se présente un cours d'eau, fleuve, rio ou bayou, elles le franchissent à la nage.

Jacques Helloch et ses compagnons allaient assister à cet intéressant spectacle, sans avoir rien à redouter de cette agglomération de plusieurs milliers de ruminants.

Dès qu'ils furent arrivés sur la berge, les bœufs s'arrêtèrent. Et quel redoublement de tumulte, car les derniers rangs poussaient irrésistiblement les premiers, alors que ceux-ci hésitaient à se jeter dans le fleuve!

Ils y furent déterminés, d'ailleurs, par le cabestero qui les précédait.

« C'est le capitaine de nage, dit Valdez. Il va lancer son cheval dans le courant, et les bêtes suivront. »

En effet, ce cabestero tomba d'un seul bond du haut de la berge. Des vachers, précédés d'un guide qui venait d'entonner une sorte d'hymne sauvage, un « en avant » de rythme étrange, se mirent à la nage. Aussitôt le troupeau de se précipiter dans les eaux du fleuve, à la surface duquel on ne vit plus que des têtes aux longues cornes courbes, dont les puissants naseaux reniflaient avec une extrême violence.

Le passage s'effectua facilement jusqu'au milieu du lit, malgré la rapidité du courant, et il y avait lieu d'espérer qu'il s'achèverait sans encombre sous la direction du capitaine de nage et grâce à l'habileté des guides.

Il n'en fut rien.

Soudain, un immense remuement agita ces bœufs alors que plusieurs centaines se trouvaient encore à quelque vingt mètres de la rive droite. Puis, au même instant, les vociférations des vachers se mêlèrent au beuglement des animaux.

Il semblait que cette masse fût prise d'une épouvante dont la cause échappait...

« Les caribes... les caribes!... s'écrièrent les mariniers de la *Moriche* et de la *Gallinetta*.

— Les caribes?... répéta Jacques Helloch.

— Oui!... s'écria Parchal, les caribes et les parayos! »

Effectivement, le troupeau venait de rencontrer une bande de ces redoutables raies, de ces anguilles électriques, de ces gymnotes tembladors, qui peuplent par millions les cours d'eau du Venezuela.

Sous les décharges de ces vivantes « bouteilles de Leyde » toujours en tension et d'une extraordinaire puissance, les bœufs furent atteints de commotions successives, paralysés, réduits à l'état inerte. Ils se retournaient sur le flanc, ils agitaient une dernière fois leurs jambes, secouées par les secousses électriques.

Et beaucoup disparurent en quelques secondes, tandis que les autres, rebelles à la voix de leurs guides, dont quelques-uns furent également frappés par les gymnotes, durent céder au courant, et n'accostèrent la berge opposée qu'à plusieurs centaines de mètres en aval.

En outre, comme il n'avait pas été possible d'arrêter les rangs en arrière de la berge que poussait la masse du troupeau, les bœufs affolés furent contraints de se précipiter dans le fleuve, en proie à l'épouvante. Mais, sans doute, l'énergie électrique des parayos et des caribes avait diminué. Aussi, nombre de bêtes finirent par gagner la rive gauche, et s'enfuirent tumultueusement à travers la savane.

« Voilà, dit Germain Paterne, ce qui ne se voit ni dans la Seine,

IL SEMBLAIT QUE CETTE MASSE FUT PRISE D'UNE ÉPOUVANTE. (Page 288.)

ni dans la Loire, ni même dans la Garonne, et c'est un spectacle digne d'être vu !

— Tonnerre de tonnerres, nous ferons bien de nous défier de ces abominables anguilles ! grommela le sergent Martial.

— Assurément, mon brave sergent, déclara Jacques Helloch, et, le cas échéant, on s'en défierait comme d'une batterie de piles électriques !

— Le plus prudent, ajouta Parchal, c'est de ne point tomber dans ces eaux où elles fourmillent...

— Comme vous dites, Parchal, comme vous dites ! » conclut Germain Paterne.

Il est certain que ces gymnotes pullulent au sein des rivières venezueliennes. En revanche, au point de vue alimentaire, les pêcheurs n'ignorent pas qu'ils fournissent une nourriture excellente. Ils cherchent à les prendre au moyen de filets, et, après les avoir laissés s'épuiser en vaines décharges, ils peuvent les manier sans inconvénient.

Que faut-il penser du récit de Humboldt, rapportant que, de son temps, des troupes de chevaux étaient lancées au milieu de ces monstres aquatiques et livrées à leurs secousses, afin de faciliter cette pêche ? L'opinion d'Elisée Reclus est que, même à l'époque où d'innombrables chevaux parcouraient les llanos, ils avaient encore trop de valeur pour qu'on les sacrifiât d'une façon aussi barbare, et il doit avoir raison.

Lorsque les pirogues eurent repris leur marche, la navigation fut retardée par l'insuffisance du vent, qui calmissait généralement dans l'après-midi. En de certaines passes étroites, où le courant se mouvait avec rapidité, on dut se haler à l'espilla, — ce qui occasionna une perte de plusieurs heures. La nuit était venue, lorsque les passagers firent halte au pied du village de la Esmeralda.

En ce moment, sur la rive droite, l'espace était brillamment illuminé par un magnifique vacillement de lueurs à la cime boisée de cette pyramide du Duido, haute de deux mille quatre cent soixante-quatorze mètres au-dessus du niveau de la mer. Ce n'était point une éruption volcanique, mais des flammes, souples et falotes, qui dansaient sur les flancs du cerro, tandis que les chauves-souris pêcheuses, éblouies par ces fulgurations éclatantes, tourbillonnaient au-dessus des falcas endormies près de la berge.

L'apparition de ces feux follets... (Page 291.)

VI

TERRIBLES INQUIÉTUDES.

Aussi longtemps que les Barés seront les Barés, l'apparition de ces énormes feux follets au sommet du Duido devra être considérée dans le pays comme un funeste présage, avant-coureur de catastrophes.

Aussi longtemps que les Mariquitares seront les Mariquitares, ce phénomène sera pour eux l'indication d'une série d'heureux événements.

Ces deux tribus indiennes ont donc une façon très opposée d'envisager les pronostics de leur prophétique montagne. Mais, qu'elles aient raison l'une ou l'autre, il est certain que le voisinage du Duido n'a pas porté bonheur au village de la Esmeralda.

On ne trouverait guère de plus agréable situation dans les savanes contiguës à l'Orénoque, des pâturages mieux appropriés à l'élevage du bétail, un meilleur climat qui ne connaît pas les excès de la température tropicale. Et, pourtant, la Esmeralda est en un triste état d'abandon et de déchéance. A peine reste-t-il, de l'ancien village fondé par les colons espagnols, les ruines d'une petite église et cinq à six paillotes, qui ne sont occupées que temporairement aux époques de chasse et de pêche.

Lorsque la *Gallinetta* et la *Moriche* arrivèrent, elles ne rencontrèrent pas une seule embarcation dans le port.

Et qui en a chassé les Indiens?... Ce sont ces légions de moustiques, qui rendent l'endroit inhabitable, ces myriades d'insectes, dont toutes les flammes du Duido seraient impuissantes à détruire la race maudite.

Et les falcas en furent tellement assaillies, les moustiquaires devinrent tellement insuffisantes, passagers et bateliers reçurent de telles morsures, — même le neveu du sergent Martial, son oncle n'étant pas parvenu à le protéger cette fois, — que Parchal et Valdez démarrèrent avant le jour à l'aide des palancas, en attendant la brise matinale.

Cette brise ne commença à s'établir que vers six heures, et les pirogues, deux heures après, dépassaient l'embouchure de l'Iguapo, un des affluents de la rive droite.

Jacques Helloch ne songea pas plus à explorer l'Iguapo qu'il n'avait eu l'idée d'explorer le Cunucunuma ou le Cassiquiare, et Germain Paterne ne lui en toucha pas un mot, même en manière d'amicale plaisanterie.

Il y avait d'ailleurs un nouveau sujet d'inquiétude pour le sergent Martial, non moins que pour Jacques Helloch.

Si forte qu'elle fût, si endurante, si énergique aussi, il y eut lieu de craindre que Jeanne de Kermor, qui avait résisté jusqu'alors à tant de fatigues, ne payât son tribut au climat de ce pays. A la surface des parties marécageuses, règnent des fièvres endémiques, qu'il est difficile d'éviter. Grâce à leur constitution, Jacques Helloch, Germain Paterne et le sergent Martial n'en avaient point encore ressenti les atteintes. Grâce à leur accoutumance, les équipages étaient restés indemnes. Mais la jeune fille éprouvait depuis quelques jours un malaise général dont la gravité ne pouvait échapper.

Germain Paterne reconnut que Jeanne de Kermor était sous l'influence des fièvres paludéennes. Ses forces diminuaient, l'appétit faisait défaut, et, dès ce jour-là, une insurmontable lassitude l'obligea de s'étendre sous le rouf pendant des heures entières. Elle s'efforçait de résister, s'attristant surtout à la pensée de ce surcroît d'inquiétude pour ses compagnons de voyage.

Restait cependant l'espoir que cette indisposition ne serait que passagère... Peut-être le diagnostic de Germain Paterne était-il entaché d'erreur?... Et, d'ailleurs, étant donnée l'endurance morale et physique de Jeanne, la nature ne serait-elle pas son meilleur médecin et n'avait-elle pas le meilleur remède, la jeunesse?...

Toutefois, ce fut en proie à de croissantes anxiétés que Jacques Helloch et ses compagnons reprirent la navigation sur le haut fleuve.

Les pirogues établirent leur halte de nuit à l'embouchure du Gabirima, un affluent de la rive gauche. On ne rencontra aucune trace de ces Indiens Barés, signalés par M. Chaffanjon. Il n'y eut pas trop à le regretter, puisque les deux cases du Gabirima, à l'époque où les visita le voyageur français, abritaient une famille d'assassins et de pillards, dont l'un des membres était l'ancien capitan de la Esmeralda. Étaient-ils restés des coquins, étaient-ils devenus d'honnêtes gens, — question qui ne fut point élucidée. Dans tous les cas, ils avaient transporté autre part leur coquinerie ou leur honnêteté. On ne put donc se procurer à cet endroit aucun renseignement sur la bande d'Alfaniz.

Les falcas repartirent le lendemain, approvisionnées de viande de cerfs, de cabiais, de pécaris, que les chasseurs avaient tués la veille. Le temps était mauvais. Il tombait parfois des pluies diluviennes. Jeanne de Kermor souffrait beaucoup de ces intempéries. Son état ne s'améliorait pas. La fièvre persistait et s'aggravait même, malgré des soins incessants.

Les détours du fleuve, dont la largeur se réduisait à deux cents mètres sur un cours encombré de récifs, ne permirent pas de dépasser ce jour-là l'île Yano, — la dernière que les pirogues dussent rencontrer en amont.

Le lendemain, 21 octobre, un raudal, qui sinuait entre de hautes berges assez resserrées, offrit quelques difficultés, et, le soir, la *Moriche* et la *Gallinetta*, aidées de la brise, vinrent relâcher devant le rio Padamo.

Cette fièvre qui minait peu à peu la jeune fille n'avait point cédé. Jeanne était de plus en plus abattue, et sa faiblesse ne lui permettait pas de quitter le rouf.

C'est alors que le vieux soldat s'adressa de violents reproches pour avoir consenti à ce voyage!... Tout cela, c'était sa faute!... Et que faire?... Comment arrêter les accès de fièvre, comment en empêcher le retour?... En admettant même que la pharmacie de la *Moriche* possédât un remède efficace, ne serait-il pas prudent de revenir en arrière?... En quelques jours, entraînées par le courant, les pirogues seraient de retour à San-Fernando...

Jeanne de Kermor avait entendu le sergent Martial discuter à ce sujet avec Jacques Helloch, et, toute brisée, elle dit d'une voix éteinte :

« Non... non !... ne retournons pas à San-Fernando... J'irai jusqu'à la Mission... J'irai jusqu'à ce que j'aie retrouvé mon père... A Santa-Juana... à Santa-Juana !... »

Puis elle retomba, presque sans connaissance, après ce suprême effort.

Jacques Helloch ne savait quel parti prendre. A céder aux instances du sergent Martial, ne serait-ce pas risquer de déterminer chez la jeune fille une crise funeste, si elle voyait la pirogue redescendre le fleuve ? En somme, ne valait-il pas mieux continuer le voyage, atteindre Santa-Juana, où les secours étaient aussi assurés qu'à San-Fernando ?...

Et alors, Jacques Helloch s'adressait à Germain Paterne :

« Tu ne peux donc rien !... s'écriait-il, d'une voix désespérée : Tu ne connais donc pas un remède qui puisse couper cette fièvre dont elle meurt !... Ne vois-tu pas que la pauvre enfant dépérit chaque jour ?... »

Germain Paterne ne savait que répondre, ni que faire au delà de ce qu'il avait fait. Le sulfate de quinine, dont la pharmacie était suffisamment approvisionnée, n'avait pu enrayer cette fièvre, bien qu'il eût été administré à haute dose.

Et, lorsque le sergent Martial, lorsque Jacques Helloch le pressaient de leurs questions, de leurs prières, il ne trouvait que ceci à répondre :

« Le sulfate de quinine est malheureusement sans effet sur elle !... Peut-être faudrait-il recourir à des herbes... à des écorces d'arbres... Il doit s'en trouver sur ces territoires... Mais qui nous les indiquera et comment se les procurer ?... »

Valdez et Parchal, interrogés à ce sujet, confirmèrent le dire de Germain Paterne. A San-Fernando, on faisait communément usage de certaines substances fébrifuges du pays. Ce sont de véritables spécifiques contre les fièvres engendrées par les émanations marécageuses, dont les indigènes comme les étrangers ont tant à souffrir au cours de la saison chaude.

« Le plus souvent, affirma Valdez, on emploie l'écorce du chinchora et surtout celle du coloradito...

— Reconnaîtriez-vous ces plantes?... demanda Jacques Helloch.

— Non, répondit Valdez. Nous ne sommes que des bateliers, toujours sur le fleuve... C'est aux llaneros qu'il faudrait recourir, et il ne s'en rencontre pas un sur les rives ! »

Germain Paterne ne l'ignorait pas, l'effet du coloradito est souverain dans les cas de fièvres paludéennes, et nul doute que la fièvre eût cédé si la malade eût pu prendre plusieurs décoctions de cette écorce. Et, par malheur, lui, un botaniste, il en était encore à chercher cet arbrisseau dans les savanes riveraines.

Cependant, devant la formelle volonté de Jeanne de Kermor, ses compagnons avaient résolu de continuer le voyage sans s'attarder.

Ce précieux spécifique, on se le procurerait certainement à Santa-Juana. Mais les deux cents kilomètres, que l'on comptait jusqu'à la Mission, combien de temps faudrait-il aux pirogues pour les franchir?...

La navigation fut reprise le lendemain dès l'aube. Temps orageux, accompagné de lointains roulements de tonnerre. Vent favorable dont Valdez et Parchal ne voulaient pas perdre un souffle. Ces braves gens compatissaient à la douleur de leurs passagers. Ils aimaient ce jeune garçon, se désolaient à voir son affaiblissement s'accroître. Le seul qui montrait une certaine indifférence, c'était l'Espagnol Jorrès. Ses regards ne cessaient de parcourir les llanos sur la droite du fleuve. Tout en prenant garde d'éveiller les soupçons, il se tenait le plus souvent à l'extrémité de la *Gallinetta*, tandis que ses camarades étaient couchés au pied du mât. Une ou deux fois, Valdez en fit la remarque, et nul doute que Jacques Helloch aurait trouvé suspecte l'attitude de l'Espagnol, s'il avait eu le loisir de l'observer. Mais sa pensée était ailleurs, et, alors que les falcas naviguaient côte à côte, il restait de longues heures à l'entrée du rouf, regardant la jeune fille qui essayait de sourire pour le remercier de ses soins.

LE PAUVRE HOMME, LES YEUX EN PLEURS, S'APPUYA CONTRE UNE ROCHE.
(Page 301.)

Et ce jour-là, elle lui dit :

« Monsieur Jacques, je vous demanderai de vouloir bien me faire une promesse...

— Parlez... parlez... mademoiselle Jeanne... Je tiendrai cette promesse, quelle qu'elle soit...

— Monsieur Jacques... peut-être ne serai-je pas assez forte pour continuer nos recherches... Quand nous serons à la Mission, peut-être me faudra-t-il demeurer à Santa-Juana... Eh bien... si nous apprenons ce qu'est devenu mon père... voudrez-vous...

— Tout faire pour le rejoindre !... oui... Jeanne... ma chère Jeanne... oui !... Je partirai... je me jetterai sur les traces du colonel de Kermor... je le retrouverai... je le ramènerai à sa fille...

— Merci... monsieur Jacques... merci !... » répondit la jeune fille, dont la tête retomba sur sa couche, après qu'elle l'eut soulevée un instant.

Le Padamo fournit à l'Orénoque un apport considérable d'eaux claires et profondes à travers une embouchure supérieure en largeur à celle du fleuve lui-même. Encore un de ces tributaires qui, non sans quelque raison, eût pu mettre aux prises les Guaviariens et les Atabapoïstes !

En amont, le courant se propageait avec une certaine vitesse, entre des rives escarpées au-dessus desquelles se dessinait la lisière d'épaisses forêts. Les pirogues naviguaient tantôt à la voile, tantôt à la pagaie.

En amont du rio Ocamo, la largeur du fleuve se réduisait à une cinquantaine de mètres.

La fin de la journée fut mauvaise pour la malade, à la suite d'un accès d'une extrême violence. On allait à un dénouement fatal et prochain, si Germain Paterne ne parvenait pas à se procurer le seul remède qui pût agir avec efficacité.

Comment peindre la douleur qui régnait parmi les passagers des pirogues ! C'était un affreux désespoir chez le sergent Martial, à faire craindre qu'il ne devint fou. Les hommes de la *Gallinetta* ne le perdaient pas de vue, redoutant que, dans un accès d'aliénation mentale, il ne se précipitât dans le fleuve.

Jacques Helloch, près de Jeanne, étanchait avec un peu d'eau fraîche la soif qui la dévorait, guettant ses moindres paroles, angoissé de ses moindres soupirs. Ne pourrait-il donc sauver celle qu'il aimait d'un si profond, d'un si pur amour, et pour laquelle il eût sacrifié cent fois sa vie?...

Et alors, la pensée lui venait qu'il aurait dû résister à la volonté de la jeune fille et donner l'ordre de retourner à San-Fernando. C'était insensé de prétendre, en de telles conditions, remonter jusqu'aux sources de l'Orénoque... Les eût-on atteintes, on ne serait pas rendu à Santa-Juana... Si un rio ne mettait pas la Mission en communication avec le fleuve, il serait nécessaire de prendre la voie de terre, de cheminer sous ces interminables forêts par une chaleur accablante...

Mais lorsque Jeanne de Kermor sortait de son assoupissement, lorsque la fièvre lui laissait quelque répit, elle demandait d'une voix inquiète :

« Monsieur Jacques... nous allons toujours dans la bonne direction... n'est-ce pas?...

— Oui... Jeanne... oui!... répondait-il.

— Je pense sans cesse à mon pauvre père!... J'ai rêvé que nous l'avions retrouvé!... Et il vous remerciait... de tout ce que vous aviez fait pour moi... et pour lui... »

Jacques Helloch détournait la tête pour cacher ses larmes. Oui! il pleurait, cet homme, si énergique, il pleurait de se sentir impuissant devant ce mal qui s'aggravait, devant la mort assise au chevet de cette adorée jeune fille!

Le soir, les pirogues s'arrêtèrent à Pedra Mapaya, d'où elles repartirent de grand matin, naviguant tantôt à la voile, tantôt à la pagaie. Les eaux étant déjà fort basses, les falcas risquèrent plusieurs fois d'échouer sur le fond sablonneux du fleuve.

Pendant cette fatigante journée, les falcas dépassèrent le point où les cerros Moras accidentent la rive droite de leurs premières ramifications.

L'après-midi, une nouvelle crise d'une violence extraordinaire menaça d'emporter la malade. On crut sa dernière heure arrivée. Et tel fut le désespoir du sergent Martial, que Germain Paterne, afin que Jeanne ne pût entendre ses cris, dut le faire embarquer sur la *Moriche* qui suivait à une centaine de pieds en arrière. Le sulfate de quinine ne produisait plus aucun effet.

« Germain... Germain... dit alors Jacques Helloch, qui avait entraîné son compagnon à l'avant de la *Gallinetta*, Jeanne va mourir...

— Ne te désespère pas, Jacques !

— Je te dis qu'elle va mourir !... Si cet accès ne la tue pas, elle n'en pourra supporter un autre... »

Ce n'était que trop certain, et Germain Paterne baissa la tête.

« Et ne rien pouvoir... rien ! » soupirait-il.

Vers trois heures de l'après-midi, tomba une pluie torrentielle, qui rafraîchit un peu l'atmosphère dévorante, presque constamment orageuse. Il n'y eut pas lieu de s'en plaindre, car le fleuve profitait de cette eau abondamment versée des nuages blafards, amassés en couches profondes. Ses tributaires de droite et de gauche, si multipliés en cette portion de son cours, relevaient son étiage et assuraient le passage des pirogues.

A quatre heures, le cerro Yaname, dont l'altitude est considérable, apparut à gauche, au détour d'un massif boisé. Au delà du brusque coude que dessine l'Orénoque en cet endroit, s'ouvrait l'étroite embouchure du rio Mavaca.

La brise étant entièrement tombée, Valdez et Parchal vinrent prendre leur poste au pied d'un sitio, composé de quelques paillotes, où vivaient cinq ou six familles mariquitares.

Le premier qui sauta sur la berge fut Jacques Helloch, après avoir dit au patron de la *Moriche* :

« Venez, Parchal. »

Où allait-il ?...

Il allait chez le capitan de ce sitio.

Que voulait-il ?...

Il voulait lui demander d'arracher la mourante à la mort!...

Le capitan occupait une case assez confortable, telle que le sont généralement celles des Mariquitares. C'était un Indien d'une quarantaine d'années, intelligent et serviable, qui reçut les deux visiteurs avec empressement.

Sur l'insistance de Jacques Helloch, Parchal lui posa immédiatement la question relative au coloradito.

Le capitan connaissait-il cette écorce?... Cet arbrisseau poussait-il sur la région du Mavaca...

« Oui, répondit l'Indien, et nous en faisons souvent usage contre les fièvres...

— Et il les guérit?...

— Toujours. »

Ces propos s'échangeaient en cette langue indienne, que Jacques Helloch ne pouvait comprendre. Mais, lorsque Parchal lui eut traduit les réponses du capitan :

« Que cet Indien nous procure un peu de cette écorce... s'écriat-il. Je la lui paierai ce qu'il en voudra... de tout ce que j'ai!... »

Le capitan se contenta de tirer d'un des paniers de sa case quelques débris ligneux, et il les remit à Parchal.

Un instant après, Jacques Helloch et le patron étaient de retour à bord de la *Gallinetta*.

« Germain... Germain... le coloradito... le coloradito!... »

C'est tout ce que put dire Jacques Helloch.

« Bien, Jacques!... répondit Germain Paterne. Le nouvel accès de fièvre n'est pas revenu... C'est le moment... Nous la sauverons... mon ami... nous la sauverons! »

Tandis que Germain Paterne préparait la décoction, Jacques Helloch, près de Jeanne, la rassurait... Jamais fièvre n'avait résisté à ce coloradito... On pouvait en croire le capitan de Mavaca...

Et la pauvre malade, ses yeux agrandis, ses joues blanches comme une cire, après cet accès qui avait élevé à quarante degrés la température de son corps, eut la force de sourire.

« Je me sens mieux déjà, dit-elle, et pourtant... je n'ai encore rien pris...

— Jeanne... ma chère Jeanne !... » murmura Jacques Helloch en s'agenouillant...

Quelques minutes suffirent à Germain Paterne pour obtenir une infusion de cette écorce du coloradito, et Jacques Helloch approcha la tasse des lèvres de la jeune fille.

Dès qu'elle en eut vidé le contenu :

« Merci ! » dit-elle, et ses yeux se refermèrent.

Il fallait maintenant la laisser seule. Aussi Germain Paterne entraîna-t-il Jacques, qui refusait de s'éloigner. Tous deux s'assirent à l'avant de la pirogue, où ils restèrent silencieux.

Les hommes avaient reçu ordre de débarquer, afin qu'il ne se produisît aucun bruit à bord. Si Jeanne s'endormait, il importait que rien ne troublât son sommeil.

Le sergent Martial avait été prévenu. Il savait que l'on s'était procuré le fébrifuge, il savait que celui-ci venait d'être administré à Jeanne. Aussi, quittant la *Moriche*, il sauta sur la berge, il courut vers la *Gallinetta*...

Germain Paterne lui fit signe de s'arrêter...

Le pauvre homme obéit, et, les yeux en pleurs, s'appuya contre une roche.

D'après l'opinion de Germain Paterne, si un nouvel accès ne se déclarait pas, c'est que l'absorption de coloradito aurait produit son effet. Avant deux heures, cela serait décidé. Avant deux heures, on saurait s'il y avait espoir, peut-être même certitude de sauver la jeune fille.

En quelles inexprimables transes tous attendirent ! On écoutait si quelque soupir s'échappait des lèvres de Jeanne... si elle appelait... Non !... elle ne prononçait pas une parole...

Jacques Helloch se rapprocha du rouf...

Jeanne dormait, elle dormait sans agitation, sans paraître oppressée, dans un calme absolu.

« Elle est sauvée!... sauvée... murmurait-il à l'oreille de Germain Paterne.

— Je l'espère... je le crois... Eh! il a du bon, ce coloradito!... Seulement les pharmaciens sont rares sur le haut Orénoque! »

L'heure passée, l'accès n'était pas revenu... Il ne devait plus revenir.

Et, dans l'après-midi, lorsque Jeanne se réveilla, ce fut, non sans raison, cette fois, qu'elle put murmurer en tendant la main à Jacques Helloch :

« Je me sens mieux... oùi!... je me sens mieux ! »

Puis, quand le sergent Martial, qui avait eu la permission de rentrer à bord de la *Gallinetta*, se trouva près d'elle :

« Cela va bien... mon oncle ! » lui dit-elle en souriant, tandis que sa main essuyait les larmes du vieux soldat.

On la veilla toute la nuit. De nouvelles infusions de la salutaire écorce lui furent administrées. Elle dormit paisiblement, et, le lendemain, à son réveil, sa guérison ne fit plus doute pour personne. Quelle joie ressentirent les passagers, quelle joie aussi les équipages des deux pirogues !

Il va de soi que le capitan de Mavaca, malgré ses honnêtes refus, eut le droit de choisir au profit de sa famille ce qui pouvait le tenter dans la cargaison de la *Moriche*. Au total, ce brave homme se montra discret. Quelques couteaux, une hachette, une pièce d'étoffe, des miroirs, des verroteries, une demi-douzaine de cigares, lui payèrent le prix de son coloradito.

Au moment de partir, on s'aperçut que Jorrès n'était pas à bord de la *Gallinetta*, et, sans doute, il avait été absent depuis la veille au soir.

Interrogé par Jacques Helloch, dès qu'il fut de retour, il répondit que l'équipage ayant eu ordre de débarquer, il était allé dormir dans la forêt. Il fallut se contenter de cette réponse, qui ne pouvait être contrôlée, — réponse plausible, d'ailleurs.

Pendant les quatre jours qui suivirent, les falcas remontèrent non sans de grands efforts le courant de l'Orénoque. A peine faisait-on une dizaine de kilomètres par vingt-quatre heures. Qu'importait! Jeanne revenait rapidement à la santé, elle reprenait des forces, grâce aux aliments que lui préparait avec un extrême soin Germain Paterne. Jacques Helloch ne la quittait plus, et, en vérité, le sergent Martial avait fini par trouver cela tout naturel.

« C'était écrit! se répétait-il. Mais mille et mille carambas de carambas, que dira mon colonel? »

Bref, dès le lendemain, la convalescente put sortir du rouf entre midi et deux heures. Enveloppée d'une légère couverture, étendue sur une bonne literie d'herbes sèches à l'arrière de l'embarcation, elle respirait l'air vif et réconfortant des savanes.

La largeur du fleuve ne dépassait pas alors une trentaine de mètres. Le plus souvent, il fallait pousser les falcas au moyen des garapatos ou les haler à l'espilla. Il se rencontra quelques petits raudals assez difficiles, et l'eau était si basse, par endroits, qu'il fut question de débarquer le matériel des pirogues.

Par bonheur, on put éviter cette longue opération. En se mettant à l'eau, les hommes déchargèrent d'autant les pirogues, qui parvinrent à franchir les mauvaises passes. Ainsi fut-il fait au raudal de Manaviche, à celui de Yamaraquin, au pied des cerros Bocon, qui dominent le fleuve de plus de huit cents mètres.

Chaque soir, Jacques Helloch et le sergent Martial allaient chasser à travers les giboyeuses forêts de la rive, et ils rapportaient des chapelets de hoccos ou de pavas. Décidément, en ces provinces méridionales du Venezuela, la question de nourriture n'est pas pour préoccuper, si l'on aime le gibier, qui est de qualité supérieure, — et le poisson, dont fourmillent les eaux du grand fleuve.

La santé de Jeanne était rétablie maintenant. Elle n'avait plus ressenti le moindre mouvement de fièvre depuis l'emploi du coloradito. Il ne paraissait pas qu'une rechute fût à craindre, et il n'y avait qu'à laisser faire la nature, aidée de la jeunesse.

Dans la journée du 25, apparut à droite une chaîne de montagnes, indiquée sur la carte sous le nom de cerros Guanayos.

Le 26, ce n'est pas sans d'extrêmes difficultés, ni d'énormes fatigues, que les pirogues enlevèrent le raudal de Marquès.

A plusieurs reprises, Jacques Helloch, Valdez et Parchal furent induits à penser que la rive droite n'était pas aussi déserte qu'elle le paraissait. Il semblait parfois que des formes humaines se faufilaient entre les arbres et derrière les haliers. A supposer que ce fussent des Guaharibos, il n'y avait pas lieu de s'en inquiéter, puisque ces tribus sont à peu près inoffensives.

Le temps n'était plus où, alors que M. Chaffanjon explorait cette partie de l'Orénoque, ses hommes s'attendaient chaque jour à l'attaque des indigènes.

A noter, cependant, que Jacques Helloch et le sergent Martial essayèrent en vain de rejoindre les êtres quelconques qu'ils croyaient entrevoir sur la lisière de la forêt. La vérité est qu'ils en furent pour leur inutile poursuite.

Il va de soi que si ces indigènes n'étaient pas des Guaharibos, mais des Quivas, — et précisément ceux d'Alfaniz, — leur présence eût constitué le plus grave des dangers. Aussi, Parchal et Valdez surveillaient-ils vigilamment les berges, et ne laissaient plus leurs hommes descendre à terre. Quant à l'attitude de Jorrès, elle ne présentait rien de suspect, et il ne manifesta pas une seule fois l'intention de débarquer. Du reste, encore sept ou huit étapes, et les pirogues devraient s'arrêter, faute de trouver assez d'eau dans le lit du fleuve. L'Orénoque serait réduit à ce mince filet liquide qui sort de la Parima, et dont trois cents affluents font ensuite la grande artère de l'Amérique méridionale.

Alors il y aurait nécessité d'abandonner les falcas, et, pendant une cinquantaine de kilomètres, à travers les profondes forêts de la rive droite, de se transporter pédestrement à Santa-Juana. Il est vrai, là était le but, et l'on serait soutenu par l'espoir de l'atteindre en quelques marches.

TERRIBLES INQUIÉTUDES.

Cette journée du 27 octobre et celle qui suivit purent compter parmi les plus rudes du voyage depuis le départ de Caïcara. Il fallut tout le dévouement des équipages, toute l'habileté des patrons pour franchir le raudal de Guaharibos, — point qu'atteignit en 1760 Diaz de la Fuente, le premier explorateur de l'Orénoque. Ce qui amena Germain Paterne à faire cette juste réflexion :

« Si les Indiens de ce nom ne sont pas redoutables, on ne peut en dire autant des rapides qui s'appellent comme eux…

— Et ce sera un miracle si nous passons sans dommage! répondit Valdez.

— Puisque le ciel en a fait un en sauvant la vie à notre cher Jean, dit Jacques Helloch, il en fera bien un autre pour la pirogue qui le porte! La belle affaire qu'un miracle, quand on est le Dieu tout-puissant, créateur du ciel et de la terre…

— Amen! » murmura le sergent Martial, le plus sérieusement du monde.

Et, au vrai, ce fut miraculeux de s'en tirer au prix d'avaries légères, quelques déchirures, qui purent aisément être réparées en cours de navigation.

Que l'on se figure un escalier de réservoirs étagés, se succédant l'espace de dix à douze kilomètres. Cette disposition rappelait sur une vaste échelle les séries d'écluses du canal de Gotha en Suède. Seulement, ce canal de Stockholm à Gotteborg est pourvu de sas et muni de portes qui les ouvrent et les ferment, — ce qui facilite la marche des bâtiments. Ici, ni sas, ni écluses, et obligation de se haler à la surface de ces paliers de pierres, qui ne laissaient pas un pouce d'eau sous les fonds des falcas. Tous les bateliers durent se mettre à la besogne et manœuvrer l'espilla accrochée aux arbres ou aux roches. Assurément, si la saison sèche eût été plus avancée, ce raudal aurait définitivement arrêté les pirogues.

Et cela est si certain que M. Chaffanjon, en cet endroit même, dut abandonner son embarcation, et achever sur une curiare l'itinéraire qui devait aboutir aux sources de l'Orénoque.

De grand matin, on repartit. La largeur du fleuve ne se mesurait plus que par quinze à vingt mètres. Les falcas remontèrent encore des rapides, au pied de la sierra Guahariba, — entre autres le raudal des Français, et plus d'une fois, les embarcations, flottant à peine, traînées à bras, creusèrent de profondes ornières sur les seuils de sable.

Enfin, le soir, Parchal et Valdez vinrent tourner leurs amarres à la berge de la rive droite.

En face, sur l'autre rive, se dressait la masse sombre d'un haut pic. Ce ne pouvait être que le pic Maunoir, ainsi appelé par le voyageur français en l'honneur du secrétaire général de la Société de Géographie de Paris.

Peut-être, — par excès de fatigue, — la surveillance ne serait-elle pas complète cette nuit-là. En effet, après le souper, chacun ne songea plus qu'à chercher le repos dont il avait besoin. Passagers et mariniers ne tardèrent pas à s'endormir d'un profond sommeil.

Pendant la nuit, aucune agression ne se produisit, aucune attaque ne vint ni des Indiens Bravos, ni des Quivas d'Alfaniz.

Au petit jour, les deux patrons, à leur réveil, poussèrent un cri de désappointement.

L'eau avait baissé de cinquante centimètres depuis la veille. Les pirogues étaient à sec. A peine quelques filets jaunâtres couraient-ils sur le lit de l'Orénoque.

Donc, c'était la navigation interrompue pour toute la durée de la saison chaude.

Lorsque les équipages furent rassemblés sur l'avant des pirogues, on s'aperçut que l'un des hommes manquait à l'appel.

Jorrès avait disparu, et, cette fois, il ne devait pas revenir.

« Aucun homme de vos équipages ne connaît... » (Page 309.)

VII

LE CAMPEMENT DU PIC MAUNOIR.

Le pic Maunoir domine la savane de la rive gauche d'une hauteur de quinze cents mètres. La chaîne, qui vient s'appuyer à son énorme masse, dont il semble être l'inébranlable contrefort, prolonge ses ramifications à perte de vue vers le sud-est.

A quatre-vingts kilomètres de là environ, pointe le pic Ferdinand de Lesseps, ainsi dénommé sur la carte de M. Chaffanjon.

C'est la contrée montagneuse qui commence, celle où le système orographique du Venezuela profile ses plus hauts reliefs. Là s'arrondissent de larges et énormes voussures. Là s'entre-croisent de capricieuses arêtes de jonction. Là l'ossature des monts prend un aspect imposant et grandiose. Là se développe la sierra Parima, qui engendre l'Orénoque. Là se dresse la « montagne Rouge », entourée de nuages, cette mère féconde des ruisseaux, disent les incantations indiennes, ce Roraima, gigantesque borne milliaire, plantée à l'intersection des frontières des trois États.

Si le fleuve s'y fût prêté, Jacques Helloch et ses compagnons eussent navigué jusqu'à la sierra Parima, de laquelle sourdent ses premiers suintements. Il fallut, à leur extrême regret, renoncer à ce mode de transport. On eût sans doute pu continuer le voyage avec les curiares des pirogues. Mais ces canots n'auraient contenu que deux personnes chacun. Puis, comment se passer de l'aide des bateliers pour la manœuvre, et comment faire en ce qui concernait les bagages?

Le matin de ce jour, Jacques Helloch, Germain Paterne, Jean, dont les forces revenaient à vue d'œil, le sergent Martial, auxquels s'étaient joints les patrons Valdez et Parchal, tinrent conseil, — ce que les Indiens de l'Amérique du Nord appellent un palabre.

Palabre ou conseil, d'importantes décisions devaient en sortir, desquelles allaient dépendre la prolongation et peut-être aussi la réussite de cette campagne.

Ces six personnes avaient pris place près la lisière de la forêt en un endroit qui fut désigné sous le nom de campement du pic Maunoir, — quoique le pic s'élevât sur l'autre rive. Au-dessous s'étendait le palier de pierres et de sable, le long duquel les deux falcas gisaient à sec, à l'embouchure d'un rio — le rio Torrida.

Le temps était beau, la brise fraiche et régulière. A gauche, sur la rive opposée, étincelait la cime du pic, baignée de rayons solaires, et, du côté de l'est, une large plaque illuminait son flanc boisé.

Les équipages s'occupaient de préparer leur premier repas à l'avant des pirogues, empanachées d'une légère fumée que la brise déroulait vers le sud.

Le vent soufflait du nord, en petite brise, et n'eût point été favorable à la navigation, au cas qu'elle eût pu se poursuivre en amont du campement.

Du reste, ni sur le cours d'aval, ni sur la berge, ni sous les premiers arbres de la forêt, ne se montrait aucun Indien. De cases ou de paillotes, habitées ou abandonnées, on ne voyait pas vestiges. Et, cependant, d'ordinaire, ces rives étaient fréquentées à cette époque. Mais les tribus éparses à la surface de ces territoires ne se fixent nulle part. Il va de soi, d'ailleurs, que les marchands de San-Fernando ne vont jamais si loin sur le cours du fleuve, car ils seraient exposés à manquer d'eau. Et puis, avec quelle bourgade, avec quel rancho, feraient-ils leur commerce d'exportation et d'importation? Au delà de la Esmeralda, maintenant désertée, on ne rencontre pas même d'habitations en assez grand nombre pour former un village. Aussi est-il rare que les pirogues dépassent l'embouchure du Cassiquiare.

Le premier, Jacques Helloch prit la parole :

« Vous n'êtes jamais remonté au delà sur le haut Orénoque, Valdez?... demanda-t-il.

— Jamais, répondit le patron de la *Gallinetta*.

— Ni vous, Parchal?...

— Ni moi, répondit le patron de la *Moriche*.

— Aucun homme de vos équipages ne connait le cours du fleuve en amont du pic Maunoir?...

— Aucun, répliquèrent Parchal et Valdez.

— Aucun... sauf peut-être Jorrès, fit observer Germain Paterne, mais cet Espagnol nous a faussé compagnie... Je le soupçonne de ne pas en être à sa première promenade à travers ces territoires, quoiqu'il ait soutenu le contraire...

— Où a-t-il pu aller?... interrogea le sergent Martial.

— Où il est attendu, sans doute... répondit Jacques Helloch.

— Attendu?...

— Oui, sergent, et, je l'avoue, depuis un certain temps, ce Jorrès me paraissait assez suspect d'allure...

— Comme à moi, ajouta Valdez. Après cette absence de toute une nuit au rio Mavaca, lorsque je le questionnai, il me répondit... sans me répondre.

— Cependant, fit observer Jean, quand il s'est embarqué à San-Fernando, son intention était bien de se rendre à la Mission de Santa-Juana..

— Et il n'est même pas douteux qu'il ait connu le Père Esperante, ajouta Germain Paterne.

— Cela est vrai, dit le sergent Martial, mais cela n'explique pas pourquoi il a précisément disparu, lorsque nous ne sommes plus qu'à quelques étapes de la Mission... »

Pendant ces derniers jours, l'idée que Jorrès pouvait justifier ses soupçons, avait fait de sérieux progrès dans l'esprit de Jacques Helloch. S'il n'en avait parlé à personne, c'est qu'il désirait ne point inquiéter ses compagnons. Aussi, de tous, était-il celui que le départ de l'Espagnol avait le moins surpris, en même temps qu'il en concevait de graves appréhensions.

Dans cette disposition d'esprit, il en était à se demander si Jorrès ne faisait pas partie des évadés de Cayenne, à la tête des Quivas, commandés par cet Alfaniz, Espagnol comme lui... Si cela était, que faisait Jorrès à San-Fernando, lorsqu'on l'y avait rencontré?... Pourquoi se trouvait-il dans cette bourgade?... Il s'y trouvait, voilà le certain, et, ayant appris que les passagers des pirogues se proposaient d'aller à Santa-Juana, il avait offert ses services au patron de la *Gallinetta*...

Et, maintenant, Jacques Helloch, depuis que ces soupçons avaient pris corps à la suite de la disparition de l'Espagnol, se faisait ce raisonnement :

Si Jorrès n'appartient pas à la bande d'Alfaniz, s'il n'est point animé d'intentions mauvaises, si son projet était bien de se rendre à la Mission, pourquoi venait-il d'abandonner ses compagnons avant le terme du voyage?...

Or, il était parti, alors que tout indiquait qu'il aurait dû rester. Et qui sait si, secrètement averti que les Quivas et leur chef parcouraient la savane environnante, il n'avait pas profité de la nuit pour les rejoindre?...

Et s'il en était ainsi, à présent que les pirogues ne pouvaient plus naviguer, la petite troupe, contrainte de s'engager au milieu de ces épaisses forêts pour gagner Santa-Juana, serait exposée aux dangers d'une agression que son infériorité numérique rendrait difficile à repousser...

Telles étaient les très sérieuses craintes qui assaillaient Jacques Helloch.

Mais, de ces craintes, il n'avait fait part à personne — à peine quelques mots dits à Valdez, qui partageait ses soupçons à l'égard de l'Espagnol.

Aussi, après la question précise, posée par le sergent Martial sur l'inexplicable disparition de Jorrès, voulut-il imprimer à la conversation un cours différent, et dans un sens plus pratique.

« Laissons ce Jorrès où il est, dit-il. Il se peut qu'il revienne, il se peut qu'il ne revienne pas... C'est de notre situation actuelle qu'il importe de s'occuper, et des moyens d'atteindre notre but. Nous sommes dans l'impossibilité de continuer le voyage par l'Orénoque, circonstance fâcheuse, je le reconnais...

— Mais cette difficulté, fit observer Jean, se serait toujours présentée dans quelques jours. En admettant que nous fussions parvenus à gagner les sources mêmes avec nos pirogues, il aurait fallu débarquer au pied de la sierra Parima. De là à la Mission, puisque Santa-Juana n'est pas en communication avec l'Orénoque par un affluent navigable, nous avons toujours pensé que les dernières étapes se feraient à travers la savane...

— Mon cher Jean, répondit Jacques Helloch, vous avez raison, et, tôt ou tard, demain, si ce n'eut été aujourd'hui, nous aurions dû abandonner les falcas. Il est vrai, d'avoir fait une quarantaine de kilomètres plus à l'est, — et cette navigation eût été facile pendant la saison pluvieuse, — cela nous aurait épargné des fatigues... que je redoute... pour vous surtout...

— Les forces me sont entièrement revenues, monsieur Helloch, affirma Jean. Je suis prêt à partir dès aujourd'hui... et je ne resterai pas en arrière...

— Bien parlé, s'écria Germain Paterne, et rien que de vous entendre, Jean, cela nous rendrait lestes et dispos! Mais concluons, et, afin de conclure, peux-tu dire, Jacques, à quelle distance nous sommes et des sources et de la Mission...

— J'ai relevé ces distances sur la carte, répondit Jacques Helloch. En ce qui concerne la Parima, nous ne devons pas en être à plus de cinquante kilomètres. Mais je ne pense pas que le vrai chemin soit de remonter jusqu'aux sources...

— Et pourquoi?... demanda le sergent Martial.

— Parce que si la Mission est située, ainsi que nous l'avons appris à San-Fernando, et comme nous l'a confirmé M. Manuel, sur le rio Torrida, dans le nord-est de notre campement, mieux vaut essayer de s'y rendre directement, sans allonger la route en passant par la sierra Parima...

— En effet, répondit Jean. Je crois inutile de nous imposer les fatigues de ce détour, et il est préférable de marcher en droite ligne sur la Mission de Santa-Juana...

— Comment?... demanda le sergent Martial.

— Comme nous devions le faire... comme nous l'aurions fait, une fois arrivés à la sierra Parima.

— A pied?...

— A pied, répondit Jacques Helloch. Sur ces territoires déserts,

LE CAMPEMENT DU PIC MAUNOIR. 313

Où conduisait cette sente?... (Page 319.)

il n'y a ni un sitio ni un rancho où nous puissions nous procurer des chevaux.

— Et nos bagages?... demanda Germain Paterne. Il faudra donc les laisser à bord des pirogues...

— Je le pense, répondit Jacques Helloch, et cela sera sans grand inconvénient. Pourquoi nous embarrasser de colis encombrants?...

40

— Hum! fit Germain Paterne, qui songeait à ses collections de naturaliste plus qu'à ses chemises et à ses chaussettes.

— D'ailleurs, objecta Jean, qui sait si des recherches ultérieures ne nous conduiront pas au delà de Santa-Juana...

— En effet, et dans ce cas, répondit Jacques Helloch, faute de trouver à la Mission tout ce qui nous serait nécessaire, nous ferions venir nos bagages. C'est ici que les pirogues attendront notre retour. Parchal et Valdez, ou tout au moins l'un d'eux, les gardera avec nos bateliers. La Mission n'est pas à une distance telle qu'un homme à cheval ne puisse la franchir en vingt-quatre heures, et sans doute les communications sont faciles avec Santa-Juana.

— Votre avis est donc, monsieur Helloch, reprit Jean, de n'emporter que l'indispensable à un voyage qui durera au plus trois ou quatre jours...

— C'est, à mon avis, mon cher Jean, le seul parti qui convienne, et je vous proposerais de nous mettre immédiatement en route, si nous n'avions pas à organiser le campement à l'embouchure du rio Torrida. N'oublions pas que nous devons y retrouver les pirogues, lorsque nous voudrons redescendre l'Orénoque pour revenir à San-Fernando...

— Avec mon colonel... s'écria le sergent Martial.

— Avec mon père! » murmura Jean.

Un nuage de doute avait assombri le front de Jacques Helloch. C'est qu'il pressentait bien des difficultés et redoutait bien des obstacles avant d'être arrivé au but!... D'autre part, obtiendrait-on à Santa-Juana des renseignements précis qui permettraient de se lancer avec quelques chances de réussite sur les traces du colonel de Kermor?...

Toutefois, il se garda de décourager ses compagnons. Les circonstances lui avaient fait accepter d'aller jusqu'au bout de cette campagne, et il ne reculerait devant aucun danger. Devenu le chef de cette expédition, dont le succès était peut-être si éloigné, il avait le devoir d'en prendre la direction, et il ne négligerait rien pour accomplir ce devoir.

Le départ étant remis au lendemain, on s'occupa de choisir les objets que nécessitait un cheminement de trois ou quatre longues étapes à travers les forêts de la sierra.

Sur sa proposition, Valdez et deux de ses hommes furent désignés pour accompagner les voyageurs jusqu'à la Mission. Parchal et les seize autres mariniers demeureraient au campement et veilleraient sur les pirogues. Qui sait si plusieurs mois ne se passeraient pas avant que Jacques Helloch et ses compagnons eussent pu les rejoindre?... Et alors la saison sèche tirant à sa fin, la navigation redeviendrait possible. Du reste, il serait temps d'y aviser, lorsqu'il s'agirait du retour.

Ce qui devait donner lieu à des regrets, c'était que cette région de l'Alto Orinoco fût absolument déserte. Quel avantage n'eût-on pas retiré de la rencontre en cet endroit de quelques familles indiennes? Elles auraient assurément fourni d'utiles renseignements sur la route à suivre, sur la Mission de Santa-Juana, sur sa situation exacte dans le nord-est du fleuve.

Également, Jacques Helloch se fût enquis de savoir si la bande des Quivas d'Alfaniz avait paru aux alentours de la rive droite, car, si Jorrès avait pu la rejoindre, c'est qu'elle devait parcourir la campagne environnante.

En outre, il eût été permis, sans doute, d'engager un de ces Indiens à servir de guide pour franchir ces épaisses forêts, sillonnées seulement de quelques sentiers dus au passage des fauves ou des indigènes.

Et, comme Jacques Helloch exprimait devant Valdez le désir qu'il aurait eu de rencontrer des Indiens, celui-ci l'interrompit, en disant :

« Il se peut qu'à une ou deux portées de fusil du campement, il y ait des cases de Guaharibos...

— Avez-vous des raisons de le croire?...

— J'en ai une au moins, monsieur Helloch, car, en longeant la lisière de la forêt à deux cents pas de la berge, j'ai trouvé les cendres d'un foyer...

— Éteint...

— Oui, mais dont les cendres étaient encore chaudes...

— Puissiez-vous ne pas vous être trompé, Valdez ! Et pourtant, s'il y a des Guaharibos à proximité, comment ne se sont-ils pas hâtés d'accourir au-devant des pirogues ?...

— Accourir, monsieur Helloch !... Croyez bien qu'ils auraient plutôt décampé...

— Et pourquoi ?... N'est-ce pas une bonne aubaine pour eux que d'entrer en relations avec des voyageurs... une occasion d'échanges et de profits ?...

— Ils sont trop poltrons, ces pauvres Indiens !... Aussi leur premier soin aura-t-il été de se cacher dans les bois, quittes à revenir quand ils croiront pouvoir le faire sans danger.

— Eh bien, s'ils se sont enfuis, Valdez, leurs paillotes, du moins, n'ont pas pris la fuite, et peut-être en découvrirons-nous quelques-unes dans la forêt...

— Il est facile de s'en assurer, répondit Valdez, en poussant une reconnaissance à deux ou trois cents pas de la lisière... Les Indiens, d'habitude, ne s'éloignent pas du fleuve... S'il y a un sitio, une case aux environs, nous n'aurons pas marché une demi-heure sans l'avoir aperçu...

— Soit, Valdez, allons à la découverte... Mais comme l'excursion pourrait se prolonger, déjeunons d'abord, puis nous nous mettrons en route. »

Le campement fut promptement organisé sous la direction des deux patrons. Bien que les réserves de viande salée, les conserves, la farine de manioc, ne manquassent pas, on résolut de garder ces provisions pour le voyage, afin de n'être point pris au dépourvu. Valdez et deux de ses hommes se chargeraient des sacs. On leur adjoindrait quelques Indiens, s'il s'en rencontrait dans le voisinage, et l'appât de quelques piastres en ferait aisément des porteurs et des guides.

Au surplus, la chasse devait fournir plus que le nécessaire à

Jacques Helloch et à ses compagnons de route comme aux mariniers en relâche au campement du pic Maunoir. On le sait, ce n'était pas la question de nourriture qui eût jamais causé d'inquiétude en parcourant de si giboyeux territoires. Même à l'entrée de la forêt, on voyait voler des canards, des hoccos, des pavas, gambader des singes d'un arbre à l'autre, courir des cabiais et des pécaris derrière les épaisses broussailles, fourmiller dans les eaux du rio Torrida des myriades de poissons.

Pendant le repas, Jacques Helloch fit connaître la résolution qu'il avait prise de concert avec Valdez. Tous deux iraient dans un rayon d'un kilomètre à la recherche des Indiens Guaharibos, qui fréquentaient peut-être ces llanos du haut Orénoque.

« Je vous accompagnerais volontiers... dit Jean.

— Si je te le permettais, mon neveu ! déclara le sergent Martial ; mais j'entends que tu gardes tes jambes pour le voyage... Repose-toi encore cette journée... par ordre du médecin. »

Quelque plaisir que Jacques Helloch aurait eu à faire cette excursion en compagnie de la jeune fille, il dut avouer que le sergent Martial avait raison. Assez de fatigues attendaient la petite troupe dans ce cheminement jusqu'à Santa-Juana, pour que Jeanne de Kermor s'imposât un repos de vingt-quatre heures.

« Mon cher Jean, dit-il, votre oncle est de bon conseil... Cette journée vous rendra toutes vos forces, si vous demeurez au campement... Valdez et moi, nous suffirons...

— On ne veut donc pas d'un naturaliste ?... demanda Germain Paterne.

— On n'a pas besoin d'un naturaliste quand il s'agit de découvrir des naturels, répondit Jacques Helloch. Reste ici, Germain, et herborise à ta fantaisie sur la lisière de la forêt ou le long de la berge.

— Je vous aiderai, monsieur Paterne, ajouta Jean, et pour peu qu'il y ait des plantes rares, nous ferons à nous deux bonne besogne ! »

En partant, Jacques Helloch recommanda à Parchal d'activer les préparatifs du voyage. Quant à Valdez et à lui, ils espéraient être revenus avant deux heures, et, dans tous les cas, ils ne prolongeraient pas leur reconnaissance au delà d'une certaine distance.

Donc l'un, sa carabine sur l'épaule, l'autre, sa hachette à la ceinture, quittèrent leurs compagnons, puis, obliquant au nord-est, disparurent sous les premiers arbres.

Il était neuf heures du matin. Le soleil inondait la forêt de rayons de feu. Heureusement, d'épaisses frondaisons s'étendaient au-dessus du sol.

Dans la région de l'Orénoque supérieur, si les montagnes ne sont pas boisées jusqu'à leur cime comme le sont les cerros du cours moyen, les forêts se montrent riches en essences variées et toutes luxuriantes des produits d'un sol vierge.

Cette forêt de la sierra Parima paraissait être déserte. Cependant, à quelques signes observés par lui, herbes foulées, branches rompues, empreintes fraîches encore, Valdez put, dès le début, affirmer la présence des Indiens sur la rive droite du fleuve.

Ces massifs d'arbres — c'est à noter — étaient formés généralement d'essences d'une exploitation facile, même pour les indigènes. Çà et là, des palmiers d'espèces très diverses sinon nouvelles aux yeux de voyageurs qui avaient remonté le fleuve depuis Ciudad-Bolivar jusqu'au pic Maunoir, des bananiers, des chapparos, des cobigas, des calebassiers, des marinas, dont l'écorce sert à fabriquer les sacs indigènes.

Çà et là, aussi, quelques-uns de ces arbres à vache ou à lait, qui se rencontrent peu communément aux approches du littoral, et des groupes de ces murichis, « arbres de la vie », si abondants au delta de l'Orénoque ; les feuilles de ces précieux végétaux servent de toiture aux paillotes, leurs fibres se transforment en fils et en cordes, leur moelle produit une nourriture substantielle, et leur sève, après fermentation, donne une boisson très salutaire.

A mesure que Jacques Helloch s'enfonçait sous bois, les instincts du chasseur se réveillaient en lui. Que de beaux coups de fusil, des cabiais, des paresseux, des pécaris, nombre de ces singes blancs nommés vinditas, et plusieurs tapirs, qui vinrent à bonne portée ! Mais se charger de tant de gibier, ni Valdez ni lui ne l'auraient pu, et, par prudence, d'ailleurs, mieux valait ne point se trahir par la détonation d'une arme à feu. Savait-on de qui elle aurait été entendue, et si des Quivas ne rôdaient pas derrière les halliers ?... Dans tous les cas, les Guaharibos, s'ils s'étaient retirés par peur, n'eussent pas été tentés de reparaître.

Jacques Helloch et Valdez marchaient donc en silence. Ils suivaient une sorte de sinueuse sente, reconnaissable au froissement des herbes.

Où conduisait cette sente ?... Aboutissait-elle à quelque clairière du côte de la sierra ?...

En somme, — cela fut facile à constater, — le cheminement ne pourrait être que très lent, très pénible, et il fallait compter avec les retards, les fatigues, les haltes fréquentes. Si les pirogues eussent pu atteindre les sources de l'Orénoque, peut-être la région de la Parima eût-elle offert une route moins obstruée vers la Mission de Santa-Juana ?

C'est à ces diverses pensées que s'abandonnait Jacques Helloch, tandis que son compagnon ne se laissait pas distraire de l'objet de cette exploration, c'est-à-dire la découverte d'un sitio ou d'une case, habitée par un de ces Indiens dont il espérait tirer de bons services.

Aussi, après une heure de marche, le patron de la *Gallinetta* fut-il le premier à s'écrier :

« Une paillote ! »

Jacques Helloch et lui s'arrêtèrent.

A cent pas, s'arrondissait une case en forme de gros champignon, misérable d'aspect. Perdue au plus profond d'un massif de palmiers, son toit conique s'abaissait presque jusqu'à terre. A la base de ce toit s'évidait une étroite ouverture irrégulière, qui n'était même pas fermée par une porte.

Jacques Helloch et Valdez se dirigèrent vers cette paillote et pénétrèrent à l'intérieur...

Elle était vide.

En ce moment, une détonation assez rapprochée retentit dans la direction du nord.

L'effroi peint sur sa figure... (Page 324.)

VIII

LE JEUNE INDIEN.

« Un coup de feu... s'écria Jacques Helloch.
— Et à moins de trois cents pas... répondit Valdez.

« — Est-ce le sergent Martial qui se serait mis en chasse après votre départ?...

— Je ne le pense pas...

— Est-ce donc l'Indien à qui appartient, sans doute, cette case?...

— Voyons d'abord si elle était habitée... » répondit le patron de la *Gallinetta*.

Tous deux — ils étaient sortis de quelques pas, lorsque la détonation avait retenti — rentrèrent dans la paillote.

Intérieur aussi misérable que l'extérieur. De meubles point. Au fond, sur le sol de terre, une litière d'herbe qui avait été récemment foulée. Plusieurs calebasses rangées au bas du mur. Dans un angle, un canastero contenant un restant de cassave, un morceau de pécari pendu à l'une des perches de la toiture. En tas, deux ou trois douzaines de ces noix du gavilla qui ressemblent à des amandes, une poignée de fourmis bachacos et de comejens rôtis, dont les Indiens Bravos font leur nourriture. Enfin, sur une pierre plate, un foyer où brûlait encore un tison d'où suintait une fumée lourde.

« Le propriétaire de cette case, fit observer Valdez, devait être là... avant notre arrivée...

— Et il ne peut être loin, ajouta Jacques Helloch, et c'est sans doute lui qui a tiré?... »

Valdez secoua la tête.

« Ces Indiens n'ont ni fusils ni pistolets, dit-il. Un arc, des flèches, une sarbacane, c'est tout.

— Il faut pourtant savoir... » s'écria Jacques Helloch, qui, repris de ses inquiétudes, se demandait si les Quivas d'Alfaniz n'erraient pas aux environs.

Et alors, de quels dangers seraient menacés les voyageurs campés au pic Maunoir! Et, lorsqu'ils seraient en marche vers Santa-Juana, à quelles agressions devaient-ils s'attendre!...

Jacques Helloch et Valdez sortirent de la paillote, leurs armes en état, et, se dissimulant derrière les arbres et les taillis, ils cheminèrent dans la direction du coup de feu.

La case qu'ils venaient de quitter n'appartenait pas même à un sitio. Nulle part, aux alentours, trace de défrichement ou de culture, pas un plant de légumes, pas d'arbres fruitiers, pas un herbage pour le bétail.

Jacques Helloch et Valdez, prêtant l'oreille, l'œil aux aguets, s'avançaient à petits pas.

Aucun bruit autre que le cri des hoccos et le sifflement des pavas, égarés sous les ramures, ou le frôlement d'un animal sauvage secouant le rideau des broussailles.

Depuis vingt minutes, ils allaient ainsi, se demandant s'il ne convenait pas de revenir à la paillote, puis de là au campement, lorsqu'ils crurent entendre des gémissements à courte distance.

Valdez fit signe de se courber sur le sol, — non pour mieux entendre, mais pour n'être point vus, avant que le moment fût venu de se montrer.

Au delà d'un buisson de calebassiers nains s'ouvrait une clairière où les rayons de soleil pénétraient à flots.

En écartant les branches du buisson, Valdez put observer cette clairière sur toute son étendue, et il reconnut que les gémissements venaient de ce côté.

Jacques Helloch, accroupi près de lui, le doigt à la détente de sa carabine, regardait à travers les branches.

« Là... là! » dit enfin Valdez.

Tant de précautions n'étaient pas nécessaires, — en cet instant du moins. On ne distinguait, à l'autre extrémité de la clairière, au pied d'un palmier moriche, que deux individus.

L'un gisait sur le sol, immobile, comme s'il eût été endormi ou plutôt comme si la mort l'eût couché à cette place.

L'autre, agenouillé, lui relevait la tête et poussait ces gémissements dont on comprit alors la cause.

Il n'y avait aucun danger à s'approcher de ces Indiens, et le devoir s'imposait de leur porter secours.

Ce n'étaient point de ces Bravos, errants ou sédentaires, qui se rencontrent sur les territoires du Haut Orénoque. Valdez reconnut à leur type qu'ils appartenaient à cette race des Banivas, dont il était lui-même.

L'un, — celui qui ne donnait plus signe de vie, — paraissait être un homme d'une cinquantaine d'années, l'autre un jeune garçon âgé de treize ans.

Jacques Helloch et Valdez tournèrent le buisson et se montrèrent à dix pas.

Aussitôt qu'il aperçut les deux étrangers, le jeune Indien se releva.

L'effroi peint sur sa figure, il hésita un instant. Puis, après avoir une dernière fois soulevé la tête de l'homme tombé au pied de l'arbre, il s'enfuit, sans que le geste amical que lui adressait Valdez eût pu le retenir.

Tous deux coururent vers l'homme, ils se penchèrent sur lui, ils le redressèrent, ils écoutèrent sa respiration, ils mirent la main sur son cœur...

Le cœur ne battait plus. Aucun souffle de respiration n'entr'ouvrait ses lèvres décolorées.

L'Indien était mort, — mort depuis un quart d'heure à peine, car son corps ne présentait ni la froideur ni la raideur cadavérique. Sous son guayuco, taché de sang, on voyait sa poitrine trouée d'une balle à la hauteur des poumons.

Valdez examina le sol et, entre les herbes rougies, il ramassa un projectile.

C'était la balle d'un revolver du calibre de six millimètres et demi.

« Le calibre de ceux qui sont à bord de la *Gallinetta*, fit observer Jacques Helloch... ceux de la *Moriche* ont huit millimètres... Est-ce que ?... »

Et sa pensée se porta sur Jorrès.

« Il faudrait tâcher, dit-il, de ramener l'enfant... Lui seul peut nous apprendre dans quelles conditions cet Indien a été frappé, et peut-être quel est son assassin...

— Sans doute, répondit Valdez, mais où le retrouver?... La peur lui a fait prendre la fuite...

— Ne serait-il pas retourné à la paillote?...

— C'est peu probable. »

Peu probable, en effet, et, en réalité, cela n'était pas.

Le jeune Indien ne s'était écarté que d'une centaine de pas sur la gauche de la clairière. De là, caché derrière un arbre, il observait les deux étrangers. Lorsqu'il comprit qu'il n'avait rien à craindre d'eux, quand il les vit donner leurs soins à l'Indien, il fit quelques pas en avant de manière à se rapprocher.

Valdez l'aperçut, se redressa, et l'enfant sembla prêt à s'enfuir de nouveau.

« Parlez-lui, Valdez, » dit Jacques Helloch.

Le patron de la *Gallinetta* prononça quelques mots en langue indienne pour appeler le jeune garçon. Puis, après l'avoir rassuré par ses paroles, il l'engagea à les rejoindre. Il lui demanda même de venir les aider à rapporter l'Indien à la paillote...

Non sans un peu d'hésitation, l'enfant parut se décider. A l'effroi qui se peignait sur sa figure succéda une vive douleur, et des gémissements s'échappèrent de sa poitrine.

Il revint à pas lents, et, dès qu'il fut près du corps, il s'agenouilla tout en pleurs.

Ce jeune Indien, de physionomie douce, de constitution vigoureuse, semblait être amaigri par les privations et la misère. Et comment eût-il pu en être autrement dans les conditions où il vivait, au fond de cette forêt déserte, à l'intérieur de cette case, seul avec l'Indien qui gisait sur le sol? A sa poitrine pendait une de ces petites croix que distribuent les missionnaires catholiques aux prosélytes des Missions. Il paraissait intelligent, et comme Jacques Helloch venait de parler en espagnol à Valdez, il dit qu'il comprenait cette langue.

On l'interrogea.

« Comment t'appelles-tu?...

— Gomo.

— Quel est cet Indien ?...

— Mon père...

— Le malheureux !... s'écria Jacques Helloch. C'est son père qui vient d'être tué... »

Et comme l'enfant pleurait, il lui prit la main, il l'attira près de lui, il le consola par ses carosses.

Gomo se remit, et ses yeux retinrent quelques larmes. Un sûr instinct lui disait qu'il avait là, dans ces étrangers, des protecteurs, des amis...

Valdez lui demanda alors :

« Qui a frappé ton père ?

— Un homme... Il est venu au milieu de la nuit... Il est entré dans la case...

— Cette case qui est là ?... reprit Valdez, en dirigeant sa main vers la paillote.

— Oui... il n'y en a pas d'autre de ce côté.

— D'où venait cet homme ?...

— Je ne sais pas.

— Était-ce un Indien ?...

— Non... un Espagnol.

— Un Espagnol !... s'écria Jacques Helloch.

— Oui... et nous l'avons compris, quand il nous a parlé, répondit Gomo.

— Et que voulait-il ?...

— Il voulait savoir si les Quivas étaient arrivés dans la forêt de la Parima...

— Quels Quivas ?... demanda Valdez aussi vivement que son compagnon aurait pu le faire.

— Les Quivas d'Alfaniz... répondit Gomo.

— La bande de ce forçat évadé ! »

Et, aussitôt, Jacques Helloch d'ajouter :

« Ont-ils donc été vus par ici ?...

— Je ne sais pas, répondit l'enfant.

— Et tu as entendu dire qu'ils s'étaient montrés sur le territoire?...

— Non.

— Mais... les as-tu rencontrés... autrefois?...

— Oui... oui ! »

Et les yeux du jeune Indien, dont les traits respiraient l'effroi, se mouillèrent de nouvelles larmes.

Valdez l'ayant pressé de questions, il raconta que ces Quivas et leur chef avaient surpris le village de San-Salvador, où demeurait sa famille, dans le nord de la sierra Parima, qu'ils en avaient massacré tous les habitants, que sa mère avait été tuée, que son père et lui, ayant pu parvenir à se sauver, s'étaient réfugiés dans cette forêt, qu'ils avaient bâti cette case, où ils vivaient depuis dix mois environ...

Quant à la présence des Quivas dans le pays, Gomo ne pouvait donner aucun renseignement. Son père et lui ne savaient pas s'ils avaient été signalés aux environs de l'Orénoque.

« Et cet Espagnol, qui est venu la nuit dans ta case, vous a demandé des informations là-dessus?... reprit Valdez.

— Oui... et il s'est mis en colère, parce que nous n'avions pas pu lui répondre.

— Et il est resté?...

— Jusqu'au matin.

— Et alors?...

— Il a voulu que mon père lui servît de guide pour le conduire du côté de la sierra.

— Ton père a consenti?...

— Il a refusé, parce que cet homme ne lui donnait pas confiance.

— Et cet homme?...

— Il est parti seul, au jour, quand il a vu que nous ne voulions pas le conduire.

— Il est donc revenu?...

— Oui... environ quatre heures après.

— Quatre heures après?... Et pour quelle raison?...

— Il s'était égaré à travers la forêt... il ne pouvait retrouver la direction de la sierra, et, cette fois, il nous menaça de son revolver... il jura qu'il nous tuerait si nous refusions...

— Et ton père a été obligé...

— Oui... mon père... mon pauvre père! répondit le jeune Indien. L'Espagnol l'avait saisi par le bras... il l'avait entraîné hors de la case... il le forçait à marcher devant lui... Moi, je les suivais... Nous avons été ainsi pendant une heure... Mon père, qui ne voulait pas guider cet homme, faisait des détours sans trop s'éloigner... Je le comprenais bien, car je connais la forêt... Mais l'Espagnol finit par le comprendre aussi... Il devint furieux... il accabla mon père d'injures... il le menaça de nouveau... Mon père, que la colère prit alors, se précipita sur l'Espagnol... Il y eut une lutte qui ne dura pas longtemps... Mon père étant sans armes... Je ne pus lui porter secours... Un coup de feu partit... et il tomba, tandis que l'homme s'enfuyait... Je relevai mon père... Le sang sortait de sa poitrine... Il n'avait plus la force de parler... Il voulut revenir vers la case. . Il ne put se traîner que jusqu'ici... où il est mort!... »

Et l'enfant, tout plein de cet amour filial qui caractérise les tribus indigènes du Haut Orénoque, se jeta en pleurant sur le corps de l'Indien.

Il fallut le calmer, le consoler, et surtout lui donner à entendre que l'on vengerait son père... On retrouverait l'assassin... on lui ferait expier son crime...

A ces paroles, les yeux de Gomo se rouvrirent, et, à travers ses larmes, brilla le feu de la vengeance.

Jacques Helloch lui posa une dernière question.

« Tu as bien vu cet homme?... demanda-t-il.

— Oui... je l'ai vu... et je n'oublierai jamais sa figure.

— Peux-tu nous dire comment il était vêtu... sa taille... ses cheveux... ses traits?...

JEAN L'ATTIRA, LE COMBLA DE CARESSES. (Page 330.)

— Il était vêtu d'une veste et d'un pantalon de marinier.

— Bien.

— Il était un peu plus grand que vous... ajouta Gomo en regardant Valdez.

— Bien.

— Il avait les cheveux très noirs... toute sa barbe... noire aussi...

— C'est Jorrès!... dit Jacques Helloch.

— C'est lui! » dit Valdez.

Alors tous deux ils proposèrent à Gomo de les suivre.

« Où?... demanda-t-il.

— Au fleuve, à l'embouchure du rio Torrida, où se sont arrêtées nos pirogues.

— Des pirogues?... répondit-il.

— Ton père et toi, vous ne saviez pas que deux falcas sont arrivées hier soir?

— Non... mais si nous n'avions pas été emmenés dans la forêt par l'Espagnol, nous vous aurions rencontrés ce matin, à l'heure de la pêche...

— Eh bien, mon enfant, dit Jacques Helloch, je te le répète, veux-tu venir avec nous?...

— Et vous me promettez que nous chercherons l'homme qui a tué mon père...

— Je te promets que ton père sera vengé...

— Je vous suis...

— Viens donc... »

Tous deux, emmenant le jeune Gomo, reprirent le chemin de l'Orénoque.

Quant à l'Indien, on ne l'abandonnerait pas à la dent des fauves. Il appartenait à ces tribus Banivas du village de San-Salvador, converties au christianisme, et dont la population avait été massacrée par la bande des Quivas.

Aussi Jacques Helloch se proposait-il de revenir dans l'après-midi avec quelques-uns des mariniers, afin de donner à ce corps une sépulture chrétienne.

Ce fut Gomo qui les conduisit par le plus court, et sans avoir repassé devant la paillote, ils regagnèrent le campement en une demi-heure.

Il avait été convenu entre Jacques Helloch et Valdez qu'ils ne diraient rien de Jorrès. Mieux valait se taire sur les rapports qui existaient, à n'en pas douter, entre Alfaniz et lui. Inutile d'ajouter dans l'esprit de leurs compagnons de nouvelles appréhensions à tant d'autres.

En effet, la situation était très aggravée par ce fait que l'Espagnol connaissait le lien de parenté qui unissait Jean au colonel de Kermor. Alfaniz l'apprendrait par lui, et, pour assouvir sa haine contre le colonel, ce misérable chercherait à s'emparer de son enfant.

Il est vrai, — ce qui était rassurant dans une certaine mesure, — c'est que les Quivas n'avaient point paru aux environs du fleuve. En effet, si leur présence avait été signalée dans la sierra Parima, l'Indien et son fils en auraient eu connaissance. Jacques Helloch se contenterait de dire que l'Espagnol, après s'être enfui, s'était pris de querelle avec cet Indien qui refusait de lui servir de guide jusqu'à la Mission de Santa-Juana, et, que, au cours de cette querelle, il y avait eu mort d'homme.

Cette leçon fut faite à Gomo, et il la comprit, car ses yeux pétillaient d'intelligence. Il ne parlerait à personne ni des Quivas ni d'Alfaniz.

Quelle surprise pour le sergent Martial, pour Jean et pour Germain Paterne, lorsque Jacques Helloch leur présenta Gomo à son retour au campement, et leur raconta de son histoire ce qu'il était convenu de dire!

Chacun fit très bon accueil au jeune Indien, et Jean l'attira, le combla de caresses, quand il apprit que ce pauvre enfant était maintenant seul au monde... On ne l'abandonnerait pas... Non!... on ne l'abandonnerait pas!...

Et même l'arrivée de Gomo put être regardée comme providentielle, puisque Jean lui ayant demandé s'il connaissait la Mission de Santa-Juana :

« Je la connais, répondit-il, et j'y suis allé plusieurs fois avec mon père.

— Et tu nous y conduiras?...

— Oui... oui!... Vous n'êtes pas comme ce méchant homme... qui voulait nous avoir pour guides... »

Sur un signe de Valdez, Gomo se garda d'en dire davantage.

Quant à l'auteur de l'assassinat commis sur la personne de l'Indien, ni Jacques Helloch ni Valdez ne pouvaient avoir le moindre doute, après le portrait que l'enfant avait fait du meurtrier. Et s'ils en avaient eu, ces doutes auraient cessé, lorsqu'on eut constaté qu'un revolver avait été dérobé dans le rouf de la *Gallinetta*.

C'était celui du sergent Martial.

« Mon revolver volé, s'écria-t-il, et volé par ce bandit, et il a servi à assassiner ce malheureux Indien!... Un revolver qui m'avait été donné par mon colonel!... »

Et, en vérité, le chagrin du vieux soldat fut aussi grand que sa colère. Si jamais Jorrès lui tombait sous la main...

Gomo se montra très touché des soins dont il fut l'objet. Après le déjeuner, on acheva l'organisation du campement du Pic Maunoir que devaient occuper les mariniers des falcas, et les préparatifs du voyage pour les passagers, en vue d'une séparation qui pouvait durer... on ne savait.

Entre temps, Gomo avait appris de Jean quel but ses compagnons poursuivaient en se rendant à la Mission de Santa-Juana.

Sa figure s'était aussitôt altérée.

« Vous allez rejoindre votre père... dit-il.

— Oui, mon enfant!

— Vous le reverrez donc... et moi... je ne reverrai plus jamais le mien... jamais! »

Dans l'après-midi, Jacques Helloch, Germain Paterne, et les mariniers de la *Moriche* quittèrent le campement, et se dirigèrent vers la clairière.

Gomo les accompagnait, et Jean avait eu la permission de les suivre.

En une demi-heure, on fut arrivé à l'endroit où le corps de l'Indien gisait au pied du palmier. Les hommes, qui s'étaient munis de pioches, creusèrent une tombe assez profonde pour ne pas être atteinte par les fauves.

Le corps y fut déposé, après que Gomo, tout en larmes, eut embrassé son père une dernière fois.

La fosse comblée, Jean s'agenouilla sur le bord, à côté du jeune garçon, et tous deux s'unirent dans une même prière.

On revint au campement.

Jean n'avait pas été trop fatigué. Il répondait de lui. La force ne lui ferait pas défaut pendant le voyage. Il en donna l'assurance à Jacques Helloch et au sergent Martial.

« J'ai si bon espoir!... » répétait-il.

La nuit venue, les passagers regagnèrent le rouf des pirogues, tandis que les mariniers se disposaient à veiller sur le campement.

On avait fait une place à bord de la *Gallinetta*, pour Gomo. Mais le pauvre enfant ne dormit guère et de gros soupirs troublèrent fréquemment son sommeil.

La marche n'était pas aisée... (Page 336.)

IX

A TRAVERS LA SIERRA.

Dès six heures du matin, Jacques Helloch et ses compagnons quittèrent le campement du pic Maunoir, laissé à la garde de Parchal, en qui l'on pouvait avoir toute confiance.

Parchal avait sous ses ordres les bateliers de la *Gallinetta* et de la *Moriche*, — en tout quinze hommes. Les deux autres, chargés du transport des bagages, accompagnaient les voyageurs. En cas d'agression, si Parchal ne se sentait pas en mesure de se défendre soit contre des indigènes, soit contre une attaque d'Alfaniz, il devrait abandonner le campement et, autant que possible, rallier la Mission de Santa-Juana.

Il n'était pas douteux, d'ailleurs, — et Jacques Helloch s'en croyait assuré, — que la Mission serait en mesure de résister aux Quivas, qui infestaient sans doute cette partie du territoire venezuelien.

A ce sujet, dont il s'était entretenu avec Valdez, il y avait tout lieu de se dire que les bonnes chances l'emporteraient sur les mauvaises. Assurément, de rencontrer la bande d'Alfaniz eût été la plus redoutable éventualité pendant ces étapes à travers les forêts de la sierra Parima. Mais, suivant l'affirmation du jeune Gomo, d'après ce que son père avait répondu à Jorrès, cette bande ne s'était pas montrée dans le voisinage de la sierra. Il est vrai, en se jetant vers le nord, l'Espagnol espérait évidemment rejoindre cet Alfaniz dont il avait peut-être été le compagnon de bagne, — toute hypothèse étant permise à son égard. Au surplus, si les Quivas n'étaient pas loin, la Mission ne l'était pas non plus — une cinquantaine de kilomètres seulement. A raison de vingt-cinq kilomètres par vingt-quatre heures, des piétons pourraient probablement franchir cette distance en deux jours et demi. Partis le 30 octobre, au soleil levant, était-ce exagéré de penser qu'ils arriveraient à Santa-Juana dans l'après-midi du 1er novembre?... Non, si le mauvais temps ne leur suscitait pas des retards.

Donc, avec un peu de bonne chance, la petite troupe comptait effectuer ce voyage sans faire aucune fâcheuse rencontre.

Le détachement se composait de huit personnes. Jacques Helloch et Valdez marchaient en tête, puis Jean et Gomo, suivant la direction indiquée par le jeune Indien. Derrière venaient Germain Paterne et le sergent Martial. Après eux, les deux mariniers de la

Gallinetta portaient les colis, réduits au strict nécessaire, des couvertures pour les haltes de nuit, de la viande conservée et de la farine de manioc en quantité suffisante, chacun ayant sa gourde d'aguardiente ou de tafia.

Certes, au milieu de ces giboyeuses forêts, la chasse aurait suffi à assurer la nourriture des voyageurs. Toutefois, mieux valait ne point donner l'éveil et signaler sa présence par des détonations d'armes à feu.

Si quelques pécaris ou cabiais voulaient se laisser capturer sans tomber sous une balle, ils seraient les bienvenus. Ainsi les échos de la sierra ne répercuteraient-ils pas un seul coup de fusil.

Il va de soi que Jacques Helloch, le sergent Martial et Valdez étaient armés de leurs carabines, la cartouchière pleine, le revolver et le couteau à la ceinture. Germain Paterne avait pris son fusil de chasse, et sa boîte d'herboriste, dont il ne se séparait jamais.

Le temps se prêtait à la marche. Nulle menace de pluie ou d'orage. Des nuages élevés tamisaient les rayons solaires. Une fraîche brise courait à la cime des arbres, pénétrait sous les ramures, faisait voler les feuilles sèches. Le sol montait en gagnant du côté du nord-est. A moins d'une brusque dépression de la savane, il ne se présenterait aucun marécage, aucun de ces esteros humides, qui occupent le plus souvent les profondes bassures des llanos.

Néanmoins, les voyageurs ne seraient pas privés d'eau sur leur parcours. Au dire de Gomo, le rio Torrida, à partir de son embouchure sur l'Orénoque, prenait la direction de Santa-Juana. C'était un rio torrentueux et innavigable, obstrué de roches granitiques, impraticable aux falcas et même aux curiares. Il se déroulait en capricieux zigzags à travers la forêt, et c'était sa rive droite que suivait la petite troupe.

Sous la conduite du jeune Indien, après avoir laissé sur la gauche la paillote abandonnée, on gagna vers le nord-est, de manière à couper obliquement les territoires de la sierra.

La marche n'était pas aisée à la surface d'un sol embroussaillé, parfois recouvert d'une épaisse couche de feuilles mortes, parfois encombré de ces branches que les impétueuses rafales des chubascos abattent par centaines. Jacques Helloch, d'ailleurs, tendait plutôt à modérer le cheminement, afin de ménager les forces de la jeune fille. Et lorsqu'elle lui faisait quelque observation à ce sujet :

« Il importe d'aller vite, sans doute, mais il importe plus encore de ne pas être arrêté par la fatigue.

— Je suis toute remise, maintenant, monsieur Helloch... Ne craignez pas que je sois une cause de retard...

— Je vous en prie... mon cher Jean... répondait-il, permettez-moi de prendre pour vous les précautions que je crois nécessaires... En causant avec Gomo, j'ai pu me rendre compte de la situation de Santa-Juana, établir notre route, étape par étape, que j'ai calculées avec soin... A moins de rencontres qui ne se produiront pas, je l'espère, nous n'aurons pas besoin de doubler ces étapes... Cependant, s'il le fallait, nous nous féliciterions d'avoir ménagé nos forces... les vôtres surtout... Mon seul regret est qu'il ait été impossible de se procurer une monture, ce qui vous eût épargné un voyage à pied...

— Merci, monsieur Helloch, répondit Jeanne. Ce mot est le seul qui puisse répondre à tout ce que vous faites pour moi!... Et vraiment, à y bien réfléchir, en présence des difficultés que je n'avais pas voulu voir au début, je me demande comment mon sergent et son neveu auraient pu atteindre leur but, si Dieu ne vous avait pas mis sur notre route!... Et pourtant... vous ne deviez pas aller au delà de San-Fernando...

— Je devais aller où allait mademoiselle de Kermor, et il est bien évident que si j'ai entrepris ce voyage sur l'Orénoque, c'est que nous devions vous rencontrer en chemin!... Oui!... cela était écrit, mais ce qui est également écrit, c'est qu'il faut que vous vous en rapportiez à moi pour tout ce qui regarde ce voyage jusqu'à la Mission.

— Je le ferai, monsieur Helloch, et à quel plus sûr ami pourrais-je me fier?... » répondit la jeune fille.

A la halte de midi, on s'arrêta sur le bord du rio Torrida, qu'il eût été impossible de traverser au milieu de ses eaux bondissantes. Sa largeur ne dépassait pas une cinquantaine de pieds. Des canards et des pavas voletaient à sa surface. Le jeune Indien put en abattre quelques couples avec ses flèches. Ils furent conservés pour le dîner du soir, et on se contenta de viande froide et de gâteaux de cassave.

Après une heure de repos, la petite troupe se remit en marche. Si les pentes du sol s'accentuaient, l'épaisseur de la forêt ne semblait pas devoir s'éclaircir. Toujours les mêmes arbres, les mêmes halliers, les mêmes broussailles. A côtoyer le Torrida, en somme, on évitait nombre d'obstacles à travers des fourrés encombrés de palmas llaneras. Nul doute que, le soir, la moyenne de kilomètres, calculée par Jacques Helloch, fût atteinte, sauf complications.

Le sous-bois était tout animé. Des milliers d'oiseaux s'envolaient de branches en branches, pépiant à pleins becs. Les singes cabriolaient sous les ramures, principalement des couples de ces aluates hurleurs, qui ne hurlent pas le jour, et réservent pour le soir ou le matin leurs assourdissants concerts. Parmi les volatiles les plus nombreux, Germain Paterne eut la satisfaction d'observer des bandes de guacharos ou diablotins, dont la présence indiquait que l'on se rapprochait du littoral de l'est. Troublés dans leur tranquillité diurne, car, le plus souvent, ils ne sortent qu'à la nuit des anfractuosités rocheuses, ils se réfugiaient sur la cime des matacas dont les baies, fébrifuges comme l'écorce du coloradito, servent à leur nourriture.

D'autres oiseaux encore voltigeaient de branche en branche, ceux-là passés maitres en danses et pirouettes, les mâles faisant « le beau » en l'honneur des femelles. A mesure qu'on avancerait vers le nord-est, les espèces aquatiques deviendraient plus rares, car, habituées des bayous, elles ne s'éloignent guère des rives de l'Orénoque.

Entre temps aussi, Germain Paterne aperçut quelques nids, suspendus aux branches par une légère liane, qui se balançaient à la manière d'une escarpolette. De ces nids, hors de l'atteinte des reptiles, comme s'ils eussent été pleins de rossignols auxquels on aurait appris à solfier la gamme, s'échappaient des volées de trupials, les merveilleux chanteurs du monde aérien. On se rappelle que le sergent Martial et Jean en avaient déjà vu, lorsqu'ils s'étaient promenés aux environs de Caïcara, en débarquant du *Simon-Bolivar*.

La tentation de mettre la main dans l'un de ces nids était trop forte pour que Germain Paterne pût y résister. Mais, au moment où il allait le faire :

« Prenez garde... prenez garde !... » cria Gomo.

Et, en effet, une demi-douzaine de ces trupials se précipitèrent sur l'audacieux naturaliste, s'attaquant à ses yeux. Il fallut que Valdez et le jeune Indien accourussent pour le débarrasser de ses agresseurs.

« De la prudence, lui recommanda Jacques Helloch, et ne risque pas de revenir borgne ou aveugle en Europe! »

Germain Paterne se le tint pour dit.

Il était sage, également, de ne pas frôler les broussailles qui foisonnaient à la gauche du rio. Le mot myriade n'est pas exagéré, lorsqu'on l'applique aux serpents qui rampent sous les herbes. Ils sont aussi à craindre que les caïmans dans les eaux ou le long des rives de l'Orénoque. Si ceux-ci, pendant la saison d'été, s'enfouissent au fond des vases encore humides et y dorment jusqu'à l'époque des pluies, les représentants de l'erpétologie ne s'engourdissent pas sous le fouillis des feuilles mortes. Ils sont toujours à l'affût, et plusieurs furent aperçus, — entre autres un trigonocéphale, long de deux mètres que Valdez signala à propos et mit en fuite.

Quant aux tigres, aux ours, aux ocelots et autres fauves, pas un seul ne se montra dans le voisinage. Mais, très probablement, la nuit venue, leurs hurlements se feraient entendre, et il serait opportun de surveiller le campement.

Jusqu'alors, Jacques Helloch et ses compagnons avaient donc évité toute mauvaise rencontre, ni animaux dangereux, ni malfaiteurs,

— ceux-ci plus redoutables que ceux-là. Il est vrai, sans avoir rien dit de Jorrès et d'Alfaniz, Jacques Helloch et Valdez ne se départissaient pas d'une minutieuse surveillance. Assez souvent, le patron de la *Gallinetta*, précédant la petite troupe, s'éloignait vers la gauche, et allait battre l'estrade, afin d'empêcher toute surprise ou de prévenir une soudaine agression. Puis, n'ayant rien observé de suspect, bien qu'il se fût écarté parfois d'un demi-kilomètre, Valdez venait reprendre sa place près de Jacques Helloch. Un regard échangé leur suffisait à se comprendre.

Les voyageurs se tenaient en groupe compact, autant que le permettait l'étroitesse de la sente parallèle au rio Torrida. A plusieurs reprises, cependant, il y eut nécessité de rentrer sous bois, afin de contourner de hautes roches ou de profondes excavations. La direction du cours d'eau se maintenait toujours vers le nord-est, en longeant les assises de la sierra Parima. Sur l'autre rive, la forêt se développait en étages boisés, dominés çà et là par quelque palmier gigantesque. Au-dessus pointait le sommet de la montagne, dont l'arête septentrionale devait se rattacher au système orographique du Roraima.

Jean et Gomo marchaient l'un près de l'autre, côtoyant la berge, tout juste assez large pour le passage de deux piétons.

Ce dont ils parlaient, c'était de la Mission de Santa-Juana. Le jeune Indien donnait des détails très complets sur cette fondation du Père Esperante, et sur le Père lui-même. Tout ce qui concernait ce missionnaire était de nature à intéresser.

« Tu le connais bien?... demanda Jean.

— Oui... je le connais... je l'ai vu souvent... Pendant une année, mon père et moi, nous sommes restés à Santa-Juana...

— Il y a longtemps?...

— Non... avant la saison des pluies de l'autre année... C'était après le malheur... notre village de San-Salvador pillé par les Quivas... D'autres Indiens et nous, nous avions fui jusqu'à la Mission.

— Et vous avez été recueillis à Santa-Juana par le Père Esperante?...

— Oui... un homme si bon!... Et il voulait nous retenir... Quelques-uns sont restés...

— Pourquoi êtes-vous partis?...

— Mon père l'a voulu... Nous sommes des Banivas... Son désir était de regagner les territoires... Il avait été batelier sur le fleuve... Je savais déjà... je me servais d'une petite pagaie... A quatre ans... je ramais avec lui... »

Ce que disait le jeune garçon n'était pas pour étonner Jacques Helloch et ses compagnons. D'après le récit du voyageur français, ils connaissaient le caractère de ces Banivas, les meilleurs mariniers de l'Orénoque, depuis nombre d'années convertis au catholicisme, des Indiens intelligents et honnêtes. C'était par suite de circonstances particulières, — et parce que la mère de Gomo appartenait à une tribu de l'est, — que son père avait été se fixer au village de San-Salvador, au delà des sources du fleuve. Et, en prenant cette décision de quitter Santa-Juana, il obéissait à son instinct qui le poussait à retourner vers les llanos entre San-Fernando et Caïcara. Il guettait donc une occasion, l'arrivée de pirogues à bord desquelles il eût pu trouver du service, et, en attendant, il habitait cette misérable case de la sierra Parima.

Et que fût devenu son enfant, après l'assassinat commis par Jorrès, si les falcas n'eussent été dans la nécessité de s'arrêter au campement du pic Maunoir?...

C'est à toutes ces choses que réfléchissait Jeanne de Kermor, en écoutant le jeune Indien. Puis, elle ramenait la conversation sur Santa-Juana, sur l'état actuel de la Mission, plus particulièrement sur le Père Esperante. Gomo répondait avec netteté à toutes ces questions. Il dépeignait le missionnaire espagnol, un homme grand, vigoureux, malgré sa soixantaine d'années, — beau... beau... répétait-il, sa barbe blanche, ses yeux qui brillaient comme du feu tel que l'avaient dépeint M. Manuel Assomption et le misérable

Germain Paterne et Valdez préparèrent le repas. (Page 342.)

Jorrès. Et alors, dans une disposition d'esprit à prendre ses désirs pour des réalités, Jeanne se voyait déjà rendue à Santa-Juana... Le Père Esperante l'accueillait à bras ouverts... il lui fournissait les renseignements dont elle avait besoin... il lui apprenait ce qu'était devenu le colonel de Kermor depuis son dernier passage à San-Fernando... elle savait enfin où il avait été chercher refuge en quittant Santa-Juana...

A six heures du soir, Jacques Helloch donna le signal d'arrêt, après la seconde étape de la journée.

Les Indiens s'occupèrent d'organiser la halte de nuit. Le lieu paraissait propice. Une profonde anfractuosité, coupant la berge, se dessinait en entonnoir jusqu'au bord du rio. Au-dessus de cette anfractuosité, de grands arbres inclinaient leurs branches, comme une sorte de rideau qui retombait sur les parois de la roche. Au bas, s'évidait une sorte de niche, dans laquelle la jeune fille pourrait s'étendre. Avec une litière d'herbes sèches et de feuilles mortes, on lui ferait un lit, et elle y reposerait aussi bien que sous le rouf de la *Gallinetta*.

Naturellement, Jean se défendait de ce que l'on voulût prendre tant de peines à son sujet. Jacques Helloch se refusa à rien entendre, et il invoqua l'autorité du sergent Martial... Il fallut bien que le neveu obéît à son oncle.

Germain Paterne et Valdez préparèrent le repas. Le rio fourmillait de poissons. Gomo en tua quelques-uns en les fléchant à la manière indienne, et ils furent grillés sur un petit feu allumé contre la roche. Avec les conserves et les gâteaux de cassave, tirés du sac des porteurs, l'appétit aidant après cinq heures de marche, les convives ne se refusèrent pas à reconnaître qu'ils n'avaient jamais fait un meilleur repas... depuis...

« Depuis le dernier !... » déclara Germain Paterne, pour qui tout repas était excellent, à la condition de satisfaire la faim.

La nuit venue, chacun alla choisir sa place, dès que Jean eut été se coucher au fond de sa niche. Le jeune Indien s'étendit à l'entrée. Le campement ne pouvant pas rester sans surveillance, on avait décidé que, pendant la première partie de la nuit, Valdez serait de garde avec l'un de ses hommes, et, pendant la seconde partie, Jacques Helloch avec l'autre.

En effet, du côté de la forêt sur la berge, et du côté du rio en de la rive opposée, il fallait être à même d'apercevoir toute approche suspecte.

Bien que le sergent Martial eût réclamé sa part de faction, il dut consentir à reposer jusqu'au jour. La nuit suivante, on accepterait son offre, et aussi l'offre de Germain Paterne. Jacques Helloch et Valdez suffiraient en se relayant. Donc le vieux soldat alla s'accoter contre la paroi, aussi près que possible de la jeune fille.

Le concert des fauves, auquel se mêlait celui des singes hurleurs, commença dès que le jour devint obscur, et il ne devait finir qu'aux premières lueurs de l'aurore. La meilleure précaution, afin de tenir ces animaux éloignés du campement, eût été d'allumer un foyer flambant et de l'entretenir de bois sec toute la nuit. On le savait, mais on fut d'accord pour n'en rien faire. Si ce foyer eût écarté les animaux, il aurait pu, au contraire, attirer des malfaiteurs, — peut-être les Quivas, s'ils couraient ce territoire, et c'est de ces malfaiteurs surtout qu'il importait de n'être point vu.

Bientôt, à l'exception de Valdez, posté sur la berge, et du batelier qui veillait près de lui, le campement fut plongé dans un profond sommeil.

Vers minuit, tous deux furent remplacés par Jacques Helloch et le second porteur.

Valdez n'avait rien observé, rien entendu de suspect. Entendre, d'ailleurs, eût été difficile, au milieu du tumulte dont les eaux du rio en se brisant contre les roches emplissaient la sierra.

Jacques Helloch engagea Valdez à prendre quelques heures de repos, et remonta vers la berge.

De là, non seulement il pouvait surveiller la lisière de la forêt, mais aussi la rive gauche du Torrida.

Assis au pied d'un énorme moriche, les réflexions, les sentiments dont son esprit et son cœur étaient pleins, ne l'empêchèrent pas de faire bonne garde.

Était-il le jouet d'une illusion... mais vers quatre heures du matin, lorsque l'horizon de l'est commençait à blanchir, son attention fut mise en éveil par un certain mouvement sur la rive opposée, moins escarpée que la rive droite. Il lui sembla que des formes se déplaçaient entre les arbres. Étaient-ce des animaux... étaient-ce des hommes?...

Il se redressa, il rampa de manière à gagner la crête de la berge, il parvint à se rapprocher de quelques mètres vers la rive, et demeura immobile, regardant...

Il ne vit rien de distinct. Cependant, qu'une certaine animation se produisait à la lisière du massif de l'autre rive, il crut en avoir la certitude.

Devait-il donner l'alarme, ou tout au moins réveiller Valdez, qui dormait à quelques pas?...

Ce fut à ce dernier parti qu'il s'arrêta, et, touchant l'Indien à l'épaule, il le tira de sommeil.

« Ne bougez pas, Valdez, dit-il à voix basse, et observez l'autre berge du rio. »

Valdez, étendu de son long, n'eut qu'à tourner la tête dans la direction indiquée. Pendant une minute, son regard fouilla les dessous de cet obscur massif d'arbres.

« Je ne me trompe pas, dit-il enfin, il y a là trois ou quatre hommes qui rôdent sur la rive...

— Que faire?...

— Ne réveillons personne... Il est impossible de traverser le rio en cet endroit... et à moins qu'il n'y ait un gué en amont...

— Mais de l'autre côté?... demanda Jacques Helloch, en montrant la forêt, qui s'étendait vers le nord-ouest.

— Je n'ai rien vu... je ne vois rien... répondit Valdez, qui s'était retourné sans se relever... Peut-être, n'avons-nous là que deux ou trois Indiens Bravos...

— Que seraient-ils venus faire, la nuit, sur cette rive?... Non, pour moi... cela n'est que trop certain... notre campement est découvert... Et, tenez, Valdez, voici un de ces hommes qui essaye de descendre jusqu'au rio...

— En effet... murmura Valdez... et ce n'est point un Indien... Cela se reconnaît rien qu'à la manière dont il marche... »

Les premières lueurs, après avoir contourné les lointaines cimes de l'horizon, arrivaient en ce moment jusqu'au lit du Torrida. Valdez put donc être affirmatif en ce qui concernait l'homme aperçu sur la berge opposée.

« Ce sont les Quivas d'Alfaniz... dit Jacques Helloch. Eux seuls ont intérêt à s'assurer si nous sommes ou non accompagnés de tous les mariniers des pirogues...

— Et cela eût mieux valu, répondit le patron de la *Gallinetta*.

— Sans doute, Valdez... mais à moins d'aller à l'Orénoque chercher du renfort... Non.... si nous avons été reconnus, il n'est plus temps d'envoyer un de nos hommes au campement... Nous serons attaqués avant d'avoir reçu des secours... »

Valdez saisit vivement le bras de Jacques Helloch, qui se tut aussitôt.

Un peu plus de jour éclairait les rives du Torrida, tandis que l'anfractuosité, au fond de laquelle dormaient Jean, Gomo, le sergent Martial, Germain Paterne et le second porteur, s'enveloppait encore d'une profonde obscurité.

« Je crois... dit alors Valdez, je crois reconnaître... oui!... mes yeux sont bons... ils ne peuvent me tromper!... Je reconnais cet homme... C'est l'Espagnol...

— Jorrès!

— Lui-même.

— Il ne sera pas dit que je l'aurai laissé échapper, ce misérable!... »

Jacques Helloch venait de saisir sa carabine, placée près de lui contre une roche, et, d'un rapide mouvement, il la mit à son épaule.

« Non... non!... fit Valdez... Ce ne serait qu'un de moins, et il y en a peut-être des centaines sous les arbres... D'ailleurs, il leur est impossible de franchir le rio...

— Ici... non... mais en amont... qui sait?... »

Cependant Jacques Helloch se rendit à l'avis de Valdez avec d'autant plus de raison que le patron de la *Gallinetta* était de bon conseil, et possédait les remarquables qualités de finesse et de prudence des Banivas.

D'ailleurs, Jorrès, — si c'était lui, — dans son désir d'observer de plus près le campement, eût risqué d'être aperçu lui-même. Aussi venait-il de rentrer sous les arbres, au moment où le marinier, posté près du Torrida, s'avançait comme s'il eût aperçu quelque chose.

Pendant un quart d'heure, Jacques Helloch et Valdez demeurèrent à la même place, sans faire un mouvement.

Ni Jorrès ni aucun autre ne se montrèrent sur la rive opposée. Rien ne passait à la lisière de ces massifs d'arbres, qui commençaient à se dégager de l'ombre.

Mais avec le jour croissant, l'Espagnol, — en admettant que Valdez ne se fût pas trompé — allait pouvoir reconnaître que deux mariniers seulement accompagnaient les passagers des pirogues, et constater l'infériorité de cette petite troupe.

Or, comment continuer le voyage dans des conditions de sécurité si insuffisantes?... On avait été découvert... on était épié... Jorrès venait de retrouver Jacques Helloch et ses compagnons en marche vers la Mission de Santa-Juana... Il ne perdrait plus maintenant leurs traces...

Conjonctures d'une extrême gravité, et ce qui était plus grave encore, c'est que l'Espagnol avait certainement rejoint la bande des Quivas, qui parcourait ces territoires sous les ordres du forçat Alfaniz.

« Là... là... répondit le jeune Indien... (Page 351.)

X

LE GUÉ DE FRASCAÈS.

A cinq heures, le campement s'éveilla.

Le premier à se lever fut Jean. Tandis qu'il allait et venait le long de la rive du rio, le sergent Martial, Germain Paterne et le jeune Indien dormaient encore, enveloppés de leurs couvertures, le chapeau sur les yeux.

Le marinier de garde au bord de la grève, après s'être rapproché de Jacques Helloch et de Valdez, les entretenait de ce qu'il avait observé pendant sa faction. D'ailleurs, il confirmait le dire de Valdez. Lui aussi avait reconnu Jorrès dans l'homme qui rôdait sur la berge du Torrida.

Tout d'abord, Jacques Helloch fit à tous les deux la recommandation de ne rien dire. Inutile de révéler les dangers de la situation aggravée par cette rencontre. Il suffisait qu'elle leur fût connue, et c'était à eux de prendre les mesures qu'exigeait la sécurité de leurs compagnons.

Après réflexions et arguments pour ou contre, il avait été décidé que la petite troupe continuerait à se diriger vers la Mission de Santa-Juana.

En effet, si Alfaniz occupait les environs, si Jacques Helloch et les siens devaient être attaqués, cette attaque se produirait aussi bien pendant une marche en avant que pendant un retour en arrière. Il est vrai, à revenir vers l'Orénoque, on serait couvert par le rio Torrida, à moins qu'il ne fût franchissable en amont. Dans ce cas, rien n'empêcherait les Quivas de redescendre jusqu'au campement du pic Maunoir, et ce n'était pas avec le renfort du personnel des pirogues que l'on parviendrait à repousser leur agression.

Marcher vers Santa-Juana présentait, au contraire, quelques avantages. D'abord on conserverait la protection du rio Torrida, tant qu'il ne serait pas guéable, — et il y aurait lieu d'interroger Gomo à ce sujet. Ensuite, c'était se rapprocher du but, c'était peut-être l'atteindre, et il n'y aurait plus rien à craindre à la Mission de Santa-Juana, avec sa population qui comptait plusieurs centaines de Guaharibos, ces Indiens dont le dévouement d'un missionnaire avait fait des hommes. Santa-Juana offrait un refuge assuré contre toute tentative d'Alfaniz.

Il fallait donc, à tout prix, gagner la Mission dans le plus court délai, s'efforcer de l'atteindre avant la nuit prochaine en doublant les étapes. Vingt-cinq à trente kilomètres, cela ne pouvait-il s'enlever en vingt heures?

Jacques Helloch revint au campement, afin de préparer un départ immédiat.

« Ils dorment encore, monsieur Helloch, dit la jeune fille, qui s'avança aussitôt vers lui.

— Et vous êtes la première levée, mademoiselle Jeanne!... répondit Jacques Helloch. Je vais les réveiller et nous nous mettrons en route...

— Vous n'avez rien remarqué de suspect?...

— Non... rien... rien... mais partons... J'ai calculé qu'en marchant sans nous arrêter, nous pourrions, sinon ce soir du moins dans la nuit, arriver à Santa-Juana...

— Ah! monsieur Helloch, qu'il me tarde d'être rendue à la Mission!

— Où est Gomo?... demanda Jacques Helloch.

— Là... dans ce coin!... Il dort d'un si bon sommeil, le pauvre enfant...

— Il faut que je lui parle... J'ai besoin de certains renseignements avant de partir...

— Voulez-vous me laisser ce soin? » proposa Jeanne de Kermor.

Et elle ajouta :

« Vous semblez soucieux, ce matin, monsieur Helloch... Est-ce que quelque mauvaise nouvelle?...

— Non... je vous assure... mademoiselle Jeanne... non! »

La jeune fille fut sur le point d'insister; mais, comprenant que cette insistance embarrasserait Jacques, elle se dirigea vers Gomo qu'elle réveilla doucement.

Le sergent Martial, lui, se détira les bras, poussa quelques hums! sonores, et se remit sur pied en un instant.

Il y eut plus de façons avec Germain Paterne. Roulé dans sa couverture, la tête appuyée sur sa boîte d'herboriste en guise d'oreiller, il dormait comme un loir, — animal qui a la réputation d'être le plus déterminé dormeur de toute la création.

Pendant ce temps, Valdez faisait refermer les sacs, après en avoir retiré les restes du souper de la veille réservés au premier déjeuner du matin. Lorsque le jeune Indien se fut réveillé, il vint avec Jean, rejoindre Jacques Helloch près d'une roche sur laquelle était déployée la carte du pays. Cette carte indiquait les territoires entre la sierra Parima et le massif de Roraima, sillonnés par les zigzags du rio.

Gomo savait lire et écrire, et il allait pouvoir donner des renseignements assez précis sur la contrée.

« Tu as vu quelquefois des cartes qui représentent une région avec ses mers, ses continents, ses montagnes, ses fleuves?... lui demanda Jacques Helloch.

— Oui, monsieur... On nous en a montré à l'école de Santa-Juana, répondit le jeune Indien.

— Eh bien, regarde celle-ci et prends le temps de réfléchir... Ce grand fleuve, qui est dessiné là en demi-cercle, c'est l'Orénoque que tu connais...

— Que je connais et que j'aime!

— Oui!... tu es un brave enfant, et tu aimes ton beau fleuve!... Vois-tu à son extrémité cette grosse montagne?... C'est là qu'il a sa source...

— La sierra Parima, je le sais, monsieur... Voici les raudals que j'ai souvent remontés avec mon père...

— Oui... le raudal de Salvaju.

— Et après, il y a un pic...

— C'est le pic de Lesseps.

— Mais ne te trompe pas... Nous ne sommes pas allés si loin avec nos pirogues...

— Non... pas si loin.

— Pourquoi toutes ces questions à Gomo, monsieur Helloch?... demanda Jeanne.

— Je désire être fixé sur le cours du rio Torrida, et, peut-être Gomo pourra-t-il me fournir les renseignements qui me sont nécessaires... »

La jeune fille jeta un regard plus interrogateur sur Jacques Helloch, qui baissa la tête.

« Maintenant, Gomo, dit-il, voici l'endroit où nous avons laissé nos pirogues... voici la forêt où était la case de ton père... voici l'embouchure du rio Torrida...

— Là... là... répondit le jeune Indien, en posant le doigt sur la carte.

— Là même, Gomo, et, fais bien attention... je vais suivre le cours du rio dans la direction de Santa-Juana, et tu m'arrêteras s'il y a erreur. »

Jacques Helloch promena son doigt sur la carte, en obliquant vers le nord-est, après avoir contourné la base de la sierra Parima pendant une cinquantaine de kilomètres. A ce point, il fit une croix au crayon et dit :

« Là doit être la Mission ?...

— Oui... là...

— Et le rio Torrida en descend ?...

— Oui... comme il est marqué.

— Mais ne descend-il pas de plus haut ?...

— De plus haut, certainement, et quelquefois nous l'avons remonté au delà.

— Santa-Juana se trouve alors sur la rive gauche...

— Sur la rive gauche.

— Il faudra donc le traverser, puisque nous sommes sur la rive droite...

— Il le faudra... monsieur... et ce sera facile.

— Comment ?...

— Il y a... au-dessus... un passage, avec des roches où l'on peut mettre le pied, quand les eaux sont basses... un gué qu'on appelle le gué de Frascaës.

— Tu connais ce gué?...

— Oui, monsieur... et, avant que le soleil soit à midi, nous y serons arrivés. »

Les réponses du jeune Indien étaient très affirmatives en ce qui concernait ce passage, puisqu'il avait eu lui-même l'occasion de le franchir.

Et ce fut cette constatation dont devait, en somme, s'alarmer Jacques Helloch. Si le gué de Frascaès permettait à la petite troupe de passer sur la rive gauche du rio Torrida, il permettait aux Quivas de passer sur la rive droite. Jacques Helloch et ses compagnons ne seraient plus couverts par le rio jusqu'à la hauteur de la Mission.

La situation empirait donc de ce fait. Néanmoins, ce n'était pas une raison pour revenir en arrière, du moment que les chances d'une agression eussent été aussi grandes. A Santa-Juana, la petite troupe serait en sûreté... C'est à Santa-Juana qu'il importait d'arriver d'ici vingt-quatre heures.

« Et tu dis, demanda une dernière fois Jacques Helloch, tu dis que nous pouvons atteindre le gué de Frascaès vers midi...

— Oui... si nous partons tout de suite. »

La distance qui séparait le campement du gué pouvait être d'une douzaine de kilomètres. Or, comme on avait résolu de hâter la marche dans l'espoir d'être au but vers minuit, il serait aisé de passer ce gué avant la première halte.

L'ordre du départ fut donné. Tout était prêt, d'ailleurs, les sacs sur l'épaule des deux bateliers, les couvertures roulées au dos des voyageurs, la boîte du botaniste à la courroie de Germain Paterne, les armes en état.

« Vous pensez, monsieur Helloch, qu'il est possible d'atteindre Santa-Juana en une dizaine d'heures?... demanda le sergent Martial.

— Je l'espère, si vous faites bon usage de vos jambes, qui auront le temps de se reposer ensuite.

— Ce n'est pas moi qui vous retarderai, monsieur Helloch. Mais sera-t-il capable... lui... Jean...

— Votre neveu, sergent Martial, répliqua Germain Paterne. Allons donc!... Il nous battrait à la course!... On voit bien qu'il a été à une fameuse école!... Vous lui avez donné des jambes de soldat, et il a le pas gymnastique! »

Jusqu'alors, paraît-il, Gomo ne savait pas quel lien de parenté, — parenté imaginaire, — unissait le fils du colonel de Kermor au sergent Martial. Aussi, regardant ce dernier :

« Vous êtes son oncle?... demanda-t-il.

— Un peu... petit!

— Alors le frère de son père ?...

— Son propre frère, et c'est même pour cela que Jean est mon neveu... Comprends-tu ? »

Le jeune garçon inclina la tête en signe qu'il avait compris.

Le temps était couvert. Les nuages couraient bas, poussés par une brise de sud-est, avec menaces sérieuses de pluie. Derrière ce voile grisâtre disparaissait le sommet de la sierra Parima, et, vers le sud, la pointe du pic Maunoir n'apparaissait plus qu'à travers l'éclaircie des arbres.

Jacques Helloch jeta un regard inquiet du côté de l'horizon d'où venait le vent. Après les premiers rayons au lever du soleil, le ciel s'était presque aussitôt assombri sous l'enroulement des vapeurs qui montaient en s'épaississant. Qu'il vînt à tomber une de ces violentes averses dont s'inondent si fréquemment les savanes méridionales, le cheminement serait retardé, et il deviendrait difficile d'être à Santa-Juana dans le délai fixé.

La petite troupe partit en reprenant la sente entre le rio Torrida et la lisière de l'impénétrable forêt. L'ordre de la veille fut conservé, — le patron Valdez et Jacques Helloch en tête. Tous deux avaient observé une dernière fois la rive opposée. Elle était déserte. Déserts aussi les massifs d'arbres qui se développaient vers la gauche. Pas un être vivant, si ce n'est un monde assourdissant d'oiseaux, dont les chants saluaient le lever du soleil avec accompagnement des aluates hurleurs.

Chacun s'attachait à l'espoir d'être rendu à la Mission dès le milieu de la nuit. Cela ne s'obtiendrait qu'au prix d'une marche forcée, à peine interrompue par une très courte halte à midi. Il convenait donc d'allonger le pas, et on le faisait sans se plaindre. Sous ce ciel voilé de brumes, la température conservait une moyenne supportable, heureuse circonstance, car aucun arbre n'abritait la berge.

De temps à autre, Jacques Helloch, dévoré d'inquiétudes, se retournait en disant :

« Est-ce que nous n'allons pas trop vite pour vous, mon cher Jean?...

— Non, monsieur Helloch, non, lui était-il répondu. Ne vous inquiétez ni de moi ni de mon ami Gomo, qui parait avoir des jambes de jeune cerf...

— Monsieur Jean, répliqua Gomo, s'il le fallait, je pourrais être, ce soir, à Santa-Juana...

— Peste... quel coureur tu fais ! » s'écria Germain Paterne, qui, lui, n'était pas doué de telles facultés locomotrices et restait parfois en arrière.

Il est vrai, Jacques Helloch ne le prenait point en pitié. Il l'appelait, il l'interpellait, il lui criait :

« Voyons... Germain... tu te ralentis... »

Et l'autre de répondre :

« Nous ne sommes pas à une heure près !

— Qu'en sais-tu ? »

Et comme Germain Paterne ne le savait pas, il n'avait qu'à obéir, et il obéissait.

Un instant, Jacques Helloch s'était arrêté à cette réflexion que la dernière réponse du jeune Indien venait de faire naître dans son esprit : « Ce soir, avait affirmé Gomo, je pourrais être à Santa-Juana ».

Donc, en six ou sept heures, Gomo se faisait fort d'avoir atteint la Mission de Santa-Juana. N'était-ce pas là une chance dont il conviendrait de profiter?...

Jacques Helloch, tout en marchant, fit connaître cette réponse à Valdez.

« Oui... en six ou sept heures, dit-il, le Père Esperante pourrait être prévenu que notre petite troupe se dirige vers Santa-Juana... Il n'hésiterait pas à nous envoyer des renforts... Il viendrait lui-même sans doute...

— En effet, répondit Valdez. Mais, laisser partir l'enfant, ce serait nous priver de notre guide, et je crois que nous avons besoin de lui, puisqu'il connaît le pays...

— Vous avez raison, Valdez, Gomo nous est nécessaire, et surtout pour le passage du gué de Frascaès...

— Nous y serons vers midi, et, une fois le gué franchi, nous verrons...

— Oui... nous verrons... Valdez!... C'est peut-être à ce gué qu'est le danger. »

Et qui sait si un danger plus prochain ne menaçait pas Jacques Helloch et ses compagnons avant qu'ils y fussent arrivés?... Après avoir reconnu le campement établi sur la rive droite du Torrida, Jorrès n'avait-il pu remonter la rive gauche du rio avec la bande d'Alfaniz?... Et, puisque les Quivas avaient une avance de quelques heures, était-il impossible qu'ils eussent déjà franchi le gué de Frascaès?... Et maintenant, ne redescendaient-ils pas la rive droite où ils devaient rencontrer la petite troupe?... Cette hypothèse était vraisemblable.

Cependant, à neuf heures, Valdez, qui s'était éloigné de quelques centaines de pas, put affirmer, lorsqu'il eut rejoint, que la route semblait libre. Quant à l'autre rive, rien n'y indiquait la présence des Quivas.

Jacques Helloch eut alors la pensée de faire halte en cet endroit, après avoir demandé à Gomo :

« A quelle distance sommes-nous du gué?...

— A deux heures de marche environ, répondit le jeune Indien, qui ne savait guère évaluer les distances que par le temps nécessaire à les parcourir.

« — Reposons-nous, commanda Jacques Helloch, et déjeunons rapidement avec ce qui nous reste de provisions... Il est inutile d'allumer du feu. »

En effet, c'eût été risquer de trahir sa présence — réflexion que Jacques Helloch garda pour lui.

« Hâtons-nous... mes amis... hâtons-nous, répéta-t-il, rien qu'un quart d'heure de halte! »

La jeune fille ne le comprenait que trop! Jacques Helloch était rongé d'inquiétudes dont elle ne connaissait pas la cause. Sans doute, d'une façon générale, elle savait que les Quivas parcouraient ces territoires, elle savait que Jorrès avait disparu, mais elle ne pouvait supposer que l'Espagnol, en remontant l'Orénoque à bord de la *Gallinetta*, ne l'eût fait que dans l'intention de rejoindre Alfaniz, ni qu'il existât des relations d'ancienne date entre cet évadé de Cayenne et lui. Plus d'une fois elle fut sur le point de s'écrier :

« Qu'y a-t-il, monsieur Helloch ?... »

Elle se tut, cependant, s'en rapportant à l'intelligence de Jacques Helloch, à son courage, à son dévouement, à son désir d'arriver le plus tôt possible au but. Le repas fut vite expédié. Germain Paterne qui l'eût volontiers prolongé, fit contre fortune bon cœur, ou plutôt « bon estomac », comme il se plut à le dire.

A neuf heures quinze, les sacs refermés et chargés, on se remit en route dans le même ordre.

Si la forêt se développait sans discontinuité sur la rive droite du rio Torrida, la rive gauche présentait alors un aspect très différent. Les arbres ne s'y groupaient que par bouquets épars à la surface des llanos, tapissés d'une herbe épaisse, dont les flancs de la sierra étaient également revêtus presque jusqu'à la cime.

D'autre part, la berge opposée, très basse, affleurait presque le niveau du rio. Il était donc aisé de fouiller du regard une vaste étendue de savane que ne masquait plus l'épais rideau d'arbres. Après avoir eu la sierra au nord-est, on l'avait dans le sud depuis la veille.

VALDEZ APPARUT AU MILIEU D'UN GROUPE VOCIFÉRANT. (Page 359.)

Jacques Helloch et Valdez ne cessaient d'observer anxieusement l'autre rive, sans négliger toutefois celle qu'ils longeaient en remontant le rio.

Rien de suspect encore.

Peut-être les Quivas attendaient-ils la petite troupe au gué de Frascaès?

Vers une heure après midi, Gomo indiqua à quelques centaines de pas un coude du rio, lequel, en obliquant vers l'est, disparaissait derrière un gros massif de rocs dénudés.

« C'est là, dit-il.

— Là?... » répondit Jacques Helloch, qui fit signe à ses compagnons de s'arrêter.

Et, s'approchant de manière à reconnaître le cours du rio Torrida, il constata que son lit était encombré de pierres et de sables, entre lesquels ne coulaient plus que de minces filets d'eau aisément franchissables.

« Voulez-vous que j'aille en avant examiner les abords du gué?... proposa Valdez à Jacques Helloch.

— Faites, Valdez, mais, par prudence, ne vous aventurez pas de l'autre côté, et revenez ici dès que vous aurez vu si la route est libre. »

Valdez partit, et, quelques minutes après, on le perdit de vue au tournant du Torrida.

Jacques Helloch, Jean, le sergent Martial, Gomo et les porteurs attendaient en groupe serré près de la berge. Germain Paterne s'était assis.

Si maître qu'il fût de lui-même, Jacques Helloch ne parvenait pas à dissimuler ses appréhensions.

Gomo demanda alors :

« Pourquoi ne continuons-nous pas?...

— Oui, pourquoi... ajouta Jean, et pourquoi Valdez a-t-il pris les devants?... »

Jacques Helloch ne répondit rien. Il se détacha du groupe, et fit quelques pas en se rapprochant du rio, impatient d'observer de plus près la rive gauche.

Cinq minutes s'écoulèrent, — de ces minutes qui semblent durer autant que des heures.

Jeanne avait rejoint Jacques Helloch.

« Pourquoi Valdez ne revient-il pas?... lui demanda-t-elle en cherchant à lire dans ses yeux.

— Il ne peut tarder... » se contenta de répondre Jacques Helloch.

Cinq minutes, puis cinq autres minutes se passèrent. Pas un mot ne fut prononcé...

Valdez devait avoir eu le temps d'aller et de revenir, et il ne paraissait pas.

On n'avait entendu aucun cri, cependant, rien qui fût de nature à jeter l'alarme.

Jacques Helloch eut assez d'empire sur lui-même pour patienter pendant cinq minutes encore.

Assurément, il n'y avait pas plus de danger à gagner le gué de Frascaès qu'à rester à cette place, ou même à rebrousser chemin. Si la petite troupe devait être attaquée, elle le serait en amont comme en aval.

« Marchons, » dit enfin Jacques Helloch.

Il prit la tête, et ses compagnons le suivirent, sans lui poser une seule question. Ils remontèrent la berge sur un espace de trois cents pas, et arrivèrent au coude du rio Torrida. C'était en cet endroit qu'il fallait descendre au gué de Frascaès.

A cinq pas en avant, le jeune Indien se laissa glisser et dévala jusqu'aux premières roches mouillées par le courant.

Soudain des cris tumultueux éclatèrent sur la rive gauche que Jacques Helloch et ses compagnons allaient atteindre.

Une centaine de Quivas accouraient de toutes parts, se précipitaient à travers le gué, brandissant leurs armes, poussant des cris de mort...

Jacques Helloch n'eut pas le temps de se défendre à coups de fusil. Et qu'auraient pu sa carabine, celles de Germain Paterne et du sergent Martial... qu'auraient pu les revolvers des mariniers contre cette centaine d'hommes, qui occupaient et fermaient le gué de Frascaès?..

Jacques Helloch et ses compagnons, aussitôt entourés, furent mis dans l'impossibilité de repousser l'attaque.

A ce moment même, Valdez apparut au milieu d'un groupe vociférant de Quivas.

« Valdez!... s'écria Jacques Helloch.

— Ces coquins m'ont pris comme dans un terrier!... répondit le patron de la *Gallinetta*.

— Et à qui avons-nous affaire?... demanda Germain Paterne.

— A la bande des Quivas... répondit Valdez.

— Et à son chef!... » fut-il ajouté d'une voix menaçante.

Un homme se tenait debout sur la rive, ayant près de lui trois individus, qui n'étaient pas de race indienne.

« Jorrès!... s'écria Jacques Helloch.

— Appelez-moi de mon nom... Alfaniz!

— Alfaniz! » répéta le sergent Martial.

Et son regard comme celui de Jacques Helloch, empreints d'épouvante, se portèrent sur la fille du colonel de Kermor.

. . . .

Jorrès était bien cet Alfaniz, qui s'était évadé du bagne de Cayenne avec trois forçats, ses complices.

Après avoir remplacé à la tête des Quivas leur chef Meta Serrapia, tué dans une rencontre avec la milice vénézuelienne, l'Espagnol courait depuis plus d'un an la savane.

Cinq mois auparavant, — on ne l'a pas oublié, — ces Quivas avaient formé le projet de retourner sur les territoires à l'ouest de l'Orénoque, d'où ils avaient été chassés par les troupes colombiennes. Mais, avant d'abandonner les régions montagneuses du Roraima, leur nouveau chef voulut opérer une reconnaissance de ce côté du fleuve. Il se sépara donc de la bande, et descendit les llanos jusqu'à San-Fernando de Atabapo, après avoir passé par le rancho de Carida, où M. Manuel Assomption affirmait avec raison l'avoir vu à son passage. Or il attendait à San-Fernando l'occasion de revenir aux sources de l'Orénoque, lorsque les pirogues *Gallinetta* et *Moriche* se préparèrent à partir pour la Mission de Santa-Juana.

Alfaniz, — uniquement connu sous le nom de Jorrès, — prétextant le désir de se rendre à la Mission, offrit ses services au patron de la *Gallinetta* qui reformait son équipage, et il fut accepté, comme on sait, pour le malheur de ceux qui allaient s'aventurer sur le haut cours du fleuve.

En même temps qu'Alfaniz aurait la possibilité de retrouver les Quivas, il satisferait enfin la haine qu'il avait vouée au colonel de Kermor.

En effet, il avait appris que ce jeune garçon, embarqué sur la *Gallinetta* avec le sergent Martial, était à la recherche de son père, dont la déposition devant la cour d'assises de la Loire-Inférieure avait amené sa condamnation aux travaux forcés à perpétuité et son envoi au bagne de Cayenne.

N'était-ce pas ou jamais l'occasion inespérée de s'emparer de ce jeune garçon, peut-être même du colonel, si l'on retrouvait ses traces à la Mission de Santa-Juana, et, dans tous les cas, de se venger sur le fils à défaut du père?...

On sait le reste. Ayant rencontré un de ses complices pendant cette nuit qu'il avait passée à terre au sitio de Yaname, Alfaniz s'était enfui dès l'arrivée des pirogues au campement du pic Maunoir. Puis, après avoir assassiné l'Indien, qui refusait de lui servir de guide, il avait remonté le rio Torrida, traversé le gué de Frascaès, et rejoint la bande des Quivas...

Maintenant, Jacques Helloch et ses compagnons à sa merci, ce misérable comptait s'emparer des pirogues, à leur mouillage sur l'Orénoque.

Le fils ou plutôt la fille du colonel de Kermor était en son pouvoir.

La Mission de Santa-Juana.

XI

LA MISSION DE SANTA-JUANA.

Treize ans avant le début de cette histoire, la région que traversait le rio Torrida ne possédait ni un village, ni un rancho, ni un sitio.

C'est à peine si les Indiens le parcouraient, lorsque la nécessité les obligeait à faire transhumer leurs troupeaux. A la surface de ces territoires, rien que de vastes llanos, fertiles mais incultivés, des forêts impénétrables, des esteros marécageux, inondés l'hiver par le trop plein des coulières avoisinantes. Rien que des fauves, des ophidiens, des singes, des volatiles, — sans oublier les insectes et particulièrement les moustiques, — à représenter la vie animale en ces contrées presque inconnues encore. C'était, à vrai dire, le désert, où ne s'aventuraient jamais ni les marchands ni les exploitants de la République vénézuélienne.

En s'élevant de quelques centaines de kilomètres vers le nord et le nord-est, on se fût perdu à la surface d'une extraordinaire région, dont le relief se rattachait peut-être à celui des Andes, avant que les grands lacs se fussent vidés à travers un incohérent réseau d'artères fluviales dans les profondeurs de l'Atlantique. Pays tourmenté, où les arêtes se confondent, où les reliefs semblent en désaccord avec les logiques lois de la nature, même dans ses caprices hydrographiques et orographiques, immense aire, génératrice inépuisable de cet Orénoque qu'elle envoie vers le nord, et de ce rio Blanco qu'elle déverse vers le sud, dominée par l'imposant massif du Roraima, dont Im Thurn et Perkin devaient, quelques années plus tard, fouler la cime inviolée jusqu'alors.

Telle était cette portion lointaine du Venezuela, son inutilité, son abandon, lorsqu'un étranger, un missionnaire, entreprit de la transformer.

Les Indiens, épars sur ce territoire, appartenaient, pour le plus grand nombre, à la tribu des Guaharibos. D'habitude, ils erraient sur les llanos, au sein des forêts profondes, dans le nord de la rive droite du haut Orénoque. C'étaient de misérables sauvages, que la civilisation n'avait pu toucher de son souffle. A peine avaient-ils des paillotes pour se loger, des haillons d'écorce pour se couvrir. Ils vivaient de racines, de bourgeons de palmiers, de fourmis et de poux de bois, ne sachant pas même tirer la cassave de ce manioc, qui fait le fond de l'alimentation du Centre-Amérique. Ils semblaient être au dernier degré de l'échelle humaine, petits de taille, chétifs de constitution, grêles de forme, avec l'estomac gonflé des géophages, et, trop souvent, en effet, pendant l'hiver, ils étaient réduits, en guise de nourriture, à manger de la terre. Leurs cheveux un peu rougeâtres tombant sur leurs épaules, leur physionomie où, cependant, un observateur eût soupçonné une certaine intelligence restée à l'état rudimentaire, une coloration de la peau moins foncée que celle des autres Indiens, Quivas, Piaroas; Barés, Mariquitares, Banivas, tout les reléguait au dernier rang des races les plus inférieures.

Et ces indigènes passaient cependant pour si redoutables que leurs congénères osaient à peine s'aventurer sur ces territoires, et on les disait si enclins au pillage et au meurtre, que les marchands de San-Fernando ne s'aventuraient jamais au delà de l'Ocamo et du Mavaca.

Ainsi s'était établie la détestable réputation dont jouissaient encore les Guaharibos, il y avait cinq ou six ans, lorsque M. Chaffanjon, dédaignant les terreurs de ses bateliers, n'hésita pas à poursuivre sa navigation jusqu'aux sources du fleuve. Mais, après les avoir enfin rencontrés à la hauteur du pic Maunoir, il fit bonne justice de ces accusations mal fondées contre de pauvres Indiens inoffensifs.

Et pourtant, à cette époque déjà, nombre d'entre eux réunis à la voix du missionnaire espagnol, formaient le premier noyau de la Mission de Santa-Juana. La religion avait pénétré ces âmes, grâce au dévouement de l'apôtre qui leur consacrait sa vie et leur sacrifiait toutes les joies de l'existence.

Le Père Esperante eut la pensée de prendre corps à corps, — on dirait mieux, âme à âme, — ces malheureux Guaharibos. C'est dans ce but qu'il vint s'installer au plus profond de ces savanes de la sierra Parima. Là, il résolut de fonder un village qui, le temps aidant, deviendrait une bourgade. Du reste de sa fortune, il ne croyait pouvoir faire un plus généreux emploi qu'à créer cette œuvre de charité, à l'édifier sur de si solides bases, qu'elle ne menacerait pas de s'écrouler après lui.

Pour tout personnel, en arrivant au milieu de ce désert, le Père Esperante n'avait qu'un jeune compagnon, nommé Angelos. Ce novice des Missions étrangères, alors âgé de vingt ans, était enflammé comme lui de ce zèle apostolique qui accomplit des prodiges et des miracles. Tous les deux, — au prix de quelles difficultés et de quels dangers ! — sans jamais faiblir, sans jamais reculer, ils avaient créé, développé, organisé cette Mission de Santa-Juana, ils avaient régénéré toute une tribu au double point de vue moral et physique, constitué une population qui, à cette heure, se chiffrait par un millier d'habitants, en y comprenant ceux des llanos du voisinage.

C'était à une cinquantaine de kilomètres dans le nord-est des sources du fleuve et de l'embouchure du rio Torrida que le missionnaire avait choisi l'emplacement de la future bourgade. Choix heureux, s'il en fût, — un sol d'une étonnante fertilité où croissaient les plus utiles essences, arbres et arbrisseaux, entre autres ces marimas dont l'écorce forme une sorte de feutre naturel, des bananiers, des platanes, des cafiers ou caféiers qui se couvrent à l'ombre des grands arbres de fleurs écarlates, des bucares, des caoutchoucs, des cacaoyers, puis des champs de cannes à sucre et de salsepareille, des plantations de ce tabac d'où l'on tire le « cura nigra » pour la consommation locale et le « cura seca » mélangé de salpêtre, pour l'exportation, les tonkas dont les fèves sont extrêmement recherchées, les sarrapias dont les gousses servent d'aromates. Un peu de travail, et ces champs défrichés, labourés, ensemencés, allaient donner en abondance les racines de manioc, les cannes à sucre, et cet inépuisable maïs, qui produit quatre récoltes annuelles avec près de quatre cents grains pour le seul grain dont l'épi a germé.

Si le sol de cette contrée possédait une si merveilleuse fertilité que devaient accroître les bonnes méthodes de culture, c'est qu'il était vierge encore. Rien n'avait épuisé sa puissance végétative. De

LA MISSION DE SANTA-JUANA.

« Le Père Esperante!... » cria-t-il. (Page 370.)

nombreux ruisselets couraient à sa surface, même en été, et venaient se jeter dans le rio Torrida, lequel, pendant l'hiver, apportait un large tribut d'eaux au lit de l'Orénoque.

Ce fut sur la rive gauche de ce rio, né des flancs du Roraima, que se disposèrent les premières habitations de la Mission. Ce n'étaient point de simples paillotes, mais des cases qui valaient les mieux construites des Banivas ou des Mariquitares. La Urbana, Caïcara,

San-Fernando de Atabapo, auraient pu envier ces solides et confortables habitations.

Le village s'était établi tout près d'un cerro détaché de la sierra Parima, dont les premières déclivités se prêtaient à une installation salubre et agréable.

Au pied d'un talus, sous les ombrages d'un frais morichal, s'élevait l'église de Santa-Juana, de style très simple, dont la pierre fut fournie par les carrières de la sierra. A peine suffisait-elle actuellement au nombre des fidèles qu'attiraient les prédications du Père Esperante et les cérémonies du culte catholique, alors que peu à peu la langue espagnole se substituait à l'idiome des Guaharibos. Et, d'ailleurs, des blancs, d'origine venezuelienne, — une cinquantaine environ, — étaient venus se fixer dans la Mission, bien accueillis de son chef.

C'était par l'Orénoque que, d'année en année, arrivait tout ce qu'avait exigé la création de cette bourgade, et l'on comprendra que son renom se fût étendu jusqu'à San-Fernando, puis jusqu'à Ciudad-Bolivar et à Caracas. Et pourquoi le Congrès n'aurait-il pas encouragé une œuvre si hautement civilisatrice, qui devait mettre en valeur ces territoires inutilisés, relever intellectuellement des tribus dont la dégénérescence et la misère auraient bientôt amené l'anéantissement ?...

Lorsque, du petit clocher, pointant entre les arbres, s'échappaient les battements de la cloche, qui n'eût admiré l'empressement de ces indigènes, vêtus avec décence et respirant la bonne santé? Hommes, femmes, enfants, vieillards, s'empressaient autour du Père Esperante. Et même, dans la vive expression de leur reconnaissance, ces Indiens se fussent volontiers agenouillés, comme au pied de l'église, devant le presbytère élevé à la base du cerro, au milieu d'un massif de palmiers moriches. Ils étaient heureux, leurs familles prospéraient, ils vivaient dans l'aisance, ils échangeaient fructueusement les produits de leur sol avec les produits manufacturés qui venaient du cours inférieur de l'Orénoque, et leur situation ne cessait de s'améliorer, leur bien-être de s'accroître. Aussi, d'autres llaneros affluaient-ils à la Mission, et d'autres cases s'élevaient-elles. Aussi la bourgade s'agrandissait-elle, en mordant sur la forêt qui l'entourait de son éternelle verdure. Aussi les cultures se développaient sans avoir à craindre que le sol vînt à leur manquer, puisque ces savanes de l'Orénoque sont pour ainsi dire sans limites.

On aurait tort de croire que l'établissement de la Mission de Santa-Juana n'eût pas été soumise parfois à de dures épreuves. Oui! c'était au prix d'un dévouement admirable, d'efforts persévérants, qu'elle s'était développée. Mais, que de graves dangers au début! Il avait fallu défendre le village naissant contre des tribus jalouses, poussées par leurs instincts meurtriers et pillards. La population s'était vue contrainte à repousser des attaques qui risquaient de détruire l'œuvre dans l'œuf. Pour résister aux bandes errant à travers la courbe de l'Orénoque ou descendues des cordillères du littoral, les plus urgentes mesures et les mieux entendues avaient été prises. Le missionnaire se révéla alors comme un homme d'action, et son courage égala ses talents d'organisateur.

Tous les Guaharibos dans la force de l'âge furent enrégimentés, disciplinés, instruits au maniement des armes. Actuellement, une compagnie de cent hommes, pourvus du fusil moderne, approvisionnés de munitions, tireurs habiles, — car ils possédaient la justesse du coup d'œil de l'Indien, — assurait la sécurité de la Mission et ne laissait aucune chance de succès à une agression qui ne pouvait les surprendre.

Et n'en avait-on pas eu la preuve, un an auparavant, lorsqu'Alfaniz, ses complices du bagne et son ramassis de Quivas, s'étaient jetés sur la bourgade? Bien qu'ils fussent en force numérique égale, lorsque le Père Esperante les combattit à la tête de ses guerriers, ils éprouvèrent des pertes sensibles, tandis que le sang ne coula que peu du côté des Guaharibos.

Ce fut, précisément, à la suite de cet échec, que les Quivas songèrent à abandonner le pays et à regagner les territoires situés à l'ouest de l'Orénoque.

Au surplus, la Mission de Santa-Juana était organisée, au point de vue de la défensive comme de l'offensive. Non pas que le Père Esperante eût la pensée de jamais faire acte de conquête, puisque le territoire dont il disposait était assez vaste pour suffire à ses besoins; mais il ne voulait pas que l'on vînt l'insulter, ni que ces bandes de malfaiteurs de la pire espèce pussent assaillir la bourgade. Aussi, afin de prévenir tout danger, avait-il agi en militaire. Et, de fait, un missionnaire est-il autre chose qu'un soldat, et s'il a le devoir de sacrifier sa vie, n'a-t-il pas aussi le devoir de défendre les fidèles rangés autour de lui sous le drapeau du christianisme?

Il a été parlé plus haut des cultures qui contribuaient si largement à la prospérité de la Mission de Santa-Juana. Cependant ce n'était pas son unique source de richesses. Aux champs de céréales confinaient d'immenses plaines, où pâturaient des troupeaux de bœufs, de vaches, dont l'alimentation était assurée par les herbages de la savane et la llanera-palma des fourrés. Cet élevage constituait une importante branche de commerce, et il en est d'ailleurs ainsi dans toutes les provinces de la république vénézuélienne. Puis, les Guaharibos avaient une certaine quantité de ces chevaux, dont il existait autrefois tant de milliers autour des ranchos, et nombre d'entre eux servaient au transport et aux excursions des Guaharibos, lesquels devinrent promptement d'excellents cavaliers. De là, ces fréquentes reconnaissances qui pouvaient s'étendre aux environs de la bourgade.

Le Père Esperante était bien tel que l'avaient dépeint M. Mirabal, le jeune Gomo, et aussi le faux Jorrès. Sa physionomie, son attitude, ses mouvements, indiquaient l'homme d'action, d'une volonté toujours prête à se manifester, le chef qui a l'habitude du commandement. Il possédait cette énergie de tous les instants qu'éclaire une vive intelligence. Son œil, ferme et calme, s'imprégnait d'une expression de parfaite bonté, indiquée par le sourire permanent des lèvres que laissaient entrevoir une barbe blanchie par l'âge. Il était courageux et généreux, au même degré, — deux qualités qui le plus

« Nous étions arrivés au gué de Frascaès... » (Page 372.)

souvent n'en font qu'une. Bien qu'il eût dépassé la soixantaine, sa haute taille, ses épaules larges, sa poitrine développée, ses membres robustes, témoignaient d'une grande résistance physique, à la hauteur de sa force intellectuelle et morale.

Quelle avait été l'existence de ce missionnaire avant qu'il l'eût vouée à cet apostolat si rude, personne ne l'eût su dire. Il gardait à cet égard un absolu silence. Mais, à de certaines tristesses dont se voilait parfois sa mâle figure, on eût compris qu'il portait en lui les douleurs d'un inoubliable passé.

A noter que le Père Esperante avait été courageusement secondé dans sa tâche par son adjoint. Le frère Angelos lui était dévoué de corps et d'âme, et avait droit de revendiquer une large part dans le succès de cette entreprise.

Auprès d'eux, quelques Indiens, choisis parmi les meilleurs, concouraient à l'administration de la bourgade. Il est vrai, on pouvait dire que le Père Esperante, à la fois, maire et prêtre, baptisant les enfants, célébrant et bénissant les mariages, assistant les mourants à leur dernière heure, concentrait en lui tous les services de la Mission.

Et ne devait-il pas se sentir payé de toutes ses peines, lorsqu'il voyait à quel degré de prospérité en était arrivée son œuvre? La vitalité n'était-elle pas assurée à cette création, si les successeurs du missionnaire continuaient à marcher dans la voie tracée par lui, et dont il n'y avait pas à sortir?...

Depuis l'attaque des Quivas, rien n'était venu troubler les habitants de Santa-Juana, et il ne semblait pas que de nouvelles agressions fussent à la veille de se produire.

Or, vers les cinq heures du soir, le 1er novembre, le lendemain du jour où Jacques Helloch et ses compagnons étaient tombés entre les mains d'Alfaniz, voici qu'un commencement, sinon de panique, du moins quelques symptômes d'inquiétude se manifestèrent dans la bourgade.

Un jeune Indien venait d'être aperçu, passant à travers la savane du sud-ouest, accourant à toutes jambes, comme s'il eût été poursuivi.

Quelques Guaharibos sortirent de leurs cases, et, dès que ce jeune Indien les aperçut, il cria :

« Le Père Esperante... le Père Esperante ! »

Un instant après, le frère Angelos l'introduisait près du missionnaire.

Celui-ci reconnut tout d'abord cet enfant, qui avait assidûment fréquenté l'école de la Mission, lorsqu'il demeurait avec son père à Santa-Juana.

« Toi... Gomo?... » dit-il.

Celui-ci pouvait à peine parler.

« D'où viens-tu?...

— Je me suis échappé... Depuis ce matin... j'ai couru... pour arriver ici... »

La respiration manquait au jeune Indien.

« Repose-toi, mon enfant, dit le missionnaire. Tu meurs de fatigue... Veux-tu manger?...

— Pas avant que je ne vous aie dit pourquoi je suis venu... On demande secours...

— Secours?...

— Les Quivas sont là-bas... à trois heures d'ici... dans la sierra... du côté du fleuve...

— Les Quivas!... s'écria le frère Angelos.

— Et leur chef aussi... ajouta Gomo.

— Leur chef... répéta le Père Esperante, ce forçat évadé... cet Alfaniz...

— Il les a rejoints, il y a quelques jours... et... avant-hier soir... ils ont attaqué une troupe de voyageurs que je guidais vers Santa-Juana...

— Des voyageurs qui venaient à la Mission?...

— Oui... Père... des voyageurs français...

— Des Français! »

La figure du missionnaire se couvrit d'une subite pâleur, puis ses paupières se refermèrent un instant.

Il prit alors le jeune Indien par la main, il l'attira près de lui, et le regardant :

« Dis tout ce que tu sais! » prononça-t-il d'une voix qu'une involontaire émotion faisait trembler.

Gomo reprit :

« Il y a quatre jours, dans la case que mon père et moi nous habitions près de l'Orénoque, un homme est entré... Il nous a demandé où se trouvaient les Quivas, et si nous voulions le conduire... C'étaient ceux-là qui avaient détruit notre village de San-Salvador.. qui avaient tué ma mère!... Mon père refusa... et d'un coup de revolver... il fut tué à son tour...

— Tué!... murmura le frère Angelos.

— Oui... par l'homme... Alfaniz...

— Alfaniz!... Et d'où venait-il, ce misérable?... demanda le Père Esperante.

— De San-Fernando.

— Et comment avait-il remonté l'Orénoque?...

— En qualité de batelier, sous le nom de... Jorrès... à bord de l'une des deux pirogues qui amenaient les voyageurs...

— Et tu dis que ces voyageurs sont des Français?...

— Oui.. des Français, qui n'ont pu naviguer plus loin que le rio Torrida... Ils ont laissé leurs pirogues à l'embouchure, et l'un d'eux, le chef, accompagné du patron de l'une des falcas, m'a trouvé dans la forêt, près du corps de mon père... Ils ont eu pitié... ils m'ont emmené... ils ont enterré mon père... Puis ils m'ont offert de les conduire à Santa-Juana... Nous sommes partis... et, avant-hier, nous étions arrivés au gué de Frascaès, lorsque les Quivas nous ont attaqués et faits prisonniers...

— Et depuis?... demanda le Père Esperante.

— Depuis?... Les Quivas se sont dirigés du côté de la sierra... et c'est ce matin seulement que j'ai pu m'échapper... »

Le missionnaire avait écouté le jeune Indien avec une extrême attention. L'éclair de ses yeux disait quelle colère l'animait contre ces malfaiteurs.

« Tu dis bien, mon enfant, reprit-il pour la troisième fois, que ces voyageurs sont des Français...

— Oui, Père.

— Tu en comptes?...

— Quatre.

— Et ils avaient avec eux...

LE MISSIONNAIRE AVAIT ÉCOUTÉ LE JEUNE INDIEN... (Page 372.)

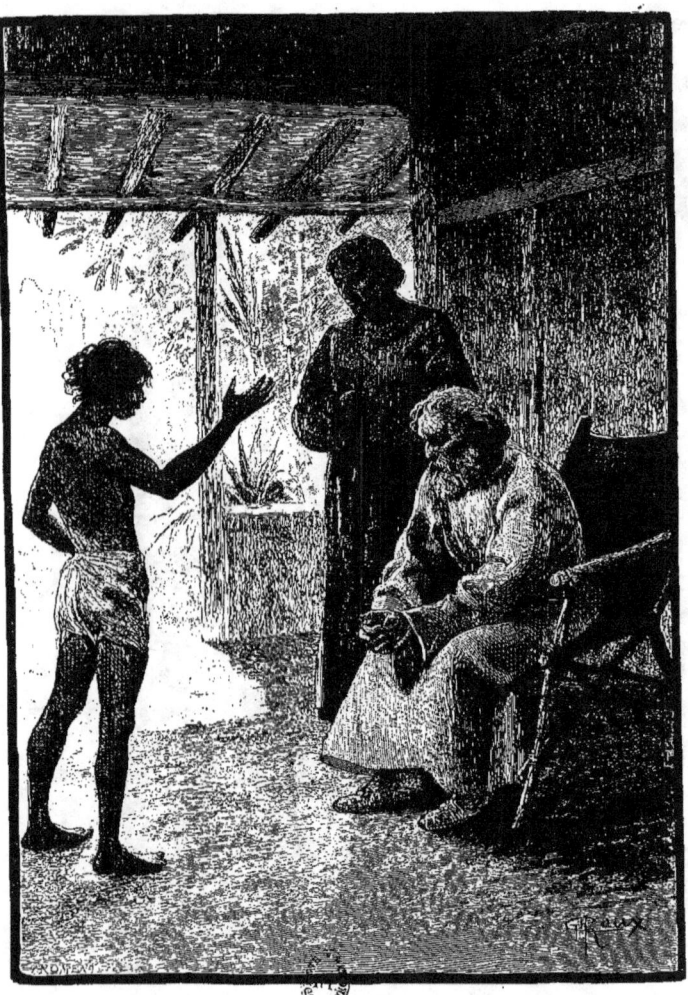

LE MISSIONNAIRE AVAIT ÉCOUTÉ LE JEUNE INDIEN... (Page 372.)

— Le patron d'une des pirogues, un Banivas, nommé Valdez, et deux bateliers qui portaient les bagages...

— Et ils venaient?...

— De Bolivar, d'où ils étaient partis, il y a deux mois, pour se rendre à San-Fernando, afin de remonter le fleuve jusqu'à la sierra Parima. »

Le Père Esperante, abîmé dans ses réflexions, garda le silence quelques instants. Puis :

« Tu as parlé d'un chef, Gomo?... demanda-t-il. Cette petite troupe a donc un chef?...

— Oui, un des voyageurs.

— Et il se nomme?...

— Jacques Helloch.

— Il a un compagnon...

— Qui s'appelle Germain Paterne, et s'occupe de chercher des plantes dans la savane...

— Et quels sont les deux autres voyageurs?...

— D'abord un jeune homme, qui m'a témoigné bien de l'amitié... que j'aime bien... »

Les traits de Gomo exprimèrent la plus vive reconnaissance.

« Ce jeune homme, ajouta-t-il, se nomme Jean de Kermor. »

A l'énoncé de ce nom, le missionnaire se releva, et son attitude fut celle d'un homme au dernier degré de la surprise.

« Jean de Kermor?... répéta-t-il... C'est son nom?...

— Oui... Jean de Kermor.

— Ce jeune homme, dis-tu, est venu de France avec MM. Helloch et Paterne?...

— Non, Père, et — c'est ce que m'a raconté mon ami Jean, — ils se sont rencontrés en route... sur l'Orénoque... au village de la Urbana...

— Et ils sont arrivés à San-Fernando?...

— Oui... et... de là... ils ont continué de se diriger ensemble vers la Mission.

— Et que fait ce jeune homme?...

— Il est à la recherche de son père...

— Son père?... Tu as dit son père?...

— Oui... le colonel de Kermor.

— Le colonel de Kermor! » s'écria le missionnaire.

Et qui l'eût observé en ce moment eût vu la surprise qu'il avait d'abord montrée se doubler d'une émotion extraordinaire. Si énergique, si maître de lui qu'il fût d'habitude, le Père Esperante, abandonnant la main du jeune Indien, allait et venait à travers la salle, en proie à un trouble qu'il ne pouvait contenir.

Enfin, après un suprême effort de volonté, le calme se fit en lui, et, reprenant ses questions :

« Pourquoi, demanda-t-il à Gomo, pourquoi Jean de Kermor vient-il à Santa-Juana?...

— C'est dans l'espoir d'y obtenir de nouveaux renseignements qui lui permettraient de retrouver son père...

— Il ne sait donc pas où il est?...

— Non! Depuis quatorze ans, le colonel de Kermor a quitté la France pour le Venezuela, et son fils ne sait pas où il est...

— Son fils... son fils! » murmura le missionnaire, qui passait sa main sur son front comme pour y raviver des souvenirs...

Enfin, s'adressant à Gomo :

« Est-il donc parti seul... ce jeune homme... seul pour un tel voyage?...

— Non.

— Qui l'accompagne?...

— Un vieux soldat.

— Un vieux soldat?...

— Oui... le sergent Martial.

— Le sergent Martial! » répéta le Père Esperante.

Et, cette fois, si le frère Angelos ne l'eût retenu, il fût tombé, comme foudroyé, sur le plancher de la chambre.

Favorisés par cette clarté... (Page 379.)

XII

EN ROUTE.

Porter secours à ces Français, prisonniers des Quivas, cela ne permettait pas même une hésitation, après les réponses si précises du jeune Indien.

Le missionnaire se fût donc mis en route le soir même, il se serait jeté à travers la savane, s'il eût su en quelle direction effectuer ses poursuites.

En effet, où se trouvait actuellement Alfaniz?... Près du gué de Frascaès?... Non! Au dire de Gomo, il l'aurait quitté le lendemain de l'attaque. D'ailleurs, son intérêt lui commandait de s'éloigner de Santa-Juana, de se perdre au milieu des forêts voisines de la sierra, peut-être aussi de regagner l'Orénoque à l'embouchure du rio Torrida, afin d'enlever les pirogues et les équipages.

Le Père Esperante comprit qu'une reconnaissance de la situation s'imposait avant de se mettre en campagne.

A six heures, deux Indiens montèrent à cheval et se dirigèrent vers le gué de Frascaès.

Trois heures après, ces cavaliers étaient de retour, n'ayant plus trouvé aucune trace des Quivas.

Alfaniz et sa bande avaient-ils traversé le cours d'eau pour courir les forêts de l'ouest, ou descendaient-ils vers la sierra Parima, de manière à rejoindre par la rive gauche du rio le campement du pic Maunoir?...

On ne savait, et il fallait savoir, dût la nuit s'écouler avant le départ.

Deux autres Indiens quittèrent la Mission, avec ordre d'observer la savane du côté des sources de l'Orénoque, car il se pouvait qu'Alfaniz eût descendu directement vers le fleuve.

A la pointe du jour, ces deux Indiens rentrèrent à Santa-Juana, après avoir poussé une pointe de vingt-cinq kilomètres. S'ils n'avaient pas rencontré les Quivas, du moins tenaient-ils de quelques Indiens Bravos, rencontrés dans la savane, que la bande se rendait vers la sierra Parima. Alfaniz cherchait donc à atteindre l'Orénoque à sa naissance, avec l'intention de se rabattre sur le campement du pic Maunoir.

Ainsi c'était à la sierra Parima qu'il fallait le surprendre, et, Dieu aidant, on débarrasserait enfin le territoire de ce ramassis d'Indiens et de galériens.

Le soleil venait de se lever, lorsque le Père Esperante quitta la Mission.

Sa troupe se composait d'une centaine de Guaharibos, spécialement exercés au maniement des armes modernes. Ces braves gens savaient qu'ils marchaient contre les Quivas, leurs ennemis de longue date, et non seulement pour les disperser, mais pour les détruire jusqu'au dernier.

Une vingtaine de ces Indiens étaient montés, escortant un certain nombre de charrettes, qui portaient l'approvisionnement de quelques jours.

La bourgade était restée sous l'autorité du frère Angelos, et, par des coureurs, celui-ci devait autant que possible demeurer en communication avec l'expédition.

Le Père Esperante, à cheval, en tête de sa troupe, avait revêtu un habillement plus commode que l'habit de missionnaire. Un casque de toile le coiffait; des bottes s'engageaient dans ses étriers; une carabine à deux coups pendait à sa selle; un revolver s'accrochait à sa ceinture.

Il allait, silencieux et pensif, en proie à un inexprimable ébranlement moral, dont il ne voulait rien laisser paraître. Les révélations faites par le jeune Indien se confondaient dans son esprit. Il était comme un aveugle auquel on aurait rendu la lumière et qui aurait désappris de voir.

En sortant de Santa-Juana, la troupe prit à travers la savane, en obliquant vers le sud-est, — une plaine à végétation arborescente, des mimosas épineux, des chapparos malingres, des palmiers nains dont le vent agitait les éventails. Ces Indiens, habitués à la marche, cheminaient d'un pas rapide, et les piétons ne retardaient guère les cavaliers.

Le sol s'inclinait graduellement, et ne remontait qu'aux approches de la sierra Parima. Ses parties marécageuses, — des esteros, qui ne devaient se remplir qu'à la saison pluvieuse, — alors solidifiées par la chaleur, offraient une surface résistante, ce qui permettait de les franchir, sans avoir à les contourner.

La route faisait à peu près un angle aigu avec celle que Gomo avait suivie en guidant Jacques Helloch et ses compagnons. C'était la plus courte entre la Mission et le massif de la Parima. A quelques empreintes d'origine récente, on reconnaissait qu'une nombreuse troupe l'avait parcourue peu de jours auparavant.

Les Guaharibos s'éloignaient donc du rio Torrida, qui coulait vers le sud-est. Leur itinéraire rencontrait divers petits affluents de sa rive gauche. Desséchés alors, ils ne présentaient aucun obstacle. Il y eut seulement à éviter certains bayous, encore remplis d'une eau dormante.

Après une halte d'une demi-heure, vers midi, le Père Esperante reprit la marche, et telle fut la diligence déployée, que, dès cinq heures, ses Guaharibos stationnaient au pied du massif de la Parima, non loin de l'endroit où s'élève un des cerros auquel M. Chaffanjon a donné le nom de Ferdinand de Lesseps.

Là furent relevés les indices d'un campement, récemment établi en cet endroit. Cendres refroidies, restes de repas, litières d'herbes foulées, indiquaient qu'on y avait passé la nuit précédente. Donc aucun doute sur ce point que les Quivas d'Alfaniz, — et aussi les prisonniers — eussent pris direction vers le fleuve.

Pendant la halte, qui dura une heure et permit aux chevaux de pâturer, le Père Esperante se promenait à l'écart.

Toute sa pensée s'attachait à ces deux noms que le jeune Indien avait prononcés.

« Le sergent Martial... se répétait-il, le sergent... ici... se rendant à Santa-Juana... »

Puis, elle se reportait sur Jean de Kermor... sur cet enfant à la recherche de son père!... Qui était ce jeune garçon?... Le colonel n'avait pas de fils!... Non!... Gomo s'était trompé!... Dans tous les cas, il y avait là des Français prisonniers .. des compatriotes à délivrer des mains des Quivas!...

On se remit en route, et, vers six heures, la rive droite de l'Orénoque fut atteinte.

Là s'épanchaient les premières eaux de la sierra Parima, à travers cette gorge au fond de laquelle un hardi explorateur avait arboré le pavillon de la France, le 18 décembre 1886.

Cette partie de la sierra était hérissée de vieux arbres, destinés à tomber de vieillesse, car la hache d'un bûcheron ne viendrait jamais, sans doute, les abattre en de si lointaines régions.

Le lieu semblait absolument désert. Pas une pirogue, pas même une curiare n'aurait pu remonter jusque-là pendant la saison chaude, et c'était à cinquante kilomètres en aval que les deux falcas avaient dû s'arrêter.

Ces cinquante kilomètres, si les Guaharibos étaient animés de la même ardeur que leur chef, pouvaient être enlevés dans la nuit, et la troupe arriverait au campement du pic Maunoir dès la pointe du jour. Quant à s'égarer, il n'y avait pas lieu de le craindre, puisqu'il suffirait de côtoyer la rive droite du fleuve, dont les rios à sec n'offriraient aucun obstacle.

Le Père Esperante n'eut pas même à demander à ses Indiens s'ils voulaient faire cet effort. Il se leva, il prit les devants. Cavaliers et piétons suivirent.

L'Orénoque, très encaissé à sa naissance, ne mesurait alors que quelques mètres de largeur entre des berges escarpées, mélangées d'argile et de roches. Sur cette première partie de son parcours, à l'époque des grandes pluies, une pirogue aurait eu plusieurs raudals à franchir, et elle n'y eût réussi qu'au prix de retards considérables.

Lorsque la nuit commença à tomber vers huit heures, les Guaharibos traversèrent à gué le Crespo, — ainsi dénommé sur la carte du voyageur français en l'honneur du président de la république vénézuélienne.

En déclinant sur un fond de ciel très pur, le soleil avait disparu derrière un horizon dégagé de nuages. Les constellations étincelantes allaient pâlir devant la lune qui se levait en pleine syzygie.

Favorisés par cette clarté qui dura toute la nuit, les Guaharibos purent fournir une longue et rapide étape. Ils ne furent même pas gênés par les marécages herbeux, que l'obscurité ne leur aurait pas permis de traverser, sans le risque de s'y embourber jusqu'à mi-corps.

Au-dessous de la berge, le lit du fleuve présentait un encombrement de roches, qui devait en rendre la navigation presque impossible, même au temps des crues de la saison pluvieuse. Trois mois plus tôt, la *Gallinetta* et la *Moriche* n'eussent pas aisément remonté ces « étroits » indiqués sur la carte par les noms de raudal Guereri, raudal Yuvilla, raudal Salvajuo. Il eût fallu recourir au portage, et il est douteux que cette partie du haut Orénoque puisse jamais devenir une voie de communication praticable. A cette hauteur, le cours du fleuve se réduit à quelques filets qui circulaient entre les récifs et mouillaient à peine l'argile blanchâtre des berges. Cependant, depuis le cerro Ferdinand de Lesseps, sa profondeur s'accroissait graduellement, grâce à l'apport des tributaires de droite et de gauche.

Lorsque le jour reparut, vers cinq heures du matin, le Père Esperante avait atteint un coude du fleuve, à une douzaine de kilomètres de l'embouchure du rio Torrida.

En moins de trois heures, il aurait pris contact avec le patron Parchal et les mariniers restés à la garde des deux falcas.

Vers le sud-ouest, de l'autre côté de l'Orénoque, pointait le pic Maunoir, dont la cime s'éclairait des premiers rayons de l'aube. Sur cette rive s'arrondissait un cerro de six à sept cents mètres d'altitude, dépendant de ce système orographique.

Il ne fut pas un instant question de prendre du repos, — même une heure. Si les Quivas s'étaient dirigés le long du fleuve afin de descendre au campement, s'y trouvaient-ils encore, ou, après avoir déjà pillé les pirogues, ne s'étaient-ils pas enfoncés à travers la savane?... Qui sait si Alfaniz ne serait pas alors tenté de mettre à exécution ce projet de revenir vers les territoires de l'ouest du Venezuela, emmenant ses prisonniers avec lui?...

On marcha pendant une heure, et le Père Esperante n'eût pas fait

« C'est lui!... » criait l'enfant. (Page 382.)

halte, sans doute, avant d'avoir atteint l'embouchure du rio Torrida, si un incident ne se fût produit vers six heures du matin.

Le jeune Indien précédait la troupe d'une cinquantaine de pas sur cette rive qu'il avait maintes fois parcourue avec son père. Il s'appliquait à relever les traces du passage des Quivas, lorsqu'on le vit soudain s'arrêter, se courber vers le sol, et qu'on l'entendit pousser un cri...

En cet endroit, au pied d'un arbre, gisait un homme dans l'immobilité du sommeil ou de la mort.

Au cri de Gomo, le Père Esperante dirigea son cheval de ce côté, et, en un temps de galop, il eut rejoint le jeune Indien.

« C'est lui... lui!... criait l'enfant.

— Lui?... » répondit le Père Esperante.

Il sauta à terre, il s'approcha de l'homme...

« Le sergent... le sergent Martial! » s'écria-t-il.

Le vieux soldat était étendu à cette place, qui était tachée de son sang, la poitrine trouée d'une balle, peut-être mort...

« Martial... Martial!... » répétait le Père Esperante, dont les yeux laissaient échapper de grosses larmes.

Et il soulevait le malheureux, il approchait sa tête de la sienne, il cherchait quelque souffle sur ses lèvres... Puis on l'entendit répéter ces mots :

« Il vit... il vit! »

En effet, le sergent Martial venait de respirer faiblement. A ce moment, son bras se releva et se rabattit sans force. Puis ses yeux s'entr'ouvrirent une seconde, et son regard se dirigea vers le missionnaire...

« Vous... mon colonel!... Là-bas... Alfaniz!... »

Et il perdit connaissance, après avoir prononcé cette phrase, entrecoupée de mouvements convulsifs.

Le Père Esperante se redressa, en proie à un inexprimable trouble, au milieu de tant d'idées confuses et inconciliables. Le sergent Martial là... ce jeune garçon qu'il accompagnait à la recherche de son père et qui n'était plus avec lui... tous deux en ces lointaines contrées du Venezuela... Qui donc lui donnerait l'explication de tant d'inexplicables choses, si le malheureux mourait sans avoir pu parler?... Non!... il ne mourrait pas!... Le missionnaire le sauverait encore une fois... comme il l'avait déjà sauvé sur le champ de bataille... Il le disputerait à la mort...

A son ordre, une des charrettes s'approcha, et le sergent Martial y fut déposé sur une litière d'herbes. Ni ses yeux ni ses lèvres ne s'ouvrirent. Mais, si faiblement que ce fût, son haleine passait entre ses lèvres décolorées.

La marche fut continuée. Le Père Esperante se tenait près de la charrette, où reposait son vieux compagnon d'armes, qui l'avait reconnu après une si longue absence... son sergent, laissé quatorze ans avant dans ce pays de Bretagne, que le colonel de Kermor avait abandonné sans esprit de retour!... Et il le retrouvait là... en cette contrée perdue... frappé d'une balle... et peut-être par la main de ce misérable Alfaniz...

« Ainsi... pensait-il, Gomo ne s'est pas trompé, lorsqu'il parlait du sergent Martial... Mais qu'a-t-il voulu dire?... Cet enfant... ce fils à la recherche de son père... Un fils... un fils?... »

Et, s'adressant au jeune Indien qui marchait près de lui :

« Ce soldat n'est pas venu seul, m'as-tu dit?... Il avait avec lui un jeune garçon...

— Oui... mon ami Jean...

— Et tous deux se rendaient à la Mission?...

— Oui... pour rechercher le colonel de Kermor...

— Et ce jeune garçon est le fils du colonel?...

— Oui... son fils. »

Devant des réponses si affirmatives, le Père Esperante sentit son cœur battre comme s'il allait éclater. Enfin il n'y avait plus qu'à attendre. Peut-être ce mystère se dénouerait-il avant la fin de la journée?...

Attaquer les Quivas, si on les rencontrait au campement du pic Maunoir, — et les quelques mots échappés au sergent Martial donnaient l'assurance qu'Alfaniz se trouvait là, — lui arracher ses prisonniers, tout ne tendit plus qu'à ce but.

Les Guaharibos prirent le pas de course, et les charrettes restèrent en arrière avec une escorte suffisante.

En vérité, toutes les chances de succès n'étaient-elles pas du côté de cet ancien colonel, devenu le missionnaire de Santa-Juana, le chef de ces courageux Indiens qu'il allait jeter sur cette bande de scélérats?...

Un peu avant huit heures, le Père Esperante s'arrêta, et les Guaharibos suspendirent leur marche, après avoir atteint une assez vaste clairière, en arrière d'un coude du fleuve.

Vis-à-vis, au delà de l'autre rive, se dressait le pic Maunoir. Le long de la berge de droite, personne. Entre les rives de l'Orénoque, pas une embarcation.

Au tournant du coude, s'élevait verticalement une fumée, car il ne faisait pas un souffle de vent.

Un campement était donc établi en cet endroit, à moins de cent cinquante mètres, et, par conséquent sur la rive gauche du rio Torrida.

Ce ne pouvait être que le campement des Quivas, mais il convenait de s'en assurer.

Quelques-uns des Guaharibos rampèrent à travers les broussailles, et, trois minutes après, ils revenaient, affirmant que ce campement était bien occupé par la bande d'Alfaniz.

La troupe du Père Esperante se massa au fond de la clairière. Les charrettes la rejoignirent, et celle qui transportait le sergent Martial fut placée au centre.

Après avoir constaté que l'état du blessé n'avait pas empiré, le colonel de Kermor prit ses dispositions pour envelopper Alfaniz et ses compagnons. En dirigeant ses cavaliers de manière à traverser obliquement la clairière, il parviendrait à cerner les Quivas et il pourrait les détruire jusqu'au dernier.

Quelques instants plus tard, éclatèrent des cris terribles, auxquels se mêla une décharge des armes à feu.

Les Guaharibos venaient de se précipiter sur Alfaniz avant que celui-ci eût pu se mettre en défense. S'ils s'égalaient en nombre, les Guaharibos étaient mieux armés et mieux commandés que les Quivas. Les armes dont l'Espagnol disposait étaient celles qui provenaient du pillage des pirogues, — quelques revolvers laissés

IL ALLAIT FAIRE FEU. (Page 386.)

par Jacques Helloch, et celles qui avaient été enlevées aux prisonniers.

La lutte ne pouvait donc être longue, elle ne le fut pas. Du moment que la bande avait été surprise, elle était battue. Aussi, la plupart des Quivas abandonnèrent-ils la place, après une faible résistance. Les uns se jetèrent dans la forêt, les autres s'enfuirent à travers le fleuve presque à sec, afin de gagner la savane opposée, la plupart mortellement atteints par les balles.

En même temps, Jacques Helloch, Germain Paterne, Valdez, Parchal, les mariniers des falcas, s'étaient élancés sur ceux des Quivas qui les gardaient.

Gomo avait été le premier à courir vers eux, criant :

« Santa-Juana... Santa-Juana ! »

C'est donc au milieu du campement que se fut bientôt concentrée toute l'action.

Là, Alfaniz, les évadés de Cayenne et quelques Quivas se défendaient à coups de revolver. Il en résulta que plusieurs Guaharibos reçurent des blessures qui heureusement ne devaient pas avoir de suites graves.

C'est alors que l'on vit le Père Esperante bondir au milieu du groupe entourant l'Espagnol.

Jeanne de Kermor se sentait irrésistiblement attirée vers le missionnaire... Elle voulait le rejoindre, mais Jacques Helloch la retint...

Alfaniz, abandonné des Quivas, dont on n'entendait plus que les cris lointains, résistait encore ; deux de ses compagnons de bagne venaient d'être tués près de lui.

Le Père Esperante se trouva juste en face de l'Espagnol et, d'un geste, il arrêta les Guaharibos, qui l'entouraient déjà.

Alfaniz recula vers la rive du rio, tenant un revolver chargé de plusieurs cartouches.

Un calme se fit, au milieu duquel retentit la voix puissante du Père Esperante :

« Alfaniz... c'est moi !... dit-il.

49

— Le missionnaire de Santa-Juana! » s'écria l'Espagnol.

Et, braquant son revolver, il allait faire feu, lorsque Jacques Helloch lui saisit la main, et la balle se perdit au loin.

« Oui... Alfaniz... le Père de la Mission de Santa-Juana... et aussi le colonel de Kermor!... »

Alfaniz, voyant à quelques pas ce Jean qu'il croyait le fils du colonel, le visa...

Avant qu'il eût tiré, une détonation éclata, et le misérable tomba, frappé par le Père Esperante.

En ce moment, la charrette, qui transportait le sergent Martial, arriva sur le lieu de la lutte.

Jeanne s'était jetée dans les bras du colonel de Kermor... Elle l'appelait son père...

Celui-ci, qui ne pouvait reconnaître dans ce jeune garçon sa propre fille qu'il croyait morte... qu'il n'avait jamais vue... répétait :

« Je n'ai pas de fils... »

Le sergent Martial venait de se redresser, et, les bras tendus vers Jeanne, il dit :

« Non... mon colonel... mais vous aviez une fille... et la voilà! »

Ce fut comme un baptême de larmes. (Page 390.)

XIII

DEUX MOIS A LA MISSION.

Depuis la disparition du colonel de Kermor, depuis son départ pour le Nouveau-Monde, quatorze ans s'étaient écoulés, et l'histoire de ces quatorze années tiendra en quelques lignes.

Ce fut en 1872 qu'il apprit, avec le naufrage du *Norton*, la nouvelle que sa femme et son enfant avaient péri dans ce sinistre maritime. Les conditions où s'était produite la catastrophe ne lui permettaient pas de croire que, de ces deux êtres si chers, l'un, sa fille Jeanne, toute petite alors, eût été sauvée. Il ne la connaissait même pas, puisqu'il avait dû quitter la Martinique quelques mois avant sa naissance.

Pendant un an encore, le colonel de Kermor resta à la tête de son régiment. Puis, après avoir donné sa démission, aucun lien de famille ne le rattachant au monde, il résolut de consacrer le reste de sa vie à cette œuvre si généreuse des Missions étrangères.

Il y avait toujours eu en lui, avec l'âme d'un soldat, l'âme d'un apôtre. L'officier était tout préparé à se fondre dans le prêtre, le prêtre militant, qui se consacre à la conversion, en d'autres termes, à la civilisation des tribus sauvages.

Le colonel de Kermor, sans avoir mis personne, — pas même le sergent Martial, — dans la confidence de ses projets, quitta secrètement la France en 1875, et se rendit au Venezuela, où tant de tribus indiennes étaient vouées à l'ignorance, à la dégradation physique et morale.

Dès qu'il eut terminé ses études ecclésiastiques dans ce pays, il reçut l'ordination, et entra dans la Compagnie des Missions étrangères sous le nom de Père Esperante, qui devait assurer l'incognito de sa nouvelle existence.

Sa démission d'officier datait de 1873, et son ordination datait de 1878, alors qu'il avait quarante-neuf ans.

Ce fut à Caracas que le Père Esperante prit la résolution d'aller vivre sur ces territoires presque inconnus du Venezuela méridional, où les missionnaires se montraient rarement. Nombre de peuplades indigènes n'avaient jamais reçu les enseignements civilisateurs du christianisme, ou, du moins, étaient demeurées à l'état sauvage. Les chercher jusqu'à ces régions limitrophes de l'empire du Brésil, telle fut l'œuvre à laquelle le missionnaire français se sentit appelé, et, personne ne soupçonnant rien de sa vie antérieure, il partit au commencement de l'année 1879.

Après avoir remonté le cours moyen de l'Orénoque, le Père Esperante, qui parlait l'espagnol comme sa langue maternelle, arriva à San-Fernando, où il séjourna quelques mois. C'est de cette bourgade qu'il adressa une lettre à l'un de ses amis, notaire à Nantes. Cette lettre, — la dernière qui devait être signée de son vrai nom et que nécessitait le règlement d'une affaire de famille, — il priait le destinataire de la tenir secrète.

Il convient de rappeler ici que ladite lettre, trouvée dans les papiers de ce notaire, ne fut communiquée au sergent Martial qu'en 1891, alors que Jeanne de Kermor était déjà revenue près de lui depuis six ans.

A San-Fernando, grâce à ses ressources personnelles, le Père Esperante put se procurer le matériel nécessaire à la création d'un établissement au delà des sources du fleuve. Ce fut aussi dans cette bourgade qu'il s'adjoignit le frère Angelos, déjà familiarisé avec les mœurs indiennes, et qui devait apporter un concours non moins utile que dévoué à son œuvre.

Le frère Angelos appela l'attention du Père Esperante sur ces Guaharibos, dont le plus grand nombre errent le long des rives du haut Orénoque et dans le voisinage de la sierra Parima. En évangélisant ces Indiens, il y avait à faire acte de charité, car ils étaient des plus misérables, acte de civilisation, car ils comptaient parmi les plus farouches des indigènes du Venezuela. Ces Guaharibos avaient, on ne l'ignore pas, une réputation de pillards, de massacreurs et même d'anthropophages, réputation qu'ils ne méritaient point. Or, cela n'était pas pour arrêter un homme aussi déterminé que l'ex-colonel de Kermor, et il résolut de créer un centre de Mission dans le nord du Roraima, en groupant autour de lui les indigènes de la région.

Le Père Esperante et le frère Angelos quittèrent San-Fernando sur deux pirogues, largement approvisionnées des objets indispensables au début de leur établissement. Le reste du matériel devait leur être envoyé au fur et à mesure des besoins de la petite colonie. Les falcas remontèrent le fleuve, relâchant aux principales bourgades et aux ranchos riverains, et elles atteignirent le rio Torrida, sur le territoire des Guaharibos.

Après plus d'une tentative infructueuse, après bien des déboires, bien des dangers, les Indiens furent entraînés par les promesses du Père Esperante, par sa bonté, par sa générosité. Un village prit place sur la carte, auquel le missionnaire donna le nom de Santa-Juana, — Juana, ce nom qui avait été celui de sa fille...

Quatorze ans s'écoulèrent. La Mission avait prospéré, on sait dans quelles conditions. Il semblait donc que rien ne relierait plus le Père Esperante à son douloureux passé, lorsque se produisirent les évènements sur lesquels repose cette histoire.

Après les paroles du sergent Martial, le colonel avait pressé Jeanne dans ses bras, et ce fut comme un baptême de larmes qu'il répandit sur le front de son enfant. En quelques mots, la jeune fille lui raconta sa vie, son sauvetage à bord du *Vigo*, son existence dans la famille Eredia à la Havane, son retour en France, les quelques années vécues dans la maison de Chantenay, la résolution qui fut prise dès que le sergent Martial et elle eurent connaissance de la lettre écrite de San-Fernando, le départ pour le Venezuela sous le nom et l'habit de Jean, le voyage sur l'Orénoque, l'attaque du forçat Alfaniz et des Quivas au gué de Frascaès, et enfin cette miraculeuse délivrance...

Tous deux revinrent alors vers la charrette, près du vieux soldat. Le sergent Martial se sentait ranimé. Il rayonnait... il pleurait aussi, et toujours ces mots qui s'échappaient de ses lèvres :

« Mon colonel... mon colonel!... maintenant que notre Jeanne a retrouvé son père... je puis mourir...

— Je te le défends bien, mon vieux compagnon!

— Ah! si vous me le défendez...

— Nous te soignerons... nous te guérirons...

— Si vous me soignez... je ne mourrai pas... bien sûr!...

— Mais il te faut du calme...

— J'en ai, mon colonel!... Tenez... voilà le sommeil qui me reprend... et c'est du bon sommeil, cette fois...

— Dors, mon vieil ami, dors!... Nous allons revenir à Santa-Juana... La route ne te causera aucune fatigue, et tu seras sur pied dans quelques jours. »

Le colonel de Kermor s'était penché sur la litière, il avait posé ses lèvres sur le front du sergent Martial, et « son vieil ami » s'était endormi tout souriant.

« Mon père, s'écria Jeanne, nous le sauverons...

— Oui... ma Jeanne chérie... avec l'aide de Dieu! » répondit le missionnaire.

Du reste, Germain Paterne et lui avaient examiné la blessure du sergent Martial, et il ne leur semblait pas qu'elle dût avoir des suites mortelles.

On sut alors que l'assassin c'était Alfaniz, qui avait frappé le vieux soldat au moment où celui-ci, dans un accès de fureur, s'était jeté sur lui.

Le Père Esperante dit alors :

« Aujourd'hui, j'entends que mes braves Indiens se reposent et aussi vos compagnons, monsieur Helloch, car ils en ont besoin... Demain matin, nous reprendrons le chemin de la Mission, et Gomo nous y guidera par le plus court...

— C'est à ce courageux enfant que nous devons notre salut... fit observer Jeanne.

— Je le sais, » répondit le Père Esperante.

Et, appelant le jeune Indien :

« Viens, Gomo, dit-il, viens!... Je t'embrasse pour tous ceux que tu as sauvés! »

Et, après être sorti des bras du Père Esperante, Gomo passa entre ceux de Jeanne qu'il continuait, dans son trouble, d'appeler : mon ami Jean!...

Comme la jeune fille n'avait point abandonné les vêtements masculins qu'elle portait depuis le commencement du voyage, son père se demandait si ses compagnons savaient que « monsieur Jean » était mademoiselle Jeanne de Kermor.

Il n'allait pas tarder à l'apprendre.

Dès qu'il eut serré les mains de Jacques Helloch et de Germain Paterne, de Parchal et de Valdez, ces deux honnêtes patrons dont le dévouement, au cours de cette longue et pénible navigation, n'avait jamais faibli, Jeanne prit la parole :

« Mon père, il faut que je vous dise tout ce que je dois à mes deux compatriotes envers lesquels il me sera impossible de jamais m'acquitter...

— Mademoiselle... répondit Jacques Helloch, dont la voix tremblait, je vous en prie... je n'ai rien fait...

— Laissez-moi parler, monsieur Helloch...

— Alors parlez de Jacques, mais non de moi, mademoiselle de Kermor, s'écria Germain Paterne en riant, car je ne mérite aucunement...

— Je suis votre obligée à tous les deux, mes chers compagnons, reprit Jeanne, oui... à tous les deux, mon père !... Si monsieur Helloch m'a sauvé la vie...

— Vous avez sauvé la vie de ma fille ?... » s'écria le colonel de Kermor.

Et il fallut bien que Jacques Helloch entendît le récit que fit Jeanne du naufrage des pirogues en vue de San-Fernando, et comment, grâce à son dévouement, elle avait échappé à la mort.

Et la jeune fille ajouta :

« Je disais, mon père, que monsieur Helloch m'a sauvé la vie, mais il a fait plus encore, en nous accompagnant, Martial et moi, en s'associant à nos recherches.. avec monsieur Germain Paterne...

— Par exemple ! répliqua ce dernier en protestant. Croyez bien... mademoiselle... nous avions l'intention de remonter jusqu'aux sources

« CHARMANTE EN GARÇON, CHARMANTE EN FILLE!... » (Page 396.)

de l'Orénoque... C'était notre mission... le ministre de l'Instruction publique...

— Non, monsieur Germain, non, répondit Jeanne en souriant. Vous deviez vous arrêter à San-Fernando, et si vous êtes venus jusqu'à Santa-Juana...

— C'est que c'était notre devoir! » déclara simplement Jacques Helloch.

Il va de soi que des détails plus complets seraient ultérieurement donnés au colonel de Kermor, et qu'il connaîtrait les divers incidents de cet aventureux voyage. Mais, en attendant, malgré la réserve voulue de Jacques Helloch, en voyant Jeanne si reconnaissante, le père ne comprenait-il pas déjà quels sentiments débordaient du cœur de sa fille...

Pendant que Jeanne de Kermor, Jacques Helloch, Germain Paterne et lui causaient de ces choses, Parchal et Valdez préparaient le campement en vue d'y passer le reste de la journée et la nuit suivante. Leurs hommes avaient transporté dans la forêt les corps de tous ceux qui avaient succombé.

Quant aux Guaharibos blessés dans la lutte, Germain Paterne allait s'occuper de leur pansement.

Puis, après que les provisions eurent été retirées des charrettes, afin que chacun en prît sa part, tandis que des foyers de bois s'allumaient à différentes places, Jacques Helloch et Germain Paterne, suivis du colonel de Kermor et de sa fille, se dirigèrent vers les deux pirogues, à sec sur la grève. N'avaient-elles pas été détruites par les Quivas!

Il n'en était rien, car Alfaniz comptait s'en servir pour revenir vers les territoires de l'ouest, en remontant le Ventuari. Qu'une crue du fleuve vint à se produire, et les deux falcas seraient prêtes à redescendre son cours.

« Merci à ces coquins, s'écria Germain Paterne, qui ont bien voulu respecter mes collections!... Me voyez-vous revenant sans elles en Europe!... Après avoir tant photographié en route, ne pas rapporter un seul cliché!... Jamais je n'aurais osé me représenter devant le ministre de l'Instruction publique! »

On conçoit cette joie du naturaliste, et aussi la satisfaction des autres passagers de la *Gallinetta* et de la *Moriche*, en retrouvant à bord leur matériel de voyage, sans parler des armes qu'ils ramassèrent dans la clairière.

A présent les pirogues pouvaient rester sans rien craindre près de l'embouchure du rio Torrida, sous la garde des équipages. Lorsque l'heure serait venue de se rembarquer, — tout au moins dans la *Moriche*, — Jacques Helloch et Germain Paterne n'auraient qu'à monter à bord.

En somme, il n'était pas encore question de départ. Le Père Esperante allait ramener à Santa-Juana sa fille Jeanne, le sergent Martial, le jeune Gomo et le plus grand nombre de ses Indiens. Et comment les deux Français n'eussent-ils pas accepté de passer quelques jours, ou même quelques semaines, à la Mission, dans la maison d'un compatriote?...

Ils acceptèrent.

« Il le faut, fit observer Germain Paterne à Jacques Helloch. Nous vois-tu, retourner en Europe sans avoir visité Santa-Juana!... Jamais je n'oserais me présenter devant le ministre de l'Instruction publique, — ni toi, Jacques...

— Ni moi, Germain...

— Parbleu! »

Pendant cette journée, les repas furent pris en commun sur les réserves des pirogues et les approvisionnements apportés de la bourgade. Le sergent Martial seul y manqua, mais il était si heureux, si heureux d'avoir retrouvé son colonel, — même sous la robe du Père Esperante!... Le bon air de Santa-Juana le rétablirait en quelques jours!... Il n'en doutait pas...

Il va sans dire que Jacques Helloch et Jeanne avaient dû faire au colonel de Kermor un récit détaillé du voyage. Il les écoutait, il observait, il devinait sans peine les sentiments dont le cœur de Jacques Helloch était rempli, et il demeurait pensif... En effet, quels nouveaux devoirs allait lui créer cette situation nouvelle?...

Il va sans dire que la jeune fille revêtit dès ce jour-là les vêtements de son sexe, — vêtements soigneusement renfermés dans une valise placée sous le rouf de la *Gallinetta*.

Et Germain Paterne de déclarer à son ami :

« Charmante en garçon... charmante en fille !... Il est vrai... je n'y entends rien !... »

Le lendemain, après avoir pris congé de Parchal et de Valdez, lesquels préféraient demeurer à la garde des pirogues, le Père Esperante, ses hôtes et les Guaharibos quittèrent le campement du pic Maunoir. Avec les chevaux et les charrettes, le cheminement s'effectuerait sans fatigues à travers les forêts et la savane.

On ne crut pas devoir se diriger par la route antérieurement suivie vers les sources de l'Orénoque. Le plus court était de longer la rive droite du rio, ainsi que l'avait fait Jacques Helloch sous la conduite du jeune Indien. Et la marche fut si rapide que, dès midi, on avait atteint le gué de Frascaès.

Aucune trace des Quivas, dispersés maintenant, n'avait été retrouvée, et ils n'étaient plus à craindre.

Là, il y eut une courte halte, et, le mouvement de la charrette n'ayant point trop fatigué le sergent Martial, on se remit en marche vers Santa-Juana.

La distance entre le gué et la bourgade put être franchie en quelques heures, et, dans l'après-midi, la Mission était atteinte.

A l'accueil dont le Père Esperante fut l'objet, Jacques Helloch et ses compagnons comprirent combien il était aimé de ses fidèles Indiens.

Deux chambres furent réservées dans le presbytère à Jeanne de Kermor et au sergent Martial, deux autres à Jacques Helloch et à Germain Paterne dans une case voisine, dont le frère Angelos leur fit les honneurs.

Le lendemain, la cloche de l'église appela toute la bourgade à une messe d'action de grâces. Pendant cette messe dite par le Père Espe-rante, quelle impression éprouva la jeune fille, lorsqu'elle vit pour la première fois son père devant l'autel. Et quelle eût été celle du sergent Martial, s'il avait pu être présent à cet office célébré par son colonel !...

Il est inutile de raconter par le menu ces journées qui s'écoulèrent à la Mission de Santa-Juana. Que l'on sache, avant tout, que la santé du blessé se refit à vue d'œil. Dès la fin de la semaine, il avait permission de s'asseoir dans un bon fauteuil de cuir de cerf, à l'ombre des palmiers.

Le colonel de Kermor et sa fille avaient eu de longues conversations sur le passé. Jeanne apprit alors comment, époux privé de sa femme, père privé de ses enfants, il avait voulu mettre toute sa vie dans cette œuvre apostolique. Pourrait-il donc l'abandonner maintenant, la laissant inachevée?... Non, assurément... Jeanne resterait près de lui... elle lui consacrerait son existence entière...

Et, à ces entretiens succédaient ceux du Père Esperante et du sergent Martial.

Le missionnaire remerciait le vieux soldat de ce qu'il avait fait pour sa fille... Il le remerciait d'avoir consenti à ce voyage... Puis il l'interrogeait sur le compte de Jacques Helloch... Il lui demandait s'il ne les avait pas observés tous deux... Jeanne et lui...

« Que voulez-vous, mon colonel, répondait le sergent Martial, j'avais pris toutes mes précautions... C'était Jean... un jeune gars de Bretagne... un neveu que son oncle faisait voyager dans ce pays de sauvages... Il a fallu que Jacques Helloch et notre chère fille se soient rencontrés en route... J'ai tout fait pour empêcher... je n'ai pas pu !... Le diable s'en est mêlé...

— Non... Dieu, mon brave compagnon !... » répondit le Père Esperante.

Cependant le temps marchait et les choses n'avançaient pas. En somme, pourquoi Jacques Helloch hésitait-il à parler?... Se trom-

A l'ombre des palmiers... (Page 396.)

pait-il donc?... Non... ni sur ses propres sentiments, ni sur ceux qu'il avait inspirés à Jeanne de Kermor. Mais, par une discrétion qui l'honorait, il gardait le silence... C'eût été là, lui semblait-il, réclamer le prix des services rendus...

Très à propos, Germain Paterne brusqua les choses, et, un jour, il dit à son ami :

« Quand partons-nous?...

— Quand tu voudras, Germain.

— Entendu!... Seulement, lorsque je le voudrai, tu ne le voudras pas....

— Et pourquoi?...

— Parce que mademoiselle de Kermor sera mariée alors...

— Mariée!...

— Oui... car je vais demander sa main...

— Tu vas... s'écria Jacques.

— Pas pour moi... bien sûr... mais pour toi!... »

Et il fit comme il disait, — sans s'arrêter à des objections qu'il jugeait inacceptables.

Jacques Helloch et Jeanne de Kermor comparurent devant le missionnaire en présence de Germain Paterne et du sergent Martial. Puis, sur la demande que lui fit son père :

« Jacques, dit la jeune fille d'une voix profondément émue, je suis prête à devenir votre femme... et ce ne sera pas trop de toute ma vie pour vous prouver ma reconnaissance...

— Jeanne... ma chère Jeanne... répondit Jacques Helloch, je vous aime... oui!... je vous aime...

— N'en dis pas davantage, cher ami, s'écria Germain Paterne. Tu ne trouverais pas mieux ! »

Et le colonel de Kermor attira ses deux enfants qui s'unirent sur son cœur.

Il fut convenu que le mariage serait célébré dans une quinzaine de jours à Santa-Juana. Après les avoir mariés comme chef civil de la Mission, le Père Esperante donnerait aux nouveaux époux la bénédiction nuptiale, qui serait aussi la bénédiction paternelle. Jacques Helloch, libre de sa personne, et dont le colonel de Kermor avait autrefois connu la famille, n'avait aucun consentement à demander. Sa fortune et celle de Jeanne, confiée au sergent Martial, suffiraient à leur assurer une large aisance. Quelques semaines après le mariage, ils partiraient, ils passeraient par la Havane afin d'y voir la famille Eredia. Puis ils retourneraient en Europe, en France, en Bretagne pour terminer leurs affaires. Enfin ils reviendraient à Santa-Juana, où ils retrouveraient le colonel de Kermor et son vieux soldat.

Ainsi allèrent les choses, et le 25 novembre, devant la population en fête, en présence de Germain Paterne et du sergent Martial, témoins des jeunes époux, le père célébra le mariage civil et religieux de sa fille Jeanne de Kermor avec Jacques Helloch.

Touchante cérémonie, et qu'on ne s'étonne pas de l'émotion profonde qu'elle produisit, qui se manifesta par une joie débordante chez ces braves Guaharibos.

Près d'un mois s'écoula, et il vint à l'esprit de Germain Paterne qu'il était peut-être temps d'aller rendre compte de la mission scientifique dont son compagnon et lui avaient été chargés par le ministre de l'Instruction publique. On le voit, c'était toujours son ministre qu'il faisait intervenir.

« Déjà ?... répondit Jacques Helloch.

C'est qu'il n'avait pas compté les jours... Il était trop heureux pour se livrer à de tels calculs!

« Oui... déjà!... répliqua Germain Paterne. Son Excellence doit croire que nous avons été dévorés par des jaguars venezueliens... à moins que ce ne soit dans l'estomac des Caraïbes que nous ayons terminé notre carrière scientifique! »

D'accord avec le Père Esperante, le départ de la Mission fut fixé au 22 décembre.

Ce n'était pas sans un serrement de cœur que le colonel de Kermor voyait arriver l'heure de se séparer de sa fille, bien qu'elle dût lui revenir dans quelques mois. Il est vrai, ce voyage se ferait en des conditions favorables, et Mme Jacques Helloch ne courrait plus les mêmes dangers que Jeanne de Kermor. Cette descente du fleuve s'effectuerait rapidement jusqu'à Ciudad-Bolivar. Sans doute, on serait privé de MM. Miguel, Felipe et Varinas, car ils devaient avoir quitté San-Fernando.

Mais, en cinq semaines, les pirogues auraient atteint Caïcara, où l'on prendrait le paquebot du bas Orénoque. Quant au retour à Santa-Juana... on pouvait s'en rapporter à Jacques Helloch, il s'accomplirait avec toutes les chances de rapidité et de sécurité possibles.

« Et puis, mon colonel, fit observer le sergent Martial, notre fille a un bon mari pour la défendre, et ça vaut mieux qu'un vieux bonhomme de soldat... une vieille bête... qui n'a pas même été capable de la sauver... ni des flots de l'Orénoque... ni de l'amour de ce brave Jacques Helloch ! »

Il avait fallu traîner la *Gallinetta* et la *Moriche*. (Page 402.)

XIV

AU REVOIR!

Le 25 décembre, dans la matinée, les pirogues étaient prêtes à redescendre le cours du fleuve.

A cette époque de l'année, les crues n'avaient pas encore relevé le niveau de l'Orénoque. Il avait donc fallu traîner la *Gallinetta* et la *Moriche* à cinq kilomètres en aval, à l'embouchure d'un petit rio de la rive droite, où la profondeur de l'eau était suffisante. A partir de cet endroit elles ne couraient plus que le risque de s'engraver pendant quelques heures, et non celui de demeurer à sec jusqu'au début de la saison pluvieuse.

Le Père Esperante voulut reconduire ses enfants au nouveau campement. Le sergent Martial, entièrement rétabli, se joignit à lui, en même temps que le jeune Indien, devenu enfant adoptif de la Mission de Santa-Juana.

Une cinquantaine de Guaharibos leur firent escorte, et tous arrivèrent heureusement à l'embouchure du rio.

L'heure du départ venue, Valdez prit son poste dans la *Gallinetta*, où Jacques Helloch et sa femme devaient s'embarquer. Parchal reprit le sien dans la *Moriche*, dont le rouf abriterait à la fois les précieuses collections de Germain Paterne et sa non moins précieuse personne.

Comme les deux falcas devaient naviguer de conserve, et le plus souvent bord à bord, Germain Paterne n'en serait pas réduit à sa seule société. Autant qu'il le voudrait, il tiendrait compagnie aux jeunes époux. En outre, — cela va de soi, — les repas se prendraient en commun à bord de la *Gallinetta*, sauf le cas où Jacques et Jeanne Helloch accepteraient une invitation de Germain Paterne à bord de la *Moriche*.

Le temps était favorable, c'est-à-dire que le vent soufflait de l'est en bonne brise. Les rayons solaires tamisés par un léger voile de nuages, rendaient la température très supportable.

Le colonel de Kermor et le sergent Martial descendirent au pied de la berge pour embrasser leurs chers enfants. Ni les uns ni les autres ne cherchèrent à se défendre d'une émotion bien naturelle. Jeanne, si énergique pourtant, pleurait silencieusement entre les bras de son père...

« Je te ramènerai à lui, ma chère Jeanne!... dit Jacques Helloch. Dans quelques mois, nous serons tous les deux de retour à Santa-Juana...

— Tous les trois... ajouta Germain Paterne, car j'ai dû oublier de récolter quelques-unes de ces plantes rares... qui ne poussent que sur les territoires de la Mission... et je prouverai au ministre de l'Instruction publique...

— Adieu... mon bon Martial... adieu, dit la jeune femme, en embrassant le vieux soldat.

— Oui... Jeanne... et pense à ton bonhomme d'oncle... qui ne t'oubliera jamais !... »

Puis, ce fut le tour de Gomo, lequel eut sa bonne part de ces embrassements.

« Adieu... mon père... dit Jacques Helloch en serrant la main du missionnaire, et au revoir... au revoir ! »

Jacques Helloch, sa femme et Germain Paterne embarquèrent dans la *Gallinetta*.

Les voiles furent hissées, les amarres larguées, et les deux pirogues suivirent le fil du courant, au moment où le Père Esperante tendait le bras pour leur donner une dernière bénédiction.

Puis le sergent Martial, le jeune Indien et lui, escortés des Guaharibos, reprirent le chemin de la Mission.

Il n'y a pas lieu de raconter étape par étape cette navigation des falcas à la descente de l'Orénoque. Le voyage, grâce au courant, exigerait trois ou quatre fois moins de temps et dix fois moins d'efforts, il présenterait dix fois moins de dangers que s'il se fût agi de remonter vers les sources du fleuve. L'emploi de l'espilla ne devint jamais nécessaire pour le halage des pirogues, et les palancas suffirent, lorsque la brise tombait ou devenait contraire.

Les passagers revirent alors comme dans un tableau mouvant les lieux par lesquels ils avaient déjà passé, — les mêmes villages, les mêmes ranchos, les mêmes raudals, les mêmes rapides. La crue commençant à se faire sentir, les falcas trouvèrent assez d'eau pour éviter un déchargement, et le voyage s'accomplissait sans peine ni fatigues.

Mais quel contraste, lorsque la jeune femme et son mari se rappelaient les tourments, les inquiétudes, les périls de cette navigation quelques semaines avant !

En vue du sitio du capitan Baré, Jeanne se souvint : c'est là qu'elle eût succombé à la fièvre, si Jacques Helloch n'eût découvert ce précieux coloradito qui avait empêché le retour d'un mortel accès...

Puis on reconnut, non loin du cerro Guaraco, l'endroit où le troupeau de bœufs avait été attaqué par ces terribles gymnotes électriques...

Puis, à Danaco, Jacques Helloch présenta sa femme à Manuel Assomption, chez lequel, en compagnie de Germain Paterne, ils acceptèrent l'hospitalité d'un jour. Et quelle fut la surprise des braves gens du rancho, lorsqu'ils retrouvèrent dans cette belle jeune femme le neveu Jean qui avait occupé avec son oncle Martial une des cases du village mariquitare !...

Enfin, le 4 janvier, la *Gallinetta* et la *Moriche* abandonnèrent le cours de l'Orénoque pour celui de l'Atabapo, et elles vinrent s'amarrer au quai de la bourgade.

Il y avait trois mois, Jacques Helloch et ses compagnons avaient laissé à San-Fernando MM. Miguel, Felipe et Varinas. Les trois collègues s'y trouvaient-ils encore?... On avouera que c'était improbable. Après avoir traité à fond la question de l'Orénoque, du Guaviare et de l'Atabapo, ils devaient s'être remis en route pour Ciudad-Bolivar.

Et, maintenant, lequel des trois fleuves l'avait emporté, c'est ce que Germain Paterne était assez curieux de savoir. Or, comme les falcas exigeraient une relâche de quelques jours afin de se ravitailler avant de descendre vers Caïcara, il aurait le temps de satisfaire sa curiosité.

Jacques Helloch, sa femme et Germain Paterne débarquèrent donc

AU REVOIR !

et prirent logement dans la case que le sergent Martial avait déjà habitée.

Le jour même, ils firent visite au gouverneur, lequel apprit avec satisfaction les événements dont la Mission de Santa-Juana avait été le théâtre, — d'une part, la destruction presque complète de la bande d'Alfaniz, — de l'autre, l'heureux résultat du voyage.

Quant à M. Miguel, à M. Felipe, à M. Varinas, — qu'on ne s'en étonne pas ! — ils n'avaient point quitté la bourgade, encore moins d'accord sur la question hydrographique des trois fleuves qu'ils ne l'étaient au départ de Ciudad-Bolivar.

En effet, le soir même, les passagers de la *Gallinetta* et de la *Moriche* purent serrer la main des trois passagers de la *Maripare*.

Quel bon accueil M. Miguel et ses collègues firent à leurs anciens compagnons de voyage ! On imagine aussi leur surprise, lorsqu'ils virent Jean... leur cher Jean... au bras de Jacques Helloch, avec des vêtements de femme.

« Nous direz-vous pourquoi il est ainsi travesti ?... demanda M. Varinas.

— Parce que je l'ai épousé... répondit Jacques Helloch.

— Vous avez épousé Jean de Kermor ?... s'écria M. Felipe, dont les yeux s'agrandirent démesurément.

— Non... mademoiselle Jeanne de Kermor.

— Quoi !... fit M. Miguel, mademoiselle de Kermor ?...

— Est la sœur de Jean ! répondit en riant Germain Paterne. Hein ! comme ils se ressemblent ! »

Tout s'expliqua, et les compliments les plus sincères furent adressés aux nouveaux époux, comme les plus vives félicitations à Mme Jacques Helloch, puisqu'elle avait retrouvé son père, le colonel de Kermor, dans le missionnaire de Santa-Juana.

« Et l'Orénoque ?... demanda Germain Paterne... Il est toujours à sa place ?...

— Toujours, déclara M. Miguel.

— Eh bien... est-ce lui dont les eaux ont porté nos pirogues jusqu'aux sources de la sierra Parima?... »

A cette question, les figures de MM. Varinas et Felipe se rembrunirent. Leurs yeux lancèrent des éclairs, précurseurs d'orages, tandis que M. Miguel hochait la tête.

Et alors la discussion de reprendre avec une vigueur que le temps n'avait pu diminuer, entre le partisan de l'Atabapo et le partisan du Guaviare. Non!... ils n'étaient point d'accord, ils ne le seraient jamais, et, plutôt que de céder l'un à l'autre, ils eussent donné raison à M. Miguel et conclu en faveur de l'Orénoque!

« Répondez à ceci, monsieur, s'écria M. Varinas, et niez, si vous l'osez, que le Guaviare n'ait pas été désigné maintes fois sous le nom d'Orénoque occidental par des géographes d'une véritable compétence...

— D'une incompétence égale à la vôtre, monsieur! » s'écria M. Felipe.

Et l'on remarquera que, dès les premiers mots, la discussion s'élevait à son maximum d'intensité. Qu'on n'en soit pas étonné, d'ailleurs, puisque, chaque jour, du lever au coucher du soleil, cette discussion mettait aux prises les deux adversaires. Et si leurs arguments n'étaient pas usés jusqu'à la corde, c'est que probablement ils étaient inusables!

Et M. Varinas de répliquer :

« Prendre sa source dans la sierra Suma-Paz, à l'est du haut Magdalena, sur les territoires de la Colombie, cela est autrement honorable que de sourdre on ne sait d'où...

— On ne sait d'où, monsieur?... riposta aigrement M. Felipe. Vous avez l'aplomb d'employer de pareils termes, lorsqu'il s'agit de l'Atabapo, qui descend de ces llanos arrosés par le rio Negro, et alors que ce grand fleuve établit une communication avec le bassin de l'Amazone!

— Mais les eaux de votre Atabapo sont noires et ne parviennent même pas à se mélanger avec celles de l'Orénoque!

— Mais les eaux de votre Guaviare sont d'un blanc jaunâtre, et vous ne seriez pas capable de les distinguer à quelques kilomètres en aval de San-Fernando!

— Mais le Guaviare, monsieur Varinas, est un fleuve à caïmans, il en possède des milliers comme l'Orénoque, tandis que l'Atabapo en est réduit à des poissons ridicules, qui sont sans valeur, malingres et noirs comme lui-même!

— Envoyez donc des navires sur votre Atabapo, monsieur Felipe, et vous verrez s'ils iront loin, à moins de portages, tandis que ceux du Guaviare peuvent le remonter pendant mille kilomètres jusqu'au confluent de l'Ari-Ari... et même au delà!

— Portages ou non, monsieur Varinas, il n'en est pas moins vrai que nous sommes le lien hydrographique entre l'Amazonie et la République vénézuélienne!

— Et nous entre le Venezuela et la Colombie!

— Allons donc!... N'avez-vous pas l'Apure pour former ce lien de navigation?...

— Et vous... n'avez-vous pas le Cassiquiare?...

— Votre Guaviare n'a seulement pas de tortues...

— Votre Atabapo n'a seulement pas de moustiques...

— Enfin le Guaviare se jette dans l'Atabapo... ici même... de l'avis de tout le monde...

— Non... c'est l'Atabapo qui se jette dans le Guaviare, ainsi que tous les gens de bonne foi en conviennent, et l'apport du Guaviare n'est pas inférieur à trois mille deux cents mètres cubes...

— Et, comme le Danube, dit alors Germain Paterne, en citant le poète des *Orientales* :

> .... Il coule
> De l'Occident à l'Orient »

Un argument dont M. Varinas ne s'était pas encore servi, mais qu'il inséra précieusement dans le dossier du Guaviare.

Pendant cet échange de répliques en faveur des deux tributaires,

M. Miguel ne cessait de sourire, laissant tranquillement couler l'Orénoque sur les deux mille cinq cents kilomètres de son parcours, entre la sierra Parima et l'estuaire de ses cinquante bras, qui se ramifient à travers le littoral de l'Atlantique.

Cependant les préparatifs avançaient. Les pirogues, visitées, réparées, mises en parfait état, réapprovisionnées, seraient prêtes pour le 9 janvier.

Jacques et Jeanne Helloch écrivirent alors une lettre à leur père, — lettre dans laquelle n'étaient oubliés ni le sergent Martial ni le jeune Indien. Cette lettre arriverait à Santa-Juana par les marchands qui, d'ordinaire, remontent le fleuve au début de la saison pluvieuse. Elle disait tout ce que pouvaient dire deux cœurs heureux et reconnaissants.

La veille du départ, les passagers furent conviés une dernière fois chez le gouverneur de San-Fernando. Durant cette soirée il y eut suspension d'armes, et la discussion hydrographique ne se renouvela pas. Non qu'elle fût épuisée, mais les discuteurs avaient des mois et des années pour la reprendre.

« Ainsi, monsieur Miguel, demanda la jeune femme, votre *Maripare* ne va pas accompagner la *Gallinetta* et la *Moriche*?...

— Il paraît que non, madame, répondit M. Miguel, très résigné, d'ailleurs, à prolonger son séjour au confluent de l'Atabapo et du Guaviare.

— Nous avons encore quelque points importants à établir... déclara M. Varinas.

— Et des recherches à faire... ajouta M. Felipe.

— Alors, au revoir, messieurs... dit Jacques Helloch.

— Au revoir?... demanda M. Miguel.

— Oui... répondit Germain Paterne... à San-Fernando... lorsque nous repasserons... dans six mois... car il n'est pas probable que l'interminable question de l'Orénoque... »

Le lendemain, 9 janvier, après avoir reçu les adieux du gouverneur, de M. Miguel et de ses collègues, les voyageurs s'embarquè-

« ET QUI NE FUT PAS CONTENT? » S'ÉCRIA GERMAIN PATERNE. (Page 409.)

rent, et, entraînées par le rapide courant du fleuve, — qu'il se nommât Orénoque, Atabapo ou Guaviare, — les deux pirogues eurent bientôt perdu de vue la bourgade de San-Fernando.

A une heure de là, la jeune femme revit l'endroit où les falcas s'étaient échouées sur la rive droite, la place même où Jacques l'avait sauvée au péril de sa vie, pendant cette terrible tourmente du chubasco!

« Oui... ma Jeanne chérie .. dit Jacques, et c'est là...

— C'est là, mon Jacques, que te vint la pensée de ne point abandonner ton cher Jean... de l'accompagner au milieu de tant de périls jusqu'au terme de son voyage...

— Et qui ne fut pas content?... s'écria Germain Paterne. Ce fut bien le sergent Martial!... Oh! pas content du tout, l'oncle à son neveu! »

Pendant les jours suivants, les pirogues, favorisées par la brise, eurent une navigation très rapide. Elles franchirent sans trop de difficultés, puisqu'il ne s'agissait que de les descendre, les raudals de Maipure et d'Ature, puis dépassèrent l'embouchure du Meta et le village de Cariben. Les îles giboyeuses du fleuve fournissaient tout le gibier nécessaire, et la pêche ne cessait d'être fructueuse.

On arriva devant le rancho de M. Mirabal à la Tigra. Là, promesse faite, promesse tenue. Les passagers des falcas furent pendant vingt-quatre heures les hôtes de cet excellent homme. Et avec quelle joie il les complimenta sur l'issue de leur entreprise, envisagée au double point de vue de la présence du colonel de Kermor à Santa-Juana et de « ce qui s'en était suivi! »

A la Urbana les pirogues eurent à se ravitailler pour la dernière partie de leur expédition.

« Et les tortues?... s'écria Germain Paterne. Jacques... te rappelles-tu les tortues... les myriades de tortues... Hein!... être arrivés ici à tortues...

— C'est dans ce village que nous nous sommes rencontrés... la première fois, monsieur Germain, dit la jeune femme.

— Et grâce à ces excellentes bêtes... auxquelles nous devons bien quelque reconnaissance... déclara Jacques Helloch.

— Et nous la leur prouverons en les mangeant, car elle est excellente, la tortue de l'Orénoque! » s'écria Germain Paterne, qui envisageait toujours les choses à un point de vue spécial.

Bref, le 25 janvier, les falcas atteignirent Caïcara.

Ce fut en cette bourgade que Jacques Helloch, Jeanne, Germain Paterne se séparèrent des patrons et de leurs équipages, non sans avoir remercié de tout cœur ces braves gens si dévoués, et dont ils reconnurent généreusement les services.

De Caïcara, le paquebot de l'Apure transporta les voyageurs en deux jours à Ciudad-Bolivar, d'où le chemin de fer les conduisit à Caracas.

Dix jours après, ils étaient à la Havane, près de la famille Eredia, et vingt-cinq jours plus tard en Europe, en France, en Bretagne, à Saint-Nazaire, à Nantes.

Et alors Germain Paterne de dire :

« Sais-tu bien, Jacques... c'est cinq mille kilomètres que nous avons faits sur l'Orénoque!... Est-ce que cela ne t'a point paru un peu long?...

— Pas en redescendant!... » répondit Jacques Helloch, qui regardait Jeanne, heureuse et souriante.

FIN DE LA SECONDE ET DERNIÈRE PARTIE.

TABLE

PREMIÈRE PARTIE.

		Pages.
I.	— M. Miguel et ses deux collègues.	1
II.	— Le sergent Martial et son neveu.	15
III.	— A bord du *Simon-Bolivar*.	27
IV.	— Premier contact.	41
V.	— La *Maripare* et la *Gallinetta*.	55
VI.	— D'îles en îles.	69
VII.	— Entre Buena Vista et la Urbana.	83
VIII.	— Un nuage de poussière à l'horizon.	97
IX.	— Trois pirogues naviguant de conserve.	115
X.	— A l'embouchure du Meta.	129
XI.	— Relâche au village d'Atures.	145
XII.	— Quelques observations de Germain Paterne.	163
XIII.	— Respect au tapir.	175
XIV.	— Le chubasco.	189
XV.	— San-Fernando.	201

SECONDE PARTIE.

I.	— Quelques mots du passé.	217
II.	— Première étape.	231
III.	— Une halte de deux jours à Danaco.	247
IV.	— Derniers conseils de M. Manuel Assomption.	261
V.	— Bœufs et gymnotes.	275
VI.	— Terribles inquiétudes.	291
VII.	— Le campement du pic Maunoir.	307
VIII.	— Le jeune Indien.	321
IX.	— A travers la sierra.	333
X.	— Le gué de Frascaès.	347
XI.	— La Mission de Santa-Juana.	361
XII.	— En route.	375
XIII.	— Deux mois à la Mission.	387
XIV.	— Au revoir!	401

5992 B. — Paris. Imp. Gauthier-Villars, 55, quai des Grands-Augustins.

J. HETZEL & Cie, 18, rue Jacob, PARIS

ÉDUCATION ET RÉCRÉATION

Livres et Albums illustrés
— NOUVEAUTÉS —

PETITE BIBLIOTHÈQUE BLANCHE
Volumes in-16 à 1 fr. 50; toile aquarelle, 2 fr.

MOUANS (A.) . . . **La Maison blanche.**
P.-J. STAHL. . . **Le Chemin glissant.**

41 autres volumes par

O. Feuillet, A. Dumas, Stahl, Ouliac, Verne, Mayne-Reid, Lermont, Bentzon, P. de Musset, Ch. Nodier, G. Sand, Aimé Giron, A. de Bréhat, Dupin de Saint-André, P. Perrault, Bertin, Lemonnier, de la Bédollière, de Cherville, Château-Verdun, Genin, Lemaire, etc.

ALBUMS STAHL
Albums in-4° en couleurs, bradel, 1 fr.

TINANT (R.). . . . **Drames en trois actes.**

39 autres albums par
Frœlich, Geoffroy, Tinant, Froment, de Locht, etc.

Albums in-8° en noir :
bradel, 2 fr.; cartonnés toile à biseaux, 4 fr.

FROELICH . . . . **Les sept ans de M**lle **Lili.**

82 autres albums par
Frœlich, Froment, Detaille, Lambert, Lalauze, Geoffroy, etc.

4 albums grand in-8°, bradel, 3 fr. ; toile, 5 fr.

BIBLIOTHÈQUE IN-8° ILLUSTRÉE
Volumes in-8° caval., à 4 fr. 50; cartonnés toile, 6 fr.

Aimé GIRON . . . **Le vieux ramasseur de pierres.**

65 autres volumes par
J. Verne, P.-J. Stahl, J. Macé, A. Dumas, Stevenson, Saintine, Violet-le-Duc, L. Biart, Genuevraye, H. Malot, Muller, E. Reclus, Erckmann-Chatrian, Bentzon, Dusnuch, P. Perrault, Lermont, Daquet, Chazel, etc.

Volumes in-8° raisin et jésus, 7 fr. :
cartonnés toile, 9 fr. 40 et 10 fr. ; reliés, 11 fr.

MALIN (Henri). **Un Collégien de Paris en 1870** (in-8° jésus).
André LAURIE. **L'Oncle de Chicago** (in-8° jésus).

65 autres volumes in-8° par
E. Legouvé, Stahl, J. Verne, Boissonnas, V. Hugo, A. Daudet, J. Sandeau, de Laprade, A. Laurie, J. Macé, Ratisbonne, Violet-le-Duc, Biart, Bentzon, Brunetière, Yadier, Grimard, J. Barbier, Stahl et Muller, P. Perrault, Desnoyers, E. Dubois, Dupin de Saint-André, Noussanne (H. de), Ulbach, Erckmann-Chatrian, etc.

MAGASIN D'ÉDUCATION ET DE RÉCRÉATION
Nouvelle série. Tomes VII et VIII, réunis en un seul vol.
Cartonné toile, 18 fr. ; relié, 20 fr.

Volumes gr. in-8° jésus à 9 fr.
cartonnés toile, 12 fr. ; reliés, 14 fr.

J. VERNE . . . . **Le Superbe Orénoque.**

31 autres volumes
par Grandville, J. Verne, etc.

15 volumes gr. in-8° jésus, 10 fr.
cartonnés toile, 13 fr. ; reliés, 15 fr.

par Biart, Erckmann-Chatrian, J. Verne, H. Malot, Lavallée, La Fontaine, Ch. Clément, A. Rambaud, A. Laurie.

LES CONTES DE PERRAULT, illustrés par G. Doré. — Toile, 25 fr. Reliure d'amateur, 30 fr.

MAGASIN ILLUSTRÉ
D'ÉDUCATION ET DE RÉCRÉATION
ET *SEMAINE DES ENFANTS*

Trente-cinquième Année.   RÉUNIS *Journal de toute la Famille*   Nouvelle Série.

COURONNÉ PAR L'ACADÉMIE FRANÇAISE

FONDÉ PAR **P.-J. STAHL**, EN 1864

DIRIGÉ PAR
J. VERNE et J. HETZEL.

ABONNEMENT, UN AN : Paris, 14 fr. — Départements, 16 fr. — Union, 17 fr.

LA PREMIÈRE SÉRIE COMPLÈTE 1864-1894
60 volumes grand in-8°
Prix : brochés, 420 fr. ; cartonnés, 600 fr. ; — reliés, 720 fr.
Chaque volume séparé, 7 fr. ; cartonné toile, 10 fr. ; — relié, 12 fr.

Contraste insuffisant
NF Z 43-120-14

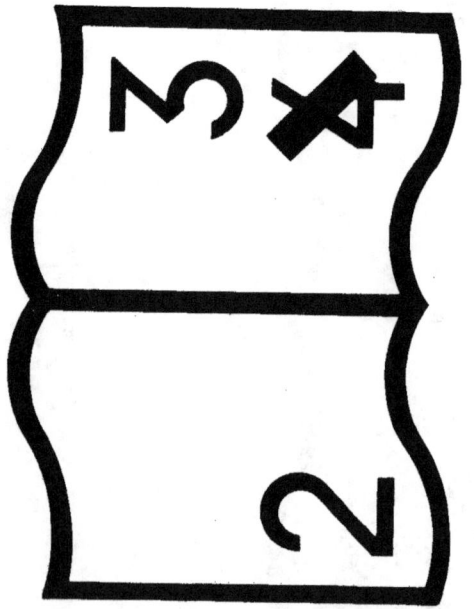

Pagination incorrecte — date incorrecte

NF Z 43-120-12

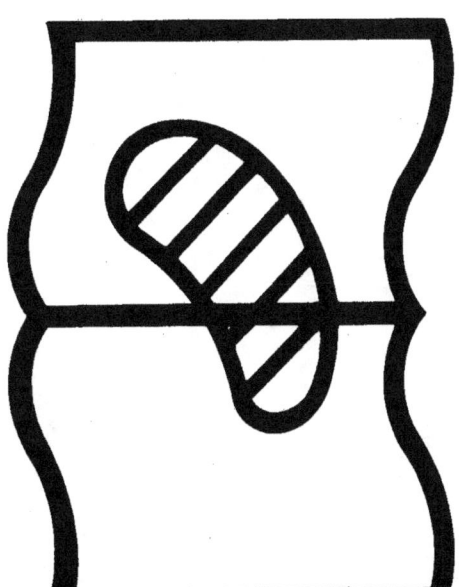

Original illisible
NF Z 43-120-10

www.ingramcontent.com/pod-product-compliance
Lightning Source LLC
Chambersburg PA
CBHW060517230426
43665CB00013B/1551